Die schleswigsche Deichstavengerechtigkeit

Rechtshistorische Reihe

Band 282

Peter Lang
Frankfurt am Main · Berlin · Bern · Bruxelles · New York · Oxford · Wien

Kathrin Nawotki

Die schleswigsche Deichstavengerechtigkeit

Vom 17. Jahrhundert bis in die Gegenwart: Eine gewohnheitsrechtliche Superfizies an nordfriesischen Deichgrundstücken und ihre Entwicklung

Peter Lang
Europäischer Verlag der Wissenschaften

Bibliografische Information Der Deutschen Bibliothek
Die Deutsche Bibliothek verzeichnet diese Publikation in der Deutschen Nationalbibliografie; detaillierte bibliografische Daten sind im Internet über <http://dnb.ddb.de> abrufbar.

Zugl.: Kiel, Univ., Diss., 2003

Diese Arbeit wurde von Herrn Prof. Dr. Jörn Eckert
zur Aufnahme in die Reihe empfohlen.

D 8
ISSN 0344-290X
ISBN 3-631-51372-0

www.peterlang.de

Meiner Mutter

Meinem Vater zum Gedenken

Vorwort

Die Rechtswissenschaftliche Fakultät der Christian-Albrechts-Universität zu Kiel hat diese Untersuchung im Mai 2003 als Dissertation angenommen. Literatur und Rechtsprechung befinden sich auf dem Stand von Juni 2002.

Besonderer Dank gebührt meinem Doktorvater Herrn Prof. Dr. Jörn Eckert. Von ihm stammte die Anregung, die Deichstavengerechtigkeit wissenschaftlich zu untersuchen. Außerdem hat er den Fortgang der Arbeit mit seiner steten Gesprächsbereitschaft und wertvollen Ratschlägen begleitet und mir den notwendigen Freiraum zur Bearbeitung des Themas gelassen. Mein Dank gilt ebenso Herrn Prof. em. Dr. Hans Hattenhauer für die äußerst zügige Erstellung des Zweitgutachtens.

Weiterhin danke ich den Mitarbeiterinnen und Mitarbeitern des Landesarchivs Schleswig-Holstein in Schleswig und des Landsarkivet for Sønderjylland in Apenrade, Dänemark, sowie insbesondere den Mitarbeiterinnen des Kreisarchivs Nordfriesland in Husum. Ihre Hilfsbereitschaft hat meine Quellenrecherche enorm erleichtert.

Mein Dank gilt ferner der Konrad-Adenauer-Stiftung e.V., die mein Forschungsvorhaben mit einem Promotionsstipendium gefördert hat. In guter Erinnerung werde ich zudem die ideelle Förderung der Stiftung behalten.

Viele andere haben meine Arbeit in vielfältiger Art und Weise vorangebracht - sei es durch inspirierende Gespräche in unserer Mittagsrunde, durch Hilfe bei der Suche nach Quellen über eher sperrige Themen wie der schleswigschen Münzgeschichte oder durch technische Hilfestellungen bei der Erstellung der Druckvorlage. Ihnen allen sei hiermit gedankt.

Mein letzter und ganz besonderer Dank gilt meiner Familie, insbesondere meiner Mutter. Sie hat mich trotz des frühen Todes meines Vaters stets bei der Verwirklichung meiner Ziele ermutigt und rückhaltlos unterstützt. Sie war mir bei der Anfertigung dieser Arbeit jederzeit eine wertvolle Hilfe.

Kiel, im September 2003

Kathrin Nawotki

Inhalt

Verzeichnis der verwendeten Abkürzungen*

ADR	Allgemeines Deichreglement vom 6.4.1803
AmtsBl.	Amtsblatt der Königlichen Regierung zu Schleswig
ChrS	Chronologische Sammlung der im Jahre 1748 ergangenen Verfügungen und Verordnungen für die Herzogtümer Schleswig und Holstein
CSH	Corpus Statuorum Provincialium Holsatiae
CSS	Corpus Statuorum Slesvicensium
DHSV	Deich- und Hauptsielverband
EigG	Gesetz über den Eigentumserwerb und die dingliche Belastung der Grundstücke, Bergwerke und selbständigen Gerechtigkeiten vom 5. Mai 1872
GS	Gesetzessammlung für die königlichen preußischen Staaten
KANF	Kreisarchiv Nordfriesland, Husum
LAS	Landesarchiv Schleswig-Holstein, Schleswig
LfS	Landsarkivet for Sønderjylland, Aabenraa, Dänemark
NMHR	Neues Magazin für Hannoversches Recht
PrGBO	Preußische Grundbuchordnung vom 5. Mai 1872
PrWG	Preußisches Wassergesetz vom 7. April 1913
QFGSH	Quellen und Forschungen zur Geschichte Schleswig-Holsteins
SchlHA	Schleswig-Holsteinische Anzeigen
shGBG	Gesetz über das Grundbuchwesen und die Verpfändung von Seeschiffen in der Provinz Schleswig-Holstein vom 27. Mai 1873
ZSHG	Zeitschrift der Gesellschaft für Schleswig-Holsteinische Geschichte

* Alle nicht aufgeführten Abkürzungen entsprechen denen in

Kirchner, *Hildebert* / ***Kastner***, *Fritz*, Abkürzungsverzeichnis der Rechtssprache, 3. Auflage, Berlin, New York 1983.

Verzeichnis der verwendeten Abkürzungen

[illegible]

Einleitung: Problemstellung und Gang der Untersuchung

Die Deichstavengerechtigkeit[1] ist ein jahrhundertealtes Gewohnheitsrecht im ehemaligen Herzogtum Schleswig.[2] Sie beinhaltet die Berechtigung, ein in fremdem Eigentum stehendes Deichgrundstück mit einem Haus bebauen und Eigentümer des Gebäudes bleiben zu dürfen.[3] Trotz vielfältiger Veränderungen in der im früheren Herzogtum Schleswig geltenden Rechtsordnung hat die Deichstavengerechtigkeit über die Jahrhunderte bis heute überdauert. Die Deiche, an denen heute noch Stavenrechte bestehen, liegen bis auf wenige Ausnahmen auf dem Gebiet des Kreises Nordfriesland. Die Zahl der jetzt noch wirksamen Gerechtigkeiten beläuft sich auf rund einhundertsiebzig.

Das Ziel dieser Arbeit ist es, insbesondere unter Einbeziehung der verfügbaren Archivalien eine möglichst umfassende Darstellung der Deichstavengerechtigkeit sowie der ihr zu Grunde liegenden Rechtsverhältnisse zu erarbeiten. Die Suche nach Quellen gestaltete sich oft schwierig. Literatur über das nordfriesische Deichrecht und speziell über die Deichstavengerechtigkeit ist nur in sehr begrenztem Umfang vorhanden. Die einzige detailliertere Beschreibung des Stavenrechts hat *Block* 1913 in den Schleswig-Holsteinischen Anzeigen veröffentlicht.[4] Er verzichtet jedoch völlig darauf, seine Darstellung quellenmäßig zu belegen, so dass seine Arbeit lediglich zur ersten Orientierung geeignet war. Im Übrigen befasst sich die Literatur wenn überhaupt nur in Ansätzen mit Deichstavengerechtigkeiten. In den Dissertationen über das nordfriesische Deichrecht von *Oskar Johannsen* und über die Rechtsgeschichte Nordfrieslands von *Klaus Petersen* sind sie gar nicht erwähnt. *Ernst Feikes* streift sie in seiner Arbeit über „*Die geschichtliche Entwicklung der Deichlast in Nordfriesland*“ nur verhältnismäßig kurz und oberflächlich.[5] *Axel Staehly* zieht das Stavenrecht in „*Das Eigenkatenrecht Ostholsteins*“ lediglich zum Vergleich mit dem von ihm untersuchten Eigenkatenrecht heran und begnügt sich dementsprechend mit der Darstellung der seiner Ansicht nach wesentlichen Merkmale der Rechts.[6]

Darüber hinaus war und ist nur wenigen Autoren überhaupt bekannt, dass im ehemaligen Herzogtum Schleswig im Gegensatz zu der Mehrzahl der übrigen Regionen an der Nordsee kein kategorisches Bauverbot an beziehungsweise auf Dei-

---

1 Die Bezeichnung „*Stavenrecht*“ war und ist ebenso gebräuchlich und wird im Folgenden alternativ gebraucht werden.

2 *Block*, SchlHA 1913, S. 257 f.; *Kähler*, 3. Teil, § 34, 4., S. 336; *Staehly*, S. 54.

3 **KANF,** ***Abt. F 4***, Nr. 585; 788; **LAS,** ***Abt. 320.21***, Nr. 1329.

4 „Die schleswigsche Deichstaven-Gerechtigkeit“, SchlHA 1913, S. 257-259.

5 *Feikes*, 5. Kapitel, A., a., S. 107 f.

6 *Staehly*, S. 54 ff.; diese Merkmale entnimmt er ausschließlich aus zwei Stavenbriefen aus dem Kornkoog (Wortlaut wie Nr. I. 6. im Anhang) und den Christian-Albrechts-Kögen (Wortlaut wie Nr. I. 10. im Anhang), die er im Zuge seiner Vorarbeiten vom 1. Schleswigschen Deichband erhalten hatte.

chen bestand. Von einem solchen allgemein bestehenden Verbot geht zum Beispiel *Julius von Gierke* in „*Die Geschichte des deutschen Deichrechts*" aus.[7] Auch *Johann Dietrich Mellmann* vertritt in dem 1795 erschienenen Buch „*Einleitung in das gemeine und schleswig-holsteinische Damm-, Deich-, Siel- und Schleusenrecht*" die These, dass sogar das Bebauen von Mitteldeichen[8] im Herzogtum Schleswig grundsätzlich unzulässig sei.[9]

Das Hauptaugenmerk dieser Arbeit lag deswegen in der umfänglichen Suche nach Dokumenten über das Stavenrecht im Landesarchiv Schleswig-Holstein, Schleswig, im Kreisarchiv Nordfriesland, Husum, sowie im Landsarkivet for Sønderjylland, Apenrade, Dänemark. Aus deren Auswertung ist insbesondere die genaue Beschreibung der Deichstavengerechtigkeit im 2. Teil der Arbeit entstanden. Der diesem vorangestellte 1. Teil beinhaltet einen Überblick über die wesentlichen Elemente des Deichwesens und des Deichrechts im ehemaligen Herzogtum Schleswig und soll ein besseres Grundverständnis der rechtlichen und tatsächlichen Rahmenbedingungen gewährleisten, die die Entwicklung und den Fortbestand der Deichstavengerechtigkeit ermöglicht haben. Im 3. Teil erfolgt dann die rechtliche Beurteilung des Stavenrechts aus heutiger Sicht. Aus den dort gewonnenen Ergebnissen werden außerdem Vorschläge für die zukünftige Behandlung von Deichstavengerechtigkeiten entwickelt.

---

7 *Julius von Gierke*, Geschichte des deutschen Deichrechts, Teil II, 3. Abschnitt, 2. Kapitel, § 4, VI., 2., S. 60 f.; im Gegensatz dazu soll das Bebauen von Deichen in den Niederlanden stets zulässig gewesen sein.

8 *Mellmann*, § 10, S. 53, § 11, S. 67: Ein *Mitteldeich* ist ein hinter dem Seedeich gelegener Deich.

9 *Mellmann*, § 11, S. 67.

1. Teil: Kurze Darstellung des Deichwesens und des Deichrechts im ehemaligen Herzogtum Schleswig

A. Übersicht über die Entwicklung des Deichbaus

Die Anfänge des Deichbaus im ehemaligen Herzogtum Schleswig sind mangels Quellenmaterials nicht sicher festzustellen.[10] Die erste Besiedelung der regelmäßig durch den Gezeitenwechsel überfluteten Marschgebiete fand zunächst nur durch die Anlage von Warften statt.[11] Dies sind künstliche Hügel, auf denen Häuser, Menschen und Vieh vor der normalen Fluthöhe geschützt sind, die aber keinen Schutz gegen Sturmfluten bieten.[12] Erste Warften sollen auf Eiderstedt schon in der Zeit von 200 bis 100 v. Chr. errichtet worden sein.[13]

Die älteste nachweisbare Erwähnung von Deichen in Nordfriesland findet sich in den im 12. Jahrhundert von Saxo Grammaticus verfassten „*Gesta Danorum*".[14] Dieser berichtet bereits von einer durchgehenden Deichlinie.[15] Daher ist anzunehmen, dass der Deichbau zu diesem Zeitpunkt schon mindestens einige Jahrzehnte lang konsequent betrieben worden war. Mehrere noch vorhandene Eindeichungen auf Eiderstedt stammen nachweislich aus dem 12. Jahrhundert.[16] Die ältesten erhaltenen Deiche im übrigen Nordfriesland wurden ab Mitte des 15. Jahr-

---

[10] *Carstens*, 1., S. 545; *Hinrichsen*, S. 1; *Melfsen*, Band 1, Kapitel 1, S. 2, 4; *Tetens*, 17. Brief, S. 103.

[11] *Bojunga*, NMHR 5 (1864), S. 38 f.; *Carstens*, 5., S. 565; *Danz*, § 113, S. 426; *Dreyer*, § 1, S. 1; *Eckermann*, ZSHG 21 (1891), S. 190; *Feikes*, Einleitung, S. 4; *Fischer*, Band 3/1, Kapitel 4, 3., S. 94; *Goldbeck*, 2. Teil, B., I., 2., S. 68; *Hinrichsen*, S. 1; *Johannsen*, § 2, 2., S. 4; *Kramer*, 1., S. 10; *Melfsen*, Band 1, Kapitel 1, S. 2; *Mellmann*, § 12, S. 86; *Mittermaier*, § 224, S. 626; *Römer*, § 3, S. 10; Weiske - *Wilda*, „Deich- und Sielrecht", S. 282.

[12] *Dreyer*, § 1, S. 1; *Feikes*, Einleitung, S. 4; *Goldbeck*, 2. Teil, B., I., 2., S. 68; *Hinrichsen*, S. 1; *Johannsen*, § 2, 2., S. 4; *Kramer*, 1., S. 10; Lorenzen-Schmidt/Pelc - *Kunz*, „Warft" S. 529 f.; *Melfsen*, Band 1, Kapitel 1, S. 2; *Mellmann*, § 12, S. 86; Weiske - *Wilda*, „Deich- und Sielrecht", S. 282.

[13] *Carstens*, 1., S. 545; *Römer*, § 3, S. 10.

[14] Bantelmann/Panten/Kuschert/Steensen - *Panten*, II. , S. 62; *Carstens*, 1., S. 546; *Feikes*, Einleitung, S. 5; *Fischer*, Band 3/1, Kapitel 5, 1., S. 121; *Julius von Gierke*, Geschichte des deutschen Deichrechts, Teil I, Einleitung, § 1, III., 1., S. 10; *Hinrichsen*, S. 2; *Johannsen*, § 2, 2., S. 5; *Kramer*, 4.1, S. 57; *Plett*, I., 2., a., S. 14; *Römer*, § 3, S. 12.

[15] Vgl. Bantelmann/Panten/Kuschert/Steensen - *Panten*, II. , S. 62; *Carstens*, 1., S. 546; *Eckermann*, ZSHG 21 (1891), S. 190; *Feikes*, Einleitung, S. 5; *Fischer*, Band 3/1, Kapitel 5, 1., S. 121; *Julius von Gierke*, Geschichte des deutschen Deichrechts, Teil I, Einleitung, § 1, III., 1., S. 10; *Haff*, S. 351 f.; *Hinrichsen*, S. 2; *Johannsen*, § 2, 2., S. 5; *Kramer*, 4.1, S. 57.

[16] *Fischer*, Band 3/3, Kapitel 1, 4., S. 36; *Kunz/Panten*, S. 62 (Westerhever), S. 72 (Poppenbüller Sankt Johanniskoog), S. 79 (Utholm), S. 81 (Gardinger Kirchkoog), S. 85 (Eiderstedt); Steensen - *Meier*, S. 22.

hunderts erbaut.[17] Die ältesten Deiche sind Sommerdeiche gewesen.[18] Diese sind nur dazu geeignet, das Land vor der durch den normalen Gezeitenwechsel verursachten Flut zu schützen.[19] Winterdeiche sind dagegen hoch genug, auch die vor allem im Winter auftretenden Sturmfluten aufzuhalten.[20] Wann der Wechsel von der Sommer- zur Winterbedeichung stattgefunden hat, ist nicht belegt.[21]

Die ersten nordfriesischen Deiche waren verhältnismäßig niedrig und dadurch nicht sehr widerstandsfähig.[22] Ihr Profil glich oft eher einer Mauer, deren Fuß mit Balken gesichert war.[23] Da die Flut im Mittelalter noch nicht die gleiche Stärke und Höhe erreichte wie heute, gewährten diese Deiche zunächst ausreichend Schutz gegen die Nordsee.[24] Mit Ansteigen des Meeresspiegels und Zunahme der Häufigkeit der zugleich immer heftiger werdenden Sturmfluten veränderten sich allerdings die Anforderungen an die Stabilität der Deiche.[25] Ab Mitte des 16. Jahrhunderts stellten die nordfriesischen Küstenbewohner die hergebrachte Deichbautechnik verstärkt in Frage und begannen, diese Technik zu modifizieren.[26] Mithilfe der eingewanderten Niederländer begannen im 17. Jahrhundert die ersten grö-

---

17 *Kunz/Panten*, S. 27 (Klixbüller und Großer Kohldammer Koog), S. 28 (Schnatebüller Koog), S. 34 (Enger Koog), S. 35 (Bargumer Koog), S. 37 (Langenhorner Alter Koog), S. 46 (Hattstedter Neuer Koog), S. 47 (Hattstedter Marsch).

18 *Bojunga*, NMHR 5 (1864), S. 39; *von Bülow/Hagemann*, 12., S. 40; *Ey*, S. 203; *Fischer*, Band 3/1, Kapitel 5, 1., S. 121; *Julius von Gierke*, Geschichte des deutschen Deichrechts, Teil II, 3. Abschnitt, 1. Kapitel, § 1, I., S. 4; *Hinrichsen*, S. 2; *Melfsen*, Band 1, Kapitel 1, S. 3; *Nieberding/Frank*, § 79, S. 417; *Plett*, I., 2., a., S. 14; *Römer*, § 3, S. 13.

19 *Mellmann*, § 10, S. 55; Stengel/Fleischmann - *Hermes/Holtz*, „Deichwesen", § 1 I., S. 550; Weiske - *Wilda*, „Deich- und Sielrecht", S. 281; *Wolters*, § 13, S. 22.

20 *Häberlein*, § 101, S. 310; Stengel/Fleischmann – *Hermes/Holtz*, „Deichwesen", § 1 I., S. 550.

21 *Johannsen*, § 2, 2., S. 5 f.; *Plett*, I., 2., a., S. 15; *Römer*, § 3, S. 13.

22 Bantelmann/Panten/Kuschert/Steensen - *Panten*, II., S. 62, und III., B., 5., b., S. 137; *Carstens*, 2., S. 547; *Eckermann*, ZSHG 21 (1891), S. 190; *Ey*, S. 203 f.; *Feikes*, Einleitung, S. 5; *Fischer*, Band 3/1, Kapitel 5, S. 119; *Goldbeck*, 2. Teil, B., 1.2, S. 67; *Kramer*, 1., S. 10 und 4.2, S. 58; *Melfsen*, Band 1, Kapitel 1, S. 3; Steensen - *Meier*, S. 26; Steensen - *Knottnerus*, S. 61; *Tetens*, 17. Brief, S. 103.

23 Sog. *Stackdeiche*; Bantelmann/Panten/Kuschert/Steensen - *Kuschert*, III., B., 5., b., S. 137; *Carstens*, 2., S. 547; *Ey*, S. 204; *Fischer*, Band 3/1, Kapitel 5, S. 119; *Goldbeck*, 2. Teil, B., 1.2, S. 68; *Haff*, S. 352; *Melfsen*, Band 1, Kapitel 1, S. 3; *Pauls*, S. 21; *Tetens*, 19. Brief, S. 114.
Anders allerdings Steensen - *Kühn*, S. 10, und Steensen - *Meier*, S. 26 f. Sie meinen, dass sogar die Mehrzahl der frühen Deiche ein mit heutigen Deichen vergleichbares Profil aufgewiesen habe. Die fehlende Widerstandskraft habe allein an der zu geringen Deichhöhe gelegen.

24 Steensen - *Kühn*, S. 10.

25 Bantelmann/Panten/Kuschert/Steensen - *Kuschert*, III., B., 5., b., S. 137; *von Bülow/Hagemann*, 12., S. 41; *Carstens*, 2., S. 547; *Kramer*, 1., S. 10, und 3.2, S. 32; Lorenzen-Schmidt/Pelc - *Kunz*, „Deich", S. 96; Steensen - *Kühn*, S. 10;
laut „Die Welt" vom 31. Juli 2001, S. 10, steigt der Meeresspiegel auch heute noch kontinuierlich an.

26 Bantelmann/Panten/Kuschert/Steensen - *Kuschert*, III., C., 3., c., S. 177; *Carstens*, 1., S. 546; *Kramer*, 3.3, S. 38; *Pauls*, S. 20 f.

ßeren, zum Teil sogar mehrjährigen Bedeichungsprojekte.[27] Ab dieser Zeit wurde den Deichen zur Seeseite hin vermehrt ein deutlich flacher auslaufendes Profil gegeben, das den Wellen weniger Angriffsfläche bietet als eine senkrechte Fläche.[28] Es bewirkt, dass sich die Wucht des Wassers nicht am Deich bricht, sondern sich an der Schräge langsam abschwächen kann.[29] Erst Anfang des 19. Jahrhunderts konnte sich dieses heute noch übliche flache Profil endgültig durchsetzen.[30]

---

27 *Carstens*, 1., S. 546; *Feikes*, Einleitung, S. 7; *Fischer*, Band 3/1, Kapitel 5, S. 119; *Goldbeck*, 2. Teil, B., IV., 1.2, S. 171; *Haff*, S. 353; *Melfsen*, Band 1, Kapitel 1, S. 3; *Pauls*, S. 20; *Pauls/ Klose*, 1. Teil, VII., 2., a, S. 79; *Römer*, § 3, S. 14; Steensen - *Kühn*, S. 12; Steensen - *Knottnerus*, S. 64 f.

28 Bantelmann/Panten/Kuschert/Steensen - *Kuschert*, III., B., 5., b., S. 137, und III., C., 3., c., S. 177; *Carstens*, 2., S. 548; *Fischer*, Band 3/1, Kapitel 5, S. 119; *Haff*, S. 352; Lorenzen-Schmidt/Pelc - *Kunz*, „Deich", S. 97; *Pauls*, S. 21; *Tetens*, 20. Brief, S. 119.

29 *Carstens*, 2., S. 548; *Fischer*, Band 3/1, Kapitel 5, S. 119; *Kramer*, 5.3, S. 87; *Pauls*, S. 21.

30 Vgl. z.B. **LfS**, ***Kogsarkiver*** (Højerkog), Nr. 74: noch 1791 wurde dort ein Stackdeich unterhalten;
Fischer, Band 3/1, Kapitel 5, S. 119; *Kramer*, 5.3, S. 87; *Mellmann*, § 11, S. 63, 66; *Melfsen*, Band 1, Kapitel 1, S. 3; vgl. auch *Tetens*, 23. Brief, S. 135.

B. Grundzüge des nordfriesischen Deichrechts

I. Gesetzliche Grundlagen

1. Allgemeines

Durch die Lage Nordfrieslands als abgeschlossener und eigenständiger Landstrich sowie durch die allgemein zu beobachtende Ausrichtung der Deichrechte auf regionale Besonderheiten hat sich das hiesige Deichrecht über viele Jahrhunderte als selbstständige Materie entwickelt.[31] In seinen Anfängen war das Deichrecht reines Gewohnheitsrecht.[32] Die ersten Gesetze beschränkten sich auf die schriftliche Fixierung dieser Gebräuche.[33]

2. Die Entwicklung der Deichgesetzgebung vom Mittelalter bis heute

a) Vom Mittelalter bis zum Ende des 18. Jahrhunderts

Die früheste Niederschrift deichrechtlicher Grundsätze soll Überlieferungen zufolge in der um 800 von Karl dem Großen erlassenen *Lex Frisionum* enthalten gewesen sein. Da von der *Lex Frisionum* keine Ausgabe erhalten ist, ist über den genauen Inhalt dieser Grundsätze nichts bekannt.[34]

Um 1200 wurden in Friesland die sogenannten *Siebzehn Küren*[35] verfasst. Die zehnte und die zwölfte behandeln das Deichrecht. Es ist jedoch sehr zweifelhaft, ob die *Siebzehn Küren* im von Friesland relativ weit entfernten Nordfriesland bekannt waren beziehungsweise angewendet wurden.[36] Weitere deichrechtliche Aufzeichnungen sind im um 1230 entstandenen *Sachsenspiegel* zu finden.[37] Dieser

---

[31] *Carstens*, 5., S. 565; *Constabel*, Vorbemerkung, S. 1; *Fischer*, Band 3/1, Kapitel 6, S. 136; *Julius von Gierke*, Die Geschichte des deutschen Deichrechts, Teil I, Vorwort, S. VII; *Ebenda*, Teil II, 5. Abschnitt, 1. Kapitel, § 2, I., S. 322 f.; *Goldbeck*, 2. Teil, B., 1.1, S. 66; *Johannsen*, § 2, 1., S. 2; *Kähler*, § 34, Einleitung, S. 309; *Pauls*, S. 19; *Römer*, § 2, S. 7; *Staehly*, S. 54; Steensen - *Knottnerus*, S. 61; *Tetens*, 21. Brief, S. 125; *Thiem*, Textausgabe, Einführung, II., 1., S. 2.

[32] Bantelmann/Panten/Kuschert/Steensen - *Kuschert*, III., B., 6., S. 142; *Bochalli*, VerwArch 30 (1925), S. 460; *Constabel*, § 1, S. 3; *Dreyer*, § 1, S. 4; *Falck*, Band 1, § 39, S. 113 und § 140, S. 437; *Feikes*, 1. Kapitel, 1., S. 10.

[33] Bantelmann/Panten/Kuschert/Steensen - *Kuschert*, III., B., 6., S. 142; *Bochalli*, VerwArch 30 (1925), S. 435; *Bojunga*, NMHR 5 (1864), S. 36; *Danz*, § 113, III., S. 429; *Ebel/Kunig*, Jura 1998, S. 114; *Fischer*, Band 3/1, Kapitel 6, 1., S. 141; *Goldbeck*, 2. Teil, B., I., 1., S. 64; *Häberlein*, § 101, S. 309; *Hinrichsen*, S. 11; *Mittermaier*, § 224, S. 628; Stengel/Fleischmann - *Hermes/Holtz*, „Deichwesen", § 4, S. 551; *Thiem*, Textausgabe, Einführung, II., 1., S. 2.

[34] *Carstens*, 5., S. 565; *Mellmann*, § 18, S. 114; *Römer*, § 4, S. 15; *Schrader*, § 9, S. 12.

[35] *von Richthofen*, S. 2 ff.

[36] So auch *Johannsen*, § 3, 1., S. 7 f.

[37] *Bojunga*, NMHR 5 (1864), S. 36; *Ey*, S. 204; *Feikes*, 1. Kapitel, A., S. 10.

galt im Herzogtum Schleswig jedoch nicht.[38] Weitere Rechtsaufzeichnungen mit möglichem Bezug auf Nordfriesland sind aus der Folgezeit bis Mitte des 15. Jahrhunderts nicht bekannt.[39]

In der Anfangszeit der Kodifikation des Deichrechts im Herzogtum Schleswig wurden zunächst einzelne Vorschriften oder Abschnitte über das Deichrecht in die jeweiligen Landrechte eingefügt. Erst später wurden spezielle Deichgesetze erlassen.[40] Die ältesten überhaupt bekannten nordfriesischen Rechtsquellen sind die „*Krone der rechten Wahrheit*"[41] und die *Siebenhardenbeliebung*[42] von 1426 sowie mehrere Beliebungen für die Eiderstedter Harde aus den Jahren zwischen 1418 und 1466.[43] In der *Siebenhardenbeliebung* und der Beliebung von 1446[44] wird erstmals der Deichfrieden[45] unter besonderen Schutz gestellt. Die weiteren genannten Quellen enthalten noch keine deichrechtlichen Vorschriften.

In der Folgezeit wurden 1572 das *Nordstrander*[46] und am 14. Januar 1591 das *Eiderstedter Landrecht*[47] erlassen. Ersteres galt außerhalb der Landschaft Nordstrand in den vier Marschharden des Amtes Tondern.[48] Das *Eiderstedter Landrecht* war neben der von vornherein gegebenen Anwendbarkeit in der Landschaft Eiderstedt auch im Amt Husum und in der Mehrzahl der octroyierten Köge[49] re-

---

38 *Falck*, Band 1, § 44, S. 125; *Kähler*, § 2, II., S. 24; *Paulsen*, § 2, S. 4 f.

39 Bantelmann/Panten/Kuschert/Steensen - *Kuschert*, III., B., 5., S. 142; *Carstens*, 5., S. 565.

40 *Julius von Gierke*, Die Geschichte des deutschen Deichrechts, Teil II, 5. Abschnitt, 1. Kapitel, § 2, I., S. 322 f.; *Römer*, § 4, S. 15 ff.

41 *von Richthofen*, S. 561 ff. ; nach *Falck*, Band 1, § 135, S. 421 ist dies die erste überhaupt vorgenommene schriftliche Niederlegung von Rechtssätzen.

42 *von Richthofen*, S. 578 ff.

43 *von Richthofen*, S. 561, 568 f., 571 f., 573 ff., 576 f.

44 *von Richthofen*, S. 575 ff.

45 *Deichfrieden* = besonderer Schutz der Deiche nebst Zubehör und derjenigen, die Deicharbeiten ausführen; Schutz wird insbesondere durch drastische Strafdrohungen gewährleistet (vgl. *Häberlein*, § 101, S. 315; *Johannsen*, § 6, S. 35; *Kramer*, 8.1, S. 197; *Runde*, § 123, S. 125).

46 **CSS I**, S. 428 ff.

47 **CSS I**, S. 1 ff.

48 *Esmarch*, Bürgerliches Recht, Vorbemerkung, II., S. X.; *Falck*, Band 1, § 44, S. 126; *Kähler*, § 2, II., B., S. 26; *Niemann*, Die königlichen Landdistrikte, III., S. 54; *K. Petersen*, § 4, A., I., 1., S. 24; *von Stemann*, Geschichte des öffentlichen und Privatrechts des Herzogtums Schleswig, Teil 2, § 52, S. 163.

49 Octroyierte Köge sind solche, für deren Neueindeichung die Unternehmer vom Landesherrn im Einzelfall einen Freibrief erhielten, der den Unternehmern für die Anlegung des Kooges zeitweise oder dauernde Befreiung von Abgaben und verschiedene Freiheiten und Vergünstigungen gewährte (vgl. *von Esmarch*, Bürgerliches Recht, § 50, 7., S. 118; *Johannsen*, § 3, 3. d., S. 11). Nach *Esmarch*, Bürgerliches Recht, Vorbemerkung, III., S. X, *Falck*, Band 1, § 21, S. 59 ff., und *Kähler*, § 2, A., 1., S. 25, waren darunter zu zählen: Friedrichs-, Marien-, Dagebüller, Kleiseer, Juliane-Marien-, Ruttebüller, Reußen-, Grothusen-, Bermer-, Megger- und Kleiseer Koog sowie Augusten- und Christian-Albrechts-Köge; *Falck* nennt darüber hinaus den Neuen Sterdebüller Koog, *Kähler* des weiteren den Sophie-Magdalenen-, Desmercières-, Elisabeth-Sophien- und Interessenten-Gotteskoog.

zipiert worden.[50] Beide Landrechte schützen den Deichfrieden.[51] Das *Nordstrander Landrecht* verbietet darüber hinaus bestimmte Veränderungen der Mitteldeiche.[52]

Im ausgehenden 16. Jahrhundert wurden schließlich vermehrt spezielle Deichordnungen erlassen. Zu nennen sind hier „*Der Lande Eyderstädt, Everschop und Utholm confirmirte Teichordnung*“ von 1592,[53] die *Deichordnung des Amtes Tondern* vom 14. Mai 1619[54] und die *Pellwormer Deichordnung* vom 5. März 1711.[55] Diese Deichordnungen beinhalten bereits recht detaillierte Regelungen über die Deichverwaltung und -unterhaltung. Der fünfte Titel des ersten Teils der *Landgerichtsordnung* vom 1. September 1636[56] enthält einige grundlegende Aussagen zur Deichunterhaltung und regelte erstmals verbindlich das Verfahren im Deichprozess für Schleswig und Holstein.

Die wichtigste Quelle des nordfriesischen Deichrechts des 16. Jahrhunderts ist das *Spadelandesrecht.*[57] Dieses enthält im Wesentlichen detaillierte Vorschriften über Deichverwaltung und -unterhaltung. Das *Spadelandesrecht* hat Anlass zu vielen Streitpunkten geboten.[58] Sein genauer Entstehungszeitpunkt ist ebenso umstritten wie der von diesem Begriff überhaupt erfasste Bereich[59] und die Einordnung seiner rechtlichen Qualität.[60] Fest steht allerdings, dass die im *Corpus Statuorum Slesvicensium* als „Spadelandesrecht“ aufgezeichneten zwanzig Rechtssätze[61] so-

---

50 *Falck*, Band 1, § 44, S. 126; *Tetens*, 21. Brief, S. 125; *von Stemann*, Geschichte des öffentlichen und Privatrechts des Herzogtums Schleswig, Teil 2, § 52, S. 163.

51 Vgl. im Nordstrander Landrecht Art. 26 des 3. Teils und im Eiderstedter Landrecht Art. 18 des 4. Teils.

52 Vgl. 3. Teil, Art. 19 (Text im Anhang).

53 **CSS I**, S. 214 ff.

54 **CSS I**, S. 397 ff.

55 **CSS I**, S. 408 ff.

56 **CSH**, Abt. III, S. 28 ff.

57 **CSS I**, S. 390 ff. (Text im Anhang).

58 Vgl. zum gesamten Streit *Carstens*, 5., S. 565 f.; *Feikes*, 1. Kapitel, B., b., 2., S. 21 ff.; *Julius von Gierke*, Die Geschichte des deutschen Deichrechts, Teil I, Einleitung, § 4 a, I., B., a., S. 33 ff.; *Johannsen*, § 4, S. 14 ff.; *Trenckner*, § 9, S. 27 f.

59 Teilweise werden nur die im CSS abgedruckten 20 Artikel als Spadelandesrecht bezeichnet (*Kähler*, § 34, I., S. 309), teilweise das gesamte nordfriesische Deichrecht (*Mellmann*, § 14, S. 99). Vereinzelt wird der Begriff mit dem Spatenrecht, das heißt der Eigentumsaufgabe beziehungsweise -entziehung eines deichpflichtigen Grundstücks durch die feierliche Setzung des Spatens auf die Erde, verwechselt (so auch *Häberlein*, § 101, S. 316; *Lorenzen-Schmidt*, Deiche in Schleswig-Holstein, S. 8).

60 Zum Teil wird das Spadelandesrecht als Gesetz qualifiziert (so auch *Pauls/ Klose*, 1. Teil, VII., 2., a., S. 79), zum Teil als Sammlung deichrechtlicher Gewohnheitsrechte auf Befehl des regierenden Herzogs (so auch *Kähler*, § 34, I., S. 309). Andere halten das Spadelandesrecht für eine Aufzeichnung durch Hardesmänner (*Dreyer*, § 3, S. 16 und S. 18, Anm. 7; *Falck*, Band 1, § 140, S. 437) oder eine Zusammenstellung eines Privatmanns (*Julius von Gierke*, Geschichte des deutschen Deichrechts, Teil I, Einleitung, § 4 a, B., a., S. 37; *Pauls*, S. 29).

61 Vgl. Text im Anhang.

wohl im Geltungsbereich des *Nordstrander* als auch des *Eiderstedter Landrechts* als verbindlich angesehen und allgemein angewendet wurden.[62]

b) Grundlegende Änderungen im 19. Jahrhundert

Nachdem die seit dem 16. Jahrhundert bestehenden Gesetze fast 200 Jahre lang kaum verändert worden waren, erfolgte Anfang des 19. Jahrhunderts eine grundlegende Neuregelung und Vereinheitlichung des Deichwesens. Diese war vor allem im Hinblick auf die dringende Notwendigkeit einer einheitlichen Durchführung und Beaufsichtigung der Deichunterhaltung sowie aufgrund der im Laufe der Jahrhunderte stark veränderten Grundsätze der Deichbautechnik erforderlich geworden.[63] Das „*Patent betreffend die einzuführende Aufsicht über die Deiche der sämtlichen Marschkommünen, adlichen Marschgüter und octroyirten Koege in den Herzogtümern*“ vom 29. Januar 1800[64] sowie die „*Instruktion für die in den Herzogtümern angeordneten Deichinspektoren*“ vom 13. Mai 1800[65] stellen die Deichunterhaltung erstmals unter eine einheitliche staatliche Aufsicht. Am 6. April 1803 wurde das „*Allgemeine Deichreglement für die sämtlichen Marschkommünen, adlichen Marschgüter und octroyirten Koege in den Herzogtümern*“[66] (ADR) erlassen. Es galt wie das Patent und die Instruktion von 1800 für das gesamte schleswigsche Marschgebiet einschließlich der octroyierten Köge.[67] Es enthält umfassende materielle deichrechtliche Bestimmungen und machte den größten Teil des Spadelandesrechts gegenstandslos.[68] Gemäß § 38 ADR wurden aber nur diejenigen Regelungen außer Kraft gesetzt, die mit den Grundsätzen und Vorschriften des Allgemeinen Deichreglements nicht übereinstimmten. Alle nicht entgegenstehenden Rechte einschließlich der Gewohnheitsrechte blieben demnach

---

62 Bantelmann/Panten/Kuschert/Steensen - *Kuschert*, III., B., 6., a., S. 142; *Carstens*, 5., S. 566; *Falck*, Band 1, § 140, S. 437; *Feikes*, 1. Kapitel, B., a., 2., S. 15; *Fischer*, Band 3/1, Kapitel 6, S. 136; *Julius von Gierke*, Geschichte des deutschen Deichrechts, Teil I, Einleitung, § 4 a, I., B., a., S. 36; *Haff*, S. 357; *Johannsen*, § 4, 1., S. 17; Lorenzen-Schmidt/Pelc - *Kunz*, „Deichrecht“, S. 99; *Mellmann*, § 11, S. 67 f.; *Pauls*, S. 29; *von Stemann*, Geschichte des öffentlichen und Privatrechts des Herzogtums Schleswig, Teil 2, § 52, S. 163 f.; *Thiem*, Textausgabe, Einführung, II., 2., S. 3.

63 *Johannsen*, § 3, 4., S. 12 f.

64 **ChrS 1800**, S. 4 ff.

65 **ChrS 1800**, S. 52.

66 **ChrS 1803**, S. 17 ff.

67 Vgl. Titel und Einleitung: „*Da diese Grundsätze und Regelnd aus der Natur der Sache hergenommen sind und die Sicherheit der gesamten Marschen und ihrer Bewohner ... zum Zweck haben, so müssen dieselben allgemein zur Anwendung kommen. Es kann daher die Berufung auf besondere Privilegien und Exemtionen ... keineswegs gestattet werden. Es ist vielmehr unser ernstlicher Wille und Befehl, daß diese Vorschriften ohne alle Rücksicht auf besondere Vergünstigungen und vernehmliche Vorrechte überall in den Marschen, mithin auch in den octroyirten Kögen, ... ohne Unterschied der Jurisdiction und sonstigen bürgerlichen Verhältnisse, ... keine Ausnahme Statt finden soll.*“

68 *Römer*, § 4, S. 20.

bestehen. Die aufgrund von § 6 ADR im März und April 1805 erlassenen Besonderen Deichreglements des Ersten,[69] Zweiten[70] und Dritten[71] Schleswigschen Deichbands beinhalten für die einzelnen Deichbände[72] Regelungen über die genaue Organisation der Deichverwaltung und -unterhaltung.

c) *Die Gesetzgebung unter preußischer Regierung*

Nachdem die Herzogtümer Schleswig und Holstein am 1. Januar 1867[73] zu preußischen Provinzen erklärt und durch Verordnung vom 22. September 1867[74] zu einer Provinz zusammengefasst worden waren, wurde das in Preußen bereits am 28. Januar 1848 erlassene „*Gesetz über das Deichwesen*"[75] durch Gesetz vom 11. April 1872[76] auf diese neue Provinz ausgedehnt. Gemäß Artikel II, III des Ausdehnungsgesetzes vom 11. April 1872 blieben in den schleswig-holsteinischen Marschdistrikten die vorhandenen Gesetze, Verordnungen und Gewohnheitsrechte bestehen, „*insoweit das Patent vom 29. Januar 1800 und das Allgemeine Deichreglement vom 6. April 1803 Platz greifen*". „*Insoweit*" ist nach einheitlicher Beurteilung in Praxis und Schrifttum nicht sachlich, sondern territorial zu verstehen.[77] Als Marschen sind die Landstriche anzusehen, die ohne die vorhandenen Deiche den regelmäßigen Überflutungen durch den Gezeitenwechsel ausgesetzt wären.[78] Da dies bei den Kögen im ehemaligen Herzogtum Schleswig im uneingedeichten Zustand gegeben wäre, unterfallen sie diesem Ausnahmetatbestand. Eine ergänzende Heranziehung der Gesetzes über das Deichwesen vom 28. Januar 1848 war durch die Herausnahme des gesamten Gebiets aus dem Anwendungsbereich des Gesetzes auch in Fällen unzureichender vorhandener regionaler Regelungen nicht zulässig.[79] Das „*Gesetz über das Deichwesen*" sollte nach

---

69 **ChrS 1805**, S. 14 ff. (12. März 1805; Gebiet des Amtes Tondern); ersetzt durch Statut vom 1. Mai 1908, **AmtsBl. 1908**, S. 284 ff.

70 **ChrS 1805**, S. 128 ff. (20. April 1805; Gebiet der Ämter Husum und Bredstedt); ersetzt durch Statut vom 20. Februar 1878, **AmtsBl. 1878**, S. 97 ff.

71 **ChrS 1805**, S. 112 ff. (20. April 1805; Gebiet der Landschaften Eiderstedt und Südermarsch).

72 *Deichband* = Verwaltungsbezirk, der nach dem ADR für die Erhaltung und bauliche Verbesserung der Deiche zuständig war.

73 Gesetz vom 24.12.1866, **GS 1866**, S. 875.

74 **GS 1867**, S. 1581 ff.

75 **GS 1848**, S. 54 ff.

76 **GS 1872**, S. 377 ff.

77 **KANF**, ***Abt. F 4***, Nr. 557 (schleswig-holsteinische Provinzregierung, 1913);
LAS, ***Abt. 170***, Nr. 85 (preußisches Ministerium für Landwirtschaft, Domänen und Forsten, 1898); ***Abt. 309***, Nr. 23149 (schleswig-holsteinische Provinzregierung, 1910); ***Abt. 320.4***, Nr. 1579 (schleswig-holsteinische Provinzregierung, 1898);
Constabel, § 4, Fn. 68, S. 11; *Grube*, § 9, S. 55.

78 **KANF**, ***Abt. F 4***, Nr. 557; *Bochalli*, VerwArch 30 (1925), S. 432, 435; *Kähler*, § 34 I. 1. c, S. 313.

79 **KANF**, ***Abt. F 4***, Nr. 557;
LAS, ***Abt. 170***, Nr. 85; ***Abt. 309***, Nr. 23149; ***Abt. 320.4***, Nr. 1579;

Ansicht des Gesetzgebers nicht zur Anwendung kommen, weil die Entwicklung von preußischem und nordfriesischem Deichrecht bis zu diesem Zeitpunkt für so unterschiedlich gehalten wurde, dass eine Übernahme des preußischen Gesetzes nicht zweckmäßig erschien.[80] Anzuwenden waren gemäß Artikel VIII des Ausdehnungsgesetzes vom 11. April 1872 lediglich Normen über die Bildung und Verfassung von Deichverbänden. In materieller Hinsicht behielt das Allgemeine Deichreglement damit volle Gültigkeit.[81] Demzufolge blieben auch die älteren Rechte, die nicht durch das Allgemcine Deichreglement außer Kraft gesetzt worden waren, bestehen.[82]

Aus dem In-Kraft-Treten des Bürgerlichen Gesetzbuches (BGB)[83] zum 1. Januar 1900 ergaben sich für das Deichrecht keine Veränderungen. Gemäß Artikel 66 des Einführungsgesetzes zum BGB (EGBGB)[84] sollten alle das Deich- und Sielrecht betreffenden Landesrechte fortgelten.

Gemäß § 13 Nr. 5 des *„Gesetzes zur Verhütung von Hochwassergefahren"* vom 16. August 1905[85] sollte auch dieses Gesetz *„insoweit"* unanwendbar sein, wie das Patent vom 29. Januar 1800 und das Allgemeine Deichreglement vom 6. April 1803 Platz griffen. Auch hier besteht Einigkeit, dass *„insoweit"* allein in territorialer Hinsicht zu verstehen ist.[86] Grund für diesen Anwendungsausschluss für Schleswig-Holstein war erneut die Ansicht, dass der hiesige Hochwasserschutz durch die vorhandenen Regelungen bereits ausreichend gewährleistet sei.[87]

Das preußische Wassergesetz vom 7. April 1913[88] (PrWG) beinhaltete neben einer umfassenden Neuregelung des Wasserrechts auch Vorschriften über Teile des Deichrechts. Gemäß § 399 PrWG wurden das *„Gesetz über das Deichwesen"* vom 28. Januar 1848 und das Ausdehnungsgesetz für die Provinz Schleswig-Holstein vom 11. April 1872 außer Kraft gesetzt. §§ 323 Absatz 1 Nr. 1, 324 PrWG ge-

---

OLG Kiel, SchlHA 1913, S. 135 (136);
Fischer, Band 3/1, Kapitel 6, 4., S. 154; *Grube*, § 9, S. 55; *Kähler*, § 34, II., 2., S. 332.

80 *Johannsen*, § 3, 4., S. 13.

81 **KANF**, ***Abt. F 4***, Nr. 557;
LAS, ***Abt. 170***, Nr. 85; ***Abt. 309***, Nr. 23149; ***Abt. 320.4***, Nr. 1579;
Schröder, S. 37; Stengel/Fleischmann - *Hermes/Holtz*, „Deichwesen", § 1 II., S. 550.

82 **LAS**, ***Abt. 301***, Nr. 1223;
Bochalli, VerwArch 30 (1925), S. 435; *Ders.*, Wassergenossenschafts- und Deichrecht, 2. Teil, § 1, S. 100; *Fischer*, Band 3/1, Kapitel 6, 4., S. 153; *Thiem*, Textausgabe, Einführung, II., 2., S. 4.

83 Verabschiedet am 18.8.1896, **RGBl. 1896**, S. 195 ff.

84 **RGBl. 1896**, S. 604 ff.

85 **GS 1905**, S. 342 ff.

86 **LAS**, ***Abt. 309***, Nr. 23149;
Constabel, § 4, Fn. 71, S. 11; *Kähler*, § 34, II., 2., b., S. 334; Stengel/Fleischmann - *Hermes/Holtz*, „Deichwesen", § 1 II., S. 550.

87 **LAS**, ***Abt. 309***, Nr. 23149.

88 **GS 1913**, S. 53 ff.

währen den schleswig-holsteinischen Marschdistrikten jedoch erneut eine weitreichende Ausnahmeregelung. Aus dem mit „*Verhütung von Hochwassergefahren*“ überschriebenen Vierten Abschnitt des PrWG, der als einziger das Deichrecht betrifft, sollten gemäß § 323 Absatz 1 Nr. 1 PrWG der zweite, fünfte und sechste Titel[89] nicht gelten, „*soweit*“ das Patent vom 29. Januar 1800 und das Allgemeine Deichreglement vom 6. April 1803 Platz greifen. Unter Marschen werden wie schon im Ausdehnungsgesetz vom 11. April 1872 die Landstriche verstanden, die uneingedeicht den gezeitenbedingten Fluten der Nordsee ausgesetzt wären.[90] Das „*soweit*“ ist wiederum territorial zu verstehen. Eine ergänzende Heranziehung des PrWG war also auch hier nicht möglich.[91] § 324 PrWG führte dazu, dass in den schleswig-holsteinischen Marschen das bisher geltenden Recht unter Einschluss aller Gewohnheitsrechte[92] in Kraft blieb.

Auch durch den Ausnahmetatbestand der §§ 323, 324 PrWG sollte das Deichrecht in der Provinz Schleswig-Holstein wegen ihrer jahrhundertealten selbstständigen Entwicklung und bewährten Anwendung als eigenständige Materie erhalten werden.[93] Dies entsprach einerseits der besonderen Situation in Schleswig-Holstein, die sich daraus ergab, dass die Hochwassergefahr entgegen der Prämisse des PrWG nicht durch Flüsse, sondern durch die Nordsee verursacht wurde.[94] Andererseits hatten die Marschbewohner den dringenden Wunsch nach Beibehaltung der geltenden Rechtslage geäußert.[95]

Das Wasserverbandsgesetz vom 10. Februar 1937[96] und die Erste Wasserverbandsverordnung vom 3. September 1937[97] (WVVO) vereinheitlichten die Organisationsstrukturen der Deichverbände. Die Erste WVVO begründete die heute noch bestehende öffentlichrechtliche Struktur der Deich- und Hauptsielverbän-

---

89 Zweiter Titel: „*Freihaltung des Überschwemmungsgebiets von Wasserläufen*“; fünfter Titel: „*Deichverbände*“; sechster Titel: „*Deiche, die zu keinem Deichverband gehören*“.

90 *Bochalli*, VerwArch 30 (1925), S. 460; *Holtz/Kreutz*, Vor § 323 PrWG, Anm. B.; *Lenhard/Reichau*, 4. Abschnitt, 7. Titel, B., S. 618; *Nieberding/Frank*, § 79, S. 416.

91 **LAS, *Abt. 320.4***, Nr. 1579.
Bochalli, VerwArch 30 (1925), S. 461; *Ders*., Wassergenossenschafts- und Deichrecht, § 11, S. 125 f.; *Constabel*, § 4, S. 11, Fn. 73; *Holtz/Kreutz*, § 324 PrWG, Anm. 1; *Kähler*, § 34, II., 2., c., S. 335.

92 Vgl. nur *Holtz/Kreutz*, § 324 PrWG, Anm. 1.

93 *Bochalli*, VerwArch 30 (1925), S. 460; *Feikes*, 1. Kapitel, C., b., S. 59; *Lenhard/Reichau*, 4. Abschnitt, 7. Titel, Vorbemerkung, S. 612.

94 *Bochalli*, VerwArch 30 (1925), S. 460; *Holtz/Kreutz*, vor § 323 PrWG, Vorbemerkung.

95 *Bochalli*, VerwArch 30 (1925), S. 460; *Ders*., Wassergenossenschafts- und Deichrecht, § 11, S. 125; *Fischer*, Band 3/1, Kapitel 6, 4., S. 154; *Holtz/ Kreutz*, vor § 323 PrWG, Vorbemerkung.

96 **RGBl. 1937 I**, S. 188.

97 **RGBl. 1937 I**, S. 933.

de.[98] Das materielle Deichrecht wurde durch den Erlass von Wasserverbandsgesetz und WVVO nicht verändert.[99] Der Entwurf zum an diese Veränderungen anschließenden Reichswassergesetz von 1940 wurde nie umgesetzt.[100] Damit blieben alle Normen des Deichrechts, die Gegenstände außerhalb des Verbandsrechts betrafen, wirksam. Das PrWG und die durch dessen Ausnahmetatbestände in Kraft gelassenen schleswig-holsteinischen Regeln galten damit fort.

d) Die Gesetzgebung nach 1945

Der Küstenschutz fällt heute gemäß Artikel 72 i.V.m. Artikel 74 Absatz 1 Nr. 17 GG in den Bereich der konkurrierenden Gesetzgebung. Der Begriff Küstenschutz erfasst alle Maßnahmen gegen die von der Natur ausgehenden Gefahren und Schäden, die zur Erhöhung der Sicherheit und zur Beseitigung von Schäden an den Küsten der Nord- und Ostsee dienen.[101] Als Mittel zur Regelung dieser Materie fällt das Deichwesen einschließlich der erforderlichen Organisationsregeln in den Bereich des Küstenschutzes.[102] Gemäß Artikel 72 Absatz 1 GG haben die Länder die Befugnis zur Gesetzgebung, solange und soweit der Bundesgesetzgeber von seiner Gesetzgebungskompetenz keinen Gebrauch gemacht hat. Dies ist im Bereich des Küstenschutzes bisher nur hinsichtlich des Verbandswesens durch Erlass des *„Gesetzes über Wasser- und Bodenverbände“* vom 12. Februar 1991[103] (WVG) als direkter Nachfolgeregelung zum Wasserverbandsgesetz und der Ersten WVVO von 1937 geschehen. Im Übrigen steht die Gesetzgebungskompetenz damit im Bereich des Deichrechts mangels bundesgesetzlicher Regelung den Ländern zu.

In Schleswig-Holstein ist das Deichrecht heute ein Teil des Landeswassergesetzes (LWG) vom 25. Februar 1960[104]. Gemäß § 112 Absatz 1 lit. c LWG trat das PrWG durch den Erlass des LWG außer Kraft. Dadurch wurden auch alle durch § 323 PrWG aufrecht erhaltenen Gesetze und Gewohnheitsrechte ungültig. Nachdem Deichunterhaltung und -verwaltung seit 1980 Gegenstand einer eigenen Verordnung[105] gewesen waren, sind sie durch Artikel 1 des *„Gesetzes zur Änderung*

---

98 **AmtsBl. 1939**, S. 342 ff. (Satzungen für den Ersten und Zweiten Schleswigschen Deichband vom 16. November 1939); **AmtsBl. 1941**, S. 173 ff. (Satzung für den Dritten Schleswigschen Deichband vom 16. September 1941);
Fischer, Band 3/1, Kapitel 6, 5., S. 161; Lorenzen-Schmidt/Pelc - *Lorenzen-Schmidt*, „Deich- und Hauptsielverband“, S. 98; *Thiem*, Textausgabe, Einführung, II., 4., S. 6.

99 *Fischer*, Band 3/1, Kapitel 6, 6., S. 162 f.

100 *Thiem*, Textausgabe, Einführung, III., 1., S. 6.

101 *von Mangoldt/Klein/Pestalozza*, Art. 74 GG, Rn. 1146, 1149, 1152; *S. Petersen*, Rn. 657 f.; vgl. auch Legaldefinition in § 62 LWG (Text im Anhang).

102 *von Mangoldt/Klein/Pestalozza*, Art. 74 GG, Rn. 1152 f.; *S. Petersen*, Rn. 801.

103 **BGBl. 1991 I**, S. 405 ff.

104 **GVOBl. 1960**, S. 39 ff.

105 Verordnung zum Schutz der Deiche und der Küste, **GVOBl. 1981**, S. 2 ff.

des Landeswassergesetzes“ vom 7. Juni 1991[106] in das LWG eingefügt worden. In der heute geltenden Fassung des LWG vom 13. Juni 2000[107] enthält der Siebente Teil ausführliche Regeln zum Deichrecht.

II. Organisationsformen der Deichverwaltung im Wandel der Zeit

1. Allgemeines

Schon früh nach Anlage der ersten Deiche schlossen sich die Bewohner der geschützten Landstriche zu Deichgenossenschaften zusammen.[108] Nachdem die ersten Deichbauten auf Initiative von Einzelnen zum unmittelbaren Schutz des eigenen Grund und Bodens durchgeführt worden waren, hatte sich sehr bald die Erkenntnis durchgesetzt, dass ein einzelner nicht in der Lage war, das Land wirkungsvoll gegen Überschwemmungen zu sichern.[109] Die Gebiete dieser ersten Deichverbände deckten sich zunächst mit denen der jeweiligen Gemeinden.[110] Später legten vielfach mehrere Gemeinden gemeinsam neue Köge an. Dadurch entstanden vermehrt aus mehreren Gemeinden gebildete Deichverbände.[111]

In dieser Anfangszeit der Deichverwaltung wurden Deichangelegenheiten größtenteils als Angelegenheiten der Köge in ihrer Eigenschaft als kommunale Deichgenossenschaften betrachtet. Diese legten ihr Handeln durch autonome Beschlüsse fest, ohne dass es dafür vorgegebene Verwaltungsstrukturen gab.[112] Ab Mitte

---

[106] **GVOBl. 1991**, S. 331 ff.

[107] **GVOBl. 2000**, S. 490 ff.

[108] *Bochalli*, VerwArch 30 (1925), S. 433; *von Bülow/Hagemann*, 12. , S. 41; *Carstens*, 7., S. 570; *Feikes*, 2. Kapitel, S. 68; *Häberlein*, § 101, S. 308; *Haff*, S. 352; *Hinrichsen*, S. 11; HRG - *Knauer*, „Deichrecht“, Sp. 668; Lorenzen-Schmidt/Pelc - *Lorenzen-Schmidt*, „Deichgenossenschaft“, S. 98; *Thiem*, Textausgabe, Einführung, II., 2., S. 3; Weiske - *Wilda*, „Deich- und Sielrecht“, S. 282.

[109] *Beseler*, § 201, S. 914; *Bojunga*, NMHR 5 (1864), S. 40; *Ebel/Kunig*, Jura 1998, S. 113; *von Ende*, § 3, S. 24; *Häberlein*, § 101, S. 308; *Hinrichsen*, S. 7; HRG - *Knauer*, „Deichrecht“, Sp. 668; Lorenzen-Schmidt/Pelc - *Kunz*, „Deich“, S. 96; *Thiem*, Textausgabe, Einführung, II., 2., S. 3.

[110] OLG Oldenburg, NJW-RR 1991, 784 (784);
Bantelmann/Panten/Kuschert/Steensen - *Kuschert*, III., B., 6., b., S. 143; *Bochalli*, VerwArch 30 (1925), S. 432; *Ders.*, Wassergenossenschafts- und Deichrecht, § 1, S. 7; *Bojunga*, NMHR 5 (1864), S. 40; *von Ende*, §, 7, S. 27; *Feikes*, 2. Kapitel, S. 69; *Julius von Gierke*, Geschichte des deutschen Deichrechts, Teil I, 2. Abschnitt, § 1, I., S. 184; HRG - *Knauer*, „Deichrecht“, Sp. 669; *Hübner*, § 40, III., S. 310; *Johannsen*, § 7, 2., S. 37 f.; *Kramer*, 8.1, S. 197; *Pauls*, S. 23; *Römer*, § 7, S. 34.

[111] Bantelmann/Panten/Kuschert/Steensen - *Kuschert*, III., B., 6., b., S. 143; *von Ende*, §, 7, S. 27; *Hinrichsen*, S. 18; *Hübner*, § 40, III., S. 310; *Johannsen*, § 7, 2., b., S. 40; *Kramer*, 8.2, S. 201; *Pauls*, S. 24; *Römer*, § 7, S. 34; *Thiem*, Textausgabe, Einführung, II., 2., S. 3.

[112] *Bochalli*, VerwArch 30 (1925), S. 434; *Carstens*, 7., S. 570; *Falck*, Band 1, § 140, S. 437; *Hinrichsen*, S. 11; *Johannsen*, § 3, 3., S. 9, und § 7, 2., S. 39 f.; *Kähler*, § 34, I., S. 309;

des 16. Jahrhunderts griff die Obrigkeit vermehrt und mit zunehmender Intensität in Deichbau und -verwaltung ein.[113] Dieses äußerte sich einerseits in der oftmals von den Betroffenen erwünschten landesherrlichen Kodifikation der bisherigen Gewohnheitsrechte durch den Erlass von Deichordnungen.[114] Andererseits wurden die Deichverbände verstärkt unter die Aufsichts- und Polizeigewalt der Landesherrn und ihrer Behörden gestellt.[115] Diese Entwicklung war notwendig geworden, weil durch die vermehrte Neuanlage von Deichen und die damit entstehende Zuständigkeit mehrerer Gemeinden für einen Seedeich das Unterhaltungssystem immer komplexer geworden war. Die Deichsicherheit war dementsprechend am wirkungsvollsten durch eine übergeordnete Aufsicht und Lenkung zu gewährleisten.[116] Die ursprüngliche weitreichende Autonomie der Deichverbände fand damit ein vorläufiges Ende.[117] Die Selbstverwaltung der Deichverbände wurde durch das preußische *„Gesetz über das Deichwesen"* vom 28. Januar 1848, ausgedehnt auf die Provinz Schleswig-Holstein durch Gesetz vom 11. April 1872, jedenfalls in Teilen wieder eingeführt.[118] In der weiteren Entwicklung wurde sie beibehalten und durch das Preußische Wassergesetz vom 7. April 1913 weiter ausgedehnt.[119]

2. Überblick über die gesetzlichen Regelungen der Deichverwaltung

Für die Zeit bis zum Anfang des 15. Jahrhunderts fehlen Aufzeichnungen über die Organisation der Deichverwaltung vollständig.[120] Es ist jedoch davon auszugehen, dass sie in den ersten Jahrhunderten in den einzelnen Kögen sehr unterschiedlich

---

Kramer, 8.2, S. 200; *Pauls*, S. 23; *Schröder*, Vorbericht, S. 4; Weiske - *Wilda*, „Deich- und Sielrecht", S. 283.

113 Bantelmann/Panten/Kuschert/Steensen - *Kuschert*, III., B., 5., b., S. 137; *Bochalli*, VerwArch 30 (1925), S. 434; *Ders.*, Wassergenossenschafts- und Deichrecht, 2. Teil, § 1, S. 99; *Carstens*, 7., S. 570; *Feikes*, 1. Kapitel, A., S. 13; *Fischer*, Band 3/1, Kapitel 6, S. 136; *Julius von Gierke*, Geschichte des deutschen Deichrechts, Teil I, Einleitung, § 2, II., 2., S. 18; *Hinrichsen*, S. 19; HRG - *Knauer*, „Deichrecht", Sp. 670; *Johannsen*, § 3, 3., S. 9; *Pauls/Klose*, 1. Teil, VII., 2., a., S. 79; *Römer*, § 4, S. 17.

114 Bantelmann/Panten/Kuschert/Steensen - *Kuschert*, III., B., 6., S. 142; *Ebel/ Kunig*, Jura 1998, S. 114; *von Ende*, § 9, S. 30; HRG - *Knauer*, „Deichrecht", Sp. 670; Stengel/Fleischmann - *Hermes/Holtz*, „Deichwesen", § 4, S. 551.

115 *Ebel/Kunig*, Jura 1998, S. 114; *Hübner*, § 40, III., S. 311; *Pauls*, S. 21 f.; *Römer*, § 7, S. 35.

116 *Pauls*, S. 24.

117 *Bochalli*, VerwArch 30 (1925), S. 434; *Ders.*, Wassergenossenschafts- und Deichrecht, 2. Teil, § 1, S. 99; *von Ende*, §, 12, S. 33; HRG - *Knauer*, „Deichrecht", Sp. 670.

118 *Bochalli*, VerwArch 30 (1925), S. 434; *Ders.*, Wassergenossenschafts- und Deichrecht, 2. Teil, § 1, S. 99; *Julius von Gierke*, Bürgerliches Recht, § 72, I., 1., S. 248; HRG - *Knauer*, „Deichrecht", Sp. 671; *Hübner*, § 40, III., S. 312.

119 Vgl. *Fischer*, Band 3/1, Kapitel 6, S. 137; HRG - *Knauer*, „Deichrecht", Sp. 671.

120 *Hinrichsen*, S. 11; HRG - *Knauer*, „Deichrecht", Sp. 669; *Johannsen*, § 8, 1., S. 42.

ausfiel.[121] In der Folgezeit wurden zunächst nur grobe Strukturen gesetzlich vorgegeben. So bestimmt das *Spadelandesrecht* zwar, welche Aufgaben den Deichrichtern und den Deicheidigern zufallen, regelt aber nicht deren Wahl oder Ernennung.[122] Wie die Köge im übrigen verfasst sein sollten, war ebenfalls nicht festgelegt. Erst zu Beginn des 17. Jahrhunderts wurde zudem das Amt des bis dahin unbekannten Deichgrafen als übergeordnete Aufsichtsbehörde von den Niederländern übernommen.[123] Dieser stellte ein Bindeglied zwischen der örtlichen Deichverwaltung und den landesherrlichen Behörden dar.[124] In dieser Anfangsphase bestallte der jeweilige Landesherr verdiente Männer zum Deichgrafen, ohne dass dafür zugleich eine gesetzliche Grundlage geschaffen worden wäre.[125]

Das ADR begründete erstmals eine einheitliche Deichverwaltung. Gemäß § 2 ADR galt der Grundsatz, dass alle Marschen, die durch denselben Hauptdeich geschützt wurden, zusammen einen natürlichen Deichband bildeten. Gemäß § 3 ADR war auch die Zusammenfassung mehrerer natürlicher Deichverbände zu einem gemeinsamen Deichband zulässig. Nach der entsprechend §§ 4, 5 ADR vorzunehmenden Festlegung der zu den jeweiligen Deichbänden gehörenden Gebiete sollten die Oberdeichgrafen und Deichinspektoren gemäß § 6 ADR Regulative für die einzelnen Deichbände erlassen. Diese mussten gemäß § 6 Absatz 2 Satz 1 ADR durch die Königliche Rentekammer[126] genehmigt werden. In §§ 7 bis 25 ADR sind darüber hinaus alle wesentlichen Inhalte der Deichbandsregulative aufgeführt. Den Deichbänden stand damit keine wirkliche Satzungsautonomie mehr zu.

Gemäß Artikel IV des Ausdehnungsgesetzes vom 11. April 1872 zum „*Gesetz über das Deichwesen*" vom 28. Januar 1848 konnte die innere Organisation der Deichverbände durch die Verabschiedung neuer Statute verändert werden. Insoweit war trotz der eigentlich festgelegten Nicht-Anwendbarkeit ein Rückgriff auf die Vorschriften des Gesetzes über das Deichwesen vom 28. Januar 1848 zulässig. In diesem sind in § 15 die Bereiche aufgeführt, die in den Deichbandsstatuten zu regeln sind. Im Gegensatz zum Allgemeinen Deichreglement wurde eine darüber hinausgehende Festlegung der konkreten Inhalte nicht vorgenommen. Für den

---

121 Vgl. *Feikes*, 2. Kapitel, S. 69; *Fischer*, Band 3/1, Kapitel 6, 3., S. 149; *Hinrichsen*, S. 13; *Johannsen*, § 8, 1., S. 43; *Tetens*, 21. Brief, S. 125.

122 Vgl. Text im Anhang.

123 *Haff*, S. 356; *Hinrichsen*, S. 22; *Pauls*, S. 19 ff.; *Pauls/Klose*, 1. Teil, VII., 2., a., S. 79.

124 *Pauls*, S. 23.

125 *Pauls*, S. 22 f.; als erster Deichgraf wurde Johann Clausen Rollwagen am 19. Mai 1621 für das gesamte Amt Tondern bestallt. Am 18. März 1625 folgte die Ernennung von Matthias Typotius zum Deichgrafen für die drei Lande Eiderstedt, Everschop und Utholm.

126 Nach der Vereinigung mit Preußen war der Regierungspräsident zuständige Behörde, vgl. *Kähler*, § 34, II., 1., c., S. 315.

Zweiten Schleswigschen Deichband wurden am 20. Februar 1878,[127] für den Ersten Schleswigschen Deichband am 1. Mai 1908[128] neue Statuten erlassen.

Durch das PrWG ergaben sich in Nordfriesland keine Veränderungen bezüglich der Deichverwaltung. Zwar enthielt der fünfte Titel des Vierten Abschnitts Vorschriften über die Bildung und Organisation der Deichverbände. Dieser war jedoch gemäß § 323 Absatz 1 Nr. 1 PrWG in den schleswig-holsteinischen Marschen nicht anwendbar. Damit blieben die geltenden Regeln bestehen.

Mit dem Wasserverbandsgesetz und der Ersten WVVO von 1937 wurde die Deichverwaltung weiter vereinheitlicht. Das Nebeneinander von öffentlichrechtlichen und privatrechtlichen Deichverbänden wurde zugunsten der öffentlichrechtlichen Organisationsform aufgehoben. Durch Verordnung vom 16. November 1939[129] wurden der Erste und Zweite Schleswigsche Deichband in den DHSV Bongsiel und den DHSV Ruttebüll-Südwesthörn überführt. Aus dem Dritten Schleswigschen Deichband wurde per Verordnung vom 16. September 1941[130] der DHSV Eiderstedt. In beiden Verordnungen wurde festgelegt, dass die neugegründeten DHSV die Aufgaben ihrer Vorgängerverbände übernehmen sollten. Erst das 1991 verabschiedete WVG bewirkte schließlich eine grundlegende Neufassung des Verbandsrechts. Gemäß § 79 Absatz 1 WVG bleiben die bestehenden Verbände jedoch in ihrer Rechtsstellung unberührt.

III. Systeme der Deichunterhaltung

Von Beginn der Geschichte der Deichunterhaltung an galt der Grundsatz: „*Kein Land ohne Deich, kein Deich ohne Land.*“[131] Deichgenossenschaften waren also Zwangsgenossenschaften,[132] die Deichpflicht eine auf dem hinter dem jeweiligen Deich belegenen Land ruhende Reallast.[133] Es wurde nach der Art der Aufgaben

[127] **AmtsBl. 1878**, S. 97 ff.
[128] **AmtsBl. 1908**, S. 284 ff.
[129] **AmtsBl. 1939**, S. 342 ff.
[130] **AmtsBl. 1941**, S. 173 ff.
[131] Vgl. auch Art. 13 der Pellwormer und Art. der Tondernschen Deichordnung, die den Verkauf von deichpflichtigen Grundstücken ohne gleichzeitigen Übergang der Deichpflicht untersagen;
Bochalli, VerwArch 30 (1925), S. 433; *Carstens*, 6., S. 567; *Feikes*, 3. Kapitel, S. 77; *Häberlein*, § 101, S. 312; *Hagemann*, § 174, S. 308; *Hübner*, § 40, III., S. 311; *Johannsen*, § 9, 1., S. 47; *Kramer*, 8.1, S. 198; *Römer*, § 7, S. 33; *Runde*, § 114, S. 111, § 116, S. 115; *Trenckner*, § 5, S. 17; Weiske - *Wilda*, „Deich- und Sielrecht“, S. 287.
[132] *Bochalli*, VerwArch 30 (1925), S. 433; *Ders.*, Wassergenossenschafts- und Deichrecht, 2. Teil, § 1, S. 98; *Ebel/Kunig*, Jura 1998, S: 113; *Julius von Gierke*, Bürgerliches Recht, § 72, I., 1., S. 248; HRG - *Knauer*, „Deichrecht“, Sp. 669; *Hübner*, § 40, III., S. 311; *Römer*, § 7, S. 35; *Runde*, § 115, S. 114; *Wolters*, § 9, S. 18 ff.
[133] OLG Kiel, SchlHA 1915, 49 (51); *Beseler*, § 201, IV., a., S. 916; *Bojunga*, NMHR 5 (1864), S. 48; *von Bülow/Hagemann*, 1., S. 2, und 12., S. 42; *Danz*, § 115, S. 437; *Julius von Gierke*, Bürgerliches Recht, § 72, II., S. 249; *Goldbeck*, 2. Teil, B., II., 2.2, S. 113; *Häberlein*, § 101,

zwischen ordentlichen und außerordentlichen Deicharbeiten unterschieden. Ordentliche Deicharbeiten sind alle Arbeiten, die der Erhaltung des Status Quo des Deiches dienen.[134] Als außerordentliche Deicharbeiten sind grundsätzlich die Deicharbeiten anzusehen, die das Leistungsvermögen eines einzelnen übersteigen würden.[135] Hierunter fallen die Maßnahmen, die aufgrund von Sturmfluten erforderlich werden sowie der Neubau und die Erhöhung der Deiche.[136] Die Deiche wurden entweder im System der Kabel- beziehungsweise Pfanddeichung oder in dem der Kommuniondeichung unterhalten.

1. Kabel- oder Pfanddeichung

Bei der Kabel- oder Pfanddeichung erhielt jeder Deichgenosse einen Deichabschnitt - Kabel, Pfand oder Loos genannt - zur Unterhaltung in eigener Verantwortung.[137] Die Größe des zu unterhaltenden Abschnitts richtete sich allein nach der jeweiligen Größe der durch den Deich geschützten Grundstücke des Deichpflichtigen.[138] Später berücksichtigte man bei der Verteilung der Deichabschnitte teilweise auch die Qualität und Unterhaltungsintensität des zugewiesenen

---

S. 312; HRG - *Knauer*, „Deichrecht", Sp. 669; *Hübner*, § 40, III., S. 311; *Johannsen*, § 9, 1., S. 46; *Kähler*, § 34, II., 3., a., S. 335; *Römer*, § 12, S. 44 f.; *Runde*, § 116, S. 115; *Schrader*, § 25, S. 34, und § 26, S. 37; Weiske - *Wilda*, „Deich- und Sielrecht", S. 286; *Wolters*, § 25, S. 34 f.

134 *Bochalli*, VerwArch 30 (1925), S. 432 f.; *Carstens*, 3., S. 558; *Hinrichsen*, S. 26; *Johannsen*, § 9, 2., b., S. 50; *Mittermaier*, § 226, S. 630; *Römer*, § 12, S. 44; Weiske - *Wilda*, „Deich- und Sielrecht", S. 286; *Wolters*, § 26, S. 43, und § 33, S. 54 ff.

135 Bantelmann/Panten/Kuschert/Steensen - *Kuschert*, III., B., 6., b., S. 143; *Goldbeck*, 2. Teil, B., II., 2.2, S. 113; *Hagemann*, § 175, S. 310; *Johannsen*, § 9, 2., b., S. 50; *Schrader*, § 25, S. 34 f.; Weiske - *Wilda*, „Deich- und Sielrecht", S. 286.

136 *Bochalli*, VerwArch 30 (1925), S. 433; *Carstens*, 3., S. 558; *Goldbeck*, 2. Teil, B., II., 2.2, S. 113; *Hinrichsen*, S. 26; *Johannsen*, § 9, 2., b., S. 50; *Mittermaier*, § 227, S. 632; Weiske - *Wilda*, „Deich- und Sielrecht", S. 287; *Wolters*, § 36, S. 61 ff.

137 *Beseler*, § 201, IV., S. 916; *Bochalli*, VerwArch 30 (1925), S. 432; *Ders.*, Wassergenossenschafts- und Deichrecht, 2. Teil, § 1, S. 97; *Carstens*, 3., S. 557; *Feikes*, 4. Kapitel, S. 78; *Julius von Gierke*, Geschichte des deutschen Deichrechts, Teil II., 3. Abschnitt, 1. Kapitel, § 1, II., S. 4; *Häberlein*, § 101, S. 312; *Haff*, S. 352; HRG - *Knauer*, „Deichrecht", Sp. 669; *Hübner*, § 40 III., S. 312; *Johannsen*, § 9, 2., a., S. 49; *Kähler*, § 34, II., 1., c., S. 318; *Mittermaier*, § 226, S. 631; *Pauls*, S. 27; *Römer*, § 12, S. 45; *Runde*, § 117, S. 116; *Schrader*, § 26, S. 37; Stengel/Fleischmann - *Hermes/Holtz*, „Deichwesen", § 5, III., S. 553; *Trenckner*, § 5, S. 17; Weiske - *Wilda*, „Deich- und Sielrecht", S. 292; *Wolters*, § 27, S. 40 f.

138 Vgl. Art. 1 des Spadelandesrecht, Art. 11 der Deichordnung für die Landschaften Eiderstedt, Everschop und Utholm, Art. 10 der Deichordnung des Amtes Tondern sowie Art. 9 der Pellwormer Deichordnung: „*Demath Demaths gleich*";
Beseler, § 201, IV., S. 916; *Carstens*, 2., S. 552; *Julius von Gierke*, Geschichte des deutschen Deichrechts, Teil II., 3. Abschnitt, 2. Kapitel, § 4, II., 4., S. 43; *Goldbeck*, 2. Teil, B., II., 2., S. 108; *Häberlein*, § 101, S. 312; *Johannsen*, § 9, 2., a., S. 49; *Wolters*, § 27, S. 40 f.

Pfands.[139] Um den Einzelnen in seiner Verantwortung für eine bestimmte Deichstrecke nicht zu überfordern, entwickelte man zudem die Figur der Nothilfe. In Notfällen, vor allem bei plötzlich auftretenden Deichbrüchen, waren alle Koogseinwohner gleichermaßen, sofort und persönlich zur Hilfeleistung und zur Beseitigung der Schäden verpflichtet.[140]

2. Kommuniondeichung

Bei der Kommuniondeichung unterhielten alle Mitglieder des Deichverbandes oder des Kooges gemeinschaftlich die gesamte in Stand zu haltende Deichstrecke. Die Grundstückseigentümer leisteten dazu entweder die erforderliche Arbeit an regelmäßig wechselnden Abschnitten (naturalwirtschaftliche Kommuniondeichung) oder zahlten einen finanziellen Beitrag in die Deichkasse ein (geldwirtschaftliche Kommuniondeichung).[141] Die Verteilung der Arbeit beziehungsweise der Kosten erfolgte nach der Größe des auf dem Gebiet des Deichverbandes besessenen Landes.[142] Nur vereinzelt wurde dabei die Ertragsfähigkeit des deichpflichtigen Grundstücks berücksichtigt.[143]

3. Bevorzugte Deichunterhaltungssysteme im Wandel der Zeit

In der Zeit des Ursprungs des Deichbaus und der Deichunterhaltung wurden die Deiche zumeist in naturalwirtschaftlicher Kommuniondeichung unterhalten.[144]

---

139 Vgl. z.B. Art. 3 der Deichordnung des Amtes Tondern vom 14.5.1619 („ ... *doch daß deme, welcher eine gute Stätte bekommt, desto mehr; deme aber, welcher an einem bösen Orte annehmen soll, desto geringere Maasse zugelegt werde* ... "); § 13 Satz 2 ADR: „*Es muss demnach jederzeit auch auf die durch die besondere Lage mehr oder minder beschwerliche Unterhaltung der einzelnen Deichstrecken Rücksicht genommen werden.*";
Beseler, § 201, IV., S. 916; *Feikes*, 5. Kapitel, A., a., S. 105, 108; *Julius von Gierke*, Geschichte des deutschen Deichrechts, Teil II., 3. Abschnitt, 2. Kapitel, § 4, III., S. 51 ff.; *Goldbeck*, 2. Teil, B., II., 2.2, S. 115; *Häberlein*, § 101, S. 313; HRG - *Knauer*, „Deichrecht", Sp. 670; *Römer*, § 12, S. 45; Weiske - *Wilda*, „Deich- und Sielrecht", S. 293.

140 *Beseler*, § 201, IV., d., S. 917; *Bochalli*, VerwArch 30 (1925), S. 433; *Feikes*, 4. Kapitel, A., c., S. 89; *Hinrichsen*, S. 29; *Kähler*, § 34, II., 3., a., S. 335; *Runde*, § 118, S. 118; *Trenckner*, § 7, S. 25; Weiske - *Wilda*, „Deich- und Sielrecht", S. 289 f.

141 *Beseler*, § 201, IV., S. 916; *Bochalli*, Wassergenossenschafts- und Deichrecht, 2. Teil, § 1, S. 99; *Feikes*, 4. Kapitel, S. 79; *Häberlein*, § 101, S. 313; *Haff*, S. 353; *Johannsen*, § 9, 2., a., S. 49; *Kähler*, § 34, II., 1., c., S. 318; *Römer*, § 12, S. 45; *Runde*, § 117, S. 116; Stengel/Fleischmann - *Hermes/Holtz*, „Deichwesen", § 5, III., S. 553; *Tetens*, 21. Brief, S. 125; *Trenckner*, § 5, S. 17; *Wolters*, § 27, S. 41.

142 *Beseler*, § 201, IV., S. 916; *Bochalli*, Wassergenossenschafts- und Deichrecht, 2. Teil, § 1, S. 99; *Haff*, S. 353; *Kähler*, § 34, II., 1., c., S. 318; *Römer*, § 12, S. 45; *Runde*, § 117, S. 117; *Trenckner*, § 5, S. 17.

143 *Haff*, S. 353; *Mittermaier*, § 226, S. 631; *Runde*, § 117, Fn. k, S. 117; *Wolters*, § 27, S. 40.

144 *Feikes*, 4. Kapitel, B., a., S. 91 f.; *Julius von Gierke*, Geschichte des deutschen Deichrechts, Teil II., 3. Abschnitt, Kapitel 1, § 1, I., S. 1; *Goldbeck*, 2. Teil, B., I., 2.2, S. 77.

Die einzelnen Ortsbezirke unterhielten den gesamten Deich gemeinschaftlich durch Erbringung von Arbeitsleistung und Bereitstellung der erforderlichen Materialien.[145] Diese Periode ist quellenmäßig kaum belegt.[146] Schon bald fand sodann ein Wechsel zur Pfanddeichung statt, die lange Zeit nahezu ausschließlich betrieben wurde.[147] Erste Versuche, das System der geldwirtschaftlichen Kommuniondeichung durchzusetzen, wurden 1614 in der Landschaft Eiderstedt unternommen. Bereits 1617 kehrte man jedoch zur Pfanddeichung zurück.[148] Es hatte sich herausgestellt, dass diese Form der Kommuniondeichung eine zu hohe wirtschaftliche Belastung der Deichpflichtigen darstellte. Die meisten Marschbewohner waren zwar in der Lage, Arbeitsleistungen zu erbringen, konnten aber nicht die erforderlichen Geldbeträge für die Deichkasse aufbringen.[149] Außerdem war der jahreszeitliche Ablauf der Bewirtschaftung der Bauernhöfe auf die persönliche Ableistung der Unterhaltungspflichten eingestellt.[150] Wegen der persönlichen Verantwortlichkeit Einzelner für einen bestimmten Deichabschnitt wurde die Pfanddeichung auch generell für vorzugswürdig gehalten.[151] 1634 wurde die Kommuniondeichung trotz dieser schlechten Erfahrungen versuchsweise auf Pellworm und auf Nordstrand eingeführt.[152] Auf Pellworm führte man nach sechs, auf Nordstrand nach zwölf Jahren aus denselben Gründen wie zuvor auf Eiderstedt die Pfanddeichung wieder ein.[153]

Ab Mitte des 18. Jahrhunderts setzte sich das System der geldwirtschaftlichen Kommuniondeichung vermehrt durch.[154] Mit Erlass des ADR wurde die Deichunterhaltung schließlich umfassend reformiert und vereinheitlicht. Die in § 9 ADR definierten ordentlichen Deicharbeiten konnten von den Kögen gemäß §§ 11,

---

145 *Feikes*, 4. Kapitel, A., a., S. 80; *Goldbeck*, 2. Teil, B., I., 2.2, S. 77.

146 *Feikes*, 4. Kapitel, A., a., S. 80 ff.; *Julius von Gierke*, Geschichte des deutschen Deichrechts, Teil II., 3. Abschnitt, Kapitel 1, § 1, II., S. 4.

147 Vgl. Art. 11 der Deichordnung für die Landschaften Eiderstedt, Everschop und Utholm, Art. 10, 11 der Deichordnung des Amtes Tondern sowie Art. 9 der Pellwormer Deichordnung; *Carstens*, 3., S. 557; *Julius von Gierke*, Geschichte des deutschen Deichrechts, Teil II., 3. Abschnitt, Kapitel 1, § 1, II., S. 4; *Hinrichsen*, S. 26; HRG - *Knauer*, „Deichrecht", Sp. 669.

148 *Feikes*, 4. Kapitel, A., c., S. 89; *Johannsen*, § 9, 2., a., S. 49; *Pauls*, S. 27 f.

149 *Feikes*, 4. Kapitel, B., b., S. 94; *Julius von Gierke*, Geschichte des deutschen Deichrechts, Teil II, 3. Abschnitt, 5. Kapitel, § 20, IV., S. 260; *Pauls*, S. 28.

150 Bantelmann/Panten/Kuschert/Steensen - *Kuschert*, III., B., 6., d., S. 145; *Feikes*, 4. Kapitel, B., b., S. 94; *Julius von Gierke*, Geschichte des deutschen Deichrechts, Teil II, 3. Abschnitt, 5. Kapitel, § 20, IV., S. 260.

151 Vgl. *Johannsen*, § 9, 2., a., S. 49; *Feikes*, 4. Kapitel, A., b., S. 82; *Julius von Gierke*, Geschichte des deutschen Deichrechts, Teil II, 3. Abschnitt, 5. Kapitel, § 20, IV., S. 260; *Pauls*, S. 28.

152 *Feikes*, 4. Kapitel, A., b., S. 82.

153 Vgl. im ganzen: Bantelmann/Panten/Kuschert/Steensen - *Kuschert*, III., B., 6., d., S. 145.

154 **LAS, *Abt. 163***, Nr. 833;
Bochalli, VerwArch 30 (1925), S. 432, 434; HRG - *Knauer*, „Deichrecht", Sp. 671; *Johannsen*, § 9, 2., a., S. 49; *Kramer*, 8.2, S. 202; *Mittermaier*, § 226, S. 631; *Römer*, § 12, S. 45; *Tetens*, 21. Brief, S. 125.

16 ADR wahlweise in Pfand- oder in Kommuniondeichung ausgeführt werden. Allerdings wurde auch für die Pfanddeichung eine Institut von kommunionwirtschaftlicher Prägung eingeführt. Bei Überschreiten einer bestimmten jährlichen Summe, der sogenannten Prägravationssumme, mussten die anderen Mitglieder des Deichbands gemäß §§ 18 ff. ADR nämlich einen anteiligen finanziellen Beitrag zur ordentlichen Deichunterhaltung leisten. Das Prinzip der Nothilfe wurde in §§ 31, 32 ADR fortgeschrieben. Für die in § 7 ADR festgelegten außerordentlichen Deicharbeiten mussten gemäß § 10 ADR alle zu einem Deichband zusammengeschlossenen Pflichtigen entsprechend ihrem Grundbesitz ihren Anteil der dafür anfallenden Kosten tragen. Auch dies ist ein typisches Elemente des Kommunionssystems.

Durch das 1872 auf Schleswig-Holstein ausgedehnte „*Gesetz über das Deichwesen*“ vom 28. Januar 1848 ergaben sich hinsichtlich der Wahl des Deichunterhaltungssystems keine Änderungen. Auch das BGB und das „*Gesetz zur Verhütung von Hochwassergefahren*“ vom 16. August 1905 brachten keine Neuerungen. § 324 Satz 2 PrWG, der auch in den schleswig-holsteinischen Marschen anwendbar war, erleichterte lediglich den Übergang von der Pfand- zur Kommuniondeichung, indem dieser durch einfachen Beschluss einzelner Deichverbände herbeizuführen war.

4. Heutiger Stand

§ 59 Absatz 2 LWG i.d.F. vom 25. Januar 1960 legte fest, dass die Deiche weiterhin nach dem bestehenden System unterhalten werden sollten. Zum 1. Januar 1971 wurden die Landesschutzdeiche[155] ins Eigentum des Landes Schleswig-Holstein überführt.[156] Seitdem obliegen gemäß § 63 Absatz 1 Satz 2 Nr. 1 und 2 LWG Bau und Unterhaltung dieser Deiche dem Land. Der Verantwortung der Deich- und Sielverbände unterstehen gemäß § 63 Absatz 1 Satz 2 Nr. 3 LWG nur noch Seedeiche, die keine Landesschutzdeiche sind, und die Deiche der dahinter liegenden Deichlinien. Gemäß § 63 Absatz 4 LWG können diejenigen, deren Grundstücke durch einen Deich geschützt werden, zu den entsprechenden Bau- und Unterhaltungskosten herangezogen werden. Die Küstenschutzbehörde kann dabei zulassen, das der Pflichtige anstelle von Geld Arbeit leistet oder Baustoffe liefert. Damit ist im heutigen System der Deichunterhaltung immer noch ein naturalwirtschaftliches Element enthalten.

---

155 Vgl. Legaldefinition in § 64 Absatz 2 Nr. 1 LWG (Text im Anhang): Deiche in der ersten Deichlinie, die zum Schutz vor allen Sturmfluten dienen.

156 **GVOBl. 1971**, S. 327 ff.

IV. Eigentum an Deichen

Die Frage, wem das Eigentum am Deichkörper zusteht, ist jahrhundertelang uneinheitlich beurteilt worden. Es bestand seit jeher Einigkeit, dass Deiche eigentumsfähig sind.[157] Sie sind nur dann als herrenlos anzusehen, wenn sie dem Meer preisgegeben wurden.[158] Da viele Jahrhunderte lang jegliche gesetzliche Regelung fehlte, war diese Frage ausschließlich auf der Grundlage des Gewohnheitsrechts zu beurteilen.[159] Erst zum 1. Januar 1971 wurden die schleswig-holsteinischen Seedeiche einheitlich dem Land übertragen.[160] Aus der vorangehenden Zeit findet sich lediglich in § 13 des Statuts des Ersten Schleswigschen Deichbands vom 1. Mai 1908 die Festlegung, dass „*das Eigentumsrecht an den Deichen ... wie bisher bei den Kögen*" verbleiben soll. Aus der Formulierung „*wie bisher*" folgt, dass diese Regelung nur die Deiche betreffen kann, die schon vorher im Koogseigentum gestanden haben. Außerdem legt diese Vorschrift nahe, dass das Koogseigentum an den Deichen den Regelfall bildet.

1. Die Möglichkeit von Privateigentum

Die Möglichkeit von Privateigentum an Deichen als Alternative zum Eigentum von Deichverbänden oder dem Staat wurde lange Zeit uneingeschränkt bejaht.[161] Wem das Eigentum zuzuordnen war, sollte danach zu beurteilen sein, auf wessen Kosten der Deich angelegt worden war.[162] War der Deich entsprechend der ur-

---

[157] Appellationsgericht Kiel, SchlHA 1876, 305 (310); Appellationsgericht Kiel, SchlHA 1878, 363 (364); OLG Oldenburg, NJW-RR 1991, 784 (784);
Bojunga, NMHR 5 (1864), S. 44; *Beseler*, § 201, S. 914; *Julius von Gierke*, Geschichte des deutschen Deichrechts, Teil II, 4. Abschnitt, § 1, I., 2., S. 263; *Häberlein*, § 101, S. 313; *Johannsen*, § 5, 1., S. 30; *Mellmann*, § 21, S. 126; *Schrader*, § 15, S. 25; *Trenckner*, § 11, S. 31; Weiske - *Wilda*, „Deich- und Sielrecht", S. 293.

[158] *Julius von Gierke*, Geschichte des deutschen Deichrechts, Teil II, 4. Abschnitt, § 1, I., 2., S. 263.

[159] Vgl. *Block*, SchlHA 1913, S. 257; *Johannsen*, § 5, 1., S. 30; *Trenckner*, § 11, S. 31 f.

[160] Bantelmann/Kuschert/Panten/Steensen - *Steensen*, IV., E., 4., b., S. 422; *Kunz/Panten*, S. 8.

[161] Appellationsgericht Kiel, SchlHA 1878, S. 363 (364); OLG Oldenburg, NJW-RR 1991, 784 (784);
Block, SchlHA 1913, S. 257; *Bojunga*, NMHR 5 (1864), S. 45, 54 ff.; *Danz*, § 114, S. 431; *von Ende*, § 12, S. 33; *ebenda*, § 16, S. 37; *ebenda*, § 18, S. 38; *ebenda*, § 19, S. 39; *Julius von Gierke*, Geschichte des deutschen Deichrechts, Teil II, 4. Abschnitt, § 1, I., 2., S. 263; *ebenda*, 4. Abschnitt, § 2, IV., S. 270; *Otto Gierke*, § 142, II., 6., S. 632; *Hagemann*, § 172, S. 303; *Kähler*, § 34, II., 4., S. 337; *Mellmann*, § 21, S. 126, und § 22, S. 127; *Runde*, § 118, S. 118; *Schrader*, § 15, S. 25.

[162] *Beseler*, § 201, III., S. 915; *Bojunga*, NMHR 5 (1864), S. 39, 55; *von Cancrin*, 2. Abhandlung, § 29, S. 116; *Constabel*, § 18, S. 58; *Danz*, § 114, S. 431; *Häberlein*, § 101, S. 310, 313; *Hagemann*, § 172, S. 303; *Johannsen*, § 5, 1., S. 31;
aA Appellationsgericht Kiel, SchlHA 1878, S. 363 (364).

sprünglichen Übung[163] das Werk einzelner Privatleute, erhielten diese das Eigentum am neuen Deich. Dieses Privateigentum war in den Nutzungsmöglichkeiten jedoch durch den Schutzzweck des Deiches erheblich eingeschränkt.[164] Wurde der Deichbau dagegen als Bau der gesamten Deichgenossenschaft unternommen, war er Gesamteigentum der Genossen.[165]

2. Genossenschaftseigentum wird zum Regelfall

Als die ersten Deichgenossenschaften entstanden, ging die Sachherrschaft über die privaten Deiche zunächst nur insoweit auf den Verband über, wie es das Gemeinwohl erforderte. Das Eigentumsrecht an sich blieb beim Erbauer des Deiches.[166] Regelmäßige Eigentümerwechsel durch Kauf und Erbgang führten im Laufe der Zeit vielfach zu Unsicherheiten.[167] Das Nebeneinander von genossenschaftlichem und privatem Eigentum bereitete zusätzliche Schwierigkeiten. Ab dem 15. Jahrhundert setzte sich deswegen die Erkenntnis durch, dass es zur besseren Verwirklichung des Schutzes der Allgemeinheit sinnvoller wäre, die Deiche in das Eigentum der Deichverbände zu überführen.[168] In der Folge wurden die Deiche daher vermehrt in das Gesamteigentum der genossenschaftlich organisierten Deichverbände oder aber den Gemeinden übertragen, die jeweils unterhaltspflichtig waren.[169] Quellen über Zeitpunkt und genaue Durchführung dieser Übertragungen sind zwar nicht erhalten. Bereits ab Mitte des 16. Jahrhunderts wird aber vermehrt die Ansicht vertreten, dass Deiche in aller Regel gemeinschaftliches Eigentum seien.[170] Daraus lässt sich folgern, dass zu diesem Zeitpunkt schon vielfach entsprechende Übertragungen stattgefunden hatten. Ob allerdings vollständig alle Deiche an die Verbände übertragen wurden, ist nicht belegt.

---

163 *Bojunga*, NMHR 5 (1864), S. 39 f.; *von Cancrin*, 2. Abhandlung, § 29 f., S. 116 f.; *Constabel*, § 18, S. 58; *Hagemann*, § 169, S. 299; *Römer*, § 7, S. 33.

164 *Block*, SchlHA 1913, S. 257; *Bojunga*, NMHR 5 (1864), S. 47.

165 *Beseler*, § 201, III., S. 915; *Häberlein*, § 101, S. 310.

166 *Bojunga*, NMHR 5 (1864), S. 40.

167 Vgl. *Bojunga*, NMHR 5 (1864), S. 54 f.;
Diese Unsicherheiten gab es zum Teil bis ins 20. Jahrhundert. Laut *Block*, SchlHA 1913, S. 258, und *Johannsen*, § 5, 1., S. 31, ging man schließlich dazu über, das Deicheigentum nach dem Grundsatz der unvordenklichen Verjährung den Deichverbänden zuzusprechen.

168 *Bojunga*, NMHR 5 (1864), S. 41.

169 *Ebel/Kunig*, Jura 1998, S. 113; *Julius von Gierke*, Bürgerliches Recht, § 72, I., 1., S. 248; *Ders.*, Geschichte des deutschen Deichrechts, Teil II, 4. Abschnitt, § 2, I., 1., S. 264; *Hagemann*, § 172, S. 302; *Johannsen*, § 5, 1., S. 30 f.

170 *Bochalli*, Wassergenossenschafts- und Deichrecht, 2. Teil, § 1, S. 99; *Eichhorn*, § 271, S. 671; *Hübner*, § 40 III., S. 311; Weiske - *Wilda*, „Deich- und Sielrecht", S. 293.

3. Übergang zu staatlichem Deicheigentum

In einem weiteren Schritt entwickelte sich dann staatliches Deicheigentum. Dieses ergab sich zum einen aus dem teilweise schon bestehenden Gemeindeeigentum. Zum anderen lässt sich beobachten, dass in demselben Maß, in dem der Staat die Aufsicht über die Deichverwaltung an sich zog, das Schrifttum das Eigentum an den betroffenen Deichen diesem umso einheitlicher zuschrieb.[171] Diese Ansicht setzte sich bis Anfang des 19. Jahrhunderts endgültig durch.

4. Folgen für bisheriges Privateigentum?

Privates Deicheigentum ist damit trotzdem nicht als grundsätzlich unzulässig anzusehen. Viele Autoren stellten zwar öffentliches Eigentum als die einzig denkbare Variante dar.[172] Dies schlossen sie jedoch allein aus der Tatsache, dass die ganz überwiegende Zahl von Deichen im Laufe der Jahrhunderte in öffentliches Eigentum übertragen oder von vornherein als solches erbaut worden war.[173] Nur selten wurde Staatseigentum als absolut zwingend eingeordnet.[174] Begründet wurde diese Ansicht damit, das der Deich als Ganzes angesehen werden müsse und deswegen nicht in einzelne, ins Eigentum verschiedener Privatleute fallende Abschnitte unterteilt werden könne.[175] Diese angeblich fehlende Teilbarkeit überzeugt nicht, zumal dann auch eine durchgehende Deichlinie nicht verschiedenen Landesherren unterstehen könnte. Privates Eigentum an Teilen einer einheitlichen Deichlinie bleibt daher weiterhin denkbar. Hiervon gingen bis ins 20. Jahrhundert hinein auch Literatur und Rechtsprechung aus.[176] Dieses Nebeneinander von Privat- und öffentlichem Eigentum ist bis heute als bestehen geblieben anzusehen.

---

[171] Appellationsgericht Kiel, SchlHA 1876, 305 (310);
LAS, *Abt. 320.4*, Nr. 1573 (Band 2; Deichgraf von Eiderstedt, 26.12.1879);
Beseler, § 201, III., S. 915; *Bluntschli*, § 80, 6., S. 243; *Bochalli*, VerwArch 30 (1925), S. 434; *Ders.*, Wassergenossenschafts- und Deichrecht, 2. Teil, § 1, S. 99; *Constabel*, § 18, S. 58; *Eichhorn*, § 271, S. 671; *Hübner*, § 40, III., S. 311; *Mittermaier*, § 225, S. 629; *Runde*, § 120, S. 121; *Staehly*, S. 54 f.; Weiske - *Wilda*, „Deich- und Sielrecht", S. 293;
heute vgl. nur Staudinger[13] - *Hönle*, Art. 66 EGBGB, Rn. 1.

[172] Vgl. nur *Bluntschli*, § 80, 6., S. 243; *Constabel*, § 18, S. 58; *Eichhorn*, § 271, S. 671; Weiske - *Wilda*, „Deich- und Sielrecht", S. 293.

[173] Vgl. OLG Kiel, SchlHA 1908, 49 (51).

[174] *Runde*, § 120, S. 121; allerdings ohne eine Begründung für diese These anzuführen.

[175] *Mittermaier*, § 225, S. 629; Weiske - *Wilda*, „Deich- und Sielrecht", S. 293.

[176] Appellationsgericht Kiel, SchlHA 1878, 363 (364);
Block, SchlHA 1913, S. 257; *Bojunga*, NMHR 5 (1864), S. 31-58; *Danz*, § 114, S. 431; *Otto Gierke*, § 142, II., 6., S. 632; *Kähler*, § 34, II., 4., S. 336.

5. Eigentum an Mitteldeichen

Zwischen See- und Mitteldeichen ergeben sich bezüglich der Eigentumslage keine erkennbaren Unterschiede.[177] Dadurch, dass ein Seedeich durch Neueindeichung in die zweite Deichlinie rückte, veränderte sich die Eigentumslage jedenfalls nicht. Es existieren hierzu entsprechend wenige Vorschriften. Lediglich im Statut des Ersten Schleswigschen Deichbands vom 1. Mai 1908 ist in § 16 festgelegt, dass das Eigentum an den Mitteldeichen bei den Kögen bleiben solle, „*zu denen sie gehören*". Wie dieses „*gehören*" zu verstehen ist, geht aus dem Statut zwar nicht hervor. Vom Wortsinn her ist jedoch davon auszugehen, dass derjenige Koog Eigentümer des Mitteldeichs sein sollte, dem der Deich gebietsmäßig zugeordnet war und der deswegen auch für dessen Unterhaltung zu sorgen hatte.

6. Heutige Rechtslage

Noch Anfang des 20. Jahrhunderts fehlten oft eindeutige gesetzliche Regelungen über das Deicheigentum.[178] Dies hat sich erst im 20. Jahrhundert geändert, als das Land Schleswig-Holstein die Landesschutzdeiche zum 1. Januar 1971 in fiskalisches Eigentum überführte.[179] Seitdem steht dem Land gemäß § 72 Absatz 1 Satz 1 LWG das Eigentum an allen Deichen zu, für deren Unterhaltung es gemäß § 63 LWG zuständig ist.[180] Außerdem stellte § 63 Absatz 1 Satz 2 Nr. 3 LWG die Mitteldeiche der zweiten Linie in das Eigentum und unter die Verwaltung der Deich- und Hauptsielverbände. Neu angelegte Deiche sind von vornherein Landeseigentum und werden durch öffentlichrechtlichen Widmungsakt zur öffentlichen Sache erklärt.[181] Gemäß § 67 LWG wird im Rahmen der Widmung zugleich die Funktion des Deiches im Sinne von § 64 Absatz 2 Nr. 1 bis 5 LWG festgelegt.

V. Nutzungsrechte an Deichen

Neben dem Privateigentum an Deichen waren an ihnen auch selbstständige Nutzungsrechte grundsätzlich denkbar.[182]

---

[177] Vgl. auch **LAS**, ***Abt. 309***, Nr. 1573 (Band 2); ***Abt. 320.21***, Nr. 1329 (Deichgraf Kreis Tondern, 10.8.1871).

[178] Vgl. *Block*, SchlHA 1913, S. 257.

[179] **GVOBl. 1971**, S. 327 ff.

[180] Siehe 1. Teil, B. III. 4., S. 41.

[181] *Ebel/Kunig*, Jura 1998, S. 116; *Thiem*, Kommentar, § 58 a LWG, Rn. 6.

[182] Appellationsgericht Kiel, SchlHA 1876, 305 (310); OLG Kiel, SchlHA 1908, 6 (7); *Beseler*, § 201, III., S. 915; *von Cancrin*, 2. Abhandlung, § 34, S. 118; *Otto Gierke*, § 142, II., 6., S. 632; *Häberlein*, S. 101, S. 313; *Johannsen*, § 5, 1., S. 32; *Nieberding/Frank*, § 83, S. 434; *Runde*, § 120, S. 121 f.; Weiske - *Wilda*, „Deich- und Sielrecht", S. 293; *Wolters*, §§ 54-56, S. 92 ff.

Unter Berücksichtigung des Hauptzwecks der Deiche, einen wirksamen Hochwasserschutz zu gewährleisten, wurden Deiche oft der Allgemeinheit oder Einzelnen zum Gebrauch, zum Beispiel als Weg oder Weidefläche, überlassen.[183] Die gewährten Nutzungen waren allerdings nach Ort und Zeit sehr unterschiedlich.[184]

§ 37 ADR erklärte schließlich die zur Zeit des Erlasses des Reglements geübte Deichnutzung als Weg oder Weide für „*vorerst*" beizubehalten. Hierbei handelt es sich noch um eine relativ schwache Vorschrift. Erst die neueren Statuten des Ersten[185] und Zweiten[186] Schleswigschen Deichbands verboten bestimmte Nutzungen ausdrücklich.[187] Verschiedentlich waren auch Bauwerke - teils nur Schuppen, teils auch Wohnhäuser - auf Deichen zugelassen.[188] Die grundsätzliche Zulässigkeit von Bauten auf Deichen bestätigte zuletzt § 36 ADR. Der Schutzzweck des Deiches durfte durch die gewährte Nutzung auch im Geltungsbereich dieser Norm nicht beeinträchtigt werden.[189]

Heute ist gemäß § 70 Absatz 1 LWG jede Benutzung der See- und der Mitteldeiche zweiter Linie verboten, die die Wehrfähigkeit des Deiches beeinträchtigen kann. Dazu gehören nach der Aufzählung in § 70 Absatz 1 Satz 2 Nr. 1 bis 8 LWG insbesondere das Weiden von Großvieh, das Reiten und Fahren, das Lagern von Geräten sowie das Errichten von baulichen Anlagen. Für Deiche weiter zurückliegender Deichlinien gelten diese Beschränkungen nicht.

---

183 *Bluntschli*, § 80, 6., S. 243; *Bojunga*, NMHR 5 (1864), S. 50 ff.; *von Cancrin*, 2. Abhandlung, § 34, S. 118; *Feikes*, 9. Kapitel, S. 183; *Julius von Gierke*, Bürgerliches Recht, § 72, I., 1., b., S. 249; *Ders.*, Geschichte des deutschen Deichrechts, Teil II, 4. Abschnitt, § 1, I., 1., c., S. 262; *Häberlein*, § 101, S. 313; *Nieberding/Frank*, § 83, S. 434; Weiske - *Wilda*, „Deich- und Sielrecht", S. 293.

184 *Julius von Gierke*, Geschichte des deutschen Deichrechts, Teil II., 4. Abschnitt, § 2, IV., S. 268; *Häberlein*, § 101, S. 313.

185 Erlassen am 1. Mai 1908.

186 Erlassen am 20. Februar 1878.

187 Vgl. §§ 13 f. beziehungsweise § 13 (Text im Anhang); da jeweils in § 3 der Statute bestimmt ist, das den Deichbänden die Unterhaltung der Seedeiche obliegt, werden durch diese Normen auch nur Nutzungen an Seedeichen verboten.

188 *Häberlein*, § 101, S. 313; *Mittermaier*, § 225, S. 629; Weiske - *Wilda*, „Deich- und Sielrecht", S. 293; *Wolters*, § 56, S. 95.

189 Appellationsgericht Kiel, SchlHA 1876, 305 (310); OLG Kiel, SchlHA 1908, S. 6 (7); *Beseler*, § 201, III., S. 915; *Bojunga*, NMHR 5 (1864), S. 50; *von Cancrin*, 2. Abhandlung, § 34, S. 119; *Julius von Gierke*, Bürgerliches Recht, § 72, I., 1., b., S. 249; *Ders.*, Geschichte des deutschen Deichrechts, Teil II, § 2, I., S. 264; *Johannsen*, § 5, 3., S. 33; *Mellmann*, § 7, S. 39; *Nieberding/Frank*, § 83, S. 434; *Runde*, § 121, S. 122; *Wolters*, §§ 54-56, S. 92 ff.

2. Teil: Die Deichstavengerechtigkeit

A. Bedeutung des Wortes „Staven"

I. Sprachliche Herkunft

Das Wort „*Staven*" hat verschiedene Bedeutungen. Das dänische „*stavn*" steht für die heimatliche Scholle, figurativ auch für die Heimat als Ganzes.[190] Im Mittelniederdeutschen steht „*stāven*" für die bäuerliche Landstelle oder ein Grundstück mit Haus und dazugehörigem Land, vor allem in älteren Quellen wurde damit auch im Gegensatz zu dem „*hûs*" oder „*bôl*" genannt Haus nur das Land an sich bezeichnet.[191] Speziell im schleswig-holsteinischen Sprachgebrauch verstand man unter dem Wort „*Staven*" zweierlei. Zum einen bedeutet es (Bade)-Stube oder heizbares Gemach.[192] In seiner anderen Bedeutung meint es ein bäuerliches Grundstück mit dem dazugehörigen Land.[193] Von welcher der hier genannten Bedeutungen die Bezeichnung Deichstavengerechtigkeit abzuleiten ist, lässt sich heute nicht mehr mit Sicherheit feststellen.[194]

II. Verwendung des Begriffs in der Rechtssprache des Herzogtums Schleswig

Der Begriff „*Staven*" bezeichnete im Herzogtum Schleswig allgemein Grundstücke, die volles Eigentum des Inhabers waren.[195] Zum Teil wurde „*Staven*" nur bezüglich des Grundstücks selbst im Gegensatz zum darauf stehenden Gebäude verwendet. So sind zum Beispiel in Artikel 17 der Gerichtsordnung der Vierharde von 1559[196] die Voraussetzungen des gutgläubigen Erwerbs von „*Hus und Staven*" festgelegt. Die „*Fürstliche Verordnung, wie die Staven, Wohnungen &c,*

---

190 *Kayper*, S. 464.

191 *Cordes/Lasch/Borchling*, Sp. 439.

192 *Grimm*, Sp. 1214; *Mensing*, Sp. 812.

193 *Cordes/Lasch/Borchling*, Sp. 439.

194 Vgl. auch *Mensing*, Sp. 813.

195 *Bolten*, I. Teil, 1. Abschnitt, § 33, S. 75; Lorenzen-Schmidt/Pelc - *Lorenzen-Schmidt*, „Staven", S. 487; *Niemann*, Die königlichen Landdistrikte, IX., S. 319; *Sering*, 1. Teil, Abschnitt I, Kapitel I, I; S. 52.
von Stemann, Schleswigs Recht und Gerichtsverfassung im 17. Jahrhundert, Høyer Herred: S. 185, Nr. 8; Karrharde: S. 205, Nr. 17; Bredstedt: S. 231, Nr. 4, 7; Vogteien Schwabstedt und Rödemis: S. 244, Nr. 3; Süderghoesharde: S. 238, Nr. 6, S. 239, Nr. 11; Hattstedter Harde: S. 233, Nr. 1;
Esmarch, Bürgerliches Recht, § 50, 1 a, S. 119; *Paulsen*, § 37, S. 60;
vgl. auch Weiske - *J. Scholz III.*, „Bauer, Bauergüter", S. 611.

196 *K. Petersen*, Anlage I; entspricht dem Gebiet der Tondernschen Marschharden Horsbüll-, Böking- und Osterharde sowie Sylt.

auch beysammen gelegene Ländereyen, dem größten Creditori oder plus licitanti unzertheilt zu lassen“ vom 8. Oktober 1623[197] verbietet für das Gebiet des Nordstrander Landrechts die getrennte Verpfändung von Haus und Stavengrund.

Im Amt Tondern und den Landschaften Stapelholm und Schwabstedt wurden ursprünglich nur bebaute Grundstücke im Gegensatz zu unbebauten, landwirtschaftlich genutzten Ländereien „*Staven*“ genannt.[198] Diese Grundstücke durften nicht geteilt werden.[199] Darüber hinaus war die getrennte Veräußerung von Haus einerseits und Grundstück andererseits entweder generell verboten[200] oder hing von einer speziell zu erteilenden Genehmigung ab.[201] Überall dort, wo „*Staven*“ bebaute Grundstücke meinte, wurde für unbebaute Stavengrundstücke der Begriff „*wüste Staven*“ gebraucht.[202] Auch im Amt Husum diente „*Staven*“ als Bezeichnung für die Landstücke, die anders als die „*Bohlen*“ nicht aufgeteilt werden durften.[203] In Bredstedt hingegen wurden „*Bohl*“ und „*Staven*“ für die Bezeichnung derselben Art von Grundstücken verwendet.[204]

Im Gegensatz sprachlichen Herkunft des Wortes wurde das Wort „*Staven*“ im Herzogtum Schleswig also stets zur Bezeichnung von Grundstücken verwendet.

---

197 **CSS I**, S. 551 f.

198 *Bolten*, I. Teil, 1. Abschnitt, § 33, S. 75; *Esmarch*, Sammlung bürgerliches Recht, 1. Teil, 1. Abteilung, 2. Abschnitt, I., S. 40; *Feikes*, 5. Kapitel, A., a., Fn. 22, S. 107; *Hoff*, Teil 1; *Mensing*, Sp. 812 f.; *Niemann*, Die königlichen Landdistrikte, IX., S. 319; *Sandelmann*, XXII., S. 272; *Voß/Voß*, S. 19, 34.

199 *Bolten*, I. Teil, 1. Abschnitt, § 33, S. 75; *Hoff*, Heimatgeschichte, S. 267; *Hoff*, Teil 1 und 2; *Niemann*, Die königlichen Landdistrikte, IX., S. 319; *Sering*, 1. Teil, Abschnitt I, Kapitel I, I., S. 52.

200 *Hoff*, Teil 2, S. 7.

201 So die Polizeiverordnung für die Stadt Tondern vom 10. Dezember 1691; **CSS III 2**, S. 153; *von Stemann*, Geschichte des öffentlichen und Privatrechts des Herzogtums Schleswig, Teil 2, § 62, S. 259.

202 **KANF**, ***Abt. F 4***, Nr. 41 (Dok. 27); ***Abt. F 5***, Nr. 398; ***Abt. F 12***, Nr. 16; ***Abt. J 11***, Nr. 119; *Bolten*, I. Teil, 1. Abschnitt, § 33, S. 75; *Niemann*, Die königlichen Landdistrikte, IX., S. 319.

203 *von Stemann*, Schleswigs Recht und Gerichtsverfassung im 17. Jahrhundert, Hattstedter Harde: S. 233, Fn. 1.

204 *von Stemann*, Schleswigs Recht und Gerichtsverfassung im 17. Jahrhundert, Bredstedt: S. 231, Nr. 4.

B. Ausgestaltung der Deichstavengerechtigkeit

I. Allgemeines

Die Deichstavengerechtigkeit existiert im ehemaligen Herzogtum Schleswig schon seit vielen Jahrhunderten.[205] Für sie ist weder der genaue Entstehungszeitpunkt zu ermitteln noch eine geschriebene gesetzliche Grundlage auszumachen. Zur Eingrenzung der Entstehungszeit können jedoch verschiedene Anhaltspunkte herangezogen werden.

Das Recht, ein fremdes Deichgrundstück bebauen und Eigentümer des Bauwerks bleiben zu dürfen,[206] wurde zumeist an Mitteldeichsgrundstücken,[207] und nur sehr selten an Seedeichen[208] eingeräumt. Daher ist davon auszugehen, dass die Deichstavengerechtigkeit erst in der Zeit der vermehrten Entstehung dieser Mitteldeiche seine Wurzeln haben kann. Diese fand erst durch die häufigere Anlage neuer Köge ab Mitte des 16. Jahrhunderts statt.[209]

Als älteste schriftliche Quelle ist in diesem Zusammenhang Artikel 14 des Octroys vom 13. Oktober 1681 für die Anlage des Alten Christian-Albrechts-Kooges zu nennen.[210] Aus diesem geht hervor, dass die Interessenten des Kooges den durch die Neueindeichung zum Mitteldeich werdenden Südergotteskoogsdeich rekognitionsfrei bebauen durften.[211] Diese Regelung beinhaltet keinen Hinweis auf die damit verbundene rechtliche Ausgestaltung. Der Octroy gibt also nur Aufschluss darüber, dass das Bebauen der Mitteldeiche im Herzogtum Schleswig im ausgehenden 17. Jahrhundert weder gänzlich unbekannt noch verboten war. *Christian Sibbern Melfsen* erwähnt in seiner Chronik der Christian-Albrechts-Köge ein Haus an der inneren Seedeichsberme des Alten Christian-Albrechts-Kooges aus dem Jahre 1683.[212] Dieses Haus ist angesichts der Tatsache, dass der Koog erst im vorangegangenen Jahr fertiggestellt worden war,[213] als das älteste Deichshaus im Alten Christian-Albrechts-Koog anzusehen.[214]

---

205 *Block*, SchlHA 1913, S. 257 f.; *Kähler*, 3. Teil, § 34, 4., S. 336; *Staehly*, S. 54.

206 **KANF**, ***Abt. F 4***, Nr. 585; 788; **LAS**, ***Abt. 320.21***, Nr. 1329.

207 Vgl. die Stavenbriefe im Anhang; **KANF**, ***Abt. F 4***, Nr. 41 (Dok. 9, 7, 50); 593; **LAS**, ***Abt. 161***, Nr. 220; 2232; ***Abt. 188.1***, Nr. 1;

208 **KANF**, ***Abt. F 4***, Nr. 41 (Dok. 25, 42, 66); 810 (Band 1); **LAS**, ***Abt. 309***, Nr. 83; 197; *Melfsen*, Band 1, Kapitel 21, S. 252; *Niemann*, Die königlichen Landdistrikte, III., S. 80.

209 Vgl. Bantelmann/Panten/Kuschert/Steensen - *Kuschert*, III., B., 5., b., S. 137: zwischen 1500 und 1700 wurden über 50 neue Köge gewonnen; Nachweise dazu bei *Kunz/Panten* aaO; *Kramer*, 5.2, S. 82; *Pauls*, S. 20.

210 Vgl. *Fischer*, Band 3/2, Kapitel 11, 1.2, S. 235; *Kunz/Panten*, S. 26; *Panten*, S. 21.

211 Vgl. *Panten*, S. 17.

212 *Melfsen*, Band 1, Kapitel 21, S. 252; so auch *Panten*, S. 95.

213 *Kunz/Panten*, S. 26.

214 So auch *Melfsen* in Band 1, Kapitel 21, S. 252.

Die Octroys anderer nordfriesischer Köge enthalten keine mit Artikel 14 des Octroys für den Alten Christian-Albrechts-Koog vergleichbaren Bestimmungen.

Die ältesten erhaltenen Originaldokumente über einzelne Stavenrechte stammen aus dem 1580 fertiggestellten[215] Kornkoog. Der früheste Hinweis auf die Existenz eines Stavenrechts ist ein Bericht über eine Deichbesichtigung, bei der die genaue Abmessung eines 1681 angewiesenen Grundstücks überprüft wurde.[216] Des weiteren sind Stavenbriefe aus den Jahren 1687,[217] 1688[218] und 1695,[219] ein Gesuch um Anweisung eines Stavengrundstücks nebst Bewilligung von 1693[220] und ein Protokoll über eine Auseinandersetzung zweier Deichstaven von 1690/91[221] erhalten.

Mangels älterer Quellen kann nicht mit Sicherheit belegt werden, ob schon vor Ende des 17. Jahrhunderts Stavenrechte bestellt wurden. Die zumeist gleichen Wortlaute der ältesten aufgefundenen Stavenbriefe[222] deuten aber zumindest darauf hin, dass Deichstavengerechtigkeiten bereits im ausgehenden 17. Jahrhundert nach nahezu einheitlichen Regeln gehandhabt wurden. Dies legt angesichts der grundsätzlich recht unterschiedlich ausgestalteten Deichrechte[223] den Schluss nahe, dass das Stavenrecht zu diesem Zeitpunkt schon seit längerer Zeit bestand. Außerdem heißt es in den ältesten Stavenbriefen aus dem Kornkoog:

> „*Auf Vorzeiger dieses, Hinrich Andersen Krüger in Deezbüll, inständig ansuchen, wird demselben auff dem alten Korn-Kooges-Teich neben und Norden seines itzigen Wohn-Hauses zu einem Wohn-Platz oder Kohlhoff* ... ***gleich solches anderen in solchen Fällen vergönnet worden****, mit Consens des Deichvoigten Friedrich Lützen hiermit angewiesen und eingeräumet...*“[224]

und:

> „*Demnach Vorzeiger Lorenz Michelsen von Deezbüll gebührend ansuchung gethan, daß ihm zu einem Wohnplatz auf dem Korn-Koges Teich ein Stück Teich möge vergönnet und außgewiesen werden,* ***gleich wie es andern in solchen fällen, von dem vorigen H. Teichgraffen ist vergönnet worden...***“.[225]

Der Hinweis auf andere, sogar schon vom vorherigen Deichgrafen bestellte Stavenrechte belegt, dass jedenfalls im Kornkoog schon deutlich vor 1687 Deichsta-

---

215 *Kunz/Panten*, S. 26 f., 92.
216 **KANF**, ***Abt. F 4***, Nr. 1556 (Dok. 12; Kornkoog).
217 **KANF**, ***Abt. F 4***, Nr. 1556 (Dok. 1; Kornkoog).
218 **KANF**, ***Abt. F 4***, Nr. 41 (vor Dok. 1; Kornkoog).
219 **KANF**, ***Abt. F 4***, Nr. 1556 (Dok. 8; Kornkoog).
220 **KANF**, ***Abt. F 4***, Nr. 1556 (Dok. 2; Kornkoog).
221 **KANF**, ***Abt. F 4***, Nr. 1556 (Dok. 12, 13; Kornkoog).
222 Vgl. Stavenbriefe Nr. I., 1 - 3 im Anhang.
223 Siehe 1. Teil, B. I. 2., S. 26 ff.
224 **KANF**, ***Abt. F 4***, Nr. 1556 (Dok. 8; 1695).
225 **KANF**, ***Abt. F 4***, Nr. 1556 (Dok. 1; 1687); gleicher Wortlaut auch in ***Abt. F 4***, Nr. 41 (vor Dok. 1), Stavenbrief für Broder Carstensen, 1688.

vengerechtigkeiten vergeben wurden. Ein weiterer Beleg hierfür ist eine Aufstellung von Stavengrundstücken aus dem Kornkoog von 1723, in dem bereits 72 Stavenparzellen verzeichnet sind.[226] Es ist als äußerst unwahrscheinlich anzusehen, dass alle Gebäude gleichzeitig gebaut wurden. Im Ergebnis kann daher davon ausgegangen werden, dass der Entstehungszeitpunkt der Deichstavengerechtigkeit spätestens in der Mitte des 17. Jahrhunderts liegt.

Im Laufe der Jahrhunderte wurde die Stavengerechtigkeit nicht kodifiziert. Ob es jemals entsprechende Pläne gegeben hat, ist nicht dokumentiert. Erst Anfang der 1930er Jahre berieten der damalige Landrat und die Deichgrafen über eine „*Neuregelung der Stavenrechts*".[227] Diese ist jedoch weder zu Ende geführt worden noch sind Dokumente über genauere Vorstellungen oder Ziele erhalten. Auch in der Folge wurde die Deichstavengerechtigkeit nicht außer Kraft gesetzt.

II. Regionale Verbreitung

1. Bis Anfang des 20. Jahrhunderts

Laut *Block*, *Kähler* und *Staehly* war die Deichstavengerechtigkeit regional im Wesentlichen auf die Bezirke um Tondern und Niebüll beschränkt.[228] Angesichts ihrer eher oberflächlichen Auseinandersetzung mit dieser Gerechtigkeit bedarf diese Behauptung einer näheren Überprüfung anhand des vorhandenen Quellenmaterials.

a) Auf dem Festland

(1) Zwischen Hoyer und Bredstedt

In den schleswigschen Marschkögen zwischen Hoyer im Norden und der Grenzlinie zwischen dem Ockholmer und dem Langenhorner Koog einerseits und dem Sönke-Nissen-, dem Louise-Reußen- und dem Sterdebüller Neuen Koog andererseits im Süden (ca. 3 km nördlich von Bredstedt) ist die Existenz von Stavenrechten durch eine Vielzahl von Dokumenten belegt.[229] Nur aus dem Alten und

---

226 **KANF**, ***Abt. F 4***, Nr. 1556 (Dok. 29).

227 Vgl. **KANF**, ***Abt. F 4***, Nr. 451.

228 *Block*, SchlHA 1913, S. 258; *Kähler*, § 34, II., 4., S. 336; *Staehly*, S. 54.

229 ***Ruttebüller Koog***: **KANF**, ***Abt. F 4***, Nr. 41 (Dok. 1); **LfS**, ***Kogsarkiver*** (Rudbølkog), Nr. 128; 143; ***Nordslesvisge Retsbetjensarkiver***, Nr. 2278; 2279;
Hoyerkoog: **KANF**, ***Abt. F 4***, Nr. 41 (Dok. 50); **LfS**, ***Kogsarkiver*** (Højerkog), Nr. 74;
Mögeltondernkoog: **LfS**, ***Kogsarkiver*** (Møgeltønderkog), Nr. 99;
Tonderner Koog: **LfS**, ***Tønder Amtsarkiv***, Nr. M 1;
Ubergkoog: **KANF**, ***Abt. F 4***, Nr. 589;
Wiedingharder Alter Koog: **KANF**, ***Abt. F 4***, Nr. 152; 341; 451; 589; **LAS**, ***Abt. 188.1***, Nr. 1; 33;

Neuen Friedrichenkoog, dem Karrharder Alten Koog, dem Marien- und dem Juliane-Marien-Koog sowie aus den Kögen südöstlich von Niebüll zwischen der Lecker und der Soholmer Au waren keine Quellen über Deichstavengerechtigkeiten auffindbar.

Für die beiden Friedrichenköge ist jedoch festzustellen, dass der Alte Friedrichenkoog bis zur Anlegung des Neuen Friedrichenkooges im Jahr 1861[230] eine verhältnismäßig lange Seedeichslinie aufwies. Das Eigentum am mit dem benachbarten Ruttebüller Koog gemeinsamen Mitteldeich stand letzterem zu; dieser hat Stavenrechte eingeräumt.[231] Die Mitteldeiche zwischen dem Neuen Friedrichenkoog und dem Ruttebüller beziehungsweise dem Hoyerkoog sind ebenfalls erst durch die Bedeichung 1861 entstanden.[232] Zu diesem Zeitpunkt wurden nur noch vereinzelt neue Stavenrechte vergeben.[233] Mangels anderslautender Quellen muss daher da-

---

Brunottenkoog: **KANF**, ***Abt. F 4***, Nr. 41 (Dok. 14); 589; 591;
Gotteskoog: **KANF**, ***Abt. F 4***, Nr. 41 (Dok. 61-63); 451; 539; 783; **LAS**, ***Abt. 320.21***, Nr. 1329;
Emmelsbüller Kleiner Koog: **KANF**, ***Abt. F 4***, Nr. 451; 988;
Alter und Neuer Christian-Albrechts-Koog: **KANF**, ***Abt. F 4***, Nr. 41 (Dok. 39, 66); ***Abt. F 5***, Nr. 369-372; 392-395; 398; 400; 404-407; 714; 716; 718; 726; 727, 842 (Band 1 und 2); 880;
Kornkoog: **KANF**, ***Abt. F 4***, Nr. 586; 593; 788; 1556; ***Abt. F 21***, Nr. 16; 36;
Klixbüller Koog: **KANF**, ***Abt. F 4***, Nr. 588; 788; **LAS**, ***Abt. 161***, Nr. 227;
Großer Kohldammer Koog: **KANF**, ***Abt. F 4***, Nr. 592;
Dagebüller Koog: **KANF**, ***Abt. F 5***, Nr. 404; ***Abt. F 12***, Nr. 16; 65; 261;
Kleiseer Koog: **KANF**, ***Abt. F 4***, Nr. 591-593; 809; 890; ***Abt. F 12***, Nr. 259;
Maasbüller Herrenkoog: **KANF**, ***Abt. F 4***, Nr. 428; 587; 788; 890; ***Abt. F 8***, Nr. 163;
Kleiner Kohldammer Koog: **KANF**, ***Abt. F 4***, Nr. 592;
Fahretofter Norder- und Süderkoog: **KANF**, ***Abt. F 4***, Nr. 451; 590; 591; 593;
Bottschlotter Koog: **KANF**, ***Abt. F 4***, Nr. 590;
Blumenkoog: **KANF**, ***Abt. F 4***, Nr. 591;
Waygaarder Koog: **KANF**, ***Abt. F 4***, Nr. 590;
Langenhorner Alter und Neuer Koog: **KANF**, ***Abt. F 8***, Nr. 163; ***Abt. F 15***, Nr. 54;
Ockholmer Koog: **KANF**, ***Abt. F 15***, Nr. 54.

230 *Fischer*, Band 3/2, Kapitel 14, 4., S. 316; *Kunz/Panten*, S. 18.

231 **KANF**, ***Abt. F 4***, Nr. 41 (Dok. 1); **LfS**, ***Kogsarkiver*** (Rudbølkog), Nr. 128; 143; ***Nordslesvisge Retsbetjensarkiver***, Nr. 2278; 2279.

232 *Fischer*, Band 3/2, Kapitel 14, 4., S. 316; *Kunz/Panten*, S. 18.

233 Im Fahretofter Koog waren 1794 laut einem Gesuch des Kooges an den dänischen König 40 bis 50 Häuser und zwei Mühlen auf dem dortigen Mitteldeich vorhanden (**LAS**, ***Abt. 161***, Nr. 220); 1882/83 sind im Bezirk Fahretoft 54 Stavengrundstücke dokumentiert (**KANF**, ***Abt. F 4***, Nr. 593), 1896 noch 51 (**KANF**, ***Abt. F 4***, Nr. 8). Die Zahl der Stavengrundstücke zwischen Fahretoft und Waygaard blieb zwischen 1820 und 1884 sogar konstant (**KANF**, ***Abt. F 4***, Nr. 591);
laut *Melfsen*, Band 2, Kapitel 33, S. 93, und Kapitel 46, S. 218, und *Panten*, S. 101 ff., gab es in beiden Christian-Albrechts-Kögen bereits Anfang des 19. Jahrhunderts Bemühungen, die Zahl der Deichhäuser zu vermindern;
Siehe auch: **LAS**, ***Abt. 188.1***, Nr. 33: Stavenregister des Wiedingharder alten Kooges der Jahre 1730, 1836, 1883.

von ausgegangen werden, dass hier keine Deichstavengerechtigkeiten existiert haben.

Der zwischen dem Karrharder Alten und dem Gotteskoog gelegene Grellsbülldeich ist mit Stavenrechten des Gotteskooges belegt gewesen.[234] Der Marienkoog ist vom Neuen Christian-Albrechts-, vom Kleiseer und vom Dagebüller Koog umschlossen; der Juliane-Marien-Koog liegt zwischen Dagebüller, Kleiseer und Fahretofter Norderkoog. Für beide gilt, dass die umliegenden Köge Stavenrechte vergaben und diese auch an den jeweiligen Grenzdeichen lagen.[235] Demzufolge hatten die beiden genannten Köge keine eigenen Mitteldeiche zur Verfügung, an denen sie Stavenrechte hätten einräumen können.

Die Köge zwischen der Lecker und der Soholmer Au[236] liegen direkt am dicht besiedelten Geestrand. Meistens wurden solche Köge gar nicht besiedelt, da die Bewirtschaftung von den nahegelegenen Geestdörfern aus durchgeführt wurde.[237] Daraus folgt, dass Deichstavengerechtigkeiten hier zumeist nicht notwendig waren und deswegen vermutlich nur sehr selten eingeräumt wurden. Jedenfalls ist aus dem genannten Gebiet lediglich ein Gesuch aus dem Störtewerker Koog um Befreiung von Stavengeldern vom 20. März 1745 erhalten.[238]

Insgesamt ist das Stavenrecht im Gebiet zwischen Hoyer und Bredstedt also als weitestgehend verbreitet anzusehen.

(2) Bredstedter Marsch

Die Köge, die die zuerst angelegte Deichlinie westlich von Bredstedt bilden, wurden 1460 beziehungsweise 1520 und 1529 eingedeicht[239] und gehören zu den spärlich oder nicht besiedelten geestnahen Kögen.[240] Da die ersten Seedeiche dort nur knapp 2 km vom Geestrand entfernt lagen, bestand kaum ein Interesse an deren Besiedlung. Des weiteren existierten dort bis ins 18. Jahrhundert hinein keine Mitteldeiche. Noch im Jahre 1752 bringen die Bewohner des Bredstedter und des

---

234 **KANF**, ***Abt. F 4***, Nr. 809; **LAS**, ***Abt. 161***, Nr. 2253.

235 **Marienkoog**: **KANF**, ***Abt. F 4***, Nr. 809 (Dagebülldamm), Nr. 810 (Band 1; Wiedingharder Alter Koog Süderdeich); ***Abt. F 5***, Nr. 369 (damaliger Seedeiche des Neuen Christian-Albrechts-Kooges, heute Marienkoogsdeich und Mühlendeich); Nr. 404 (Norddeich Dagebüller Koog); ***Abt. F 12***, Nr. 16 (Norddeich Dagebüller Koog); Nr. 65 (Dagebülldamm); *Panten*, S. 82 (Mühlendeich);
Juliane-Marien-Koog: **KANF**, ***Abt. F 5***, Nr. 404 (Dagebüller Koog Osterdeich); ***Abt. F 12***, Nr. 16 (Dagebüller Koog Osterdeich).

236 Schnatebüller, Hundebüller, Störtewerker, Enger und Bargumer Koog.

237 *Johannsen*, § 2, 2., S. 4; *Kunz/Panten*, S. 42; *Melfsen*, Band 1, Kapitel 1, S. 1, 4.

238 **LAS**, ***Abt. 161***, Nr. 242.

239 *Fischer*, Band 3/2, Kapitel 3, 3., S. 62 ff.; *Kunz/Panten*, S. 40 (Sterdebüller Neuer Koog), S. 43 (Bordelumer, Bredstedter, Breklumer Koog), S. 46 f. (Wallsbüller Saatkoog, Hattstedter Neuer Koog, Hattstedtermarsch).

240 Vgl. *Kunz/Panten*, S. 42.

Breklumer Kooges sowie der Hattstedter Marsch in einem Streit um die Aufteilung der Deichunterhaltungskosten vor, dass allen dreien keine Mitteldeiche gehörten.[241] Auch aus der Zeit nach der Anlage der ersten Köge westlich der ersten Deichlinie ab 1741[242] gibt es keine Dokumente über Stavenrechte. Aus dem Jahr 1899 ist zwar ein Gesuch um eine Baugenehmigung für einen Erweiterungsbau auf dem Mitteldeich des 1741 angelegten Sophie-Magdalenen-Kooges erhalten.[243] Ob es sich dabei allerdings um ein Haus auf einem Stavengrundstück handelt, ist aus dem Schriftstück nicht ersichtlich.

In der Bredstedter Marsch ist die Existenz von Deichstavengerechtigkeiten demnach nicht belegt.

(3) Halbinsel Eiderstedt

Von der Halbinsel Eiderstedt sind nur wenige Quellen über Stavenrechte erhalten. In zahlreichen Dokumenten[244] und einem Bericht an die Provinzregierung über den Zustand der Mitteldeiche im Kreis Eiderstedt vom 22. August 1900 werden jedoch zahlreiche Häuser auf Eiderstedter Mitteldeichen erwähnt.[245] Außerdem ist auch der Tönninger Hafendeich bis heute mit Wohnhäusern besetzt.[246] Andere Quellen berichten von einem entgeltpflichtigen Nutznießungsrecht an dortigen Mitteldeichen *„seit undenklichen Jahren“*[247].[248] Nach Auskunft des Deich- und Hauptsielverbands Eiderstedt handelte es sich bei diesen Nutzungsrechten ebenfalls um Deichstavengerechtigkeiten. Einige von diesen wurden bei der Anlegung des Grundbuchs Ende des 19. Jahrhunderts auch als Stavenrechte ins Grundbuch eingetragen.

b) Auf den nordfriesischen Inseln

Auf Sylt hat es bis zur Anlegung des Nössekooges im Jahr 1937 keine Deiche gegeben.[249] Deichstavengerechtigkeiten sind dort demnach nicht vorhanden. Föhr hat keine Mitteldeiche. Ob die Häuser auf dem Seedeich des Föhrer Marschkooges[250] aufgrund von Stavengerechtigkeiten erbaut wurden, ist nicht belegt. Die

---

241 **LAS**, ***Abt. 163***, Nr. 1596.

242 *Fischer*, Band 3/2, Kapitel 13, 2., S. 286 ff.; *Kunz/Panten*, S. 61 (Louise-Reußen-Koog, 1799); *ebenda*, S. 40 f. (Reußenkoog, 1789; Sophie-Magdalenen-Koog, 1741); *ebenda*, S. 70 (Desmercierenkoog, 1767).

243 **LAS**, ***Abt. 309***, Nr. 19784.

244 **KANF**, ***Abt. F 7***, A 2 Db, Nr. 106; **LAS**, ***Abt. 320.4***, Nr. 1571; 1577; 1580; 1581; 1946.

245 **LAS**, ***Abt. 309***, Nr. 10960 (Journal Nr. 3955).

246 **LAS**, ***Abt. 320.4***, Nr. 1581.

247 **LAS**, ***Abt. 320.4***, Nr. 1571.

248 Vgl. im Ganzen: **LAS**, ***Abt. 320.4***, Nr. 1573 (Band 2).

249 *Kunz/Panten*, S. 11.

250 **LAS**, ***Abt. 49.14***, Nr. 72.

Norddorfer Marsch auf Amrum wurde erst 1917 beziehungsweise 1934 zum Schutz der Dünen eingedeicht.[251] Der dortige Deich ist ebenfalls nicht bebaut.

Auf Pellworm war das Bebauen von Mitteldeichen gemäß Artikel 12 der Pellwormer Deichordnung von 5. November 1711[252] verboten. Trotzdem ist dort die Existenz von Häusern belegt.[253] Auch sind Nutzungsrechte an Seedeichsgrundstücken bekannt.[254] Ob diese Nutzungen sich über das Gräsen von Kleinvieh hinaus auf die Bebauung des Grundstücks erstreckte, ist allerdings nicht ersichtlich. Darüber hinaus sind Bauten auf Pellwormer Seedeichen vorhanden.[255] Mangels entsprechendem Quellenmaterial kann von der Existenz von Stavenrechten jedoch nicht ausgegangen werden.

Auf Nordstrand, das erst 1987 durch die Eindeichung des Beltringharder Kooges mit dem Festland verbunden wurde,[256] hat es ebenfalls Häuser auf Mitteldeichen gegeben.[257] Das damit verbundene Nutzungsrecht wird dort als Stätterecht bezeichnet[258] und ist allenfalls mit dem Stavenrecht verwandt.

c) Zusammenfassung

Auf dem nordfriesischen Festland waren Deichstavengerechtigkeiten weitestgehend verbreitet. Hiervon ist lediglich das Gebiet zwischen einer gedachten Linie etwa 3 km nördlich von Bredstedt im Norden und Husum im Süden auszunehmen.

2. Heute

In den Kögen, die nach 1900 und damit nach Einführung des BGB eingedeicht wurden, sind Stavengerechtigkeiten generell nicht vorhanden. Die zu diesem Zeitpunkt bereits vorhandenen Stavenrechte haben dennoch bis heute fortbestehen können.[259] Auf dem Gebiet des DHSV Südwesthörn-Bongsiel[260] liegen nach Auskunft des Verbandes heute noch 173 Grundstücke,[261] an denen Deichstavengerechtigkeiten bestehen. Der Großteil davon befindet sich im Fahretofter Koog und in den Christian-Albrechts-Kögen, weitere Rechte bestehen im Wiedinghar-

---

251 *Kunz/Panten*, S. 12.
252 **CSS I**, S. 408 ff.
253 **LAS**, ***Abt. 163***, Nr. 833; *Fischer*, Band 2/4, IV. Abschnitt, A., S. 194, und L., S. 231.
254 **LAS**, ***Abt. 309***, Nr. 19788.
255 **LAS**, ***Abt. 309***, Nr. 19787.
256 *Kunz/Panten*, S. 47.
257 **LAS**, ***Abt. 188.9*** (Elisabeth-Sophien-Koog), Nr. 3; ***Abt. 309***, Nr. 10952 (Bericht vom 30.6.1905, Journal Nr. IB III 3830).
258 Vgl. *Johannsen*, § 5, 1., S. 31.
259 Ausführlich dazu siehe unten unter 2. Teil, C., S. 81 ff.
260 Entspricht dem im 2. Teil unter B. II. 1. a) (1), S. 51 ff., umrissenen Gebiet.
261 Stand: April 2001.

der Alten Koog, im Emmelsbüller Kleinen Koog, im Gotteskoog sowie im Dagebüller Koog. Vereinzelte Stavenrechte sind schließlich noch im Ockholmer und im Brunottenkoog vorhanden.

Dem DHSV Eiderstedt zufolge gibt es auf der Halbinsel Eiderstedt in der Gegend von Kating noch einige Stavenrechtsgrundstücke.

Auf Nordstrand sind die mit Stätterechten belasteten Grundstücke im Zuge von Flurbereinigungsmaßnahmen Ende der 1990er Jahre an die bisherigen Inhaber der Stätterechte übertragen worden. Damit ist das Stätterecht als nicht mehr vorhanden anzusehen.

3. In anderen Regionen Schleswig-Holsteins

In Süderdithmarschen sind vor allem die Elbdeiche vielfach mit Häusern bebaut. Bei St. Margarethen sind beispielsweise im Jahr 1650 auf dem dortigen Elbdeich 50 Häuser gleichzeitig errichtet worden.[262] Diesen Bauten lag die Bestellung eines superfiziarischen Rechts für die Erbauer zugrunde.[263] Dasselbe gilt für das Alte Land.[264] Ob es sich bei diesen Rechten jedoch um Stavengerechtigkeiten oder jedenfalls damit vergleichbare Rechte gehandelt hat, ist mangels ausführlicherer Quellen nicht eindeutig zu beantworten. Es ist nicht nachgewiesen, ob im übrigen Dithmarschen Deiche zur Bebauung genutzt wurden.

III. Bestellung von Deichstavengerechtigkeiten

Das Stavenrecht entstand durch Vertrag zwischen dem Eigentümer des Deiches und demjenigen, der auf dem Deichgrundstück ein Wohnhaus erbauen wollte.[265] Als Besteller der Deichstavengerechtigkeiten traten stets die Köge auf, denen der entsprechende Deich gehörte. Nachweise über die Einräumung durch private Deicheigentümer existieren nicht. Die Gewährung der Stavenrechte erfolgte stets unter der Bedingung, dass der Berechtigte tatsächlich ein Haus auf dem Grundstück baute.[266]

Über die Erteilung des Stavenrechts wurde dem Berechtigten regelmäßig ein Stavenbrief ausgestellt. Diesen fertigte der Deichgraf des jeweiligen Bezirks[267] beziehungsweise in den octroyierten Kögen der Koogsinspektor[268] auf gestempel-

---

[262] *von Hedemann-Heespen*, Nr. 57, S. 439; siehe auch *Tetens*, 48. Brief, S. 306 f.

[263] *Constabel*, § 18, S. 59.

[264] *Julius von Gierke*, Geschichte des deutschen Deichrechts, Teil II, 4. Abschnitt, § 2, IV., S. 268.

[265] *Block*, SchlHA 1913, S. 258; *Kähler*, 3. Teil, § 34, 4., S. 336; **KANF**, ***Abt. F 4***, Nr. 592.

[266] Vgl. **KANF**, ***Abt. F 4***, Nr. 41 (Dok. 1); ***Abt. F 4***, Nr. 1556 (Dok. 30).

[267] **LAS**, ***Abt. 320.31***, Nr. 866.

[268] **KANF**, ***Abt. F 4***, Nr. 589.

tem Papier aus. Der wesentliche Inhalt der einzelnen Urkunden war stets der gleiche.[269] Heute ist der Oberdeichgraf als oberstes Organ des jeweiligen Deich- und Hauptsielverbands für die Erteilung von Stavenbriefen zuständig.[270] Der Stavenbrief enthält Angaben über Lage und Größe des Grundstücks, die Person des Rechtserwerbers und den Grundstückseigentümer sowie die zu zahlende jährliche Rekognition.[271] Darüber hinaus werden die weiteren übernommen Verpflichtungen und Einschränkungen aufgeführt. Diese Aufzählungen sind nicht immer vollständig; durch den Verweis auf die Verpflichtung zur Beachtung der *„bestehenden und künftig zu erlassenden Mitteldeichsverfügungen“*[272] sind jedoch grundsätzlich alle relevanten Beschränkungen erfasst und in den Vertrag mit einbezogen.[273]

Nicht immer wurde der Stavenbrief sofort nach Gewährung des Rechts ausgestellt. Teilweise beantragten die Berechtigten diesen gar nicht oder erst, nachdem etliche Jahre vergangen waren. Auch dann wurde er regelmäßig gewährt.[274] Es ist des weiteren nicht gesichert, ob alle Köge von Beginn an entsprechende Urkunden ausgefertigt haben. Dem Deichgrafen *B. Todsen* zufolge wurde der erste Stavenbrief im Bezirk der Deichgrafschaft Tondern erst im Jahr 1732 ausgestellt.[275] Also waren ihm die ältesten heute noch erhaltenen Stavenbriefe von 1687, 1688 und 1695[276] aus den zur Deichgrafschaft Tondern gehörenden Kögen Kornkoog und Ruttebüller Koog offenbar nicht bekannt. Insoweit enthält diese Quelle keine verwertbare Aussage über die Frage, ob in der Frühzeit der Entwicklung der Deichstavengerechtigkeit Rechte ohne die Ausstellung von Stavenbriefen gewährt wurden. Aus den Christian-Albrechts-Kögen datieren die ersten Stavenbriefe aus dem Jahr 1771,[277] obwohl das erste Deichhaus bereits 1683 erbaut und die Rekognition seit 1700[278] erhoben wurde. Seit 1882 verwendeten die Koogsinspektoren dort nach einer Neuvermessung der Grundstücke spezielle Vordrucke, die in der Folgezeit auch ohne erfolgten Besitzwechsel die alten Stavenbriefe ersetzten.[279] Diese Formularstavenbriefe wurden später von weiteren Kögen übernommen.[280] Auch über die heute noch bestehenden Stavenrechte werden Sta-

---

[269] Vgl. die Stavenbriefe im Anhang.

[270] Lorenzen-Schmidt/Pelc - *Lorenzen-Schmidt*, „Deichgraf“, S. 99.

[271] *Rekognition* ist gleichbedeutend mit *Gebühr*.

[272] Vgl. Stavenbriefe in Anhang.

[273] **LAS**, ***Abt. 320.21***, Nr. 1329.

[274] **KANF**, ***Abt. F 4***, Nr. 8, 41 (Dok. 1); 585-587; 593; 988; Nr. 1556 (Dok. 30); ***Abt. F 5***, Nr. 369.

[275] **KANF**, ***Abt. F 4***, Nr. 585.

[276] Nachweise vgl. Fn. 217-219.

[277] *Melfsen*, Band 2, Kapitel 31, S. 83; *Panten*, S. 86;
der älteste noch erhaltene Stavenbrief datiert vom 16.5.1771 (**KANF**, ***Abt. F 5***, Nr. 369).

[278] *Melfsen*, Band 1, Kapitel 21, S. 252.

[279] *Melfsen*, Band 3, Kapitel 12, S. 139; *Panten*, S. 83.

[280] Gotteskoog (**KANF**, ***Abt. F 4***, Nr. 451; 809); Oster- und Westermooringer Kornkoog (**KANF**, ***Abt. F 4***, Nr. 451; 809; 988); Klixbüller Koog (**KANF**, ***Abt. F 4***, Nr. 788); Dagebüller Koog (**KANF**, ***Abt. F 12***, Nr. 65); Kleiseer Koog und Maasbüller Herrenkoog (**KANF**, ***Abt. F 4***,

venbriefe angefertigt.[281] Deren wesentlicher Inhalt hat sich gegenüber den älteren Exemplaren kaum verändert.[282]

Von der dargestellten Praxis wich ab Anfang des 19. Jahrhunderts nur die Wiedingharde[283] ab. Dort wurde das Ausstellen von Stavenbriefen zunächst sehr vernachlässigt und dann ganz eingestellt.[284] Später wurden nur in Einzelfällen zur Vermeidung von Streitigkeiten Stavenbriefe erteilt.[285]

IV. Berechtigte

1. Berechtigte Personen

Stavengerechtigkeiten wurden in der Regel an Tagelöhner, Arbeiter, Handwerker und andere Menschen mit geringem Einkommen vergeben.[286] Auch nach teilweise zahlreichen Übertragungen im Laufe der Jahrzehnte änderte sich diese Berufsstruktur nur unerheblich. So finden sich in einem Verzeichnis der Staveninhaber in den Christian-Albrechts-Kögen aus dem Jahr 1882 immer noch hauptsächlich Arbeiter und Handwerker wie Schmiede, Schuster, Anstreicher, Schneider und Bäcker sowie Krüger und Höker.[287] Eine Liste aus dem Ostermooringer Kornkoog über die 1908 dort noch vorhandenen Staven enthält 56 Einträge. Davon waren 32 Staveninhaber von Beruf Arbeiter, drei Zimmerleute und je einer Tischler, Schuhmacher beziehungsweise Maler.[288] Eine ähnliche Verteilung der Berufe ist schließlich aus zahlreichen Mitteilungen der Grundbuchämter an die Deichgrafschaft über die erfolgten Umtragungen von Staveninhabern im Grundbuch zu erkennen.[289] Des weiteren wurden Stavenrechte für den Bau und Betrieb von Gebäuden mit gemeinschaftlichem Nutzen (u.a. Pastorate,[290] Armenhäuser,[291] Schulen,[292] Schmieden,[293] Mühlen[294] und Gastwirtschaften[295]) eingeräumt.

Nr. 809); Fahretofter Koog (**KANF**, ***Abt. F 4***, Nr. 451; 788; 809; 988); Bottschlotter und Brunottenkoog (**KANF**, ***Abt. F 4***, Nr. 988).

281 Vgl. im Anhang Nr. II., 1-3.

282 Vgl. Stavenbriefe im Anhang.

283 Betrifft den Wiedingharder Alter Koog und den Gotteskoog (vgl. Karte bei Bantelmann/Panten/Kuschert/Steensen - *Panten*, II., S. 63).

284 **KANF**, ***Abt. F 4***, Nr. 341 (Gotteskoog, 1880); Nr. 585 (Wiedingharde, ca. 1905: *„seit etwa 100 Jahren“*); Nr. 589 (1883); **LAS**, ***Abt. 320.21***, Nr. 1329, 10.8.1871: *„in den letzten 50 Jahren“*.

285 **KANF**, ***Abt. F 4***, Nr. 809.

286 *Melfsen*, Band 1, Kapitel 21, S. 252; *Mensing*, Sp. 812 f.; *Panten*, S. 95; **KANF**, ***Abt. F 5***, Nr. 404; **LAS**, ***Abt. 320.21***, Nr. 1329.

287 **KANF**, ***Abt. F 5***, Nr. 404.

288 **KANF**, ***Abt. F 4***, Nr. 788; die weiteren Staven befanden sich im Besitz von Frauen (ohne Berufsangabe; nur als „Ehefrau“, „Witwe“ oder „unverehelicht“ eingetragen) oder waren für die Schule beziehungsweise das Pastorat bestellt worden.

289 Vgl. nur **KANF**, ***Abt. F 4***, Nr. 593; 788; 810.

290 **KANF**, ***Abt. F 4***, Nr. 788; 809; ***Abt. F 21***, Nr. 16.

Im ausgehenden 19. Jahrhundert veräußerten die Inhaber ihre bestehenden Deichstavengerechtigkeiten vielfach an Kleinbahngesellschaften.[296] Diese nutzten die ehemaligen Deiche als Trassen für die Streckenführung der neu entstehenden Eisenbahnlinien. Später wurden Mitteldeiche nach Aufhebung der daran bestehenden Stavenrechte auch für die Anlage von Landstraßen verwendet.[297]

2. Gründe für die Gewährung von Deichstavengerechtigkeiten

Für die eben angeführten Berufsgruppen war der Bau eigener Wohnhäuser in den Kögen nur durch die Gewährung von Stavenrechten möglich. Bauland war wegen der hohen Landgewinnungskosten[298] sehr teuer und entsprechend wertvoll.[299] Diese hohen Summen konnten sie nicht aufbringen.[300] Dies zeigen viele Gesuche um die Anweisung eines neuen Stavenplatzes, die als Grund für den Antrag Geldnot

---

291 **KANF**, ***Abt. F 4***, Nr. 810 (Band 2); ***Abt. F 5***, Nr. 404.

292 **KANF**, ***Abt. F 4***, Nr. 41 (Dok. 27); 788; 988; ***Abt. F 5***, Nr. 404.

293 **KANF**, ***Abt. F 4***, Nr. 41 (Dok. 18);1556 (Dok. 29); ***Abt. F 5***, Nr. 369.

294 **KANF**, ***Abt. F 4***, Nr. 788; 1556 (Dok. 29); ***Abt. F 5***, Nr. 394, 404; *Melfsen*, Band 1, Kapitel 21, S. 262.

295 **KANF**, ***Abt. F 4***, Nr. 593; ***Abt. F 5***, Nr. 404; 718; ***Abt. F 12***, Nr. 16; **LfS**, ***Kogsarkiver*** (Rudbølkog), Nr. 129; *Melfsen*, Band 1, Kapitel 21, S. 261.

296 **KANF**, ***Abt. F 4***, Nr. 451; 586; 788; 988 (insbesondere die Kleinbahngesellschaften Niebüll-Dagebüll und Niebüll-Wyk).

297 **KANF**, ***Abt. F 4***, Nr. 403; ***Abt. F 12***, Nr. 290; *Panten*, S. 224 f.

298 Vgl. *von Bülow/Hagemann*, 12., S. 42; *Kramer*, 3.5, S. 52 ff.; *Melfsen*, Band 1, Kapitel 21, S. 252; *Pauls/Klose*, 1. Teil, VII., 2., a., S. 81;
laut *Fischer*, Band 3/2, Kapitel 11, 4.1, S. 245, lagen die Bedeichungskosten für den Neuen Christian-Albrechts-Koog bei 180 Mark Kurant pro Demat gewonnenes Land;
laut *Panten*, S. 22, wurden für die Eindeichung des Alten Christian-Albrechts-Kooges 350 000 Mark Kurant aufgewendet.

299 Bantelmann/Panten/Kuschert/Steensen - *Kuschert*, III., C., 3., c. und d., S. 176 f.: im 1682 fertiggestellten Alten Christian-Albrechts-Koog wurde ein durchschnittlicher Verkaufspreis von 300 Mark Kurant pro Demat (also rund 610 Mark Kurant pro ha) erzielt (so auch *Panten*, S. 23), im 1767 beendeten Desmercierenkoog sogar 400 Reichstaler (also 1200 Mark Kurant) pro ha.
Niemann, Die königlichen Landdistrikte, III. (Amt Tondern), S. 80: „ *... ist kein Demat Land zur Weide für eine Kuh und ein paar Schafe unter 150 bis 200 Reichstaler zu haben.*“ (entspricht 450 bis 600 Mark Kurant pro Demat beziehungsweise 914 bis 1218 Mark Kurant pro ha).
Vgl. auch *Melfsen*, Band 1, Kapitel 21, S. 252; *Panten*, S. 95; *Tetens*, 23. Brief, S. 133; **KANF**, ***Abt. F 4***, Nr. 1556 (Dok. 15); ***Abt. F 5***, Nr. 404.

300 Vgl. *Niemann*, Die königlichen Landdistrikte, IV., S. 131: Ende des 18. Jahrhunderts erhielt ein Tagelöhner im Amt Bredstedt ca. 1 Mark Kurant täglich bei eigener Kost (entspricht bei sechs Arbeitstagen pro Woche 312 Mark Kurant im Jahr).
Nach *Waschinski*, QFSHG 26 II (1959), Anhang II, Tabelle 33 n, S. 285: 1751 verdiente im Amt Husum ein Knecht bei Kost und Logis jährlich 48 Mark Kurant, eine Magd erhielt dort jährlich 27 Mark Kurant;
KANF, ***Abt. F 4***, Nr. 585; ***Abt. F 5***, Nr. 404; **LAS**, ***Abt. 320.21***, Nr. 1329.

angeben.[301] Nur durch die nahezu kostenlose Überlassung von Bauland war es den Betreffenden möglich, ein eigenes Haus zu bauen.[302] Die Alternative, ein Wohnhaus zu mieten, war nur selten dauerhaft möglich und daher mit häufigen Wohnungswechseln verbunden.[303] Dadurch konnte man kaum in einem bestimmten Koog sesshaft werden. Insgesamt beinhalteten die Kriterien zur Zuteilung der Stavenrechte also eine soziale Komponente.

Die Ansiedlung der genannten Berufsgruppen lag andererseits auch im Interesse der Köge. Man benötigte für den Fall von Deichbrüchen wie auch für die allgemeine Deichunterhaltung ständig eine ausreichende Anzahl von Arbeitskräften in unmittelbarer Nähe.[304] Insbesondere das lange Zeit nahezu ausschließlich angewandte System der Pfanddeichung erforderte wegen der persönlichen Zuständigkeit für die jeweils zugeteilte Deichstrecke eine besonders hohe Zahl von Verantwortlichen. Dies lag vor allem daran, dass die Deicharbeiten von den Pflichtigen neben deren eigentlicher Berufstätigkeit ausgeführt werden mussten. Zudem war auch die Überwindung kürzerer Entfernungen in den vergangenen Jahrhunderten beschwerlich und sehr zeitaufwändig.[305] Dadurch war es kaum möglich, kurzfristig benötigte Handwerker von außerhalb in die Köge zu bringen. Um Engpässe zu vermeiden, mussten daher alle wichtigen Handwerkergruppen vor Ort ansässig sein.

Die Verwendung ehemaliger Seedeiche als Baugrund war schließlich ein zweckmäßiger Kompromiss zwischen der Notwendigkeit, diese Menschen in den Kögen anzusiedeln und der dort herrschenden Platzknappheit. Auf diese Weise musste kein wertvolles fruchtbares Marschland[306] bebaut und damit der Landwirtschaft vorenthalten werden. Diese Deiche durften ohnehin nicht eingeebnet und ebenfalls als Ackerland genutzt werden, da sie für den Fall von Seedeichsbrüchen als Notdeich erhalten werden sollten. Durch die Nutzung als Bauplatz wurde also die insgesamt zur Verfügung stehende Fläche möglichst effektiv genutzt.

301 **KANF**, ***Abt. F 4***, Nr. 41 (Dok. 12, 49, 51); Nr. 1566 (Dok. 6, 9, 14, 15, 17, 21); ***Abt. F 5***, Nr. 369; 371.

302 **KANF**, ***Abt. F 5***, Nr. 369; **LAS**, ***Abt. 320.21***, Nr. 1329.

303 **KANF**, ***Abt. F 4***, Nr. 41 (Dok. 49); Nr. 1556 (Dok. 14); ***Abt. F 5***, Nr. 368; 369.

304 **KANF**, ***Abt. F 5***, Nr. 368; 369; 404; **LfS**, ***Kogsarkiver*** (Højerkog), Nr. 74.

305 Vgl. Bantelmann/Panten/Kuschert/Steensen - *Steensen*, IV. A. 1., c., S. 218: für die Strecke Husum-Dagebüll (ca. 35 km) benötigte man 1824 einen Tag; sowie *Tetens*, 22. Brief, S. 127 f.: Tetens benötigte für die Strecke Bredstedt-Tondern (ca. 35 km) ebenfalls einen ganzen Tag.

306 Vgl. *Kramer*, 2.4, S. 19; *Tetens*, 16. Brief, S. 98 f., und 23. Brief, S. 133.

V. Genaue Ausgestaltung der Deichstavengerechtigkeit

1. Rechte des Rechtsinhabers

a) Berechtigungen

Neben dem Recht, das fremde Grundstück bebauen zu dürfen, stand den Inhabern von Deichstavengerechtigkeiten auch das vollständige Nutzungsrecht daran zu.[307] Das Recht war grundsätzlich frei übertragbar,[308] vererbbar[309] und belastbar.[310] Dadurch entstand fast die Stellung eines Eigentümers.[311] Das Stavenrecht war untrennbar mit dem auf dem Grundstück stehenden Gebäude verknüpft. Es folgte dem Haus automatisch bei jeder vorgenommenen Übertragung.[312] Die Grundstücke und mit ihnen die Stavenrechte konnten des weiteren zwischen mehreren Inhabern aufgeteilt,[313] zusammengelegt[314] und um zusätzliche Flächen erweitert[315] werden.

Die Stavengerechtigkeit selbst wurde unentgeltlich bestellt.[316] Lediglich für die Anfertigung des Stavenbriefes musste der Staveninhaber für die dabei übliche Verwendung von Stempelpapier die entsprechende Stempelgebühr entrichten.[317]

b) Einschränkungen

Trotz der nahezu eigentümergleichen Befugnisse unterlagen Stavenrechtsinhaber verschiedenen Beschränkungen. Diese waren nicht in allen Kögen identisch.

---

307 **KANF**, ***Abt. F 4***, Nr. 585; 788; 809; 988; **LAS**, ***Abt. 161***, Nr. 2253; ***Abt. 320.4***, Nr. 1573 (Band 2); ***Abt. 320.21***, Nr. 1329.

308 **Kauf**: **KANF**, ***Abt. F 4***, Nr. 41 (Dok. 8); Nr. 328; 451; 585-588; 591; 593; 788; 809; 810 (Band 1 und 2); Nr. 890; 988; 1556 (Dok. 8); ***Abt. F 5***, Nr. 368; 372; 392-395; 400; 407; 718; 726; 727; 842 (Band 1 und 2); 880; ***Abt. F 12***, Nr. 16; 65; 261; ***Abt. F 15***, Nr. 54; **LAS**, ***Abt. 161***, Nr. 1443; 1444; 1743; 2234; ***Abt. 320.21***, Nr. 1329; **LfS**, ***Nordslesvisge Retsbetjensarkiver***, Nr. 2278; 2279; ***Kogsarkiver*** (Rudbølkog), Nr. 129; 143.
Tausch: **KANF**, ***Abt. F 4***, Nr. 586; ***Abt. F 5***, Nr. 372.

309 **KANF**, ***Abt. F 4***, Nr. 41 (Dok. 1, 3, 18, 39, 52); 199; 585; 587; 593; 788; 809; 890; 1556 (Dok. 1, 2, 8, 27, 28, 30); ***Abt. F 5***, Nr. 370; 372; 392; 395; 404; 726; 842 (Band 2); ***Abt. F 12***, Nr. 16; 65; 261; **LAS**, ***Abt. 161***, Nr. 2234.

310 **KANF**, ***Abt. F 4***, Nr. 152; 585; 590; 593; 788; 809; 810 (Band 2); 988; 1556 (Dok. 8); ***Abt. F 5***, Nr. 368; 372; 392; 400; 716; ***Abt. F 12***, Nr. 16; 65; 261; **LAS**, ***Abt. 161***, Nr. 1444; 2234.

311 Vgl. **LAS**, ***Abt. 320.21***, Nr. 1329; **KANF**, ***Abt. F 4***, Nr. 585; 810.

312 **KANF**, ***Abt. F 4***, Nr. 585; 809; ***Abt. F 5***, Nr. 368; ***Abt. F 12***, Nr. 259; **LAS**, ***Abt. 161***, Nr. 1443; 1444.

313 **KANF**, ***Abt. F 4***, Nr. 586; 587; 593; 788; 809; 890; 988; ***Abt. F 12***, Nr. 259; **LAS**, ***Abt. 161***, Nr. 1743; **LfS**, ***Nordslesvisge Retsbetjensarkiver***, Nr. 2278.

314 **KANF**, ***Abt. F 4***, Nr. 809; ***Abt. F 5***, Nr. 369; 398.

315 **KANF**, ***Abt. F 4***, Nr. 41 (Dok. 29); 788; 1556 (Dok. 2); ***Abt. F 5***, Nr. 370; 398.

316 **KANF**, ***Abt. F 4***, Nr. 585; ***Abt. F 5***, Nr. 404; **LAS**, ***Abt. 320.21***, Nr. 1329.

317 **KANF**, ***Abt. F 4***, Nr. 585; 587; 593; 788; 810; ***Abt. F 5***, Nr. 404.

In der Mehrzahl der Köge musste der Grundstücksbesitzer alle An- beziehungsweise Neubauten vor Beginn der Bauarbeiten genehmigen lassen.[318] Das Stavenrecht war nämlich in seiner Dauer mit dem Bestand des Hauses verknüpft. Sobald dieses abgerissen wurde oder anderweitig zu existieren aufhörte, erlosch auch das Stavenrecht.[319] Ab Mitte des 19. Jahrhunderts wurde dieser Grundsatz jedoch durch eine relativ großzügige Genehmigungspraxis in Bezug auf An- und Wiederaufbauten ohne Neueinräumung des Stavenrechts immer wirkungsloser.[320]

In den Christian-Albrechts-Kögen und im Dagebüller Koog wurde die Stavengerechtigkeit bis 1882 nur auf Lebenszeit des Berechtigten gewährt.[321] Den jeweiligen Erben wurden trotzdem in aller Regel völlig unproblematisch neue Stavenbriefe ausgestellt.[322] Damit ging das Recht jedenfalls mittelbar auf den entsprechenden Besitznachfolger über. In den Christian-Albrechts-Kögen behielt sich der Koog als Grundstückseigentümer außerdem im Fall einer jeden Veräußerung des Hauses ein Näherkaufs-[323] oder Beispruchsrecht[324] vor.[325] Auf diese Weise sollte die Weiterveräußerung von Stavengrundstücken kontrollierbar bleiben. Nachdem das Näherkaufs- und das Beispruchsrecht zunächst immer stärker eingeschränkt worden waren,[326] wurden sie schließlich aufgrund *Allerhöchster Verordnung* vom 16. November 1798[327] außer Kraft gesetzt. Spätestens ab

---

318 **KANF**, ***Abt. F 4***, Nr. 809 (Kleiseerkoog) ***Abt. F 5***, Nr. 370; 394; 714 (Christian-Albrechts-Köge); ***Abt. F 12***, Nr. 16; 65 (Dagebüller Koog); **LAS**, ***Abt. 320.21***, Nr. 1329 (gesamte Wiedingharde, Fahretofter Koog); *Melfsen*, Band 2, Kapitel 46, S. 218 (Christian-Albrechts-Köge; Beschluss des Koogskonvents vom 1.11.1820).

319 **KANF**, ***Abt. F 4***, Nr. 585; 1556 (Dok. 1, 30); ***Abt. F 5***, Nr. 369; 370; 372; 392-395; 404; 714; 716; 718; 726; 727; ***Abt. F 12***, Nr. 16; 65; 261; **LAS**, ***Abt. 320.21***, Nr. 1329; *Panten*, S. 86.

320 Zu den Einzelheiten vgl. unten, 2. Teil, C. I. 2. b) (2), S. 91.

321 **KANF**, ***Abt. F 5***, Nr. 369; 392-395; 404.

322 **KANF**, ***Abt. F 5***, Nr. 372; 392.

323 **KANF**, ***Abt. F 5***, Nr. 370.

324 **KANF**, ***Abt. F 5***, Nr. 369; 370; 372; 392-394.

325 Das Näherkaufs- beziehungsweise Beispruchsrecht beinhaltete in seiner ursprünglichen Ausprägung ein Widerspruchsrecht der erbberechtigten Blutsverwandten gegen die Veräußerung oder Belastung von Grundbesitz. Die Erbberechtigten hatten im Fall eines Verkaufs an außenstehende Dritte das Recht, den mit dem Dritten geschlossenen Kaufvertrag zu übernehmen. Dadurch sollte zunächst nur die Erbanwartschaft der Sippe gesichert werden. Später wurde dieses Recht auf Nachbarn, entferntere Verwandte und Miteigentümer ausgedehnt, da man diese ebenfalls für schutzwürdig hielt. Durch die letztgenannte Entwicklung war es den Kögen möglich, mit den Staveninhabern ein Näherkaufs- beziehungsweise Beispruchsrecht bezüglich der Stavenhäuser zu vereinbaren. (Vgl. hierzu *Falck*, Band 5/1, § 112, S. 168 f.; *Otto Gierke*, § 152, II., S. 766 f.; *Kähler*, § 26, I., 1., b; *Sering*, 1. Teil, Abschnitt I, Kapitel III, III., S. 146; *von Stemann*, Geschichte des öffentlichen und Privatrechts des Herzogtums Schleswig, Teil 2, § 62, S. 257 ff.; *Ders.*, Schleswigs Recht und Gerichtsverfassung im 17. Jahrhundert, S. 200).

326 *Falck*, Band 5/1, § 112, S. 169; *Sering*, 1. Teil, Abschnitt I, Kapitel III, III., S. 148; ; *von Stemann*, Geschichte des öffentlichen und Privatrechts des Herzogtums Schleswig, Teil 2, § 84, S. 369.

327 **ChrS 1798**, S. 125 f.

1820[328] wurde das Beispruchsrecht deswegen durch ein Vorkaufsrecht des Kooges ersetzt.[329] Nur selten wurde von diesem tatsächlich Gebrauch gemacht.[330]

Vorkaufsrechte bestanden auch im Dagebüller Koog.[331] Teilweise enthalten Stavenbriefe von dort statt eines Vorkaufsrechts für jede Veräußerung einen Genehmigungsvorbehalt zu Gunsten der Hauptpartizipanten des Kooges.[332] Darüber hinaus hing der Fortbestand des Rechts nach jedem Eigentumsübergang durch Erbfolge von einer grundsätzlich zu gewährenden Genehmigung ab.[333] Im Gegensatz zu den Christian-Albrechts-Kögen wurde das Stavenrecht also nicht unmittelbar auf die Lebenszeit des Berechtigten beschränkt. Durch den Vorbehalt war es aber auch nicht vollkommen frei vererbbar.

Im Westermooringer Kornkoog standen nur Veräußerungen unter einem Genehmigungsvorbehalt, nicht aber der Eigentumsübergang kraft Erbfolge.[334] Die Verweigerung der Genehmigung der Veräußerung wirkte nicht wie die Ausübung eines Vorkaufsrechts. Der Koog erwarb also weder das Eigentum am Haus noch fiel das Stavenrecht an ihn zurück, sondern der Inhaber musste Haus und Staven behalten.[335]

Zeitweise war auch die Vermietung von Häusern auf Stavengrundstücken nur mit der Zustimmung des Kooges erlaubt. Im Dagebüller Koog war diese Einschränkung jedenfalls in Stavenbriefen aus den Jahren 1846,[336] 1855[337] und 1882[338] vorgesehen. Die Zulässigkeit und Wirksamkeit dieser Beschränkung hat das AG Niebüll 1890 in zwei Urteilen bestätigt.[339]

In den Christian-Albrechts-Kögen bestand bei Vermietung an Auswärtige seit einem Koogskonventsbeschluss am 24. Juli 1817 eine strafbewehrte Anzeigepflicht gegenüber dem Koogsinspektorat.[340] Einige Stavenbriefe aus dem Jahr 1856 sehen darüber hinausgehend eine Genehmigungspflicht vor, die ebenfalls auf die Vermietung an neu in den Koog ziehende Bewohner beschränkt war.[341] In einem Konvent am 8. Juni 1853 wurde schließlich beschlossen, die Nichtausübung des

---

328 Anordnung über Deichstaven vom 1.11.1820, **KANF**, ***Abt. F 5***, Nr. 395.

329 **KANF**, ***Abt. F 5***, Nr. 392-395; 400; 404; 714; 716; 718; 726; 727; 842 (Band 2); 880.

330 Vgl. **KANF**, ***Abt. F 5***, Nr. 400; 880.

331 **KANF**, ***Abt. F 5***, Nr. 404; ***Abt. F 12***, Nr. 16; 65; 261.

332 **KANF**, ***Abt. F 5***, Nr. 404; ***Abt. F 12***, Nr. 16.

333 **KANF**, ***Abt. F 5***, Nr. 404; ***Abt. F 12***, Nr. 16.

334 **LAS**, ***Abt. 161***, Nr. 2234.

335 **KANF**, ***Abt. F 5***, Nr. 404.

336 **KANF**, ***Abt. F 12***, Nr. 16.

337 **KANF**, ***Abt. F 5***, Nr. 404; ***Abt. F 12***, Nr. 16; 261.

338 **KANF**, ***Abt. F 12***, Nr. 261.

339 Dagebüller Koog./.Witwe Anna Margarethe Martinsen (AZ: C 23/90) und Dagebüller Koog./. Ludolph Martin Jacobsen (AZ: C 24/90); beide in **KANF**, ***Abt. F 12***, Nr. 261.

340 *Melfsen*, Band 2, Kapitel 46, S. 217.

341 **KANF**, ***Abt. F 5***, Nr. 393.

Vorkaufsrechts daran zu knüpfen, ob der Käufer sich vertraglich zur Nichtvermietung an Auswärtige verpflichtete.[342] Mit diesen Reglementierungen sollte verhindert werden, dass bedürftige Menschen in den Koog zogen, die nicht für den eigenen Lebensunterhalt sorgen konnten und deswegen der örtlichen Armenkasse zur Last gefallen wären.[343] Die Verknüpfung der Nichtausübung des Vorkaufsrechts mit der Verpflichtung zur Nichtvermietung an Auswärtige wurde bereits nach einigen Jahren durch den zuständigen Amtmann *Graf von Reventlow* für nichtig erklärt.[344] Stavenbriefe ab 1858 enthalten dieser Anweisung folgend kein Anzeige- oder Zustimmungserfordernis mehr.[345]

Die über das Bebauen hinausgehende Nutzung der Stavengrundstücke war regelmäßig durch die sogenannten Mitteldeichsverfügungen beschränkt.[346] Auf diese Weise sollte zur Wahrung der Schutzfunktion der Deiche in Notfällen die Stabilität des Deiches gesichert werden. Deren Schutz ward stets bereits bei der Auswahl des anzuweisenden Bauplatzes zu berücksichtigen.[347] Unter die verbotenen Nutzungen fielen zum Beispiel die Anpflanzung von Kohl[348] oder Kartoffeln[349] und das Halten von Vieh[350] auf dem Deich. Nach Artikel 20 des Spadelandesrechts war sogar allgemein das Pflügen und Besäen von Mitteldeichen verboten. Gemäß § 34 Satz 1 und 2 ADR war es zudem verboten, die Höhe der Deichkrone zu vermindern.

Schließlich stand und steht die Gewährung der Stavenrechte unter dem Vorbehalt der Rückforderung des Grundstücks für den Fall des überwiegenden Deichinteresses.[351] Falls die Stabilität eines Seedeiches durch darauf stehende Häuser in Frage gestellt ist oder ein Mitteldeich wegen eines Bruchs des davorliegenden Seedeiches wieder als (Not-)Seedeich dienen muss, können die zuständigen Behörden jederzeit den Abriss des Hauses und Rückgabe des Grundstücks verlangen.[352] Ein über diese Fälle hinausgehendes allgemeines Rückforderungsrecht ergibt sich aus diesem Grundsatz nicht.[353]

---

342 *Melfsen*, Band 2, Kapitel 46, S. 218.

343 *Melfsen*, Band 2, Kapitel 46, S. 218.

344 *Melfsen*, Band 2, Kapitel 46, S. 218.

345 **KANF**, ***Abt. F 5***, Nr. 393; 394; 404-407 (in Nr. 407 zuletzt ausgestellter Stavenbrief von 1893); 714; 716; 718; 726; 727.

346 Vgl. die Stavenbriefe im Anhang; worin genau die Mitteldeichsverfügungen bestanden, ist heute nicht mehr nachvollziehbar, da entsprechende Aufstellungen nur selten angefertigt wurden und heute nicht mehr auffindbar sind.

347 **KANF**, ***Abt. F 4***, Nr. 41 (Dok. 54, 65); ***Abt. F 4***, Nr. 1556 (Dok. 10).

348 **KANF**, ***Abt. F 4***, Nr. 428.

349 **KANF**, ***Abt. F 4***, Nr. 428.

350 **KANF**, ***Abt. F 4***, Nr. 41 (Dok. 54); 199.

351 **KANF**, ***Abt. F 4***, Nr. 988.

352 **KANF**, ***Abt. F 4***, Nr. 585; 788; **LAS**, ***Abt. 320.21***, Nr. 1329.

353 **KANF**, ***Abt. F 4***, Nr. 988.

2. Verpflichtungen des Rechtsinhabers

An das Recht, auf fremdem Boden bauen zu dürfen, waren schließlich auch einige Verpflichtungen des Rechtsinhabers geknüpft.

a) Unterhaltungspflichten

(1) Deichunterhaltung

Die Heranziehung der Stavenbesitzer zur Deichunterhaltung hat sich im Laufe der Jahrhunderte fortentwickelt. Da ursprünglich nur die Eigentümer von Grundstücken innerhalb eines Kooges die Deichlast zu tragen hatten,[354] konnten die Deichstavenbesitzer nicht zu dieser herangezogen werden. Schon ab dem 17. Jahrhundert begann man jedoch, auch denjenigen Einwohnern eines Kooges Deicharbeiten übertragen, die ihren Grundbesitz lediglich von einem deichpflichtigen Eigentümer ableiteten.[355] Der Grundstückseigentümer sollte dann nur sekundär für die Erfüllung der Deichlast einstehen.[356] Zudem wurde die Deichpflicht auf alle Einwohner ausgedehnt, die lediglich ein Haus ohne oder mit nur wenig Land im Koog besaßen.[357]

Die genaue Reichweite dieser personellen Erweiterung ist im zeitgenössischen wie im neueren Schrifttum heftig umstritten. Die Mehrheit vertritt, dass alle, die einen Nutzen aus einem im Koog belegenen Grundstück und damit aus der Schutzwirkung des Deiches zogen, die Deichlast zu tragen hätten.[358] Auch der alleinige Besitz von Deichgrundstücken sollte hierfür ausreichend sein.[359] Zum

---

354 *Carstens*, 7., S. 570; *Danz*, § 115, S. 435; *Feikes*, 7. Kapitel, A., S. 168; *Häberlein*, § 101, S. 312; *Hinrichsen*, S. 7; *Johannsen*, § 9, 1., S. 46; *Kramer*, 8.1, S. 197 f.; *Mittermaier*, § 225, S. 629; Weiske - *Wilda*, „Deich- und Sielrecht“, S. 283 f.; *Wolters*, § 25, S. 34.

355 So heißt es zum Beispiel in Art. 1 der Deichordnung des Amtes Tondern vom 14.5.1619 (**CSS I**, S. 397): „*Erstlich sollen alle diejenigen, welche im Unsers gnädigen Fürsten und Herrn Amte Tundern Marschland eigenthümlich, pfandweise oder sonsten inne haben und besitzen, solch ihres Landes Anzahl bey denen Deichvögten ... bey ihren Eyden angeben ...*“; *Danz*, § 115, S. 434; *Julius von Gierke*, Geschichte des deutschen Deichrechts, Teil I, 2. Abschnitt, § 2, II., 1., b., β., S. 238; *Hagemann*, § 174, S. 309; *Hinrichsen*, S. 27, Fn. 7; Weiske - *Wilda*, „Deich- und Sielrecht“, S. 283 f.; *Wolters*, § 25, S. 34.

356 *Beseler*, § 201, IV., c., S. 917; *von Bülow/Hagemann*, 2., S. 2 f.; *Danz*, § 115, S. 435; *Häberlein*, S. 101, S. 313; *Hagemann*, § 174, S. 309; *Runde*, § 116, S. 116.

357 *Beseler*, § 201, IV., c., S. 917; *von Bülow/Hagemann*, 2., S. 3; *Feikes*, 5. Kapitel, A., a., S. 107; *Julius von Gierke*, Geschichte des deutschen Deichrechts, Teil I, 2. Abschnitt, § 2, II., 1., b., β., S. 239 f.; *Hagemann*, § 172, S. 303, und § 174, S. 309; *Runde*, § 116, S. 115 f.

358 *von Cancrin*, 2. Abhandlung, § 94, S. 149; *Feikes*, 2. Kapitel, S. 68 und 7. Kapitel, A., S. 168; *Julius von Gierke*, Bürgerliches Recht, § 72, II., S. 249; *Häberlein*, § 101, S. 313; *Mittermaier*, § 226, S. 630 f.; *Runde*, § 115, S. 114 und § 116, S. 115 f.; *Wolters*, § 25, S. 34.

359 *Feikes*, 5. Kapitel, A., a., S. 107 f.; *Mittermaier*, § 226, S. 630; laut *Julius von Gierke*, Geschichte des deutschen Deichrechts, Teil II, 3. Abschnitt, 2. Kapitel, § 4, VI., 2., S. 60, war eine Deichunterhaltungspflicht für die Besitzer von Deichhäusern nur

Teil erweitern die Autoren die Deichpflicht nur auf die Inhaber dinglicher Nutzungsrechte.[360] Damit sollten vor allem Mieter von der Deichpflicht ausgenommen sein.[361] Als Hauseigentümer waren die Stavenbesitzer also in jedem Fall deichpflichtig. Dies belegt auch ein Bericht über eine Deichschau von 1777. Bei dieser war festgestellt worden, dass einige Stavenbesitzer in den Christian-Albrechts-Kögen mit den von ihnen zu verrichtenden Deicharbeiten in Verzug geraten waren.[362] Ein weiteres Indiz dafür, dass Stavenbesitzer als allgemein deichpflichtig angesehen wurden, ist in deren Heranziehung zur Koogskasse nach Einführung der geldwirtschaftlichen Kommuniondeichung zu sehen.[363] Schließlich heißt es in der Wiedingharder Deichanordnung von 1738[364] ausdrücklich, dass *„die bewohnten Teich-Staven die Ausbesserung und Ebnung der Teiche und Wege soweit ihre Stavens gehen"* vornehmen sollen, *„damit der Gotteskoog von etwaigem Überlauf des Wassers gesichert sein und bleiben möge"*.

Erst durch die Einführung des ADR erfuhr die Verteilung der Deichunterhaltung eine landeseinheitliche Regelung. Gemäß § 10 ADR waren alle Interessenten eines Kooges zur ordentlichen Deicharbeit heranzuziehen. Als Interessenten sind alle Eigentümer der durch denselben Deich geschützten Ländereien anzusehen.[365] § 10 ADR regelt jedoch nur die Unterhaltung der Seedeiche. Die Deichstavenbesitzer wohnten zum größten Teil in Kögen, die nicht direkt hinter einem Seedeich lagen und damit nicht zu dessen ordentlicher Unterhaltung verpflichtet waren. Nur im Fall der in §§ 17 ff. ADR geregelten Prägravation wurden Mitteldeichstavenbesitzer als Mitglieder des jeweiligen Deichbands an der ordentlichen Deichunterhaltung beteiligt. Darüber hinaus waren sie gemäß § 8 ADR an den Kosten der außerordentlichen Deicharbeiten entsprechend der Größe der von ichnen besessenen Grundstücke zu beteiligen. Da gemäß § 38 ADR ansonsten die nicht entgegenstehenden Regeln und Gebräuche aufrecht erhalten werden sollten, blieb es bezüglich der Unterhaltung der Mitteldeiche bei der oben beschriebenen Lage.

(2) Wegeunterhaltung und weitere Pflichten

Die Staveninhaber waren des weiteren verpflichtet, den an ihrem Grundstück vorbeiführenden Weg zu ebnen und jederzeit in einem benutzbaren Zustand zu

in den Niederlanden gegeben, weil in Deutschland das Bebauen von Deichen generell und überall verboten war.

360 *Danz*, § 115, S. 435; *Feikes*, 2. Kapitel, S. 68 und 7. Kapitel, A., S. 168.

361 *Danz*, § 115, S. 435.

362 **KANF, *Abt. F 4***, Nr. 41 (Dok. 66).

363 Vgl. **KANF, *Abt. F 4***, Nr. 585.

364 Abgedruckt bei *Feikes*, 5. Kapitel, A., a., S. 108.

365 OLG Kiel, SchlHA 1913, 135 (136 f.); *von Esmarch*, Bürgerliches Recht, § 50, 7., S. 119; *Kähler*, § 34, II., 1., c., S. 318; *Römer*, § 6, Fn. 8, S. 29.

erhalten.[366] Diese Pflicht war ausdrücklich in der überwiegenden Mehrzahl der Stavenbriefe genannt.[367] In einigen Kögen mussten die Stavenbesitzer die Entnahme von Erde zur Deichunterhaltung beziehungsweise -ausbesserung dulden.[368] In den octroyierten Kögen bestand darüber hinaus zum Teil die Pflicht, die auf oder neben den Grundstücken fließenden Entwässerungsgräben zu unterhalten.[369] Zum Teil wurde diese Tätigkeit zusätzlich vergütet.[370]

b) Zahlung von Stavengeld

Als weitere wesentliche Pflicht der Staveninhaber ist die Zahlung einer jährlichen Nutzungsgebühr, der sogenannten Rekognition beziehungsweise des Stavengelds zu nennen. Dieses ist auch heute noch jeweils zu Martini[371] zu entrichten.[372] Das Stavengeld stand dem Koog zu, dem das Grundstück gehörte.[373] Heute ist das Stavengeld an die Deich- und Hauptsielverbände zu zahlen, die die Rechte inzwischen auch verwalten. Ursprünglich gab es in den Kögen keine einheitliche Praxis. So wurde das Stavengeld in den Christian-Albrechts-Kögen und im Kleiseer Koog nicht von Beginn an erhoben,[374] während die ältesten erhaltenen Stavenbriefe von 1687, 1688 und 1695 über Grundstücke im Kornkoog bereits eine Rekognition vorsehen.[375] Dokumente, deren Inhalt über einzelfallbezogene Aussagen über das Stavengeld hinausgeht, sind zumeist erst aus dem 19. Jahrhundert erhalten.

(1) Die verschiedenen Währungen im Herzogtum Schleswig

Die im Herzogtum Schleswig verwendeten Währungen haben eine eigene, wechselvolle Geschichte.[376] Der nun folgende kurze Abriss über die schles-

---

[366] **KANF,** ***Abt. F 4***, Nr. 586; 587; 591; 592; 1556 (Dok. 1, 22, 30); ***Abt. F 5***, Nr. 370; ***Abt. F 12***, Nr. 16; 65; 261; **LAS,** ***Abt. 161***, Nr. 2234; ***Abt. 188.1***, Nr. 1; ***Abt. 320.4***, Nr. 1573 (Band 2).

[367] **KANF,** ***Abt. F 4***, Nr. 41 (Dok. 5, 18, 39, 61); ***Abt. F 5***, Nr. 369; 372; 392-395; 398; 404; 714; 716; 718; 726; 842 (Band 2); ***Abt. F 12***, Nr. 16; 65; 261.

[368] **KANF,** ***Abt. F 15***, Nr. 54; **LAS,** ***Abt. 161***, Nr. 2232 (Kleiseer Koog), 2253; ***Abt. 320.21***, Nr. 1329 (Wiedingharder Gotteskoog); **LfS,** ***Kogsarkiver*** (Højerkog), Nr. 74.

[369] **KANF,** ***Abt. F 4***, Nr. 809 (Kleiseer Koog); ***Abt. F 5***, Nr. 404; 714; 716 (jeweils Christian-Albrechts-Köge); ***Abt. F 12***, Nr. 261 (generell auf die octroyierten Köge bezogen).

[370] **KANF,** ***Abt. F5***, Nr. 714; 716; 718 (Christian-Albrechts-Köge).

[371] St.-Martins-Tag; 11. November.

[372] Vgl. Stavenbriefe im Anhang.

[373] **KANF,** ***Abt. F 4***, Nr. 41 (Dok. 3, 18, 39, 52); 451; 585-588; 591; 592; 593; 788; 809; 810 (Band 1 und 2); 890; 988; 1556 (Dok. 8, 11, 22-24, 27, 28, 30); ***Abt. F 5***, Nr. 372; 392-394; 404; 714; 716; 718; 726; 727; 842 (Band 2); ***Abt. F 12***, Nr. 16; 65; 261; 290; **LAS,** ***Abt. 161***, Nr. 2234; 1743; ***Abt. 320.21***, Nr. 1329.

[374] Zu Details siehe 2. Teil, B. V. 2. b) (2) (b) und (c), S. 72 ff.

[375] **KANF,** ***Abt. F 4***, Nr. 41 (vor Dok. 1); Nr. 1556 (Dok. 1, 8).

[376] Vgl. insoweit auch *Kähler*, § 19, IV., 1., S. 171.

wigsche Währungsgeschichte soll einen kurzen Überblick über die wesentliche Entwicklung verschaffen, soweit es für das Verständnis dieses Abschnitts erforderlich ist.

(a) Kurzer Abriss der schleswigschen Währungsgeschichte[377]

Die erste einheitlich in Schleswig verwendete Münze wurde 1522 als Taler geschlagen.[378] Seit 1571 wurde diese Währung auch Reichstaler genannt.[379] Dessen kleinste Untereinheit war der Pfennig; nachdem die frühsten Taler in 288 Pfennig unterteilt worden waren,[380] kamen auf einen Reichstaler 576 Pfennige.[381]

1726 wurde der Reichstaler durch den schleswig-holsteinischen Kurant abgelöst. Ein Kuranttaler entsprach zunächst 3 ¾ Mark Kurant[382] und hatte einen Gegenwert von ebenfalls 3 ¾ Reichstalern.[383] Eine Kurantmark wiederum unterteilte sich in 16 Schillinge à 12 Pfennig.[384] Die Verordnung vom 29. Februar 1788[385] ordnete das Münzwesen nach teilweise erheblichen Wertverlusten der Währung grundlegend neu.[386] Der Kuranttaler war von diesem Zeitpunkt an nur noch 3 Mark Kurant wert.[387]

Durch die Münzordnung vom 5. Januar 1813[388] wurde die Mark Kurant durch den dänischen Reichsbanktaler ersetzt. Dieser untergliederte sich in 6 Mark zu jeweils 16 Schilling,[389] ein Taler ergab also 96 Schilling. Ab 1854 etablierte sich daneben die Bezeichnung als Taler Reichsmünze.[390] Ein Reichsbanktaler entsprach 1 Mark 12 Schilling schleswig-holsteinischen Kurant.[391] Die schleswig-holsteinische Bevölkerung rechnete jedoch wegen erheblicher Umrechnungsschwierigkeiten, die

---

377 Eine Aufstellung über die Stückelung und die Umrechnungswerte der einzelnen Währungen befindet sich im Anhang.

378 *Fischer*, Band 3/1, Kapitel 7, 1., S. 170; Lorenzen-Schmidt/Pelc - *Wiechmann*, „Münzwesen", S. 363.

379 *Lorenzen-Schmidt*, Kleines Lexikon, „Reichstaler", S. 49 f.

380 Lorenzen-Schmidt/Pelc - *Wiechmann*, „Münzwesen", S. 363.

381 *Lorenzen-Schmidt*, Kleines Lexikon, „Reichstaler", S. 49 f.; *Waschinski*, QFSHG 26 I (1952), 1. Teil, 5., S. 37.

382 *Fischer*, Band 3/1, Kapitel 7, 1., S. 172; *Jäger/Rixen*, S. 178; *Waschinski*, ZGSH 64 (1936), S. 368, Fn. 1.

383 *Fischer*, Band 3/1, Kapitel 7, 1., S. 172.

384 *Lorenzen-Schmidt*, Kleines Lexikon, „Kurantmark", S. 31; *Waschinski*, QFSHG 26 I (1952), 1. Teil, 5., S. 45 f.

385 **ChrS 1788**, S. 44 ff.

386 *Kähler*, § 19, IV., 2., S. 173; *Waschinski*, ZSHG 64 (1936), S. 365.

387 *Niemann*, Einige Allgemeine Nachrichten, II., S. 30.

388 **ChrS 1813**, S. 3 ff.

389 *Fischer*, Band 3/1, Kapitel 7, 1., S. 172; *Waschinski*, ZSHG 64 (1936), S. 366.

390 *Lorenzen-Schmidt*, Kleines Lexikon, „Taler Reichsmünze", S. 66.

391 *Lorenzen-Schmidt*, Kleines Lexikon, „Reichsbanktaler", S. 49; *Waschinski*, QFSHG 26 I (1952), 1. Teil, 6., S. 56; *Ders.*, ZSHG 64, S. 366.

nicht zuletzt durch die fehlende passende Stückelung des Reichsbanktalers verursacht wurden, weiterhin überwiegend in Kurant.[392] Dieser wurde durch Verordnung vom 4. März 1864[393] erneut gesetzliches Zahlungsmittel und löste damit den Reichbanktaler endgültig ab.

Nachdem Schleswig zum 1. Januar 1867 preußische Provinz geworden war, wurde per Verordnung vom 24. August 1867[394] der preußische Taler eingeführt. Alle anderen Währungen verloren ihre Gültigkeit. Der preußische Taler war in je 30 Silbergroschen á 12 Pfennig gestückelt.[395] Ein Taler entsprach 40 Schillingen beziehungsweise 2 Mark 8 Schilling schleswig-holsteinischen Kurant oder 1 Taler 32 Schilling dänischer Reichsmünze.[396] Der preußische Taler wurde per Münzgesetz vom 9. Juli 1873[397] zum 1. Januar 1874 endgültig durch die preußische Mark abgelöst. Diese unterteilte sich in je 100 Pfennig. 1,20 preußische Mark entsprachen 1 Mark schleswig-holsteinische Kurant.[398] Ein preußischer Taler wurde demzufolge in jeweils 3 Mark umgewechselt. Der schleswig-holsteinische Kurant wurde zum 1. Januar 1875 für ungültig erklärt.[399] Nach der Hyperinflation in der ersten Hälfte der 20er Jahre des 20. Jahrhunderts ersetzte das Münzgesetz vom 30. August 1924[400] die Mark durch die Reichsmark. 1 Billion preußischer Mark entsprachen 1 Reichsmark.[401]

Ab dem 21. Juni 1948[402] galt die Deutsche Mark.[403] Als Tauschverhältnis zur Reichsmark wurde per Gesetz vom 27. Juni 1948[404] das Verhältnis 10:1 festgelegt. Die Deutsche Mark wurde zum 1. Januar 2002 durch den Euro als gesetzlichem Zahlungsmittel abgelöst.[405]

---

[392] *Fischer*, Band 3/1, Kapitel 7, 1., S. 172; *Jäger/Rixen*, S. 171; *Kähler*, § 19, IV., 3., S. 174; *Lorenzen-Schmidt*, Vorwort; Lorenzen-Schmidt/Pelc - *Wiechmann*, „Münzwesen", S. 365; *Waschinski*, QFSHG 26 I (1952), 1. Teil, 6., S. 60; *Ders*., ZSHG 64, S. 367 f..

[393] Verordnungsblatt für das Herzogtum Schleswig, Stk. 6, Nr. 6, S. 29 f.

[394] **GS 1867**, Nr. 85, S. 1472 ff.

[395] *Lorenzen-Schmidt*, Kleines Lexikon, „Taler", S. 65 f.; *Waschinski*, QFSHG 26 I (1952), 1. Teil, 6., S. 59 f.

[396] *Fischer*, Band 3/1, Kapitel 7, 1., S. 172; *Waschinski*, ZSHG 64 (1936), S. 389.

[397] **RGBl. 1873**, Nr. 22, S. 233 ff.

[398] *Kähler*, § 34, II., c., Anm. zu § 18 ADR, S. 321; *Sprenger*, 10., a., S. 184.

[399] *Jäger/Rixen*, S. 173; Lorenzen-Schmidt/Pelc - *Wiechmann*, „Münzwesen", S. 366.

[400] **RGBl. 1924 II**, S. 254 ff.

[401] *Sprenger*, 12., a., S. 225.

[402] 1. Gesetz zur Neuordnung des Geldwesens (Währungsgesetz), **VOBl. BrZ 1948**, S. 139 ff.

[403] *Sprenger*, 13., a., S. 241.

[404] Drittes Gesetz zur Neuordnung des Geldwesens (Umstellungsgesetz), **VOBl. BrZ 1948**, S. 149 ff.

[405] sog. Vertrag von Maastricht vom 7. Februar 1992, **AmtsBl. EG 1992**, C 191, 29. Juli 1992, S. 1 ff.; 1 € entspricht 1,95583 DM (Verordnung Nr. 2866/98 vom 31.12.1998, **AmtsBl. EG 1998**, L 359, 31.12.1998, S. 1 f.)

(b) Daraus folgende Schwierigkeiten und Vorgehensweise bei der Quellenauswertung

Bei der Auswertung der Quellen, die über die Höhe des zu zahlenden Stavengelds Auskunft geben, haben sich verschiedene Schwierigkeiten ergeben. Zunächst ließen sich die verwendeten handschriftlichen Münzzeichen[406] nicht immer einwandfrei einer bestimmten Währung zuordnen. Des weiteren waren nicht konkreter bezeichnete Schilling-Angaben wegen der zeitweise parallelen Verwendung von Reichsbanktalern und Kurantmark, die sich beide in Schilling untergliedern, nicht sicher einer der beiden Währungen zuzuschreiben. Bei Beträgen über 16 Schilling lag zwar die Annahme nahe, dass es sich um Reichsbankschilling handeln müsse. Dies konnte aber nicht mit Sicherheit bestätigt werden.[407] Außerdem wurden bei der Erneuerung von Stavenbriefen oft die inzwischen nicht mehr gültigen Währungen aus dem kassierten Stavenbrief übernommen.[408] Dadurch ist es unmöglich, aus dem Datum des Stavenbriefes gesicherte Schlüsse auf die tatsächlich gemeinte Währung zu ziehen. In den genannten Zweifelsfällen habe ich deswegen von einer Umrechnung und von der Aufnahme in die folgende Abhandlung abgesehen.

Die Währungsschwankungen und -wechsel im 20. Jahrhundert haben sich kaum auf die Entwicklung des Stavengelds ausgewirkt. Inflationsbedingte Steigerungen der Rekognition in den 20er Jahren sind nicht belegt. Dementsprechend hat im Zuge der Einführung der Reichsmark im Jahr 1924 auch keine Abwertung, sondern lediglich eine Übertragung der Summe im Verhältnis 1:1 stattgefunden.[409] Es ist ebenfalls nicht belegt, ob nach der Einführung der Deutschen Mark im Jahr 1948 eine Umrechnung der Stavengelder im Verhältnis 10:1 vorgenommen wurde. Da Dokumente aus dieser Zeit ansonsten in großer Zahl erhalten sind, ist davon auszugehen, dass keine entsprechende Wertumstellung erfolgte. Die letzte vollständig durchgeführte Währungsumstellung hat demnach anlässlich der Einführung der preußischen Mark im Jahr 1874 stattgefunden. Deswegen habe ich die preußische Mark jeweils als Vergleichswert angegeben. Unberücksichtigt blieben hingegen Veränderungen in der Kaufkraft des Geldes.[410] Deren zusätzliche Einbeziehung hätte den Rahmen dieser Untersuchung gesprengt.

Ein weiteres Problem bei der Ermittlung des jeweiligen Stavengelds im Verhältnis zur Fläche ergibt sich daraus, dass bei Verwendung der Bezeichnung „*Rute*" nicht

---

406 Vgl. dazu *Waschinski*, QFGSH 26 II (1959), Anhang I, Vorbemerkung, S. 15.

407 In **LAS**, ***Abt. 161***, Nr. 2234 wird z.B. ein Stavengeld in Höhe von 20 Schilling schleswig-holsteinischen Kurant erhoben.

408 So z.B. in **KANF**, ***Abt. F 4***, Nr. 593: Stavenbriefe von 1884 und 1896 lauten noch auf preußische Taler; sowie **KANF**, ***Abt. F 12***, Nr. 16: Stavenbriefe von 1866 lauten noch auf dänische Reichsbanktaler.

409 So auch **KANF**, ***Abt. F 4***, Nr. 988.

410 Vgl. dazu *Fischer*, Band 3/1, Kapitel 6, 3., S. 180 f.; *Waschinski*, QFGSH 26 I (1952), 3. Teil, S. 158 ff. (insb. 4., S. 198 ff.).

erkennbar ist, ob diese im Gegensatz zu „*Quadratrute*" tatsächlich für das entsprechende Längenmaß benutzt wurde. Wenn nämlich die Tiefe des Grundstücks als durch die Tiefe des Deiches vorgegeben angesehen wurde, wäre die Angabe der Breite des Grundstücks zur genauen Bezeichnung ausreichend gewesen.[411] Andererseits ist es ebenso möglich, das „*Rute*" und „*Quadratrute*" synonym verwendet wurden. Sofern nicht zusätzliche Hinweise für die Verwendung des Begriffs „*Rute*" als Flächenmaß vorhanden waren,[412] habe ich in derartigen Fällen von einer Angabe der Rekognition pro Hektar abgesehen.

(2) Höhe in den verschiedenen Kögen

(a) Wiedingharder Alter Koog

Der Wiedingharder Alten Koog stellte bereits ab Beginn des 19. Jahrhunderts kaum noch neue Stavenbriefe aus.[413] Alte Stavenbrief wurden scheinbar nicht archiviert, so dass nur wenige verallgemeinerungsfähige Quellen über das an den Koog zu zahlende Stavengeld erhalten sind. Diese stammen alle aus der Zeit des ausgehenden 19. beziehungsweise beginnenden 20. Jahrhunderts. Sie haben in Wesentlichen folgenden Inhalt:

Der Deichvogt *Ludolf A. Jessen* teilte dem Deichgraf *Todsen* in Tondern in einem Schreiben vom 22. Januar 1882 mit, dass das Stavengeld auf der Deichstrecke von Dreihardereck[414] bis Neukirchen, in Neukirchen und in Rodenäs 14,60 M pro ha beziehungsweise 7,20 M pro Demat betrage.[415] In einem „*Bericht über Staven &c.*" nannte Deichgraf *Todsen* ebenfalls 7,20 M pro Demat (früher 6 Mark schleswig-holsteinische Kurant). Nach dieser Quelle handelte es sich um eine einheitliche Rekognition, die im gesamten Wiedingharder Alten Koog erhoben wurde.[416] In einem am 10. Januar 1927 zur Klärung eines Streitfalls ausgestellten Stavenbrief wird im Gegensatz zu den anderen Quellen allerdings eine Summe von 36,00 RM pro ha und Jahr festgesetzt.[417] Dieser Stavenbrief ist jedoch ausdrücklich auf den Einzelfall bezogen und lässt daher keine Rückschlüsse auf eine

---

411 Vgl. z.B. **LAS**, ***Abt. 161***, Nr. 2234; Abschrift eines Stavenbriefes aus dem Westermooringer Kornkoog vom 5.7.1820: „ ... *auf dem Uhlenbüller Teich ... sechs zehen Ruthen in der Länge, so lange er die darauf gesetzte Recognition mit zwanzig Schil ling Schl. Holst. Courant ... jährlich abtragen wird ...* ";
so auch **KANF**, ***Abt. F 4***, Nr. 890.

412 So z.B. bei der gleichzeitigen Verwendung des speziellen Flächenmaßes „*Demat*" (vgl. *Lorenzen-Schmidt*, Kleines Lexikon, „Demat", 1 Demat = 180 Quadratruten).

413 **KANF**, ***Abt. F 4***, Nr. 341; 585; 589; **LAS**, ***Abt. 320.21***, Nr. 1329.

414 Vgl. *Panten*, S. 11: Nordwestlicher Teil des Neuen Christian-Albrechts-Kooges, an den der Wiedingharder Alte Koog und der Emmelsbüller Kleine Koog angrenzen.

415 **KANF**, ***Abt. F 4***, Nr. 589.

416 **KANF**, ***Abt. F 4***, Nr. 585; ca. 1905 verfasst.

417 **KANF**, ***Abt. F 4***, Nr. 809.

einheitlich verlangte Summe zu. Insgesamt kann von 14,60 M pro ha und Jahr als Regelfall ausgegangen werden.

Heute liegt das jährliche Stavengeld bei 75,00 DM pro ha.[418] Es ist hier genauso wie in den übrigen Kögen nicht mehr nachvollziehbar, wann die Rekognition letztmalig auf diesen heute gültigen Betrag angehoben wurde.

(b) Christian-Albrechts-Köge

Den Interessenten des Alten Christian-Albrechts-Kooges wurde durch den Octroy vom 13. Oktober 1681 zunächst die rekognitionsfreie Erlaubnis zum Bebauen des mit dem Gotteskoog gemeinsamen Mitteldeiches erteilt. Aufgrund eines Beschlusses der Hauptpartizipanten vom 28. Oktober 1700 wurde für die Inhaber von Deichstavengerechtigkeiten trotzdem ein Stavengeld eingeführt.[419] Als Besonderheit ist zudem zu nennen, dass es Anfang des 19. Jahrhunderts anstelle der Einzahlung in die Koogskasse zeitweise der Armenkasse überlassen wurde.[420]

Laut eines undatierten Entwurfs eines Stavenbriefs lag die Rekognition zunächst bei 4 Mark schleswig-holsteinischen Kurant pro Demat.[421] Aus der Folgezeit sind kaum Unterlagen über die Höhe des zu entrichtenden Stavengelds oder eine Ausweitung der Zahlungspflicht auf die Grundstücke im 1706 fertiggestellten Neuen Christian-Albrechts-Koog[422] auffindbar. Der Großteil der Dokumente, die Auskunft über die zu zahlende Rekognition geben, enthält darüber hinaus keine Informationen über die Fläche des jeweils zugeteilten Deichstavens. Dadurch sind Rückschlüsse auf einen feststehenden Preis pro Quadratrute beziehungsweise pro Hektar nicht möglich. Auffällig ist jedoch, dass in den Jahren zwischen 1771 und 1796 regelmäßig nur die Summen 16 und 32 Schilling schleswig-holsteinische Kurant, also 1 und 2 Mark schleswig-holsteinische Kurant genannt werden.[423] Nach Einführung des Reichsbanktalers lag die Rekognition zwischen 1823 und 1863 jeweils bei 1 Reichsbanktaler 6 Schilling oder bei 2 Reichsbanktalern 12 Schilling.[424] Legt man zugrunde, dass ein Schilling schleswig-holsteinische Kurant einen Gegenwert von 3 1/5 Reichsbankschillingen hatte,[425] ist hier keine korrekte Währungsumstellung erfolgt. Zwischen 1865 und 1867 wurden wiede-

418 Angaben zum heute zu zahlenden Stavengeld entsprechen schriftlichen Mitteilungen des DHSV Südwesthörn-Bongsiel vom 30.3. und 19.4.2001.

419 *Melfsen*, Band 1, Kapitel 21, S. 252.

420 *Melfsen*, Band 2, Kapitel 46, S. 208.

421 **KANF**, ***Abt. F 4***, Nr. 41 (Dok. 3); der sonst chronologischen Ordnung in der Akte nach zu urteilen ist der Stavenbrief zwischen 1717 und 1731 verfasst worden; die Summe entspricht ca. 8 Mark schleswig-holsteinischen Kurant (= 9,60 M) pro ha;
Vgl. auch **KANF**, ***Abt. F 5***, Nr. 369 (1789).

422 Vgl. *Fischer*, Band 3/2, Kapitel 11, 4.1, S. 245; *Kunz/Panten*, S. 25.

423 **KANF**, ***Abt. F 5***, Nr. 369; 372.

424 **KANF**, ***Abt. F 5***, Nr. 392; 393.

425 *Jäger/Rixen*, S. 171.

rum Stavengelder in Höhe von 1 beziehungsweise 2 Mark Kurant erhoben,[426] aus der Zeit der Geltung des preußischen Talers sind Stavenbriefe aus den Jahren 1870 bis 1874 mit einer Rekognition von jeweils 24 Silbergroschen erhalten.[427] Nach der Währungsumstellung auf die preußische Mark betrugen die Stavengelder ab 1875[428] 1,20 M, 2,40 M, 3,60 M, 6,00 M oder 7,20 M.[429]

Diese Regelmäßigkeit ist in anderen Kögen nicht zu beobachten. Sie deutet darauf hin, dass die Christian-Albrechts-Köge für die einzelnen Grundstücke Festpreise verlangten. Es scheint des weiteren denkbar, dass jeweils für eine bestimmte Spannbreite an Grundfläche eine feste Rekognition gefordert wurde. Gegen letzteres sprechen jedoch Reverse über zwischen 1882 und 1893 ausgestellte Stavenbriefe. Aus diesen gehen die Flächen und gleichzeitig das zu zahlende Stavengeld hervor. Ein Großteil der Grundstücke wurde zwar für 2,40 M pro Jahr vergeben.[430] Die dafür gewährten Flächen variieren jedoch stark. Außerdem lag die zu zahlende Rekognition für kleinere Deichstaven teilweise deutlich über der für größere Areale. Zum Beispiel wurden für verschiedene Grundstücke von jeweils rund 14 Ar Größe sowohl 1,20 M,[431] als auch 2,40 M,[432] 3,60 M[433] und 6,00 M[434] erhoben. Ein Zusammenhang zwischen Fläche und Rekognition ist damit ebenso wenig herzustellen wie die Abhängigkeit des Stavengelds von der Lage des Grundstücks im Alten oder im Neuen Christian-Albrechts-Koog.[435] Hinweise auf andere Gründe für die unterschiedlich hohen Summen, wie zum Beispiel die persönliche Zahlungsfähigkeit des einzelnen Staveninhabers, sind nicht ersichtlich. Gegen die letztgenannte Annahme spricht zumindest, dass einige Grundstücke mehrfach übertragen wurden, ohne dass das Stavengeld verändert worden wäre.[436] Die weitere Entwicklung der Rekognition in den Christian-Albrechts-Kögen ist unklar. Laut Mitteilung des Grundbuchamtes Niebüll waren 1908 für zwei verschieden große Grundstücke im Neuen Christian-Albrechts-Koog jeweils 3,21 M pro

---

[426] **KANF,** ***Abt. F 5***, Nr. 393;394; 398.

[427] **KANF,** ***Abt. F 5***, Nr. 394; entspricht 4/5 preußischen Talern; korrekter Gegenwert von 2 Mark schleswig-holsteinischen Kurant.

[428] **KANF,** ***Abt. F 5***, Nr. 394; 1,20 M sind der korrekte Gegenwert von 1 Mark schleswig-holsteinischen Kurant, 2,40 M entsprechen 2 Mark schleswig-holsteinischen Kurant.

[429] **KANF,** ***Abt. F 5***, Nr. 404.

[430] Vgl. **KANF,** ***Abt. F 5***, Nr. 404-407.

[431] **KANF,** ***Abt. F 5***, Nr. 406 (Neuer Christian-Albrechts-Koog).

[432] **KANF,** ***Abt. F 5***, Nr. 405 (Alter Christian-Albrechts-Koog); Nr. 406 (Neuer Christian-Albrechts-Koog).

[433] **KANF,** ***Abt. F 5***, Nr. 405 (Alter Christian-Albrechts-Koog).

[434] **KANF,** ***Abt. F 5***, Nr. 405 (Alter Christian-Albrechts-Koog); Nr. 406 (Neuer Christian-Albrechts-Koog).

[435] Laut *Melfsen*, Band 1, Kapitel 21, S. 253, wurden in beiden Kögen dieselben Regeln angewendet.

[436] Zwischen 1882 und 1893 z.B. Häuser No. 32, 43 und 45 im Alten und Haus No. 10 im Neuen Christian-Albrechts-Koog.

Jahr zu bezahlen,[437] während dort laut einer Mitteilung von 1912 für ein weiteres Grundstück 4,14 M erhoben wurden.[438] Aus dem Jahr 1911 hingegen ist aus dem Alten Christian-Albrechts-Koog ein Stavenbrief erhalten, der für eine Fläche von 7,29 Ar ein Stavengeld von 2,40 M vorsieht.[439]

Heute verlangt der Sielverband der Christian-Albrechts-Köge 165,00 DM pro ha. 1998 wurde beschlossen, das Stavengeld bei Eigentumswechseln auf 5.000,00 DM pro ha und Jahr zu erhöhen.

(c) Kornkoog

Obwohl die Mehrzahl der ersten erhaltenen Dokumente über die Existenz von Deichstavengerechtigkeiten aus dem Kornkoog stammt und in einer Aufstellung aus dem Jahre 1723 bereits 72 Deichstaven aufgeführt sind,[440] sind aus dem 18. Jahrhundert kaum Quellen über die dort erhobene Rekognition erhalten. Die ältesten erhaltenen Stavenbriefe legen nur fest, dass eine solche zu zahlen ist, nennen aber keine Summe.[441] Erst in zwei Ende des 18. Jahrhunderts ausgestellten Stavenbriefen werden für eine Fläche von 1 Demat 18 ¾ Ruten (entspricht 198 ¾ Ruten) ein Stavengeld in Höhe von 6 Mark schleswig-holsteinischen Kurant[442] sowie für eine Fläche von 149 ½ Ruten ein Stavengeld in Höhe von 4 Mark 6 Schilling schleswig-holsteinischen Kurant[443] erhoben.[444]

Kassierte Stavenbriefe, d.h. alte Stavenbriefe, die nach Eigentumsübertragung und Ausstellung eines neuen Briefes auf den Namen des Erwerbers abgegeben werden mussten, tragen ab 1859 neben dem Erneuerungszusatz die Bemerkung *„nach Erlassung der Wegeunterhaltungspflicht ist das Stavengeld auf 8 M á Dmt für die Zukunft vom Jahre 1860 an festgesetzt“*.[445] Einige ältere Stavenbriefe sehen trotzdem bereits eine Rekognition vor.[446] Insofern ist davon auszugehen, dass diese die Wegeunterhaltungspflicht nicht ersetzt, sondern nur ergänzt hat. In einem Schreiben des Deichvogten *Brodersen* vom 11. April 1882 an die Deichgrafschaft in Tondern heißt es dann: *„Die Recognition ist ja bekanntlich 10 PF á Ruthe“*.[447] Diese Rekognition ergibt sich auch aus verschiedenen Stavenbriefen aus den Jah-

---

437 **KANF**, ***Abt. F 5***, Nr. 726 (1,4174 ha beziehungsweise 1,677 ha).
438 **KANF**, ***Abt. F 5***, Nr. 727 (1,2184 ha).
439 **KANF**, ***Abt. F 5***, Nr. 880.
440 **KANF**, ***Abt. F 4***, Nr. 1556 (Dok. 29).
441 **KANF**, ***Abt. F 4***, Nr. 1556 (Dok. 1, 2, 8).
442 **KANF**, ***Abt. F 4***, Nr. 1556 (Dok. 22; 26. Juni 1797).
443 **KANF**, ***Abt. F 4***, Nr. 1556 (Dok. 11; 1. April 1799).
444 Ergibt bei Außerachtlassen von Rundungsdifferenzen 5 Mark 12 Schilling schleswig-holsteinische Kurant pro Demat. Dies entspricht 6,60 M pro Demat oder 13,40 M pro ha.
445 **KANF**, ***Abt. F 4***, Nr. 586; entspricht 16,24 M pro ha.
446 **KANF**, ***Abt. F 4***, Nr. 586.
447 **KANF**, ***Abt. F 4***, Nr. 586; entspricht 36,55 M pro ha.

ren zwischen 1880 und 1903[448] sowie aus Anträgen um Neuausstellung von Stavenbriefen aus den Jahren 1902 und 1906.[449] Andererseits teilte Deichgraf *Todsen* dem Deichvogt *Brodersen* im Jahr 1879 mit, dass in einem speziellen Fall ein verloren gegangener Stavenbrief ohne weiteres ersetzt werden könne, da gesichert sei, dass außer der Verpflichtung zur Wegeunterhaltung keine weiteren Pflichten vorhanden seien; ein zu zahlendes Stavengeld erwähnt er nicht.[450] Also wurden auch im Westermooringer Kornkoog weder der Erlass der Wegeunterhaltungspflicht noch die Höhe der Rekognition einheitlich gehandhabt.

Aus dem Ostermooringer Kornkoog sind keine Schriftstücke mit grundsätzlichen Aussagen erhalten. Laut Notizen des Deichvogts *Agsen* von 1859 und 1866 über in diesen Jahren erteilte Stavenbriefe wurden für 49 ½ Ruten 1 Mark 8 Schilling 5 Pfennig schleswig-holsteinische Kurant und für 40 ½ Ruten 1 Mark 10 Schilling 7 Pfennig schleswig-holsteinische Kurant erhoben.[451] Für das größere Grundstück war demnach eine geringere Rekognition zu entrichten. In Stavenbriefen und Gesuchen aus den Jahren 1882 bis 1886 sind ebenfalls unterschiedliche Stavengelder genannt, aus denen sich kein einheitlicher Betrag ermitteln lässt.[452] Gleiches gilt für Stavenbriefe aus den Jahren 1926 und 1927.[453] Ein für das Pastorat Risum am 10. Dezember 1927 erneuerter Stavenbrief lautet schließlich auf 36,00 RM pro ha.[454] Einige andere Stavenbriefe gleichen Datums weisen wiederum abweichende Summen auf.[455] In keinem Fall ist erkennbar, woraus die jeweiligen Abweichungen resultieren.

Heute stehen keine mit Deichstavengerechtigkeiten belasteten Grundstücke mehr im Eigentum des Kornkooges.

(d) Kleiseerkoog

Für einige Mitteldeichstaven im Eigentum des Kleiseerkooges wurde nicht von Anfang an Stavengeld erhoben. So mussten Staveninhaber auf dem Bottschlotter Deich erst ab 1885 Stavengeld entrichten, nachdem die Wegeunterhaltungspflicht wegen des Baus einer Chaussee weggefallen war.[456] In einem Schreiben vom 12. Januar 1885 nennt Deichvogt *Ingwer Carsten Paulsen* dort lediglich drei Grundstücke, für die jeweils umgerechnet 30,00 M pro ha verlangt wurden.[457] Au-

---

448 Vgl. **KANF**, ***Abt. F 4***, Nr. 586.
449 **KANF**, ***Abt. F 4***, Nr. 788.
450 **KANF**, ***Abt. F 4***, Nr. 586.
451 **KANF**, ***Abt. F 4***, Nr. 587.
452 Vgl. **KANF**, ***Abt. F 4***, Nr. 587: zwischen 7,50 M und 25,70 M pro ha.
453 Vgl. **KANF**, ***Abt. F 4***, Nr. 809: zwischen 12,60 RM und 19,80 RM pro ha.
454 **KANF**, ***Abt. F 4***, Nr. 809.
455 *Ebenda.*
456 **KANF**, ***Abt. F 4***, Nr. 592.
457 **KANF**, ***Abt. F 4***, Nr. 592; 3,60 M für 12,09 Ar; 4,50 M für 14,78 Ar; 6 M für 19,99 Ar.

ßerdem ist ein Stavenbrief vom 23. Oktober 1882 erhalten, in dem für 17,64 Ar 5,70 M, pro ha also 32,20 M zu zahlen sind.[458] Ein einheitliches Vorgehen ist also auch hier nicht erkennbar.

Heute erhebt der Koog 75,00 DM Stavengeld pro ha; seit 2000 soll dieses bei jedem weiteren Eigentumswechsel auf 500,00 DM pro ha erhöht werden.

(e) Fahretofter Koog

Im Fahretofter Koog sollten nach einem Beschluss der Koogsvertreter vom 18. Dezember 1845 allgemein ⅔ Mark schleswig-holsteinische Kurant pro Quadratrute Tondernsches Maß verlangt werden.[459] Die Verpflichtung zur Wegeunterhaltung sollte dafür entfallen.[460] Ende 1895 erfolgte die Umstellung der Rekognition auf 5 Pf pro Quadratrute, pro ha also 18,27 M.[461] Wäre die Umstellung den festgelegten Umrechnungskursen entsprechend vorgenommen worden, hätten nunmehr allerdings 80 Pf pro Quadratrute beziehungsweise 292,40 M pro ha erhoben werden müssen. Es ist also eine deutliche Abwertung festzustellen. Aus Zusätzen auf ab 1880 kassierten Stavenbriefen geht dagegen hervor, dass bei diesen die Umstellung der Währung dem jeweiligen Umtauschverhältnis entsprechend vorgenommen wurde.[462] In diesen Fällen lag wiederum kein einheitlicher Quadratmeterpreis zugrunde.[463] Vereinzelt sind ausdrückliche Ausnahmen bekannt. So wurde dem Gemeindevorsteher *August Julius Ebsen* im Jahr 1899 ein Mitteldeichsstaven für 10 Pf pro Quadratrute zugeteilt.[464] Ob dies aufgrund seiner gegenüber dem Regelfall besseren Einkommensverhältnisse geschah, scheint zwar denkbar, ist aber nicht belegt.

Auch der Fahretofter Koog handhabte die Höhe des Stavengelds demzufolge offenbar nicht einheitlich. In einem Begleitschreiben des Deichvogts *Ingwersen* vom 18. Dezember 1871 zur jährlichen Koogsrechnung bezifferte er das übliche Stavengeld auf 1 Schilling schleswig-holsteinischen Kurant pro Quadratrute;[465] im Gegensatz zum oben erwähnten Beschluss von 1845 wird in diesem Schreiben die Pflicht zur Wegeunterhaltung als zusätzlich zu erbringende Leistung der Staveninhaber genannt. Dasselbe Stavengeld folgt auch aus einer undatierten Notiz des Deichgrafen *Todsen* über die Neuausstellung eines Stavenbriefes.[466] Nach einer

---

458 **KANF**, ***Abt. F 4***, Nr. 809.
459 Entspricht rund 244 Mark schleswig-holsteinischen Kurant (=292,40 M) pro ha.
460 **KANF**, ***Abt. F 4***, Nr. 593.
461 **KANF**, ***Abt. F 4***, Nr. 593.
462 Vgl. **KANF**, ***Abt. F 4***, Nr. 591.
463 Der Preis schwankt zwischen 21 M und 34,13 M pro ha.
464 **KANF**, ***Abt. F 4***, Nr. 593; entspricht 36,55 M pro ha.
465 **KANF**, ***Abt. F 4***, Nr. 591; entspricht 27,41 M pro ha.
466 **KANF**, ***Abt. F 4***, Nr. 591 (35 Pf für 1,28 Ar); wg. Verwendung der Währung „preußische Mark" nach 1874 einzuordnen.

Mitteilung des Deichvogts *August C. Sibbersen* an Deichgraf *Todsen* vom 12. Mai 1903 sollte es sich hierbei um die zu diesem Zeitpunkt grundsätzlich geforderte Gebühr handeln.[467] Andere Stavenbriefe aus den Jahren 1864 bis 1905 enthalten trotzdem deutlich abweichende Stavengelder.[468] Ende 1912 werden im Fahretofter Koog sogar zwei neue Stavenrechte zum Preis von 9,80 M pro ha bestellt.[469] Aus Stavenbriefen über in der Gemarkung Fahretoft gelegene Stavengrundstücke aus den 1930er Jahren ergibt sich schließlich ein Stavengeld von 36,00 RM pro ha.[470] Ob dieser Summe jedoch ein allgemein anzuwendender Koogsbeschluss zugrunde lag, ist nicht ersichtlich. Insgesamt ist auch im Fahretofter Koog keine kontinuierliche Praxis auszumachen.

Heute verlangt der DHSV Fahretofter Koog 75,00 DM pro ha und Jahr. Seit 1998 wird das Stavengeld jeweils bei Eigentumswechseln auf 500,00 DM pro ha erhöht.

(f) Weitere Köge

Aus den übrigen nordfriesischen Kögen sind keine oder nur wenige Zeugnisse über das erhobene Stavengeld auffindbar. Zu nennen sind noch folgende Quellen:

Über mehrere Deiche, die zu den Kögen der Maasbüllischen Deichgenossenschaft[471] gehörten,[472] ist ein Verzeichnis über die Größe von Mitteldeichsstaven und das zu entrichtende Stavengeld vom 24. Oktober 1820 erhalten. Für diese waren jeweils 2 Schilling schleswig-holsteinische Kurant pro Quadratrute zu bezahlen.[473]

Aus dem Klixbüller Koog sind nur noch zwei Stavenbriefe erhalten. Der ältere vom 27. Februar 1837 nennt ohne Angabe der Grundstücksfläche ein Stavengeld von 16 Schilling (entspricht 1 Mark) schleswig-holsteinischen Kurant beziehungsweise umgerechnet 51 Reichsbankschilling.[474] Dieses Grundstück stellt insofern eine Besonderheit dar, als der Staven nicht auf einem an den Klixbüller Koog grenzenden Deich lag, sondern auf dem Südergotteskoogsdeich zwischen dem

---

[467] KANF, *Abt. F 4*, Nr. 591; „7 ½ Pf pro Quadratrute" - entspricht 27,41 M pro ha.

[468] KANF, *Abt. F 4*, Nr. 591; 593: Die jeweiligen Stavengelder liegen zwischen 11,90 M und 34,13 M pro ha.

[469] KANF, *Abt. F 4*, Nr. 788.

[470] KANF, *Abt. F 4*, Nr. 451.

[471] Laut *Fischer*, Band 3/2, Kapitel 11, 6., S. 256 ff., gehörten hierzu die zu Bredstedt gehörenden Köge Langenhorner Alter, Störtewerker, Bargumer, Ockholmer, Sterdebüller Alter und Neuer Koog sowie die Tondernschen Köge Kohldammer, Engesbüller, Waygaarder, Bottschlotter, Blumen-, Fahretofter Norder- und Kornkoog.

[472] Waygaarder Deich; Deich zwischen Fahretoft und dem Kleiseerkoog; Maasbülldeich; Deich in Bottschlott; Blumenkoogsdeich.

[473] KANF, *Abt. F 4*, Nr. 591; *Abt. F 8*, Nr. 163; entspricht 54,82 M pro ha.

[474] KANF, *Abt. F 4*, Nr. 588.

Gotteskoog und dem Alten Christian-Albrechts-Koog. Das Eigentum des Klixbüller Kooges daran war als sogenannter Ausfassungsanteil entstanden. Weil der Klixbüller Seedeich durch die Anlage des Gotteskooges im Jahr 1566[475] zum Mitteldeich und dementsprechend weniger unterhaltungsintensiv geworden war, wurde der Klixbüller Koog für diesen Teil des neuen Deiches verantwortlich und erhielt gleichzeitig das Eigentum daran.[476] Der einzige weitere erhaltene Stavenbrief des Klixbüller Kooges stammt vom 27. Juli 1919 und sieht für 13,07 Ar ein Stavengeld von 1,07 M nebst Wegeunterhaltungspflicht vor.[477]

Aus dem Dagebüller Koog sind lediglich Stavenbriefe aus dem Zeitraum zwischen 1846 und 1882 erhalten.[478] Aus ihnen geht kein einheitlicher Quadratmeterpreis hervor. Im Brunottenkoog wurde bereits ab 1880 keine gesonderte Rekognition mehr erhoben. Sie galt mit der Zahlung der neu eingeführten Grundsteuer als abgegolten.[479] Heute verlangen beide Köge einheitlich 75,00 DM pro ha.

(3) Freistaven

Für einige Grundstücke wurde den Staveninhabern abweichend von der üblichen Praxis die Rekognition erlassen. Diese Bauplätze bezeichnete man dann als Freistaven.[480] So wurden zum Beispiel Deichgrundstücke für den Bau von Mühlen ohne Erhebung von Stavengeld vergeben.[481] Für deren Betrieb war jedoch eine spezielle Mühlenrekognition zu entrichten.[482] Zum Teil galt die Befreiung von der Zahlungsverpflichtung auch für Gastwirtschaften.[483] Sofern nicht der Octroy eine zeitweise Freistellung vorsah, musste ebenfalls für die erforderliche Schankkonzession eine jährliche Gebühr entrichtet werden.[484]

Die entsprechenden Dokumente lassen nur selten Rückschlüsse zu, warum ein Grundstück rekognitionsfrei war. Es wird zumeist lediglich darauf hingewiesen, dass dies von nun an so sein solle[485] oder schon früher so gewesen sei.[486] Zudem

---

475 *Fischer*, Band 3/2, Kapitel 5, 5., S. 106; *Kunz/Panten*, S. 23.

476 Vgl. Art. 11 des Spadelandesrechts;
laut *Feikes*, 5. Kapitel, B., S. 121, *Fischer*, Band 3/1, Kapitel 6, 1., S. 142, *Goldbeck*, 2. Teil, B., IV., 2.3, S. 179, und *Johannsen*, § 7, 2. b., S. 40, handelte es sich hierbei um ein allgemein angewendetes Rechtsinstitut.

477 **KANF**, ***Abt. F 4***, Nr. 809; entspricht 8,19 M pro ha.

478 **KANF**, ***Abt. F 5***, Nr. 404; ***Abt. F 12***, Nr. 16; 65; 261.

479 **KANF**, ***Abt. F 4***, Nr. 589.

480 **KANF**, ***Abt. F 5***, Nr. 372, 842.

481 **KANF**, ***Abt. F 5***, Nr. 392, 394.

482 Vgl. **LfS**, ***Nordslesvisge Retsbetjensarkiver***, Nr. 2300; *Melfsen*, Band 1, Kapitel 21, S. 262.

483 **KANF**, ***Abt. F 5***, Nr. 404; 405; 407; 718.

484 *Melfsen*, Band 1, Kapitel 21, S. 261; *Sandelmann*, XV., S. 169.

485 **KANF**, ***Abt. F 5***, Nr. 372; 404.

486 **KANF**, ***Abt. F 4***, Nr. 590 (Burg bei Fahretoft), 593 (Fahretofter und Kleiseer Koog); ***Abt. F 5***, Nr. 394 (Christian-Albrechts-Köge); **LAS**, ***Abt. 320.4***, Nr. 1581.

sind Fälle belegt, in denen das Stavengeld ohne ersichtlichen Grund trotz einer grundsätzlich im Koog bestehenden Zahlungspflicht nicht erhoben, schließlich aber nach etlichen Jahren eingefordert wurde.[487]

Des weiteren erließen die Köge in Einzelfällen zahlungsunfähigen Staveninhabern zeitweise das Stavengeld. Dokumentiert ist eine Entbindung von der Zahlungspflicht zugunsten von *Christian Brodersen* für dessen Grundstück auf dem Deich zwischen Fahretoft und dem Kleiseer Koog zwischen 1810 und 1813. Ab 1814 musste er nur dann eine reduzierte Rekognition aufbringen.[488] Die Witwe des Stavenbesitzers *Hans Paulsen* im Fahretofter Koog wurde für die Jahre 1820 bis einschließlich 1824 nachträglich von der Zahlungspflicht befreit; ein genereller Wegfall der Rekognition wurde ihr in Aussicht gestellt, falls sie darlegen könne, dass *„das Stavengeld ... auf eine rechtliche Art für immer erlassen worden sey."*[489] Ob dies tatsächlich erfolgte, ist nicht belegt.

Eine Besonderheit in diesem Zusammenhang stellt schließlich ein 1707 dem Commissarius und Hausvogt *Heinemann* am Mitteldeich des Alten Christian-Albrechts-Kooges überlassener Staven dar. Statt einer jährlich zu entrichtenden Rekognition wird ihm per Koogskonventsbeschluss vom 31. Mai 1707 zur endgültigen Tilgung der Zahlungsverpflichtung die Zahlung einer einmaligen Summe zugestanden.[490] Diese wird auf einem Koogskonvent am 24. April 1708 auf das 25fache des jährlichen Stavengelds festgesetzt.[491]

Aus den aufgefundenen Quellen kann letztlich kein allgemein gültiger Befreiungstatbestand abgeleitet werden. Lediglich für Gebäude mit Funktionen, die der Allgemeinheit dienten, könnte es eine generelle Befreiung von der Zahlungspflicht gegeben haben. Letztlich sind aber auch für den Beleg dieser These nicht genügend aussagekräftige Dokumente erhalten.

c) Lösung eines neuen Stavenbriefs bei Besitzwechsel

Die Köge verlangten regelmäßig bei jedem Besitzwechsel die Lösung eines neuen Stavenbriefs durch den Erwerber.[492] In den ältesten erhaltenen Stavenbriefen ist dieses Erfordernis allerdings noch nicht enthalten.[493] Die regelmäßige Einziehung nicht mehr auf den Inhaber lautender Stavenbriefe lässt jedoch den Schluss zu, dass dies bereits damals gängige Praxis war. Auch später setzten die Köge diese

---

487 **KANF**, ***Abt. F 4***, Nr. 586 (Notiz Deichgraf Todsen vom 15.11.1882; Westermooringer Kornkoog).
488 **KANF**, ***Abt. F 4***, Nr. 591.
489 **LAS**, ***Abt. 161***, Nr. 2237.
490 **KANF**, ***Abt. F 5***, Nr. 368.
491 **KANF**, ***Abt. F 5***, Nr. 368.
492 Stellvertretend: Stavenbriefe im Anhang.
493 **KANF**, ***Abt. F 4***, Nr. 1556 (Dok. 1, 8).

Verpflichtung nicht überall konsequent durch.[494] Zum Teil wurden neue Stavenbriefe erst Jahre nach der Übertragung des Rechts beantragt und selbst dann noch problemlos ausgestellt.[495] Für die Neuausstellung musste oftmals nicht einmal der alte Stavenbrief vorgelegt werden.[496] Später wurde die Pflicht zur Neulösung in einigen Kögen gänzlich abgeschafft. In der Wiedingharde etablierte sich diese Praxis bereits ab Anfang des 19. Jahrhunderts,[497] im Gotteskoog jedenfalls ab 1880.[498] Die Deichvögte *Ludolf A. Jessen* vom Wiedingharder Alten Koog und *P. Dahl* vom Brunottenkoog erklärten sich gegenüber Deichgraf *Todsen* 1883 ebenfalls mit dem endgültigen Wegfall dieses Erfordernisses einverstanden.[499]

Die heute durch den DHSV Südwesthörn-Bongsiel ausgestellten Stavenbriefe enthalten noch immer die Verpflichtung zur Lösung eines neuen Stavenbriefes bei jedem Besitzwechsel.[500]

d) Anerkennung der Hauptpartizipanten und Koogsinspektoren als Obrigkeit

In den octroyierten Kögen mussten die Stavenrechtsinhaber schließlich die Organe der Koogsverwaltung als Obrigkeit anerkennen.[501] Teilweise wurde diese Verpflichtung auch in die Stavenbriefe aufgenommen.[502] Nachdem die Privilegien der octroyierten Köge im Zuge der preußischen Kommunalrechtsreformen in den 1870er Jahren gegenstandslos geworden waren, wurde diese Verpflichtung auch nicht mehr in die neu auszustellenden Stavenbriefe aufgenommen.[503]

---

494 **KANF**, ***Abt. F 4***, Nr. 587; 591; 593; vgl. auch **KANF**, ***Abt. F4***, Nr. 587: Der Besitzer Carsten Carstensen beantragt erst einen Stavenbrief für sein Grundstück, als er es veräußern will.

495 **KANF**, ***Abt. F 4***, Nr. 587; 788; 988; 1556 (Dok. 30); ***Abt. F 12***, Nr. 16.

496 **KANF**, ***Abt. F 4***, Nr. 586; 788; 809.

497 **KANF**, ***Abt. F 4***, Nr. 341.

498 **KANF**, ***Abt. F 4***, Nr. 341.

499 **KANF**, ***Abt. F 4***, Nr. 589.

500 Vgl. Stavenbriefe im Anhang.

501 **KANF**, ***Abt. F 5***, Nr. 369, 370; 404; ***Abt. F 12***, Nr. 16.

502 **KANF**, ***Abt. F 5***, Nr. 369; 370; 372; 392-395; 398; 404; 842 (Band 2); ***Abt. F 12***, Nr. 16.

503 **KANF**, ***Abt. F 5***, Nr. 394.

C. Der Fortbestand der Deichstavengerechtigkeit im Wandel der Zeit

Die in Nordfriesland geltende Deichgesetzgebung war vielen Veränderungen unterworfen und ist im Laufe ihrer Entwicklung immer spezieller und ausführlicher geworden. Trotzdem gibt es dort noch heute gut einhundertsiebzig Grundstücke, an denen Deichstavengerechtigkeiten bestehen. Der nun folgende Abschnitt schildert die Rechtsentwicklung, die die Entstehung und den Fortbestand des Stavenrechts bis heute ermöglichte. Der Darstellung liegt die Annahme zugrunde, dass das Stavenrecht als regional auf Nordfriesland beschränktes Gewohnheitsrecht entstanden ist und der Beginn seiner Entwicklung auf die Mitte des 17. Jahrhunderts zurückgeht.[504]

Zu Gunsten einer besseren Übersichtlichkeit habe ich die Deich- und Wassergesetze getrennt von der allgemeinen zivilrechtlichen Gesetzgebung dargestellt. Letztere ist erst ab der zweiten Hälfte des 19. Jahrhunderts von Bedeutung.

I. Deich- und Wassergesetzgebung: Zulässigkeit der Bebauung von Deichen

Deichstavengerechtigkeiten konnten überhaupt nur dann bestellt werden, wenn und solange der Bau von Häusern auf dem Deich nicht unter die verbotenen Deichnutzungen fiel.

1. Deichgesetze bis zum Ende des 18. Jahrhunderts

a) Die Anfänge der Deichrechtskodifikationen

Bis zum Beginn des 16. Jahrhunderts beinhalteten die deichrechtlichen Normen nahezu ausschließlich Regelungen über die Verteilung der Deichlast und die Sicherung des Deichfriedens. Rechtssätze über die Zulässigkeit des Bebauens oder anderer Nutzungen von Deichen waren daneben nicht vorhanden. Da zu dieser Zeit das weit verbreitete mauerähnliche Deichprofil eine Bebauung mit Wohnhäusern sowieso nur selten erlaubte und auch erst sehr wenige Mitteldeiche vorhanden waren, waren solche Regelungen auch weitgehend entbehrlich.

[504] Siehe 2. Teil. B. I., S. 49 ff.

b) *Regelungen innerhalb der Landrechte*[505] *und erste Deichordnungen*

Unter den ersten umfangreicheren deichrechtlichen Gesetzen ist zunächst Artikel 21 des dritten Teils des *Nordstrander Landrechts* von 1572 zu beachten. Dieser sah vor:

> *„Es soll ein jeder alle seine eigenen Deiche mächtig seyn zu gebrauchen, und dieselbigen machen nach Nothdurft des Landes; wie sothanes ein Deichrecht vermag und mitbringet.“*[506]

Die Nutzungsbefugnis war demnach sehr weitreichend, zumal ausdrückliche Beschränkungen dieser Vorschrift fehlten. Das Bebauen von Mitteldeichen und die Überlassung an Dritte zu diesem Zweck war demzufolge nicht verboten. Das *Eiderstedter Landrecht* von 1591 enthält keine dem Artikel 21 des *Nordstrander Landrechts* entsprechende Vorschrift, aber auch keine weiterreichenden oder anderen Nutzungsbeschränkungen. Die in der Folgezeit erlassenen Verordnungen über einzelne Bereiche des Deichwesens nahmen sich dieses Problems ebenfalls nicht an.[507] Damit existierten im angenommenen Entstehungszeitraum der Deichstavengerechtigkeit innerhalb der relevanten Landrechte keine gesetzlichen Regeln, die dem Bebauen der Mitteldeiche im heutigen Nordfriesland entgegengestanden hätten.

Vergleichbares ergibt sich aus der Betrachtung der überlieferten Deichordnungen. Artikel 10 der *„Der Lande Eyderstädt, Everschop und Utholm confirmirte Teichordnung“* von 1592 befasst sich zwar mit der Nutzung von Deichen, verbietet jedoch lediglich das Beweiden und Befahren. Obwohl es auf Eiderstedt am Ende des 16. Jahrhunderts bereits eine Vielzahl von Mitteldeichen gab,[508] enthält diese Deichordnung keine speziellen Regeln über deren Unterhaltung. Das Verbot des Beweidens und Befahrens findet sich ebenfalls in Artikel 8 der *Pellwormer Deichordnung* vom 5. März 1711. Außerdem legt Artikel 12 der *Pellwormer Deichordnung* fest, dass die Mitteldeiche in einem wehrhaften Zustand zu erhalten seien. Um dies zu gewährleisten, war es verboten, die Mitteldeiche *„zu begraben, bepflantzen, bebauen, besaamen, beackern, oder sonsten zu verwahrlosen“*[509]. Eine ähnliche Vorschrift, allerdings mit einer geringeren Zahl ausdrücklich verbotener Handlungen,[510] enthält Artikel 6 der *Deichordnung für das Amt Tondern* vom 14. Mai 1619.

---

[505] Zum örtlichen Geltungsbereich der Landrechte siehe oben 1. Teil, B. I. 2. a), S. 26 ff.

[506] **CSS I**, S. 511.

[507] Verordnungen vom 22.6.1630 (**CSS I**, S. 251 ff.), 26.5.1767 (**ChrS 1767**, S. 6 ff.), 28.5.1793 (**ChrS 1793**, S. 44 ff.).

[508] Vgl. dazu die detaillierte Karte bei *Kunz/Panten*.

[509] **CSS I**, S. 408 ff.

[510] *„nicht vergraben, gepflüget und besaamet ...* “, **CSS I**, S. 397 ff.

Weder aus einzelnen dieser Vorschriften noch aus einer Gesamtschau dieser Normen kann der Schluss gezogen werden, dass das Bebauen der Mitteldeiche dann erst recht verboten gewesen sei. Deren Erhaltung wurde nämlich insgesamt nicht mit vergleichbarer Intensität betrieben wie die Instandhaltung und Verbesserung der Seedeiche.[511] Dies lag nicht zuletzt daran, dass die Sicherung und der Ausbau der Seedeiche oftmals bereits die gesamte Arbeitskraft der Deichpflichtigen in Anspruch nahm.[512] Nur die *Pellwormer Deichordnung* vom 5. März 1711 enthält mit Artikel 12 überhaupt ein entsprechendes Verbot. Allein dieser untersagt das Bebauen von Mitteldeichen ausdrücklich. Dies ist in keiner anderen Deichordnung der Fall, obwohl diese wie auch die *Pellwormer Deichordnung* das Beweiden und Befahren der Deiche verbieten. Daraus folgt, dass das Bauverbot auf Mitteldeichen auch in den anderen Deichordnungen enthalten gewesen wäre, wenn man es für erforderlich gehalten hätte.

c) Das Spadelandesrecht

Die das *Spadelandesrecht* betreffenden Streitfragen[513] sind für die Frage der Zulässigkeit des Bebauens von Mitteldeichen unerheblich und werden deswegen hier nicht näher behandelt. Das *Spadelandesrecht* befasst sich in Artikel 11 und 20[514] mit Mitteldeichen. Artikel 11 normiert das Ausfassen, also die Verantwortlichkeit eines Kooges für einen Teil des neuen Seedeiches, wenn der eigene Seedeich durch eine vorherige Neueineichung in die zweite Deichlinie gerückt ist.[515] Der letzte Satz dieses Artikels lautet:

> „*Es sollen diejenige, die im neuen Deich werden ausgemessen, ihren See-Deich oder Mittel-Deich vor Erde behalten, und des mächtig seyn.*"

Die Formulierung „*des mächtig seyn*" erlaubte den Deicheigentümern, mit ihren Deichen in den durch die Beibehaltung der Deichsicherheit vorgegebenen Grenzen nach Belieben zu verfahren. Diese Grenzen legt Artikel 20 für die Mitteldeiche fest. Diese sollten erst nach erfolgter Beendigung der Ausbesserungsarbeiten an den Seedeichen repariert und soweit erforderlich auch erhöht werden. Ferner verbietet Artikel 20 nur das Pflügen und Bepflanzen der Mitteldeiche. Ein ausdrückliches Bebauungsverbot ist in dieser Norm nicht enthalten. Durch das Pflügen und Bepflanzen wird immer in den Deichkörper als solchen eingegriffen. Vor allem Anpflanzungen sind als sehr gefährlich anzusehen, weil sich das Wurzelwerk weitläufig im Deich verteilt und diesen dadurch großflächig beeinträchtigen

---

511 Vgl. nur *Tetens*, 17. Brief, S. 103, und die in den *Schleswig-Holstein-Lauenburgischen Provinzialberichten* noch Anfang des 19. Jahrhunderts geführte Kontroverse über die Erhaltung der Mitteldeiche (Jg. 1826, S. 132-136, S. 582-585; Jg. 1827, S. 554-557).

512 Bantelmann/Panten/Steensen/Kuschert - *Kuschert*, III., B., 6., d.; *Kunz/Panten*, S. 6.

513 Siehe 1. Teil, B. I. 2. b), S. 29 f.

514 Vgl. Wortlaut im Anhang.

515 Siehe 2. Teil, B. V. 2. b) (2) (f), S. 77 f.

kann. Die im 16. Jahrhundert üblichen Häuser hingegen wurden regelmäßig ohne Keller gebaut,[516] so dass sie nur auf der Deichoberfläche standen. Daraus ergab sich keine Verletzung des Deichkörpers, die die Stabilität des Deiches beeinträchtigt hätte. Den Auswirkungen des Gewichts des Gebäudes und der zusätzlichen Angriffsfläche, die dieses für anprallendes Wasser bietet, wurde in der damaligen Zeit hingegen wenig oder gar keine Bedeutung beigemessen. Insofern unterscheidet sich die Nutzung der Deiche durch den Bau von Häusern wesentlich von den in Artikel 20 ausdrücklich verbotenen Nutzungen. In Verbindung mit der zitierten Formulierung aus Artikel 11 ergibt sich daher, dass das Bebauen von Mitteldeichen auch nach dem *Spadelandesrecht* nicht verboten war.

d) Zusammenfassung

Insgesamt bleibt daher festzuhalten, dass es bis zum Beginn des 19. Jahrhunderts kaum deichrechtliche Gesetze gab, die dem Bebauen der Mitteldeiche und damit dem Bestellen von Deichstavengerechtigkeiten entgegengestanden hätten. Selbst auf Pellworm, wo dies Artikel 12 der Deichordnung das Bebauen von Mitteldeichen untersagte, wurde dem Verbot vielfach zuwider gehandelt.[517]

2. Neuregelung des Deichwesens zu Beginn des 19. Jahrhunderts

a) Erste Veränderungen im Jahre 1800

Anlässlich der umfassenden Neuregelung des Deichwesens zu Beginn des 19. Jahrhunderts wurde zunächst durch das „*Patent betreffend die einzuführende Aufsicht über die Deiche der sämtlichen Marschkommünen, adlichen Marschgüter und octroyirten Koege in den Herzogtümern*“ vom 29. Januar 1800 sowie die „*Instruktion für die in den Herzogtümern angeordneten Deichinspektoren*“ vom 13. Mai 1800 die Deichverwaltung umstrukturiert. Normen über die Deichnutzung waren in ihnen nicht enthalten.

b) Das Allgemeine Deichreglement vom 6. April 1803

Das „*Allgemeine Deichreglement für die sämtlichen Marschkommünen, adlichen Marschgüter und octroyirten Koege in den Herzogtümern*“ vom 6. April 1803 setzte den größten Teil des Spadelandesrechts außer Kraft.[518] Gemäß § 38 ADR sollten allerdings diejenigen Regelungen, die keinen Widerspruch zu den Grund-

---

516 Vgl. Bantelmann/Panten/Kuschert/Steensen - *Kuschert*, III., C., 4., d., S. 186 ff.; *Peters*, S. 329 ff.

517 Vgl. **LAS**, ***Abt. 163***, Nr. 833; *Fischer*, Band 2/4, IV. Abschnitt, L., S. 231; viele der Pellwormer Mitteldeiche sind noch heute bebaut.

518 Siehe 1. Teil, B. I. 2. b), S. 29 f.

sätzen und Vorschriften des ADR bildeten, bestehen bleiben. Die darunter fallenden älteren gesetzlichen Bestimmungen und Gewohnheitsrechte blieben demnach wirksam.

(1) Das Bauverbot auf Deichen gemäß § 36 ADR

Das *Allgemeine Deichregelement* bestimmt in § 36:

> *„Häuser, Kathen und sonstige Gebäude dürfen künftig auf und unter dem Deiche und auf der zum Ausspäten bestimmten Deichserde nicht aufgeführt werden. Und obgleich die jetzt auf und an den Deichen aufgeführten Gebäude bis weiter stehen bleiben mögen, so müssen sich die Eigenthümer gleichwohl gefallen lassen, daß selbige abgebrochen werden, sobald solches nothwendig befunden wird, in welchem Falle ihnen jedoch eine billige Entschädigung von der Commüne nicht zu versagen ist.*"

§ 36 ADR verpflichtete grundsätzlich also nicht zum Abriss schon auf den Deichen vorhandener Gebäude. Es hätten aber im Anwendungsbereich dieser Norm ab 1803 keine neuen Deichstavengerechtigkeiten mehr eingeräumt werden dürfen. Diese Beschränkung gilt unstreitig für Seedeiche. Aus zahlreichen Dokumenten geht jedoch hervor, dass an Mitteldeichen weitere Deichstaven vergeben und Häuser erbaut wurden.[519] Dies wäre unzulässig gewesen, wenn § 36 ADR nicht nur auf Seedeiche, sondern darüber hinaus auf Mitteldeiche anzuwenden war.

(a) Beurteilung der Anwendbarkeit von § 36 ADR auf Mitteldeiche in der Praxis

In der Praxis wurde die Frage der Anwendbarkeit von § 36 ADR auf Mitteldeiche in den ersten Jahrzehnten nach Erlass des *Allgemeinen Deichreglements* nicht erörtert. Auch später setzte sich niemand umfassender mit der Problematik auseinander, so dass die folgende Zusammenstellung immer nur Ausschnitte widerspiegelt.

(aa) Köge

Die aus den Kögen erhaltenen Archivalien ergeben ein widersprüchliches Bild. So führt die „*Anordnung über Deichstaven*", die auf einem Koogskonvent der Christian-Albrechts-Köge vom 1. November 1820 erlassen wurde, unter ausdrücklicher Bezugnahme auf § 36 ADR anstelle des Näherkaufs- beziehungs-

---

[519] **KANF**, ***Abt. F 4***, Nr. 588; ***Abt. F 5***, Nr. 370; 395; 404; ***Abt. F 7***, A 2 Db, Nr. 109; **LAS**, ***Abt. 161***, Nr. 2257.

weise Beispruchsrechts für Stavenhäuser das Vorkaufsrecht neu ein.[520] Da die Christian-Albrechts-Köge seit der Gewinnung des Kleiseerkooges 1727[521] und des Marienkooges 1798[522] keine Seedeiche mehr hatten, wurde § 36 ADR in diesem Fall auf Mitteldeiche angewendet. Andererseits wurden dort auch nach 1803 geplante Bauten auf Mitteldeichen trotz der Regelung des § 36 ADR genehmigt;[523] ohne Genehmigung begonnene Bauten wurden nicht wegen § 36 ADR untersagt.[524] Ein Stavenbrief über einen Mitteldeichstaven auf dem Norddeich des Dagebüller Kooges[525] vom 7. Februar 1881 weist auf das Abrissrecht aus § 36 ADR hin;[526] also wurde hier wiederum die Anwendbarkeit von § 36 ADR auf Mitteldeiche als gegeben angesehen.

(bb) Deichgrafschaften

Nach mehrfach gegenüber dem Landrat des Kreises Tondern geäußerter Ansicht des bis Anfang des 20. Jahrhunderts amtierenden Deichgrafen des Ersten Schleswigschen Deichbands, *B. Todsen*, sollte § 36 ADR nur die zukünftige Bebauung von Seedeichen verhindern.[527] Dies folge daraus, dass in verschiedenen anderen Vorschriften des *Allgemeinen Deichreglements* explizit Mitteldeiche erwähnt seien,[528] in § 36 ADR aber nur von „*Deichen*" die Rede sei. Aufgrund dieser Differenzierung seien alle Normen über „*Deiche*" im allgemeinen nur auf Seedeiche zu beziehen.[529] Verbotene Nutzungen von Mitteldeichen seien allein in § 34 ADR geregelt.[530] Des weiteren sei die Mehrzahl der Mitteldeiche vielfach bebaut und im Laufe der Zeit bereits so weit abgeflacht, dass sie kaum noch eine nennenswerte Schutzwirkung entfalten könnten.[531] Insofern sei durch ein Verbot des Bebauens kein erhöhter Schutz zu erwarten. *Todsens* Amtsnachfolger *Sönnichsen* weist im Zusammenhang mit der zukünftigen Bebauung von Mitteldeichen nicht auf das Verbot des § 36 ADR hin, sondern lediglich darauf, dass die dazu er-

---

520 **KANF**, ***Abt. F 5***, Nr. 395.
521 *Fischer*, Band 3/2, Kapitel 11, 4.2, S. 249; *Kunz/Panten*, S. 30.
522 *Fischer*, Band 3/2, Kapitel 11, 5., S. 256; *Kunz/Panten*, S. 25.
523 **KANF**, ***Abt. F 5***, Nr. 369-371.
524 **KANF**, ***Abt. F 5***, Nr. 370; 371.
525 Mitteldeich zwischen Dagebüller und Marienkoog.
526 **KANF**, ***Abt. F 12***, Nr. 16.
527 **LAS**, ***Abt. 309***, Nr. 10942 (2.6.1900); ***Abt. 320.21***, Nr. 1329 (10.8.1871).
528 So z.B. in §§ 7, 30, 34 ADR.
529 **LAS**, ***Abt. 309***, Nr. 10942 (2.7.1900).
530 **KANF**, ***Abt. F 4***, Nr. 585; **LAS**, ***Abt. 320.21***, Nr. 866.
531 **LAS**, ***Abt. 309***, Nr. 10942 (2.7.1900); ***Abt. 320.21***, Nr. 1329 (27.9.1871).

forderliche Genehmigung bei ihm einzuholen sei.[532] Daraus folgt, dass auch er § 36 ADR nicht für einschlägig hielt.

Demgegenüber lehnte der Amtsvorgänger *Todsens* in derselben Deichgrafschaft, Deichgraf *Andreas Nissen*, im Jahr 1863 ein Gesuch des Schuhmachers *Heinrich Andreas Hinrichsen* um Anweisung eines neuen Stavenplatzes auf einem bereits bebauten Mitteldeich bei Rosenkranz im Gotteskoog ab und begründete dieses mit dem Verbot des § 36 ADR.[533]

(cc) Landräte

Der Landrat des Kreises Husum äußerte 1900, er könne die Anwendbarkeit des § 36 ADR auf Mitteldeiche nicht eindeutig verneinen.[534] Der Landrat des Kreises Eiderstedt dagegen bezeichnete zur gleichen Zeit § 36 ADR als generell auf Mitteldeiche auszudehnen.[535] Eine Stellungnahme des Landrats des Kreises Südtondern aus dem Jahr 1932 über die Ablösung von Mitteldeichstaven im Wiedingharder Alten Koog weist bezüglich der Häuser explizit auf die Möglichkeit eines Abrisses gemäß § 36 ADR hin;[536] dieser wird also für auf Mitteldeiche anwendbar gehalten.

(dd) Regierungspräsidium der Provinz Schleswig-Holstein

Aus den vom Regierungspräsidium der Provinz Schleswig-Holstein erhaltenen Dokumenten ergibt sich kein klares Bild, ob dieses § 36 ADR als auf Mitteldeiche anwendbar gehalten hat.

i. Die Regierungspräsidialverfügungen „betreffend Bauten auf dem Deiche und der Deicherde"

Die beiden Regierungspräsidialverfügungen *„betreffend Bauten auf dem Deiche und der Deicherde"* vom 18. August 1898 und vom 8. Juni 1904[537] wurden der Einleitung der Verfügung vom 18. August 1898 zufolge zwar zur Konkretisierung des in § 36 ADR enthaltenen Bauverbots erlassen.[538] Nach dieser Bezugnahme

532 **KANF**, ***Abt. F 4***, Nr. 788; diese Regelung entspricht dem § 14 des Statuts des II. Schleswigschen Deichbands vom 20. Februar 1878. Die Köge der Deichgrafschaft Tondern bildeten jedoch den I. Schleswigschen Deichband.

533 **LfS**, ***Tønder Landrådsarkiv***, pk. 488.

534 **LAS**, ***Abt. 309***, Nr. 10952 (Journal Nr. I 2998).

535 **LAS**, ***Abt. 309***, Nr. 10960 (Journal Nr. 3955).

536 **KANF**, ***Abt. F 4***, Nr. 451.

537 *Schröder*, S. 46 ff.; Wortlaut im Anhang. Die Verfügung vom 8. Juni 1904 bestätigt alle wesentlichen Regelungen der Verfügung vom 18. August 1898.

538 **LAS**, ***Abt. 301***, Nr. 1221; Wortlaut im Anhang.

konnte die Verfügung aber nur diejenigen Deiche erfassen, die in den Anwendungsbereich von § 36 ADR fallen. Aus der Einleitung geht zudem auch hervor, dass die Verfügung eine Vereinheitlichung und schriftliche Fixierung der bisher geübten Genehmigungspraxis bewirken sollte.[539] Diese bezog sich auf Bauten auf See- und Mitteldeichen gleichermaßen.[540] Falls § 36 ADR nur auf Seedeiche anzuwenden sein sollte, läge insofern ein deutlicher Widerspruch vor.

In den beiden Verfügungen selbst ist nur allgemein von „*Deichen*" die Rede; eine begriffliche Klarstellung oder Differenzierung zwischen See- und Mitteldeichen wird nicht vorgenommen. Einige Passagen in der Verfügung vom 18. August 1898 deuten trotzdem darauf hin, dass diese nur Bauten auf Seedeichen betreffen soll. Zunächst wird in der Einleitung das Erfordernis der Vermeidung von Ruinen auf Deichen als notwendig dargestellt, weil sonst die Deichsicherheit gefährdet sei. Dies ist in erster Linie bei Seedeichen der Fall, da nur diese dem unmittelbaren Anprall des Wassers ausgesetzt sind. Ebenso war auch der in dieser Verfügung erwähnte binnendeichs zu erhaltende Notweg nur an Seedeichen üblich. Schließlich wird unter Nr. 4 der aufgestellten Grundsätze angeordnet, dass „*das Maaß der Gefahr, die dem Deiche durch Wellenschlag, Eis usw. drohen könnte*" in bestimmten Fällen bei der Erteilung von Baugenehmigungen berücksichtigt werden müsse. Auch diese Gefahr droht unmittelbar nur den Seedeichen. Insbesondere die durch Eisbildung drohenden Gefahren sind an Mitteldeichen nur theoretisch denkbar.

Über die tatsächliche Anwendung der beiden Verfügungen „*betreffend Bauten auf dem Deiche und der Deicherde*" ist nur wenig bekannt. Einige Quellen belegen, dass Baugenehmigungen an Mitteldeichen anhand dieser Verfügungen beurteilt wurden.[541] Aus anderen geht wiederum hervor, dass das Regierungspräsidium sich zwar mit Widersprüchen gegen Ablehnungen von entsprechenden Genehmigungen befasst hat, die Entscheidung über diese aber ohne Rückgriff auf die Verfügungen erfolgte.[542]

Aus den Regierungspräsidialverfügungen „*betreffend Bauten auf dem Deiche und der Deicherde*" vom 18. August 1898 und vom 8. Juni 1904 und ihrer Anwendung lassen sich keine zuverlässigen Schlüsse auf die Anwendbarkeit von § 36 ADR auf Mitteldeiche ziehen. Die Verfügungen liefern darüber hinaus keine Anhaltspunkte über die diesbezügliche Rechtsansicht des Regierungspräsidiums.

---

539 **LAS,** ***Abt. 301***, Nr. 1221.

540 Vgl. **KANF,** ***Abt. F 4***, Nr. 585; ***Abt. F 5***, Nr. 369.

541 Vgl. **LAS,** ***Abt. 309***, Nr. 19784.

542 **KANF,** ***Abt. F*** *7*, A 2 Db, Nr. 109; **LAS,** ***Abt. 309***, Nr. 19785.

ii. Weitere Quellen

Inhaltlich über die Klärung von konkreten Streitfragen hinausgehende sonstige Quellen sind ebenfalls selten. In einer Einladung des Regierungspräsidenten an die Landräte der Kreise Tondern, Husum und Eiderstedt vom 11. Dezember 1898 zu einem Gespräch über anzustrebende Neuregelungen im Deich- und Sielwesen[543] wird § 36 ADR unter der Fragestellung „*Erhaltung der Mitteldeiche*" in Verbindung mit § 34 ADR[544] aufgeführt. In einer Verfügung vom 29. März 1892 weist der Regierungspräsident die Oberdeichgrafen darauf hin, dass entgegen § 36 ADR weiterhin Gebäude auf Mitteldeichen erbaut würden und dies in Zukunft zu unterbinden sei.[545] Beide Fundstellen deuten zwar darauf hin, dass § 36 ADR von Seiten des Regierungspräsidiums auf Mitteldeiche bezogen wurde. Gerade die zuerst genannte Quelle ist aber als Entwurf einer Tagesordnung zu einem internen Gespräch allenfalls als Indiz für die Anwendung von § 36 ADR auf Mitteldeiche zu werten. Die Verfügung vom 29. März 1892 allein bietet keine hinreichend tragfähige Grundlage für eine generelle Aussage oder Entscheidung, zumal genügend Dokumente entgegengesetzten Inhalts existieren. So wird per Schreiben vom 8. August 1905 das Bauen von Häusern auf der Krone und der Außenböschung von Mitteldeichen (nicht aber auf der Innenböschung) zur Wahrung des Erhaltungsgebots des § 34 ADR unter einen Genehmigungsvorbehalt zu Gunsten des Regierungspräsidiums gestellt.[546] Bauten auf Mitteldeichen können aber nur dann überhaupt als zulässig angesehen werden, wenn sie das Verbot des § 36 ADR nicht betrifft. Weitere Quellen, die über die Anwendbarkeit von § 36 ADR auf Mitteldeiche beziehungsweise die diesbezüglichen Ansichten des Regierungspräsidiums Aufschluss geben könnten, sind nicht auffindbar.

(ee) Ergebnis

Insgesamt ergibt sich aus der Praxis also kein klares Bild über die Anwendbarkeit von § 36 ADR auf Mitteldeiche. Trotz der dargestellten vorhandenen Probleme hat auch das preußische Ministerium für Landwirtschaft, Domänen und Forsten auf eine Anfrage von 1892 kein Bedürfnis für eine Neufassung des § 36 ADR gesehen.[547]

---

543 **LAS,** ***Abt. 320.4***, Nr. 1579.

544 Wortlaut im Anhang.

545 **LAS,** ***Abt. 320.4***, Nr. 1573 (Band 1).

546 **LAS,** ***Abt. 309***, Nr. 10952.

547 Vgl. **LAS,** ***Abt. 309***, Nr. 19785; ***Abt. 320.4***, Nr. 1573 (Band 1).

(b) Beurteilung in der Literatur

In der Literatur wird zum sachlichen Geltungsbereich des *Allgemeinen Deichreglements* kaum Stellung bezogen. Unter den geäußerten Ansichten ist keine einheitliche Meinung auszumachen.

Laut *Kähler* war das *Allgemeine Deichreglement* zwar hauptsächlich auf Seedeiche anzuwenden. Wegen des überragenden Schutzzwecks sollte es in Zweifelsfällen jedoch See- und Mitteldeiche gleichermaßen erfassen.[548] Gerade § 36 ADR diene zwar in erster Linie der Erhaltung der Seedeiche. Darüber hinausgehend solle er aber auch die Mitteldeiche schützen.[549]

Demgegenüber vertritt *Block*, dass § 36 ADR ausschließlich die weitere Bebauung von Seedeichen verhindern solle und dies aus dem Zweck des *Allgemeinen Deichreglements* folge.[550]

Constabel stellt fest, dass die in Süderdithmarschen vorhandenen superfiziarischen Rechte an den dortigen Elbdeichen wegen des Erlasses von § 36 ADR ab 1803 nicht mehr eingeräumt werden durften.[551] In den Elbmarschen waren auch damals kaum Mitteldeiche vorhanden. Daher ist es wenigstens zweifelhaft, ob diese Aussage *Constabel*s auch auf Mitteldeiche ausgedehnt werden kann.

Grube erwähnt § 36 ADR nur kurz.[552] Er bezieht aber trotz der Existenz von Mitteldeichen in Norderdithmarschen keine Stellung zur Anwendbarkeit von § 36 ADR auf diese.

Johannsen streift § 36 ADR ebenfalls nur oberflächlich und befasst sich nicht ausdrücklich mit der Frage der Anwendbarkeit auf Mitteldeiche.[553] Er vertritt, dass es sich beim Nordstrander Stätterecht aufgrund des Verbots des § 36 ADR nicht um ein Recht, sondern lediglich um einen geduldeten Zustand handeln könne.[554] Das Stätterecht wurde allerdings sowohl an See- als auch an Mitteldeichen eingeräumt. Es ist nicht ersichtlich, ob diese Tatsache *Johannsen* bekannt war. Eine verwertbare Aussage zur Ausdehnung von § 36 ADR auf Mitteldeiche ist also auch hier nicht vorhanden.

Trenckner befasst sich mit dieser Frage gar nicht.[555]

---

548 *Kähler*, § 34, II., 1., c., S. 313.
549 *Kähler*, § 34, II., 1., c., S. 331.
550 *Block*, SchlHA 1913, S. 259.
551 *Constabel*, § 18, S. 59.
552 *Grube*, § 19, S. 92.
553 *Johannsen*, § 5, 1., S. 31 f., Fn. 6.
554 *Johannsen*, § 5, 1., S. 31 f., Fn. 6.
555 *Trenckner*, § 16, S. 55 ff.

Fischer nennt im Zusammenhang mit der Erhaltung der Mitteldeiche nur das in § 34 ADR enthaltene Verbot der Veränderung der Mitteldeiche, nicht aber § 36 ADR.[556]

Staehly vertritt schließlich, dass Deichstavengerechtigkeiten grundsätzlich nur an Mitteldeichen bestellt wurden und dass § 36 ADR diese ausdrücklich erwähne.[557] Damit hält er diese Norm offenbar für auf Mitteldeiche anwendbar. Unklar ist wegen der nur exkursmäßigen Behandlung des Stavenrechts jedoch, ob *Staehly* das Problem des Anwendungsbereiches des *Allgemeinen Deichreglements* überhaupt bekannt war.

(c) Weitere Beurteilungskriterien

(aa) Wortlaut und Entstehungsgeschichte

Nach seinem Wortlaut umfasst der Begriff „*Deich*" als allgemeiner Oberbegriff alle Arten von Deichen, also auch Mitteldeiche. Demnach wäre § 36 ADR auf Mitteldeiche auszudehnen. Über die Entstehungsgeschichte des § 36 ADR sind keine Einzelheiten bekannt, die zur Klärung der vorliegenden Frage herangezogen werden könnten.

(bb) Systematik des Allgemeinen Deichreglements

In systematischer Hinsicht fällt zunächst auf, dass nur in wenigen Normen des ADR ausdrücklich von See-, Haupt-, Ufer-, Mittel-, Schlaf- und Steindeichen die Rede ist.[558] In allen anderen Paragrafen wird stets den Begriff „*Deich*" als solcher verwendet. Wenn man die einzelnen Normen in ihren jeweiligen Zusammenhang stellt, so findet sich regelmäßig ein deutlicher Bezugspunkt dafür, dass es sich auch bei der Bezeichnung „*Deich*" um See- beziehungsweise Stromdeiche handeln muss.

Soweit in §§ 1 bis 5 ADR der Begriff „*Deich*" Anwendung findet, ergibt sich aus dem jeweiligen Standort bzw. aus der Verwendung im Zusammenhang mit der Bezeichnung „*Hauptdeich*", dass mit „*Deich*" stets nur Seedeiche gemeint sind.

Die §§ 6 bis 25 ADR bilden im *Allgemeinen Deichreglement* den größten einheitlichen Abschnitt inhaltlich zusammenhängender Normen. Sie legen die wesentlichen Inhalte der für die neu zu bildenden Deichbände zu erlassenden Satzungen hinsichtlich der ordentlichen und der außerordentlichen Deichunterhaltung fest. Zentrale Normen sind § 7 ADR (außerordentliche Deicharbeiten) und § 9 ADR

---

556 *Fischer*, Band 3/3, Kapitel 12, 1., S. 289.

557 *Staehly*, S. 54.

558 § 1: *See- oder Stromdeiche*, *Hauptdeiche*; § 2: *Hauptdeich*; § 7 lit. b: *Schlafdeich*, *Hauptdeich*; § 7 lit. d: *Steindeiche*; § 30: *Seedeich*, *Mitteldeich*; § 31 lit. b: *Uferdeich*; § 34: *Mitteldeich*.

(ordentliche Deicharbeiten).[559] Sie bestimmen, welche Aufgaben in welche Kategorie einzustufen sind. Die dort jeweils genannten Arbeiten können ihrer Art nach nur an Seedeichen vorgenommen werden. Da alle weiteren Normen der §§ 6 bis 25 ADR inhaltlich auf §§ 7, 9 ADR Bezug nehmen, muss der Begriff „*Deich*", soweit er verwendet wird, ebenfalls als „*Seedeich*" verstanden werden. Diese Schlussfolgerung wird des weiteren durch § 34 ADR gestützt, der ausdrücklich die zu leistende reduzierte Unterhaltung der Mitteldeiche zum Gegenstand hat. Fielen Mitteldeiche schon unter die differenzierteren §§ 6 bis 25 ADR, wäre § 34 ADR überflüssig.

§§ 26 bis 34 ADR betreffen verschieden Teilbereiche der Deichverwaltung. § 26 ADR regelt den Wegfall der Deichfreiheit bestimmter Ländereien, die bisher keine Deichlast zu tragen hatten, obwohl sie „ ... *mit den übrigen Marschen vom Deich gleichen Schutz genießen ...*". Da der hauptsächliche Schutz immer durch den Seedeich gewährt wird, ist auch hier „*Deich*" mit „*Seedeich*" gleichzusetzen. Dies gilt auch für § 27 ADR. Dieser regelt die Entnahme von Erde zur Reparatur „*des Deiches*". Diese soll aus dem „ ... *vor dem Deiche belegenen Vorland ...* " entnommen werden. Da das Vorland das noch unbedeichte Land vor dem Seedeich ist,[560] kann „*Deich*" hier wiederum nur den Seedeich meinen.

§§ 28, 29 ADR behandeln die Einziehung der Deichlinie. Einziehung bedeutet, dass der Seedeich in Richtung des Landesinnern verlegt und das davor liegende, bisher eingedeichte Land dem Wasser preisgegeben wird, weil sich die bisherige Deichlinie nicht mehr gegen die Flut verteidigen lässt.[561] Auch hier ist begriffsnotwendig unter „*Deich*" der Seedeich zu verstehen. §§ 31, 32 ADR betreffen die Nothilfe, die zu leisten ist, wenn bei einer Sturmflut der Deich bricht. Rein theoretisch können zwar auch hinter einem Seedeich belegene Mitteldeiche brechen. Dies ist jedoch erst nach einem vorangegangenen Bruch des Seedeiches möglich. Bevor das einströmende Wasser dann den Mitteldeich erreicht und beschädigen kann, muss es sich zunächst über die gesamte Fläche des durch den gebrochenen Seedeich geschützten Kooges verteilen. Damit verliert es beträchtlich an Höhe und Kraft, so dass der Bruch eines Mitteldeiches durch eine Sturmflut nahezu undenkbar sein dürfte. Also ist auch hier mit „*Deich*" der Seedeich gemeint. § 33 ADR hat schließlich die Anlegung neuer „*Deiche*" zum Gegenstand. Dass diese ebenfalls als Seedeiche gebaut werden, versteht sich von selbst. § 34 ADR verwendet schließlich explizit den Begriff „*Mitteldeich*".

Die einzigen Normen, in denen die Gleichsetzung von „*Deich*" und „*Seedeich*" nicht zwingend erscheint, sind §§ 35 bis 37 ADR. § 35 ADR legt die in Deichangelegenheiten zu verwendende Maßeinheit fest. Diese Norm hat gemäß dem 2. Halbsatz eine Vereinheitlichung der Verhältnisse im Rahmen der Verteilung

---

559 Wortlaut im Anhang.

560 *Constabel*, § 19, S. 60; *Hagemann*, § 177, S. 312; *Kramer*, 5.1, S. 74.

561 *Beseler*, § 201, V., S. 919.

und Ausführung der Deicharbeiten zum Ziel. Es sollen Streitigkeiten zwischen den verschiedenen an der Deichunterhaltung beteiligten Parteien vermieden werden. Wie bereits dargelegt, regelt das *Allgemeine Deichreglement* in §§ 6 bis 25 ADR ausschließlich die Unterhaltung der Seedeiche. Also ist primär bei ihnen das vereinheitlichte Maß anzuwenden. Da Mitteldeiche im Eigentum des Kooges stehen, dessen ehemaliger unmittelbarer Seedeich sie waren, sind gravierende Unstimmigkeiten mit Außenstehenden im Gegensatz zu den von allen geschützten Kommunen zu unterhaltenden Seedeichen kaum denkbar. Außerdem kommt Mitteldeichen nicht derselbe hohe Schutzwert zu wie den Seedeichen, so dass ungeklärte Fälle und damit eventuell verbundene Vernachlässigungen einer Mitteldeichsstrecke bei weitem nicht so gefährlich sind wie bei Seedeichen. Es bleibt also festzuhalten, dass § 35 ADR zwingend nur auf Seedeiche anzuwenden ist.

§ 37 ADR verbietet schließlich das Fahren, Reiten und Viehweiden auf Deichen. Dies beeinträchtigt die Stabilität von See- und Mitteldeichen gleichermaßen. Zu bedenken ist jedoch, dass diese Regelung genauso oder in ähnlicher Formulierung bereits in den ältesten deichrechtlichen Gesetzen enthalten war. Diese wurden zu Zeiten erlassen, als es noch so gut wie keine Mitteldeiche gab. Somit waren diese älteren Normen nur auf Seedeiche bezogen. Deren inhaltliche Übernahme legt damit nahe, dass auch diese nur die genannten Nutzungen von Seedeichen vermeiden soll. Also beziehen sich §§ 35, 37 ADR ebenfalls zumindest in erster Linie auf Seedeiche. Dass dann ausgerechnet § 36 ADR als einzige Regelung unter denen mit der Bezeichnung „*Deich*" nicht allein das Bebauen von Seedeichen unterbinden soll, ist demnach aus systematischen Erwägungen nicht begründbar.

Nach alledem ist der Systematik des *Allgemeinen Deichreglements* zu entnehmen, dass der Begriff „*Deich*" stets mit „*Seedeich*" gleichzusetzen ist. Daraus folgt, dass § 36 ADR nur auf Seedeiche anzuwenden ist.

(cc) Sinn und Zweck des Allgemeinen Deichreglements

Die Zielsetzung des *Allgemeinen Deichreglements* ist in der Einleitung folgendermaßen beschrieben:

> „*... Da diese Grundsätze und Regeln ... die Sicherheit der sämmtlichen Marschen und ihrer Bewohner, imgleichen die Erhaltung ihres Eigenthums und Credits zum Zweck haben, so müssen dieselben allgemein zur Anwendung kommen. ... Es ist vielmehr Unser ernstlicher Wille und Befehl, daß diese Vorschriften ohne alle Rücksicht auf besondere Vergünstigungen und vermeyntliche Vorrechte überall in den Marschen, mithin auch in den octryirten Koegen, so wie in den adelichen Marschdistrikten, ohne Unterschied der Jurisdiction und sonstigen bürgerlichen Verhältnissen, ... Statt finden soll. ...*"

Hiermit vergleichbare Aussagen enthalten §§ 31 lit. a, 32 ADR.[562] Einziges Ziel des *Allgemeinen Deichreglements* ist es also, die Bewohner der Marschen möglichst effektiv vor den oft schwerwiegenden durch die Nordsee verursachten Schäden zu schützen.[563] In erster Linie sollte dies durch eine möglichst einheitlich strukturierte Verwaltung des Deichwesens unter staatlicher Aufsicht erreicht werden.[564] Eine gemeinsame Deichunterhaltung nach einheitlichen Grundsätzen und Regeln gewährleistet nämlich den besten Schutz. Für einen wirksamen Hochwasserschutz sind vor allem gut unterhaltene Seedeiche von Bedeutung. Mitteldeiche stellen zwar für den Fall eines Deichbruchs eine sinnvolle ergänzende Sicherung für das Hinterland dar und sind demzufolge auch schutzwürdig, sind aber bei weitem nicht so elementar wie Seedeiche. Außerdem verliert der einzelne Mitteldeich deutlich an Wichtigkeit, je weiter er in den Deichlinien nach hinten rückt. Letztlich haben nur die Mitteldeiche der zweiten Deichlinie eine wesentliche Schutzfunktion. Selbst wenn die zweite Deichlinie brechen sollte, ist es äußerst unwahrscheinlich, dass noch so viel Wasser durch die weiter im Landesinneren gelegenen Köge strömt, dass es für die weiter zurück liegenden Landstriche noch eine ernsthafte Gefahr darstellen könnte.

Demnach müsste nur ein kleiner Teil der vorhandenen Mitteldeiche nach dem Sinn und Zweck des *Allgemeinen Deichreglements* von diesem erfasst werden. Eine Differenzierung nach Lage des Deiches in der Deichlinie nimmt das Reglement jedoch nicht vor. Eine solche wäre aber wegen der völlig unterschiedlichen Schutzwirkungen der einzelnen Deichlinien erforderlich gewesen. Daher ist davon auszugehen, dass Mitteldeiche nach dem Sinn und Zweck des *Allgemeinen Deichreglements* nur dann unter eine Norm fallen sollen, wenn sie in dieser ausdrücklich genannt werden. Das ist bei § 36 ADR nicht der Fall. Also lässt sich auch aus dem Sinn und Zweck des *Allgemeinen Deichreglements* nicht folgern, dass § 36 ADR auf Mitteldeiche anzuwenden ist.

(d) Zusammenfassung

In Praxis und Literatur existiert demnach eine erhebliche Bandbreite unterschiedlicher Sichtweisen. Die Annahme, § 36 ADR könne auch für Mitteldeiche gelten, lässt sich jedenfalls durch den Wortlaut des Begriffs „*Deich*" stützen. Aus der Systematik und des Sinn und Zwecks des *Allgemeinen Deichreglements* folgt dagegen, dass § 36 ADR sich nur auf Seedeiche bezieht. Der Wortlaut stellt insbesondere bei Mehrdeutigkeit des fraglichen Begriffs jedoch nur die äußerste Grenze der Auslegung dar.[565] „*Seedeich*" wird als speziellerer Begriff von „*Deich*" er-

562 Wortlaut im Anhang.
563 So auch *Grube*, § 8, S. 49.
564 **LAS**, ***Abt. 320.4***, Nr. 1579;
Kramer, 8.2, S. 202 f.; *Kunz/Panten*, S. 7; *Schröder*, Vorbericht, S. 4.
565 *Larenz*, Methodenlehre, Kapitel 4, 2., f., S. 343 ff.

fasst. Also widerspricht der Wortlaut des § 36 ADR nicht einer auf Seedeiche begrenzten Anwendung. Im Ergebnis ist demnach festzuhalten, dass § 36 ADR lediglich ein Bebauungsverbot von Seedeichen, nicht aber von Mitteldeichen enthält. Die weitere Neueinräumung von Deichstavengerechtigkeiten an Mitteldeichen war nach alledem auch nach In-Kraft-Treten des *Allgemeinen Deichreglements* zulässig.

(2) Entwicklung der Genehmigungspraxis bei Neu-, An- und Wiederaufbauten

Neben der nach 1803 fortgesetzten Einräumung neuer Deichstavengerechtigkeiten liegt ein weiterer Grund für den dauerhaften Fortbestand der schon bestehenden Deichshäuser und der für diese gewährten Stavenrechte in der sich wandelnden Genehmigungspraxis bei Neu-, An- und Wiederaufbauten dieser Häuser.

In den ersten Jahrhunderten war die Gültigkeit der Deichstavengerechtigkeiten untrennbar an die Existenz des auf dem jeweiligen Grundstück stehenden Hauses geknüpft. Die Gerechtigkeit erlosch vollkommen unabhängig vom jeweiligen Grund für den Wegfall des Gebäudes.[566] Diese zeitliche Begrenzung erfuhr mit der Zeit immer weiter gehende Lockerungen, indem der Wiederaufbau in bestimmten Fällen auch ohne Neueinräumung einer Stavengerechtigkeit zugelassen wurde. Aus den Christian-Albrechts-Kögen ist beispielsweise aus dem Jahr 1849 ein Fall dokumentiert, in dem ein Stavenrechtsinhaber sein unverschuldet abgebranntes Haus ohne Wiedereinräumung der Deichstavengerechtigkeit neu aufbauen durfte.[567] Dieses Vorgehen hatte sich schließlich bis 1897 im gesamten Bezirk der Deichgrafschaft Tondern für abgebrannte Häuser als üblich eingebürgert.[568]

Zeitweise nahmen die Staveninhaber in einigen Gegenden auch ganz ohne vorherige Genehmigung Abrisse und Neubauten auf ihren Grundstücken vor. Dies dokumentiert insbesondere eine 1871 geführte Auseinandersetzung um einen Neubau auf einem Mitteldeichsstaven im Wiedingharder Gotteskoog. Der damalige Deichgraf des Ersten Schleswigschen Deichbands *Todsen* stellt in diesem Zusammenhang fest, dass im Deichbandsarchiv keine Dokumente über in den vergangenen 50 Jahren beantragte Baugenehmigungen enthalten seien, obwohl „*unzweifelhaft viele Bauten*" aus diesem Zeitraum stammten.[569] Im Gegensatz sind von der Halbinsel Eiderstedt aus derselben Periode noch viele Bauanträge erhalten.[570]

---

[566] Siehe 2. Teil, B. V. 1. b), S. 61 ff.

[567] **KANF**, ***Abt. F 5***, Nr. 369.

[568] **KANF**, ***Abt. F 4***, Nr. 585.

[569] **LAS**, ***Abt. 320.21***, Nr. 1329.

[570] Vgl. **KANF**, ***Abt. F 7***, Nr. A2 Db 110.

Mit der Verfügung vom 18. August 1898 schrieb der Regierungspräsident der Provinz Schleswig-Holstein die Voraussetzungen fest, unter denen Neu-, An- und Wiederaufbauten auf Stavengrundstücken generell zulässig sein sollten.[571] Wegen des Widerspruchs zwischen der darin enthaltenen Bezugnahme auf den nur auf Seedeiche anzuwendenden § 36 ADR[572] einerseits und der bis zum Erlass der Verfügung einheitlich an See- und Mitteldeichen geübten Praxis andererseits[573] ist die Reichweite dieser Verfügung unklar. Auf die Beurteilung von Veränderungen an Bauten auf Seedeichen war sie zwingend anzuwenden. Darüber hinaus wurde sie teilweise auch direkt auf Bauten auf Mitteldeichen angewendet.[574] In dieser Hinsicht konnte sie jedoch allenfalls als Vergleichsmaßstab gelten. Insbesondere wäre der Deichsicherheit ein deutlich geringerer Stellenwert zuzumessen gewesen. Am 8. Juni 1904 bestätigte das Regierungspräsidium die Genehmigungspraxis nochmals durch eine weitere Verfügung.[575] Gemäß Nr. 2 der allgemeinen Grundsätze durfte die Genehmigung für Wiederaufbauten nur noch unter sehr engen Voraussetzungen verweigert werden.

c) *Besondere Deichreglements gemäß § 6 ADR und deren Nachfolgeregelungen*

Die gemäß § 6 ADR im März und April 1805 erlassenen Besonderen Deichreglements des Ersten, Zweiten und Dritten Schleswigschen Deichbands beinhalten Regelungen über die Organisation der Deichverwaltung und -unterhaltung, aber keine Bestimmungen über die Nutzung von Deichen. Das Nachfolgestatut des Zweiten Schleswigschen Deichbands vom 20. Februar 1878[576] ordnet in § 14 für alle Veränderungen *„an und auf den Mitteldeichen“* einen Genehmigungsvorbehalt zu Gunsten des Deichamts an. Den gleichen Vorbehalt, allerdings zu Gunsten des Regierungspräsidenten, folgt aus § 16 Absatz 2 des Statuts des Ersten Schleswigschen Deichbands vom 1. Mai 1908.[577] Diese Regelung hat jedoch allenfalls zu einer Einschränkung der Bautätigkeit an Mitteldeich geführt, sie aber nicht vollständig unterbunden. Des weiteren enthält § 13 lit. a des Statuts des Zweiten Schleswigschen Deichbands vom 20. Februar 1878 das Verbot *„auf den Deichen ... Gebäude aufzuführen“*. Da § 3 des Statuts festlegt, dass dem Deichband die Unterhaltung der Seedeiche obliegt, bezieht sich dieses Verbot nur auf See-, nicht aber auf Mitteldeiche. Die Deichstavengerechtigkeiten an Mitteldeichen wurde durch § 13 lit. a also nicht beeinträchtigt. § 14 des Statuts des Ersten Schles-

---

571 *Schröder*, S. 46 ff.
572 Siehe 2. Teil, C. I. 2. b) (1), S. 85 ff.
573 Vgl. **KANF**, ***Abt. F 4***, Nr. 585; ***Abt. F 5***, Nr. 369.
574 **LAS**, ***Abt. 309***, Nr. 19784.
575 *Schröder*, S. 49 ff.
576 **AmtsBl. 1878**, S. 97 ff.
577 **AmtsBl. 1908**, S. 284 ff.

wigschen Deichbands vom 1. Mai 1908 enthält zwar bestimmte Nutzungsverbote, untersagt aber nicht das Bebauen von Deichen.

d) Zusammenfassung

Die im Zuge der Neuregelung des Deichwesens zu Beginn des 19. Jahrhunderts erlassenen Gesetze, Verfügungen und Statute haben den Bestand der Deichstavengerechtigkeiten an Mitteldeichen nicht beeinträchtigt. Aufgrund der Beschränkung des § 36 ADR war nur eine Einräumung an Seedeichen nicht mehr zulässig.

3. Änderungen der Gesetzeslage unter preußischer Regierung

a) Das „Gesetz über das Deichwesen“ *vom 28. Januar 1848 und seine Anwendung in Schleswig-Holstein*

§ 24 *„Gesetzes über das Deichwesen“* vom 28. Januar 1848 räumte den Provinzregierungen die Erlaubnis ein, alle die Deiche schwächenden Nutzungen einzuschränken oder zu untersagen.[578] Bauten auf Deichen können solche schwächenden Nutzungen darstellen. Da das *„Gesetz über das Deichwesen“* vom 28. Januar 1848 gemäß Artikel II, III des Ausdehnungsgesetzes vom 11. April 1872 in den Marschdistrikten jedoch grundsätzlich nicht zur Anwendung kam und § 24 des *„Gesetzes über das Deichwesen“* auch nicht unter die in Artikel IV bis VIII des Ausdehnungsgesetzes genannten anzuwendenden Vorschriften fällt,[579] konnte dieser für die Beurteilung der Zulässigkeit des Bebauens von Deichen jedoch nicht herangezogen werden. In materieller Hinsicht behielt insofern das *Allgemeine Deichreglement* Gültigkeit.[580] Damit blieben auch die älteren Rechte, die nicht durch das *Allgemeine Deichreglement* außer Kraft gesetzt worden waren, bestehen.[581] Das Bebauen von Mitteldeichen war also weiterhin zulässig. Damit blieb auch die Deichstavengerechtigkeit wirksam; neue Rechte konnten ebenfalls weiterhin eingeräumt werden.

b) Das Gesetz zur Verhütung von Hochwassergefahren *vom 16. August 1905*

Das *Gesetz zur Verhütung von Hochwassergefahren* vom 16. August 1905 war weder in den schleswig-holsteinischen Marschen anwendbar (vgl. § 13 des *Geset-*

---

578 Wortlaut im Anhang.

579 Siehe 1. Teil, B. I. 2. c), S. 30 ff.

580 **KANF**, ***Abt. F 4***, Nr. 557;
LAS, ***Abt. 170***, Nr. 85; ***Abt. 309***, Nr. 23149; ***Abt. 320.4***, Nr. 1579;
Schröder, S. 37; Stengel/Fleischmann - *Hermes/Holtz*, „Deichwesen“, § 1, II., S. 550.

581 *Bochalli*, Wassergenossenschafts- und Deichrecht, 2. Teil, § 1, S. 100.

zes zur Verhütung von Hochwassergefahren) noch enthielt es Bestimmungen über die Zulässigkeit von Bauwerken auf Deichen.

c) *Das Preußische Wassergesetz vom 7. April 1913*

§ 307 Absatz 2 PrWG beinhaltet ein Verbot aller die Widerstandskraft des Deiches schwächenden Nutzungen. Diese Norm war jedoch gemäß § 323 PrWG in den schleswig-holsteinischen Marschen nicht anwendbar. Da es gemäß §§ 323 Absatz 1 Nr. 1, 324 PrWG im Übrigen beim bisher geltenden Recht unter Einschluss aller Gewohnheitsrechte bleiben sollte und die weiteren, auch in der Provinz Schleswig-Holstein anwendbaren Normen des PrWG keine Regelungen über die Nutzung von Deichen enthalten, wurde das Stavenrecht auch durch das PrWG nicht in seiner Gültigkeit berührt.

4. Die Planungen zu einem Reichswassergesetz in den 1930er Jahren

Im Zuge der nationalsozialistischen Gleichschaltung wurde auch die Vereinheitlichung des gesamten Deich- und Wasserwesens betrieben. Ein neues Deichgesetz sah die Deichverwaltung jedoch nicht für erforderlich an. Dies belegen mehrere Stellungnahmen der nordfriesischen Landräte auf eine entsprechende Anfrage des Regierungspräsidiums aus dem Jahr 1934.[582] Aus einer Stellungnahme des Deichgrafen *Melfsen* von 1932 geht des weiteren hervor, dass von Seiten der Deichgrafschaft Tondern keine Einwände gegen die Beibehaltung der Deichstavengerechtigkeit bestanden.[583]

Das *Wasserverbandsgesetz* vom 10. Februar 1937 und die Erste WVVO vom 3. September 1937 regeln nur die äußere Organisation der Deichverwaltung. Die übrigen Teilbereiche des Deichrechts werden von ihnen nicht erfasst. Der Entwurf des Reichswassergesetzes von 1940 wurde nicht umgesetzt. Für alle vorhandenen Nutzungen der Deiche galten damit die bestehenden Regelungen fort; die Deichstavengerechtigkeit blieb weiterhin wirksam.

5. Die Gesetzgebung nach 1945

Erst das LWG von 25. Februar 1960 bedeutete für das Deichrecht in Schleswig-Holstein eine umfassende Neuregelung.[584] Gemäß § 64 Absatz 2 Nr. 1 bis 4 i.V.m. § 70 Absatz 1 Satz 2 Nr. 4 LWG ist seitdem die Errichtung jeglicher Art von Anlagen auf See- und Mitteldeichen der zweiten Deichlinie sowie deren wesentliche Veränderung verboten. Gemäß § 80 Absatz 1 Nr. 1 LWG dürfen an

---

582 **LAS**, ***Abt. 320.4***, Nr. 1584.
583 **KANF**, ***Abt. F 4***, Nr. 539.
584 Vgl. 1. Teil, B. 2. d., S. 15.

Landesschutzdeichen sogar bis zu einer Entfernung von 50 m landwärts vom Fuß der Innenböschung keine baulichen Anlagen errichtet oder wesentlich verändert werden. Daraus ergibt sich für vorhandene Anlagen, dass sie so lange bestehen bleiben dürfen, wie sie nicht wesentlich verändert werden. Da Mitteldeiche der dritten Deichlinie vom LWG nicht erfasst werden, dürfen dort bauliche Anlagen im Rahmen der sonst geltenden Vorschriften des öffentlichen Baurechts auch weiterhin wesentlich verändert werden.

II. Zivilrechtliche Gesetzesänderungen

Neben den aufgeführten deichrechtlichen Aspekten weist die Deichstavengerechtigkeit verschiedene allgemein zivilrechtliche Komponenten auf. Dies ergibt sich daraus, dass es sich bei ihr um ein vom Grundstückseigentum getrenntes Nutzungsrecht an Grundstücken handelt.

1. Die preußischen Gesetze über das Grundeigentum vom 5. Mai 1872 und ihre Anwendung in der Provinz Schleswig-Holstein: Grundbucheintragung und Anlegung eigenständiger Grundbücher für Deichstavengerechtigkeiten

a) Einführung der Gesetze in Schleswig-Holstein

Das *„Gesetz über den Eigentumserwerb und die dingliche Belastung der Grundstücke, Bergwerke und selbständigen Gerechtigkeiten“*[585] (EigG) und die *preußische Grundbuchordnung*[586] (PrGBO) vom 5. Mai 1872 wurden erlassen, um die bis dahin bestehende Uneinheitlichkeit und die fehlende Flexibilität im Grundbuchwesen der verschiedenen preußischen Provinzen zu beseitigen.[587] Sie galten zunächst nur in den Landesteilen, in denen das *Allgemeine Landrecht* und die *Hypothekenordnung* von 1783 anwendbar waren.[588] § 1 des *„Gesetzes über das Grundbuchwesen und die Verpfändung von Seeschiffen in der Provinz Schleswig-Holstein“* (shGBG) vom 27. Mai 1873[589] führte das EigG und die PrGBO auch in

[585] **GS 1872**, S. 433 ff.
[586] **GS 1872**, S. 446 ff.
[587] *Achilles/Strecker*, Einleitung, II., 4., b., 2., S. 18; *Dernburg*, Preußisches Privatrecht, § 192, S. 440; *Förster*, Einleitung, S. 4; *Kähler*, § 25, II., 1., S. 195; *Schwartz*, Einleitung, § 4, S. 48 ff.; *Seestern-Pauly*, 1. Teil, Vorwort, S. III; *Turnau*, Einleitung, 4., S. 9 ff.; *Turnau/Förster*, Vorbemerkung und Ergänzungen, V., 2., S. 7; *Willenbücher*, PrGBO, Einleitung, A., S. 1 f.
[588] Vgl. Einleitung der beiden Gesetze, **GS 1872**, S. 433, 446; laut *Willenbücher*, PrGBO, Einleitung, B., S. 4, waren dies die Provinzen Brandenburg, Pommern ohne Neuvorpommern und Rügen, Preußen, Schlesien, Posen, Sachsen, Westphalen und in der Rheinprovinz die Kreise Essen, Rees und Duisburg.
[589] **GS 1873**, S. 241 ff.; geändert durch Änderungsgesetz vom 31. Januar 1879, **GS 1879**, S. 12 ff.

der Provinz Schleswig-Holstein ein. Außerdem enthält das shGBG Einzelheiten über die Durchführung der Neuanlage der Grundbücher. Bis zu diesem Zeitpunkt waren in Schleswig-Holstein sogenannte Schuld- und Pfandprotokolle geführt worden.[590] In diesen wurden nicht die Grundstücke selbst, sondern nur die an ihnen bestellten Pfandrechte, vor allem Hypotheken, verzeichnet.[591] Über Deichstavengerechtigkeiten wurden in diesen Protokollen keine eigenständigen Register geführt. Auch sonst gab es nur vereinzelt spezielle, eigenständig geführte Stavenregister.[592]

b) Gesetzeslage

(1) Eintragung dinglicher Rechte in die II. Abteilung der Grundbücher

Gemäß § 11 Nr. 1 PrGBO waren die auf einem Grundstück lastenden Gerechtigkeiten in die II. Abteilung des Grundbuchblatts des belasteten Grundstücks einzutragen. Die Anmeldung dinglicher Rechte zur Eintragung in die neuen Grundbuchblätter war gemäß §§ 5, 6 shGBG in Schleswig-Holstein vom jeweiligen Grundstückseigentümer vorzunehmen. Der Berechtigte war gemäß § 6 Nr. 4 Satz 2 shGBG davon zu unterrichten. Gemäß § 12 shGBG war darüber hinaus auch die Anmeldung dinglicher Rechte durch den Berechtigten zulässig. Die Eintragung dinglicher Rechte in bereits bestehende Grundbuchblätter erfolgte gemäß § 13 Absatz 1 EigG ebenfalls auf Antrag des Eigentümers. Gemäß § 13 Absatz 2 EigG war daneben ein Antrag des Berechtigten ausreichend, sofern dieser eine durch den Grundstückseigentümer ausgestellte Bewilligungsurkunde beibringen konnte.

Gemäß § 12 Absatz 1 EigG waren dingliche Rechte nur nach ihrer Grundbucheintragung Dritten gegenüber wirksam. Diese Vorschrift betraf allerdings ausschließlich diese Wirksamkeit gegenüber Dritten, nicht aber deren Begründung, Belastung oder sonstige Aspekte im Verhältnis zwischen dem Grundstückseigentümer und dem Berechtigten. Letzteres beurteilte sich weiterhin nach den bisher geltenden Regeln.[593] Darüber hinaus war § 12 EigG mangels rückwirkender Kraft

[590] *Esmarch*, Bürgerliches Recht, § 71, S. 174; *Kähler*, § 25, I., S. 191; *Paulsen*, § 75, S. 120 f.; *Seestern-Pauly*, 2. Teil, § 23, S. 231 ff.

[591] *Esmarch*, Bürgerliches Recht, § 71, S. 174; *Kähler*, § 25, I., B., 1., S. 194; *Paulsen*, § 77, S. 125 f.; *Seestern-Pauly*, 2. Teil, § 23, S. 231.

[592] So jedenfalls im Kornkoog, **LAS**, ***Abt. 161***, Nr. 1743; 1744.

[593] *Achilles/Strecker*, § 12 Absatz 1 EigG, Anm. 2; *Dernburg*, Preußischen Privatrecht, § 275, 1., S. 679 f.; *Dernburg/Hinrichs*, § 31, 2., S. 418; *Förster*, 3. Kapitel, § 2, I., S. 109; *Förster/Eccius*, § 184, S. 342; *Schwartz*, § 12 EigG, Anm. H, 6.; *Turnau*, § 12 EigG, Anm. 1; *Willenbücher*, PrGBO, § 12 EigG, Anm. 1.

des EigG nur auf dingliche Rechte anzuwenden, die nach dem In-Kraft-Treten des Gesetzes neu begründet wurden.[594]

Für schon bestehende dingliche Rechte bestimmte § 73 PrGBO, dass die Wirksamkeit gegenüber Dritten erst entfiel, wenn sie nicht bis zum 1. Oktober 1873 in das Grundbuch eingetragen worden waren. Gemäß § 1 shGBG galt § 73 PrGBO zwar nicht in Schleswig-Holstein. Dieselbe Wirkung wurde aber durch §§ 12, 13 shGBG erreicht.[595] Inhaber dinglicher Rechte mussten ihre Ansprüche innerhalb eines Jahres nach Fertigstellung der Grundbücher[596] zur Eintragung anmelden, soweit dies nicht schon die Grundstückseigentümer erledigt hatten. Anderenfalls verloren diese Rechte ebenfalls ihre Wirksamkeit gegenüber Dritten.

(2) Anlegung eigener Grundbuchblätter für selbständige Gerechtigkeiten

Gemäß § 69 EigG galten für selbständige Gerechtigkeiten, für die bereits ein Grundbuchblatt eingerichtet worden war, hinsichtlich Veräußerung und Belastung die Vorschriften des EigG. Diese Norm bestimmte nur, dass eigene Grundbuchblätter für selbständige Gerechtigkeiten zulässig seien, ohne allerdings die Eintragungsvoraussetzungen festzulegen.[597] Zur Klärung dieser Frage war stattdessen § 3 PrGBO heranzuziehen.[598] Zunächst war zwar umstritten, ob sich aus dieser Norm herleiten ließ, dass auch noch nach In-Kraft-Treten der PrGBO und des EigG neue Grundbuchblätter erstellt werden dürften.[599] Insbesondere wegen der Motive zu § 3 PrGBO[600] und des Wortlautes von § 42 shGBG wurde aber schließlich auch die nachträgliche Anlage von Grundbuchblättern für selbständige Gerechtigkeiten ganz überwiegend für zulässig gehalten.[601] Als selbständige Ge-

---

594 *Achilles/Strecker*, § 73 PrGBO, Anm. 3; *Dernburg*, Preußischen Privatrecht, § 275, 2., c., S. 682; *Dernburg/Hinrichs*, § 31, 2., d., S. 425; *Förster/Eccius*, § 184, S. 343; *Schwartz*, § 12 EigG, Anm. H, 8.; *Turnau*, § 73 PrGBO, Anm. 2; *Willenbücher*, PrGBO, § 73 PrGBO, Einleitung.

595 Vgl. *Seestern-Pauly*, 1. Teil, § 12 shGBG, Anm. 3. b. und 4.

596 Vgl. § 14 shGBG zur Festsetzung des Zeitpunkts, ab dem diese Frist laufen sollte.

597 *Achilles/Strecker*, § 69 EigG; *Turnau*, § 69 EigG, Anm. 1; *Willenbücher*, PrGBO, § 69 EigG.

598 *Achilles/Strecker*, § 69 EigG; *Dies.*, § 3 PrGBO, Anm. 3; *Turnau*, § 3 PrGBO, Anm. 3; *Willenbücher*, PrGBO, § 69 EigG.

599 Vgl. *Achilles/Strecker*, § 3 PrGBO, Anm. 2; *Schwartz*, § 3 PrGBO, Anm. C 3; *Turnau*, § 3 PrGBO, Anm. 3; *Turnau/Förster*, 4. Abschnitt, II., 2., b., S. 546.

600 Es empfehle sich nicht, ein allgemeines Verbot der Anlage von Grundbuchblättern für selbständige Gerechtigkeiten zu erlassen, „*um nicht einem etwa hervortretenden Bedürfnis die Befriedigung zu entziehen*." (abgedruckt bei *Achilles/Strecker*, § 3 PrGBO, Anm. 2, und bei *Turnau*, § 3 PrGBO, Anm. 3).

601 *Achilles/Strecker*, § 3 PrGBO, Anm. 2; *Dernburg*, Preußischen Privatrecht, § 193, 3., c., Fn. 14, S. 445; *Dernburg/Hinrichs*, § 16, 2., Fn. 5, S. 152; *Schwartz*, § 3 PrGBO, Anm. C 3; *Turnau*, § 3 PrGBO, Anm. 3; *Turnau/Förster*, 4. Abschnitt, II., 2., b., S. 546; *Willenbücher*, PrGBO, § 3 PrGBO, Anm. 4;
aA *Förster*, 1. Kapitel, § 1, S. 34.

rechtigkeiten galten alle dinglichen Rechte, die unabhängig vom Besitz eines Grundstücks ausgeübt werden konnten, die auf Dauer bestanden und vererblich und veräußerlich waren.[602] Es war sehr umstritten, ob die superficies diese Voraussetzungen erfüllte.[603]

c) Einstufung der Deichstavengerechtigkeit als selbständige dingliche Gerechtigkeit: Das Reskript des Appellationsgerichts Kiel vom 6. September 1879

Die Deichstavengerechtigkeit wurde allgemein als dingliches Recht eingestuft.[604] Damit konnte sie gemäß § 11 PrGBO in die II. Abteilung der Grundbuchblätter der Deichgrundstücke eingetragen werden. Den Antrag dazu stellten in der Regel durch die Deichgrafen als gesetzliche Vertreter der jeweiligen Deichverbände.[605] Da der größte Teil der Deichstavengerechtigkeiten vor 1873 bestellt worden war, waren diese nicht von der Beschränkung der dinglichen Wirkung gegenüber Dritten gemäß § 12 EigG, sondern von derjenigen aus §§ 12, 13 shGBG betroffen. Zwar galt derjenige, der ein dingliches Recht eingeräumt hat, gegenüber dem Berechtigten nicht als Dritter.[606] Dadurch behielten die Deichstavengerechtigkeiten jedenfalls im Verhältnis des jeweiligen Berechtigten zum Deichverband ihre Wirksamkeit. Nicht eingetragene dingliche Rechte verloren aber gemäß §§ 27, 28 shGBG ihre Übertragbarkeit und gemäß §§ 12, 13 shGBG ihre Belastbarkeit.

---

602 RGZ 57, 32 (34);
Achilles/Strecker, Einleitung 4. Abschnitt EigG, Anm. 2; *Dernburg*, Preußischen Privatrecht, § 193, 3., c., S. 445; *Dernburg/Hinrichs*, § 16, 2., S. 152; *Förster/Eccius*, § 198, S. 552; *Oberneck*, § 86, 2., S. 631 f.; *Schwartz*, § 69 EigG, Anm. B 1; *Turnau*, § 3 PrGBO, Anm. 4; *Willenbücher*, PrGBO, § 3 PrGBO, Anm. 2.

603 Dafür: *Dernburg*, Preußischen Privatrecht, § 289, 3., S. 714; *Dernburg/Hinrichs*, § 16, 2., S. 155 ff.; *Otto Gierke*, § 141, IV., S. 618.
dagegen: *Achilles/Strecker*, Einleitung 4. Abschnitt EigG, Anm. 2; *Förster/Eccius*, § 185, S. 358 ff.; *Schwartz*, § 69 EigG, Anm. B 1; *Turnau*, § 3 PrGBO, Anm. 4;
vgl. im Übrigen *Schiwek*, 7. Abschnitt, IX., S. 147.

604 **KANF**, ***Abt. F 4***, Nr. 585; 593; ***Abt. F 5***, Nr. 404; **LAS**, ***Abt. 320.4***, Nr. 1573; ***Abt. 320.21***, Nr. 1329;
Block, SchlHA1913, S. 258; *Staehly*, S. 56;
So auch OLG Kiel, Beschluss vom 17. November 1949 (Az.: 2 W 461/49), Wortlaut im Anhang;
aA, aber unzutreffend und unter Verkennung der Rechtslage AG St. Peter in **LAS**, ***Abt. 320.4***, Nr. 1581.

605 Vgl. **KANF**, ***Abt. F 4***, Nr. 341; 451; 585; 587; 589; 590-593; 788; 809; 810; 890; ***Abt. F 5***, Nr. 404.

606 *Achilles/Strecker*, § 12 Absatz 1 EigG, Anm. 3., c.; *Dies.*, § 73 PrGBO, Anm. 3; *Dernburg*, Preußischen Privatrecht, § 275, 2., S. 681; *Dernburg/Hinrichs*, § 31, 2., d., S. 425; *Förster/Eccius*, § 184, S. 344; *Schwartz.*, § 73 PrGBO, Anm. D 2; *Turnau*, § 12 EigG, Anm. 9; *Willenbücher*, PrGBO, § 12 EigG, Anm. 3; siehe auch *Schwartz*, § 12 EigG, Anm. H 41-45.

Damit büßten die Rechte ihre Verkehrsfähigkeit ein und wurden mit dem Tod des Rechtsinhabers wirkungslos. Dies konnte allein durch die Eintragung der Deichstavengerechtigkeiten in die Grundbücher verhindert werden. Die Eintragungen der Deichstavengerechtigkeiten in die II. Abteilung der Grundbuchblätter der Deichgrundstücke wurden ab Anfang der 1880er Jahre vorgenommen.[607]

Ob Deichstavengerechtigkeiten den über die Dinglichkeit hinausgehenden Charakter einer selbständigen Gerechtigkeit aufwiesen, war umstritten. Letztlich wurde sie nahezu einheitlich als superficies qualifiziert.[608] Dieser Ansicht folgend entschied das Appellationsgericht Kiel durch Reskript vom 6. September 1879,[609] dass es sich bei Deichstavengerechtigkeiten um selbständige Gerechtigkeiten im Sinne der PrGBO handele und demnach eigene Grundbuchblätter für diese angelegt werden dürften. Voraussetzung für die Anlage eigener Grundbuchblätter sei lediglich, dass ihr Bestand nicht auf die Lebenszeit des Staveninhabers begrenzt sei.[610] In den Christian-Albrechts-Ќögen und im Dagebüller Koog, in denen der übliche Stavenbrief eine solche Begrenzung vorsah, änderte man daraufhin die Stavenbriefe entsprechend und stellte diese Neufassung auf die Namen der damaligen Staveninhaber aus.[611] In den übrigen Kögen war das Stavenrecht nicht auf Lebenszeit des Inhabers begrenzt. Daher waren dort die Voraussetzungen für die Anlage eigener Grundbuchblätter von vornherein gegeben. In der Folge der Entscheidung des Appellationsgerichts Kiel vom 6. September 1879 trugen die Grundbuchämter die Deichstavengerechtigkeiten als dingliche Belastungen der Deichgrundstücke in die II. Abteilung der Grundbücher ein. Außerdem wurde in sogenannten Stavengrundbüchern zusammengefasste selbstständige Grundbuchblätter für die Stavenrechte eingerichtet. Auf diese Weise erlangten die bestehenden Deichstavengerechtigkeiten eine im Grundbuch umfassend abgesicherte Rechtsposition.

---

607 Vgl. **KANF**, ***Abt. F 4***, Nr. 341; 451; 585; 587; 589; 590-593; 788; 809; 810; 890; ***Abt. F 5***, Nr. 404.

608 So auch **KANF**, ***Abt. F 4***, Nr. 585; ***Abt. F 5***, Nr. 404;
Block, SchlHA1913, S. 258; *Staehly*, S. 56;
aA bezüglich des wohl vergleichbaren Nordstrander Stätterechts *Johannsen*, § 5, 1., S. 31, Fn. 6.

609 Nicht veröffentlicht; (auszugsweise) zitiert in **KANF**, ***Abt. F4***, Nr. 585 und 593; ***Abt. F 5***, Nr. 404; ***Abt. F 12***, Nr. 65; 261.

610 **KANF**, ***Abt. F 4***, Nr. 585; 593; ***Abt. F 5***, Nr. 404; ***Abt. F 12***, Nr. 65, 261.

611 **KANF**, ***Abt. F 5***, Nr. 404; ***Abt. F 12***, Nr. 65, 261;
Melfsen, Band 3, Kapitel 12, S. 139.

2. Die Zivilgesetzgebung des Deutschen Reichs und ihre Fortentwicklung bis heute

a) Die Einführung des Bürgerlichen Gesetzbuches vom 16. August 1896

Das In-Kraft-Treten des Bürgerlichen Gesetzbuches (BGB) am 1. Januar 1900[612] führte dazu, dass alle Rechtsverhältnisse, für die es keine besonderen Überleitungsvorschriften gab, ab diesem Zeitpunkt dem Recht des BGB unterfielen.[613] Je nachdem, ob für die Deichstavengerechtigkeit eine besondere Überleitungsvorschrift gilt und welche Rechtsfolgen diese anordnet, bliebe für sie entweder das bisherige Recht im vollen Umfang bestehen, oder es wären alle oder jedenfalls einzelne Vorschriften des BGB auf sie anwendbar. Es wäre sogar denkbar, dass die Einführung des BGB dazu geführt hat, dass alle bestehenden Deichstavengerechtigkeiten ab dem 1. Januar 1900 als gegenstandslos anzusehen sind. Als Überleitungsvorschrift kommen vor allem der landesgesetzliche Vorbehalt der Artikel 55, 66 EGBGB oder eine der speziellen Überleitungsvorschriften der Artikel 153 bis 218 EGBGB in Betracht.

(1) Die landesgesetzlichen Vorbehalte des 3. Teils des Einführungsgesetzes zum BGB (EGBGB)

(a) Vorraussetzungen des Artikel 55 EGBGB

Artikel 55 EGBGB setzte alle privatrechtlichen Vorschriften der Landesrechte außer Kraft, soweit das BGB oder das EGBGB nicht ausdrücklich deren Fortbestehen anordnete. Damit ist zunächst festzustellen, ob es sich bei der Deichstavengerechtigkeit um Landesprivatrecht im Sinne von Artikel 55 EGBGB handelt. Diese Sperrklausel betrifft alle Gesetze, die zum Zeitpunkt des Inkrafttretens des BGB als Privatrecht zu qualifizieren waren,[614] auch wenn sie in einem überwiegend öffentlichrechtlichen Gesetz enthalten waren.[615] Als öffentlichrechtlich ist eine Norm einzustufen, wenn sie einen Träger hoheitlicher Gewalt als solchen berechtigt oder verpflichtet.[616] Unter das Privatrecht sind dagegen alle Rechtssätze zu fassen, die für jedermann gelten.[617] Die Deichstavengerechtigkeit kommt durch

---

612 Art. 1 EGBGB.

613 *Enneccerus/Nipperdey*, § 61, I., S. 219; *Planck*, Art. 1 EGBGB, Anm. 4.

614 BVerfGE 7, 342 (351); Palandt[55] - *Heinrichs*, Art. 55 EGBGB, Rn. 1; Soergel - *Hartmann*, Art. 55 EGBGB, Rn. 2; Staudinger[13] - *Merten*, Vorbem Art. 55 EGBGB, Rn. 18 und Art. 55 EGBGB, Rn. 6.

615 Palandt[55] - *Heinrichs*, Art. 55 EGBGB, Rn. 1; Staudinger[13] - *Merten*, Art. 55 EGBGB, Rn. 5.

616 Sog. modifizierte Subjektstheorie; *Maurer*, § 3, Rn. 17; vgl. auch *Stranz/von Unzner*, S. 201.

617 *Enneccerus/Nipperdey*, § 14, I., 1., S. 46; *Maurer*, § 3, Rn. 17; *Nipperdey*, NJW 1951, S. 397; *Stranz/von Unzner*, S. 201.

Vertragsschluss zustande. Dies ist eine typisch privatrechtliche Handlungsform. Die Köge, die zu diesem Zeitpunkt noch als privatrechtliche Genossenschaften organisiert waren, traten den Erwerbern der Deichstavengerechtigkeiten in diesem Zusammenhang auch nicht in der Erfüllung hoheitlicher Aufgaben gegenüber. Damit ist das Stavenrecht als privatrechtlich im Sinne von Artikel 55 EGBGB einzuordnen.

Als Gesetz i.S.d. EGBGB ist gemäß Artikel 2 EGBGB jede Rechtsnorm anzusehen. Dies umfasst neben dem geschriebenen Recht auch die Gewohnheitsrechte.[618] Gewohnheitsrecht entsteht, wenn eine als Rechtssatz formulierbare Regel in der gemeinsamen Überzeugung der Beteiligten von deren Rechtsgültigkeit in dauernder Übung befolgt wird.[619] Die im Stavenrecht enthaltene Regel ist als „*Berechtigung, (gegen Entgelt) auf einem im fremden Eigentum stehenden Deichgrundstück ein Haus bauen und dessen Eigentümer bleiben zu dürfen*" zu formulieren. Dieses Recht geht mindestens auf das 17. Jahrhundert zurück und hat seitdem in diesem Kern keine Veränderungen erfahren. Deichverbände wie Stavenrechtsinhaber haben diesen Inhalt stets als verbindlich angesehen. Damit sind die Voraussetzungen der dauernden Übung und der Überzeugung von deren Rechtsgültigkeit gegeben. Bei der Deichstavengerechtigkeit handelt es sich demnach um ein Gewohnheitsrecht und damit um einen Rechtsatz im Sinne von Artikel 2 EGBGB.

Ein Rechtssatz ist als Landesrecht anzusehen, wenn er von den für die Rechtssetzung zuständigen Organen der Länder erlassen worden ist oder dort als Gewohnheitsrecht gilt.[620] Eine Übereinstimmung mit den Gebieten der heutigen Bundesländer oder der damaligen Provinzen ist dafür jedoch nicht erforderlich; auch regionale Besonderheiten fallen unter den Begriff „*Landesrecht*".[621] Diese Voraussetzung ist mit dem Vorkommen der Deichstavengerechtigkeit in den Marschgebieten des ehemaligen Herzogtums Schleswig ebenfalls gegeben. Damit ist sie unter Landesprivatrecht im Sinne von Artikel 55 EGBGB zu fassen. Sofern keiner der Vorbehalte der Artikel 56 bis 152 EGBGB einschlägig ist, wäre das Stavenrecht zum 1. Januar 1900 gegenstandslos geworden.[622]

---

618 *Mugdan*, Band 1, Mot., S. 17; MüKo - *Säcker*, Einleitung Band 1, Rn. 78; *Nipperdey*, NJW 1951, S. 397; Palandt[61] - *Heinrichs*, Art. 2 EGBGB, Rn. 1; Soergel - *Hartmann*, Art. 2 EGBGB, Rn. 12; Staudinger[13] - *Merten*, Art. 2 EGBGB, Rn. 2, 92; *Stranz/von Unzner*, S. 205, 209 f.; *Zitelmann*, I., S. 3.

619 RGZ 75, 40 (41); BVerfGE 9, 109 (117); 22, 114 (121); 34, 293 (303 f.); MüKo - *Säcker*, Einl. vor § 1 BGB, Rn. 78 ff.; Palandt[61] - *Heinrichs*, Einl. vor § 1 BGB, Rn. 24; Soergel - *Hartmann*, Art. 2 EGBGB, Rn. 12; Staudinger[13] - *Merten*, Art. 2 EGBGB, Rn. 92.

620 Soergel - *Hartmann*, Vor Art. 55 EGBGB, Rn. 1; *Stranz/von Unzner*, S. 209 f.

621 Soergel - *Hartmann*, Vor Art. 55 EGBGB, Rn. 2; *Stranz/von Unzner*, S. 210.

622 Vgl. *Planck*, Vor Art. 55 EGBGB, Anm. 1; Staudinger[13] - *Merten*, Vorbem. zu Art. 55 EGBGB, Rn. 3.

(b) Voraussetzungen des Artikels 66 EGBGB

Artikel 66 EGBGB enthält einen landesgesetzlichen Vorbehalt zugunsten des Deich- und Sielrechts der Länder. Zu klären ist, ob die Deichstavengerechtigkeit in ihrer Eigenschaft als stets an Deichen bestelltes Nutzungsrecht unter den Begriff „*Deichrecht*" gefasst werden kann. Dem Begriff nach scheint dies der Fall zu sein. Da das Deichrecht aber kein klar umrissenes Gebiet darstellt,[623] ist eine genauere Betrachtung und Abgrenzung erforderlich.

(aa) Kriterien zur Reichweite der allgemeinen landesgesetzlichen Vorbehalte (Artikel 59 bis 76 EGBGB)

Die allgemeinen landesgesetzlichen Vorbehalte der Artikel 59 bis 76 EGBGB nehmen jeweils eine vollständige Materie aus dem Anwendungsbereich des BGB heraus. Die genaue Reichweite eines jeden Vorbehalts ist durch einzelfallbezogene Auslegung zu bestimmen.[624] Nicht alle Rechtssätze, die in irgendeiner Weise in die Lebenssphäre der vorbehaltenen Materie fallen, sollen nämlich letztlich in den Vorbehalt einbezogen werden. Insbesondere allgemeine Vorschriften sind genau zu überprüfen.[625] Zur ersten Eingrenzung der Reichweite des jeweiligen Vorbehalts dient die Festlegung der Grenzen des entsprechenden Lebensbereichs.[626] Außerhalb dieser Grenzen befindliche Rechtssätze können nie unter die entsprechende Erhaltungsnorm fallen.[627] Als nächstes ist zu fragen, ob der fragliche Tatbestand gegenüber anderen Fallgestaltungen tatsächlich spezielle Merkmale aufweist, die eine Einordnung in die landesgesetzliche Materie rechtfertigt.[628] Schließlich muss festgestellt werden, ob auch die angeordnete Rechtsfolge dem speziellen Landesrecht zugeordnet werden kann.[629]

Bei der Beurteilung dieser Punkte sind stets zwei Aspekte gegeneinander abzuwägen. Einerseits sollte im gesamten Deutschen Reich mit der Schaffung des BGB ein einheitliches, widerspruchsfreies, erschöpfendes, abschließendes und systematisierendes Zivilrecht geschaffen und damit eine möglichst weit reichende Rechts-

---

623 Vgl. nur *Ebel/Kunig*, Jura 1998, S. 115.

624 *Niedner*, Art. 55 EGBGB, Anm. V.; *Planck*, Vor Art. 55 EGBGB, Anm. 2; *Stranz/von Unzner*, S. 204; *Zitelmann*, II., S. 9.

625 *Enneccerus/Nipperdey*, § 14, II., 3., S. 49; *Niedner*, Art. 55 EGBGB, Anm. III., 4.; *Planck*, Vor Art. 55 EGBGB, Anm. 2; Staudinger[13] - *Merten*, Vorbem. zu Art. 55 EGBGB, Rn. 26; *Stranz/von Unzner*, S. 217 ff.; *Zitelmann*, III., S,. 37.

626 *Otto Gierke*, Deutsches Privatrecht I, S. 43; *Stranz/von Unzner*, S. 214; *Zitelmann*, II., S. 9.

627 *Planck*, Vor Art. 55 EGBGB, Anm. 2; Staudinger[13] - *Merten*, Vorbem. zu Art. 55 EGBGB, Rn. 26;
speziell für Art. 66 EGBGB: BVerfGE 24, 367 (387); BVerwGE 8, 310 (312).

628 *Planck*, Vor Art. 55 EGBGB, Anm. 2; *Zitelmann*, III. S. 15.

629 *Zitelmann*, III. S. 19 f.

einheit hergestellt werden.[630] Um diesem Ziel gerecht zu werden, ist im Zweifel jeweils die engere der möglichen Auslegungen zu bevorzugen.[631] Andererseits wurden gerade die allgemeinen landesgesetzlichen Vorbehalte der Artikel 59 bis 76 EGBGB erlassen, um regionale Regelungen zu bewahren, die dortige spezielle Verhältnisse besonders gut erfassten.[632] Eine Aufnahme dieser Normen in das BGB war allein wegen des regional beschränkten Vorkommens dieser Rechtsbereiche nicht für erforderlich gehalten worden.[633] Insofern gilt es zu verhindern, bewährte Regionalrechte voreilig zu Gunsten der Rechtseinheit außer Kraft zu setzen.

(bb) Reichweite des Begriffs „Deichrecht" *im Sinne von Artikel 66 EGBGB und Anwendbarkeit auf die Deichstavengerechtigkeit*

Zur Lebenssphäre des Deichrechts zählen alle Vorgänge und Umstände, die in irgendeiner Form mit See- oder Flussdeichen in Verbindung stehen. Damit liegt die Deichstavengerechtigkeit als Nutzungsrecht an Deichgrundstücken begrifflich nicht außerhalb dieser Sphäre. Als „*Deichrecht*" speziell im Sinne von Artikel 66 EGBGB werden alle Rechtssätze bezeichnet, die für die Anlegung, Erhaltung und Benutzung von Deichen maßgebend sind.[634] Dies sind in erster Linie alle Normen, die die Deichlast und die Verfassung der Deichverbände betreffen.[635] Hierunter fällt das Stavenrecht zwar nicht. Tatbestandlich kann es aber in die Kategorie „*Benutzung von Deichen*"[636] eingeordnet werden.

---

630 *Mugdan*, Mot. I., S. 16; Staudinger[13] - *Merten*, Vorbem. zu Art. 55 EGBGB, Rn. 4 f.

631 So auch MüKo - *Säcker*, Art. 55 EGBGB, Rn. 1; *Nipperdey*, NJW 1951, S. 897, 899; *Stranz/von Unzner*, S. 215; *Zitelmann*, II., S. 11.

632 *Mugdan*, Mot. I., S. 17.

633 Staudinger[13] - *Merten*, Vorbem. zu Art. 55 EGBGB, Rn. 8.

634 *Beseler*, § 201, S. 914 ff.; *Julius von Gierke*, Geschichte des deutschen Deichrechts, Teil 1, Einleitung, § 2, I., 1., S. 16; HRG - *Knauer*, „Deichrecht", Sp. 668; *von Künßberg*, „Deichrecht", Sp. 768; Soergel - *Hartmann*, Art. 66 EGBGB, Rn. 1; *Staudinger*[2], Art. 66 EGBGB, Anm. 2;
vgl. auch BVerfGE 24, 367 ff., E 45, 297 ff.; BVerwGE 8, 310 ff.

635 *Planck*, Art. 66 EGBGB; Soergel - *Hartmann*, Art. 66 EGBGB, Rn. 1; Staudinger[13] - *Hönle*, Art. 66 EGBGB, Rn. 1.

636 So auch BVerwGE 8, 310 ff. hinsichtlich eines dinglichen Nutzungsrechts mit der Schlussfolgerung, dass dieses dann auch unter Art. 66 EGBGB fallen müsse. Das Gericht begründet seine Entscheidung damit, dass *Otto Gierke* (Deutsches Privatrecht II) die vererblichen und veräußerlichen Nutzungsrechte an Deichen im Kapitel „*Vererbliche und veräußerliche Nutzungsrechte des Landesrechts*" (§ 142, S. 620 ff., insb. 6., S. 632 f.) eingeordnet habe. Diese Argumentation trägt jedoch nicht. *Gierke* behandelt das Deich- und Wasserrecht innerhalb eines sehr kurzen Abschnitts. Es ist weder anzunehmen noch dem Text zu entnehmen, dass er angesichts der Vielzahl in früheren Jahrhunderten bestehender deich- und wasserrechtlicher Nutzungsrechte tatsächlich *alle* entsprechenden Rechte, die beim In-Kraft-Treten des BGB noch wirksam waren, als in die Reichweite der Art. 65, 66 EGBGB fallend einstufen wollte.

Damit bleibt zu klären, ob auch die Rechtsfolgenseite, hier also die aus der Bestellung einer Deichstavengerechtigkeit folgenden Rechte und Pflichten der Staveninhaber, als spezielles Deichrecht qualifiziert werden kann. Zu beachten ist, dass das Auseinanderfallen von Eigentum an Gebäude und Grundstück in Verbindung mit einem am Grundstück bestehenden Nutzungsrecht sowohl in anderen Regionen Schleswig-Holsteins[637] als auch im übrigen Deutschen Reich[638] vorkommt. Insofern beinhaltet das Stavenrecht einen ganz allgemeinen Rechtssatz. Ein solcher wird nicht zwingend vom Vorbehalt des Artikel 66 EGBGB erfasst, sondern nur, wenn besondere Gründe dies erforderlich machen.[639] Diese könnten darin zu sehen sein, dass die Ausübung dieses Nutzungsrechts durch deichrechtliche Vorschriften eingeschränkt war[640] und die Rechtsinhaber zur Deichunterhaltung herangezogen wurden[641]. In diesem Zusammenhang ist aber zu beachten, dass die Nutzungseinschränkungen in den jeweiligen Stavenbriefen nur in Form eines allgemeinen Hinweises auf die zu beachtenden *„bestehenden und künftig zu erlassenden Mitteldeichsverfügungen“* erwähnt wurden.[642] Diese Formulierung ist so allgemein gehalten, dass sie nicht geeignet ist, den Inhalt des Stavenrechts in einem konkreten Ausmaß zu begrenzen. Die deichspezifischen Nutzungseinschränkungen wurden damit nicht unmittelbarer Rechtsinhalt. Die Deichpflicht der Staveninhaber ergab sich des weiteren nicht aus dem Stavenrecht an sich, sondern aus den allgemeinen Grundsätzen über die Verteilung der Deichlast.[643] Aus den Beschränkungen, denen die Deichstavengerechtigkeit beziehungsweise ihre Inhaber unterlagen, lassen sich also keine zwingenden Gründe für eine Einbeziehung unter den landesgesetzlichen Vorbehalt des Artikel 66 EGBGB folgern.

Dieses Ergebnis wird auch durch die Motive zu Artikel 66 EGBGB gestützt. Diese Norm sollte nur Rechte von rein lokaler Bedeutung erhalten.[644] Als Leitbild galten insbesondere deich- und wasserrechtliche Vorschriften mit überwiegend polizeilichem Charakter.[645] Letzterer liegt nur in den erwähnten etwaigen Nutzungsbeschränkungen, die wie dargelegt nicht zum eigentlichen Rechtsinhalt des Stavenrechts zu zählen sind. Durch die Vergleichbarkeit der Deichstavengerechtigkeit mit anderen Nutzungsrechten ist letztlich auch keine rein lokale Be-

---

637 Vgl. *Falck*, Band 5/1, § 123, S. 243 ff.; *Kähler*, § 26, VI., S. 210; *Paulsen*, § 39, S. 66 ff.; *Staehly* im Ganzen.

638 Vgl. nur das Keller- oder Platzrecht sowie die städtische Bau- und Bodenleihe des gemeinen Rechts und die römischrechtliche superficies.

639 *Enneccerus/Nipperdey*, § 14, II., 3., S. 49; *Niedner*, Art. 55 EGBGB, Anm. V.; *Planck*, Vor Art. 55 EGBGB, Anm. 2; Staudinger[13] - *Merten*, Vorbem. zu Art. 55 EGBGB, Rn. 26; *Stranz/von Unzner*, S. 220; *Zitelmann*, III., S. 37.

640 Z.B. Verbot der Anpflanzung von Büschen und Bäumen sowie der Haltung von Vieh.

641 Siehe 2. Teil, B. V. 2. a), S. 65 ff.

642 Vgl. Stavenbriefe im Anhang.

643 Siehe 2. Teil, B. V. 2. a), S. 65 ff.

644 *Mugdan*, Mot. III, S. 3.

645 *Mugdan*, Mot. III, S. 3.

deutung gegeben. Im Ergebnis ist daher dem Grundsatz zu folgen, dass in Zweifelsfällen zu Gunsten der größeren Rechtseinheit die engeren Auslegung der Reichweite eines Spezialgebiets vorzuziehen ist. Damit ist die Deichstavengerechtigkeit nicht als „*Deichrecht*" i.S.v. Artikel 66 EGBGB anzusehen.[646]

(c) Ergebnis

Neben Artikel 66 EGBGB ist nicht ersichtlich, dass ein anderer der in Artikel 56 bis 152 EGBGB geregelten Vorbehalte zur Anwendung kommen könnte. Damit gilt der Grundsatz des Artikel 55 EGBGB, so dass die die Deichstavengerechtigkeit betreffenden Gewohnheitsrechtssätze mit In-Kraft-Treten des BGB unwirksam wurden.[647] Etwas anderes könnte allerdings gelten, wenn das Stavenrecht unter ein der Überleitungsvorschriften des 4. Teils des EGBGB fällt.[648]

(2) Die Überleitungsvorschriften des 4. Teils des EGBGB

Die Überleitungsvorschriften der Artikel 152 bis 218 EGBGB legen für den Fortbestand von Altrechten unterschiedliche Voraussetzungen und Reichweiten fest. Je nachdem, welche Norm einschlägig ist, ergäben sich verschiedene Konsequenzen für das Schicksal der Deichstavengerechtigkeit nach In-Kraft-Treten des BGB. Wenn die Befugnisse des Stavenrechtsinhabers auf einer rein schuldrechtlichen Vereinbarung beruhen, wären die Artikel 170, 171 EGBGB anzuwenden. Im Falle einer Einstufung als dingliches Recht gälte Artikel 184 Satz 1 EGBGB. Ist das Stavenrecht darüber hinaus mit dem Erbbaurecht des BGB gleichzusetzen, käme daneben Artikel 184 Satz 2 EGBGB zum Tragen.

Bei der Qualifizierung des Stavenrechts sind mehrere Merkmale als erheblich anzusehen: Der wesentliche Inhalt der Deichstavengerechtigkeit besteht darin, auf einem Grundstück ein Wohngebäude errichten und das Grundstück als Ganzes dauerhaft nutzen zu dürfen. Das Grundstückseigentum verbleibt beim bisherigen Eigentümer, während der Berechtigte von vornherein Gebäudeeigentümer ist und auch bleibt. Außerdem ist zu beachten, dass das Recht übertragbar, vererblich und belastbar ist.

---

646 A.A. wohl Soergel - *Hartmann*, Schrifttum zu Art. 66 EGBGB.

647 RGZ 55, 247 (256); *Enneccerus/Nipperdey*, § 14, I., 3., S. 46 f.; *Niedner*, Art. 55 EGBGB, Anm. I.; *Planck*, vor Art. 55 EGBGB, Anm. 2; Soergel - *Hartmann*, Art. 55 EGBGB, Rn. 1; *Stranz/von Unzner*, S. 196, 215.

648 Diese werden von den Erhaltungsnormen des 3. Teils gesperrt, vgl. BVerfGE 8, 310 (312); *Habicht*, § 41, III., q., S. 437 f.; MüKo - *Säcker*, Vor Art. 153 EGBGB, Rn. 1; Palandt[55] - *Heinrichs*, Überblick vor Art. 153 ff. EGBGB, Rn. 1; Soergel - *Hartmann*, Art. 55 EGBGB, Rn. 5; Staudinger[13] - *Hönle*, Art. 184 EGBGB, Rn. 3.

Die im Folgenden vorzunehmende Einordnung soll gleichzeitig dazu dienen, die durch Rechtsprechung und Praxis bisher vorgenommene Einstufung der Deichstavengerechtigkeit als superfiziarisches Recht[649] auf ihre Richtigkeit zu überprüfen.

(a) Schuldrechtliche Nutzungsvereinbarung im Sinne von Artikel 170, 171 EGBGB

Zunächst scheint denkbar, die Deichstavengerechtigkeit als schuldrechtliche Nutzungsvereinbarung im Sinne von Artikel 170, 171 EGBGB anzusehen. Die Abgrenzung muss gegenüber Nutzungsrechten mit dinglicher Wirkung erfolgen. Schuldrechtliche Vereinbarungen binden grundsätzlich lediglich die jeweiligen Vertragsparteien,[650] während dingliche Rechte gegen jedermann wirken.[651] Liegen keine eindeutigen Anhaltspunkte für den dinglichen Charakter eines Nutzungsrechts vor, muss dieses im Zweifel als rein schuldrechtlich angesehen werden.[652]

Die Übertragbarkeit der Deichstavengerechtigkeit hat nicht zwingend einen dinglichen Charakter zur Folge, da schuldrechtliche Ansprüche ebenso im Wege der Abtretung an Dritte übertragbar sind.[653] Die Vererblichkeit des Stavenrechts wäre auch im Fall einer schuldrechtlichen Ausgestaltung möglich, da auch alle Ansprüche und Verbindlichkeiten aus schuldrechtlichen Verträgen auf die Erben übergehen.[654] Dies gilt grundsätzlich ebenfalls für Ansprüche aus Dauerschuldverhältnissen, sofern nicht die Art des Verhältnisses eine persönliche Erfüllung der Leis-

---

649 zuletzt bestätigt durch OLG Kiel, Beschluss vom 17. November 1949 (Az.: 2 W 461/49; nicht veröffentlicht; Leitsatz im Anhang).

650 *Larenz*, Schuldrecht AT, § 2, I., S. 6; *Ders.*, Schuldrecht BT, § 48, IV., S. 240; *Medicus*, Rn. 30; MüKo - *Petzold*, Vor § 1030 BGB, Rn. 12; Soergel - *Mühl*, Einl. Sachenrecht, Rn. 8; Staudinger[9] - *Kober*, Vorbem. ErbbauVO, Anm. A. I. 1.; *Westermann*, § 1, II., 2., a., S. 4;
speziell für das schleswigsche Recht: *Esmarch*, Bürgerliches Recht, § 58, S. 151 f.; *Falck*, Band 4, § 7, S. 31.

651 *Baur/Stürner*, § 2, Rn. 2, und § 4, Rn. 3; MüKo - *Quack*, Einl. Sachenrecht, Rn. 26; *von Oefele/Winkler*, Rn. 1.35; *Ostermeier*, § 1, S. 3 f.; Soergel - *Mühl*, Einl. Sachenrecht, Rn. 8; Staudinger[Neubearbeitung 2000] - *Seiler*, Einl. zum Sachenrecht, Rn. 18, 37; *Westermann*, § 2, I., S. 8 f.; *Wieling*, § 1, II., 1., S. 5 f.;
speziell für das schleswigsche Recht: *Esmarch*, Bürgerliches Recht, § 58, S. 151 f.; *Falck*, Band 4, § 7, S. 31.

652 RGZ 60, 317 (320); RG JW 1930, 2922 (2923); MüKo - *Joost*, § 1090 BGB, Rn. 31; Soergel - *Stürner*, Vor § 1018 BGB, Rn. 7; Staudinger[13] - *Ring*, § 1018 BGB, Rn. 2.

653 *Esmarch*, Bürgerliches Recht, § 100, S. 258; *Falck*, Band 4, § 8, S. 35 f.; *Paulsen*, § 88, S. 151.

654 MüKo - *Leipold*, § 1922 BGB, Rn. 18; Soergel - *Axel Stein*, § 1922 BGB, Rn. 36; Staudinger[Neubearbeitung 2000] - *Marotzke*, § 1922 BGB, Rn. 275;
speziell für das schleswigsche Recht: *Esmarch*, Bürgerliches Recht, § 93, S. 240; *Falck*, Band 4, § 13, S. 68.

tung erfordert oder das Gesetz eine Ausnahme anordnet.[655] Beides ist vorliegend nicht der Fall.

Ein erstes Indiz für eine Bindung, die über eine schuldrechtliche Ausgestaltung hinausgeht, ist in der möglichen ewigen Dauer der Deichstavengerechtigkeit zu sehen.[656] Bei Dauerschuldverhältnissen ist zur Aufrechterhaltung der Selbstbestimmung des Einzelnen stets ein Kündigungsrecht vorzusehen.[657] Ein solches enthält das Stavenrecht weder zu Gunsten des Grundstückseigentümers noch zu Gunsten des Berechtigten. Im Rahmen einer schuldrechtlichen Gestaltung wären darüber hinaus zwei weitere wesentliche Elemente der Deichstavengerechtigkeit nicht möglich. Zum einen erlangt der schuldrechtlich Nutzungsbefugte stets nur ein Recht zum Besitz der Sache.[658] Der Inhaber der Deichstavengerechtigkeit hingegen ist Eigentümer des auf dem Deichstaven stehenden Gebäudes. Zum anderen wäre die Belastung eines Stavenrechts mit einer Hypothek oder Grundschuld bei einer schuldrechtlichen Nutzungsbefugnis nicht möglich, da der Besteller einer solchen Belastung Eigentümer des Grundstücks[659] oder Inhaber eines grundstücksgleiches Rechts daran[660] sein muss. Die bisher in Rechtsprechung und Schrifttum vorgenommene Einordnung der Deichstavengerechtigkeit als dingliches Recht ist also zutreffend. Diesem Ergebnis steht auch nicht entgegen, dass die damit belasteten Grundstücke Deichgrundstücke sind, da dingliche Nutzungsrechte an ihnen allgemein für zulässig gehalten werden.[661]

(b) Dingliches Recht im Sinne von Artikel 184 Satz 1 EGBGB

Die bestehenden Deichstavengerechtigkeiten konnten entsprechend ihrer Einordnung als dingliches Recht gemäß Artikel 184 Satz 1 EGBGB auch nach dem 1. Januar 1900 in ihrem zu diesem Zeitpunkt jeweils vorhandenen Inhalt und Rang bestehen bleiben. Unter den Begriff „*Inhalt*" sind neben der Gesamtheit der Befugnisse des Berechtigten gegenüber dem Eigentümer[662] auch die Entstehung,

---

655 MüKo - *Leipold*, § 1922 BGB, Rn. 18 ff.; Soergel - *Axel Stein*, § 1922 BGB, Rn. 36 f.; Staudinger[Neubearbeitung 2000] - *Marotzke*, § 1922 BGB, Rn. 275, 282, 284 f.

656 Diese ergibt sich aus der Verknüpfung des Bestands des Stavenrechts an den Bestand des Hauses einerseits mit der grundsätzlich zu erteilenden Genehmigung des Wiederaufbaus des Hauses andererseits (siehe 2. Teil, C. I. 2. b) (2), S. 95 f.).

657 *Larenz*, Schuldrecht AT, § 2, IV, S. 30; *Medicus*, Rn. 562 f.
vgl. auch §§ 567 Satz 1, 624, 724 BGB.

658 *Ostermeier*, § 1, S. 4.

659 Vgl. §§ 1113, 1191 BGB.

660 *Baur/Stürner*, § 37, Rn. 2; MüKo - *Eickmann*, § 1113 BGB, Rn. 10; Soergel - *Konzen*, § 1113 BGB, Rn. 2, und §§ 1191, 1192 BGB, Rn. 1; Staudinger[13] - *Wolfsteiner*, Einl. zu §§ 1113 ff., Rn. 47, 50 f.; *Westermann*, § 94, 1., S. 687, und § 114, I., 1., S. 806; *Wieling*, § 27, I., 1., S. 384, und § 32, II., 1., a, S. 434.

661 Siehe 1. Teil, B., V., S. 45 f.; Appellationsgericht Kiel, SchlHA 1876, 310 (314); OLG Kiel, SchlHA 1908, S. 6 f.

662 RGZ 56, 378 (381);

Wirksamkeit und Auslegung des Rechts zu fassen.[663] Neue Stavenrechte durfen allerdings wegen der Regelung des Artikel 55 EGBGB nicht mehr eingeräumt werden. Alle zukünftigen Verfügungen über das Recht sind nach den Vorschriften des BGB für dingliche Rechte durchzuführen.[664]

(c) Erbbaurecht im Sinne von Artikel 184 Satz 2 EGBGB

Wenn die Deichstavengerechtigkeit zusätzlich als Erbbaurecht im Sinne von Artikel 184 Satz 2 EGBGB anzusehen ist, sind auf sie gemäß § 1017 BGB statt der Vorschriften über dingliche Rechte die Vorschriften über Grundstücke anzuwenden. Damit würde das Stavenrecht die Qualität eines grundstücksgleichen Rechts erlangen.[665] Im Folgenden ist daher anhand der bereits oben verwendeten Kriterien[666] eine Abgrenzung zu den anderen an Grundstücken möglichen dinglichen Nutzungsrechten vorzunehmen.[667]

(aa) Gegenüberstellung der Deichstavengerechtigkeit mit den dinglichen Nutzungsrechten des BGB

Das aufgrund einer Grunddienstbarkeit im Sinne von § 1018 BGB errichtete Gebäude[668] wird gemäß §§ 95 Absatz 1 Satz 2 BGB nicht Bestandteil des belasteten Grundstücks. Grundstücks- und Gebäudeeigentum fallen also wie bei der Deichstavengerechtigkeit auseinander. Außerdem ist die Grunddienstbarkeit übertragbar und vererbbar.[669] Sie kann aber nur zugunsten des Eigentümers eines anderen Grundstücks (herrschendes Grundstück) eingerichtet werden und ist als dessen Bestandteil nicht sonderrechtsfähig.[670] Außerdem muss dem Eigentümer des mit

---

Niedner, Art. 184 EGBGB, Anm. 3.; Staudinger[13] - *Hönle*, Art. 184 BGB, Rn. 15.

663 *Habicht*, § 41, II., 4., b-d, S. 427 ff.; MüKo - *Säcker*, Art. 184 EGBGB, Rn. 3; *Niedner*, Art. 184 EGBGB, Anm. 3.; Planck - *Strecker*, § 38 ErbbauVO, Anm. 2; *Planck*, Art. 184 EGBGB, Anm. 5. a; Staudinger[9] - *Kober*, Vorbem. ErbbauVO, Anm. J.

664 *Habicht*, § 41, II., 1., S. 426; *Niedner*, Art. 184 EGBGB, Anm. 3. b; Staudinger[13] - *Hönle*, Art. 184 EGBGB, Rn. 16. Davon zu unterscheiden ist die Frage, ob bestimmte Verfügungen überhaupt zulässig sind. Dies richtet sich weiterhin nach dem bisherigen Recht.

665 Allgemein: *Planck*, Art. 184 EGBGB, Anm. 6. a.

666 Siehe 2. Teil, C. II. 2. a) (2) (a), S. 110 f.

667 Zur Vereinfachung und Übersichtlichkeit wurden lediglich die dinglichen Nutzungsrechte herangezogen, die das BGB ebenfalls zulässt.

668 Soergel - *Stürner*, § 1018 BGB, Rn. 12; Staudinger[13] - *Ring*, § 1018 BGB, Rn. 43; *Wieling*, § 25, I., 2., a, S. 363.

669 *Baur/Stürner*, § 33, Rn. 1; *Otto Gierke*, § 144, VI., S. 652; MüKo - *Falckenberg*, § 1018 BGB, Rn. 63; Soergel - *Stürner*, § 1018 BGB, Rn. 44; Staudinger[13] - *Ring*, § 1018 BGB, Rn. 80; *Westermann*, § 122, II., 3., a, S. 854.

670 *Otto Gierke*, § 144, VI., S. 652; MüKo - *Falckenberg*, § 1018 BGB, Rn. 22; *von Oefele/Winkler*, Rn. 1.33; Planck - *Strecker*, § 1012 BGB, Anm. 4; Soergel - *Stürner*, § 1018 BGB, Rn. 44;

der Grunddienstbarkeit belasteten dienenden Grundstücks wenigstens ein Teil der möglichen Nutzungen verbleiben.[671] Die Einräumung des Stavenrechts ist nicht an das Eigentum an einem anderen Grundstück geknüpft. Ferner steht dem Inhaber einer Deichstavengerechtigkeit die vollständige Nutzungsbefugnis unter Ausschluss des Eigentümers zu. Damit besteht hinsichtlich wesentlicher Vergleichsmerkmale keine Übereinstimmung.

Der in §§ 1030 ff. BGB geregelte Nießbrauch kann die Berechtigung beinhalten, auf dem belasteten Grundstück ein Gebäude zu errichten.[672] Im Regelfall werden dem Berechtigten alle am Grundstück überhaupt möglichen Nutzungen übertragen.[673] Das Gebäude wird wie bei der Grunddienstbarkeit gemäß § 95 Absatz 1 Satz 2 BGB nicht wesentlicher Bestandteil des Grundstücks. Der Nießbrauch ist aber wegen seiner Ausgestaltung als persönliche Dienstbarkeit weder veräußerlich noch vererblich oder belastbar.[674] Damit fehlt auch hier ein wichtiges Vergleichsmoment zur Deichstavengerechtigkeit.

Durch eine beschränkt persönliche Dienstbarkeit im Sinne von §§ 1090 ff. BGB wird wie durch den Nießbrauch einer bestimmten Person ein Nutzungsrecht an einem Grundstück gewährt, das auch auf den Bau eines Hauses gerichtet sein kann.[675] Es ist jedoch unzulässig, dem Berechtigten alle denkbaren Nutzungen zu überlassen und damit dem Eigentümer jegliche Nutzungsmöglichkeit zu entziehen.[676] Die beschränkt persönliche Dienstbarkeit ist zudem gemäß § 1092 Absatz 1 BGB weder übertragbar noch ist sie belastbar.[677] Damit sind auch zwischen dieser und dem Stavenrecht erhebliche Unterschiede festzustellen, die einen eingehenderen Vergleich entbehrlich machen.

Zusammenfassend bleibt daher festzuhalten, dass die Deichstavengerechtigkeit mit keinem der im BGB geregelten dinglichen Nutzungsrechte gleichgesetzt werden kann.

Staudinger[13] - *Ring*, § 1018 BGB, Rn. 20; *Westermann*, § 122, II., 3., a, S. 854; *Wieling*, § 25, I., b, S. 361.

671 *Baur/Stürner*, § 33, Rn. 1; MüKo - *Falckenberg*, § 1018 BGB, Rn. 28; Planck - *Strecker*, § 1012 BGB, Anm. 4; Soergel - *Stürner*, § 1018 BGB, Rn. 12; Staudinger[13] - *Ring*, § 1018 BGB, Rn. 44; *Westermann*, § 122, II., 1., a, S. 851.

672 *Baur/Stürner*, § 32, Rn. 1; *Otto Gierke*, § 147, II., S. 685 f.; *von Oefele/Winkler*, Rn. 1.33.

673 *Baur/Stürner*, § 32, Rn. 12; *Otto Gierke*, § 147, I., 1., S. 679; MüKo - *Petzold*, § 1030 BGB, Rn. 1, 23; Soergel - *Stürner*, § 1030 BGB; Rn. 9; Staudinger[13] - *Ring*, § 1018 BGB, Rn. 28; Staudinger[13] - *Johann Frank*, Vor §§ 1030 ff. BGB, Rn. 4; *Westermann*, § 121, III., 2., S. 839.

674 *Baur/Stürner*, § 32, Rn. 1, 17; *Otto Gierke*, § 147, I., 7., S. 684; *von Oefele/Winkler*, Rn. 1.33; *Westermann*, § 121, I., 1., S. 837.

675 MüKo - *Joost*, § 1090 BGB, Rn. 4; *von Oefele/Winkler*, Rn. 1.33; Soergel - *Stürner*, § 1090 BGB, Rn. 4, 7; Staudinger[13] - *Ring*, § 1090 BGB, Rn. 3.

676 *Baur/Stürner*, § 34, Rn. 3; MüKo - *Joost*, § 1090 BGB, Rn. 8; Planck - *Strecker*, § 1012 BGB, Anm. 4; Staudinger[13] - *Ring*, § 1090 BGB, Rn. 1; *Westermann*, § 123, 1., S. 864.

677 *Otto Gierke*, § 145, I., S. 656; MüKo - *Joost*, § 1092 BGB, Rn. 7; *von Oefele/Winkler*, Rn. 1.33; *Wieling*, § 25, II., a, S. 366.

(bb) Gegenüberstellung der Deichstavengerechtigkeit mit der römischrechtlichen superficies

i. Merkmale der superficies und ihre Entwicklung

Die römischrechtliche superficies beinhaltet die Berechtigung, auf fremdem Grund und Boden ein Haus bauen und nutzen zu dürfen.[678] Zu Beginn ihrer Entwicklung stand das Eigentum an diesem Bauwerk entsprechend dem Grundsatz „*superficies solo cedit*" zunächst noch dem Grundstückseigentümer zu.[679] Später wurde die superficies als eigenständiges, vom Grundstückseigentum unabhängiges Gebäudeeigentum angesehen.[680] Sie wurde hauptsächlich an in öffentlichem Eigentum befindlichen, nicht veräußerlichen Grundstücken gewährt.[681] Das Recht konnte aber auch unter Privaten vereinbart werden.[682] In ihrer endgültigen Ausprägung war die superficies vollständig veräußerbar, vererblich und belastbar.[683] Die Entrichtung eines jährlichen Zinses war allgemein üblich.[684] Bei wiederholter Nichtbeachtung der Zahlungsverpflichtung durch den Superficiar entstand ein Heimfallanspruch des Grundstückseigentümers.[685] In allen anderen Fällen endete die Berechtigung mit Ablauf des bei Einräumung vereinbarten Nutzungszeitraums.[686]

---

678 *Brinz*, § 202, S. 807; *Dernburg*, Römisches Recht, § 221, S. 468, und § 222, I., S. 471; *Hausmaninger/Selb*, Sachenrecht, 7. Kapitel, 2., S. 246; *Honsell/Meyer-Maly/Selb*, § 77, S. 194; *Pesl*, I., 1., S. 7; *Schiwek*, 1. Abschnitt, 2. Kapitel, II., S. 9; *Staehly*, S. 27; *Windscheid*, § 223, S. 1119.

679 *Hausmaninger/Selb*, Sachenrecht, 7. Kapitel, 2., S. 246; *Schiwek*, 1. Abschnitt, 2. Kapitel, I., S. 8; *Staehly*, S. 27.

680 *Dernburg*, Römisches Recht, § 221, S. 469; *Schiwek*, 1. Abschnitt, 3. Kapitel, I., S. 53; *Windscheid*, § 223, S. 1119;
aA: *Hausmaninger/Selb*, Sachenrecht, 7. Kapitel, 2., S. 246; *Honsell/Meyer-Maly/Selb*, § 77, S. 194; *Staehly*, S. 27.

681 *Dernburg*, Römisches Recht, § 221, S. 468; *Hausmaninger/Selb*, Sachenrecht, 7. Kapitel, 2., S. 246; *Honsell/Meyer-Maly/Selb*, § 77, S. 194; *Schiwek*, 1. Abschnitt, 2. Kapitel, IV., S. 25.

682 *Dernburg*, Römisches Recht, § 221, S. 469; *Hausmaninger/Selb*, Sachenrecht, 7. Kapitel, 2., S. 246; *Honsell/Meyer-Maly/Selb*, § 77, S. 194; *Schiwek*, 1. Abschnitt, 2. Kapitel, IV., S. 25.

683 *Brinz*, § 202, S. 809 f.; *Dernburg*, Römisches Recht, § 221, S. 468, und § 222, I., S. 471; *Hausmaninger/Selb*, Sachenrecht, 7. Kapitel, 2., S. 246; *Honsell/Meyer-Maly/Selb*, § 77, S. 194; *Pesl*, I., 1., S. 9; *Staehly*, S. 27; *Windscheid*, § 223, S. 1120 f.;
Vgl. zu den Einzelheiten der Entwicklung *Schiwek*, 1. Abschnitt, 2. Kapitel, III., S. 17; VI., S. 37 f.; VII., S. 40 ff.; 2. Abschnitt, 1. Kapitel, I., S. 60 ff.; 2. Kapitel, I., S. 67, 70.

684 *Brinz*, § 202, S. 807, 812; *Dernburg*, Römisches Recht, § 222, II., 5., S. 473; *Honsell/Meyer-Maly/Selb*, § 77, S. 194; *Pesl*, I., 1., S. 9; *Schiwek*, 1. Abschnitt, 2. Kapitel, I., S. 11; *Staehly*, S. 27; *Windscheid*, § 223, S. 1121. Einige Autoren halten die Vereinbarung eines Zinses sogar für zwingend, vgl. *Otto Gierke*, § 141, III., Fn. 8, S. 617, mwN.

685 *Brinz*, § 202, S. 812; *Dernburg*, Römisches Recht, § 222, II., 7., S. 473; *Staehly*, S. 27.

686 *Dernburg*, Römisches Recht, § 222, II., 7., S. 473; *Pesl*, I., 1., S. 8; *Schiwek*, 1. Abschnitt, 2. Kapitel, VIII., S. 49; *Staehly*, S. 27; *Windscheid*, § 223, S. 1122.

Für die Entstehung der superficies und ihre weitere Entwicklung sind zwei Motive bekannt. Voraussetzung für ihre Entstehung war, dass die Erhaltung des Gemeineigentums an den betroffenen Grundstücken für zweckmäßig gehalten wurde oder wegen bestehender Veräußerungsverbote sogar zwingend war. Die Erfahrung zeigte jedoch, dass die private Bewirtschaftung der Grundstücke effektiver war als die staatliche.[687] Darüber hinaus eignete sich die superficies dazu, den zunehmenden kapitalärmeren Bevölkerungsgruppen jedenfalls Gebäudeeigentum zu verschaffen.[688]

Zum Ende des 4. Jahrhunderts n.Chr. war die wesentliche inhaltliche Entwicklung der superficies abgeschlossen.[689] Über ihre rechtliche Qualifizierung hingegen wurde lange Zeit gestritten. Am Anfang stand die Einordnung als aus der Pacht entstandene Obligation.[690] Im Rahmen der zunehmend angenommenen Verdinglichung wurde sie dann später als Nutzeigentum (sog. *dominum utile*)[691] eingestuft.[692] Ab Mitte des 19. Jahrhunderts setzte sich im Zuge der schließlich allgemein angenommenen Ablehnung der Aufspaltung des Eigentums in *dominum utile* und *dominum directum* schließlich die Qualifizierung als dingliches Nutzungsrecht an einem fremden Grundstück durch.[693]

Auch im deutschen Recht gab es ab dem Mittelalter superfiziarische Rechte.[694] Zunächst entstand die städtische Bau- und Bodenleihe, später entwickelten sich

---

687 *Dernburg*, Römisches Recht, § 221, S. 468; *Hausmaninger/Selb*, Sachenrecht, 7. Kapitel, 2., S. 246; *Pesl*, I., 1., S. 7.

688 *Dernburg*, Römisches Recht, § 221, S. 468 f.

689 *Schiwek*, 1. Abschnitt, 3. Kapitel, I., S. 53; *Ders.*, 3. Abschnitt, 3. Kapitel, S. 81.

690 *Dernburg*, Römisches Recht, § 221, S. 469; *Honsell/Meyer-Maly/Selb*, § 77, S. 194; *Schiwek*, 1. Abschnitt, 2. Kapitel, IV., S. 25.

691 Das *dominum utile* berechtigt zur vollständigen Nutzung des Grundstücks, während das daneben bestehende Obereigentum (sog. *dominum directum*) weiter dem bisherigen Eigentümer zusteht.

692 *Otto Gierke*, § 121, I., S. 370; *Honsell/Meyer-Maly/Selb*, § 77, S. 194; *Schiwek*, 2. Abschnitt, 1. Kapitel, I., S. 60 ff.; 2. Kapitel, I., S. 67.

693 *Brinz*, § 202, S. 807; *Deibel*, I., A., I., 1., S. 1; *Dernburg*, Römisches Recht, § 221, S. 468, und § 222, I., S. 471; *Otto Gierke*, § 121, I., S. 370, 372; *Hausmaninger/Selb*, Sachenrecht, 7. Kapitel, 2., S. 246; *Schiwek*, 6. Abschnitt, I., S. 131; Staudinger[9] - *Kober*, Vorbem. ErbbauVO, Anm. A. III; *Windscheid*, § 223, S. 1120.

694 *Brinz*, § 202, S. 814 f.; *Otto Gierke*, § 141, II., S. 615; *Oberneck*, § 79, Einleitung, S. 605; *von Oefele/Winkler*, Rn. 1.1; *Pesl*, I., 2., S. 14; *Schiwek*, 3. Abschnitt, 1. Kapitel, S. 78; Staudinger[9] - *Kober*, Vorbem. ErbbauVO, Anm. A. III.; *Wittmaack*, II., Fn. 2, S. 10 f.

das Keller- und das Platzrecht.[695] Diese Rechte sind zwar nicht direkt aus der superficies hervorgegangen, sind aber in ihrer Ausgestaltung nahezu identisch.[696]

ii. Die Deichstavengerechtigkeit als superfiziarisches Recht?

Das wichtigste Merkmal der superficies ist der dingliche Charakter des Nutzungsrechts. Dieser ist bei der Deichstavengerechtigkeit ebenfalls vorhanden. Daneben kennzeichnet die superficies jedenfalls in ihrer endgültigen Ausprägung die Veräußerbarkeit, Vererblichkeit und Belastbarkeit. Diese Verfügungen sind auch über Stavenrechte möglich. Damit handelt es sich bei diesem um ein superfiziarisches Recht.[697] Eine weitere Übereinstimmung ist in der Erhebung eines Zinses zu sehen.

Schließlich weisen beide Rechte auch hinsichtlich ihrer Entwicklungshintergründe einige Gemeinsamkeiten auf. In beiden Fällen verfolgte man das Ziel, in öffentlichem Eigentum stehende Grundstücke sinnvoll bewirtschaften zu können, ohne sich dadurch des eigentlichen Grundeigentums begeben zu müssen. Auch die Vergabe aus sozialen Motiven ist bei beiden Rechten gegeben. Bei der Deichstavengerechtigkeit sind die Berechtigten allerdings durch die zwingende Beteiligung an der Deichpflicht größeren Verpflichtungen ausgesetzt aus die römischrechtlichen Superfiziare.

Zusammenfassend steht damit fest, dass es sich bei der Deichstavengerechtigkeit um ein superfiziarisches Recht handelt.[698]

(cc) Gegenüberstellung der Deichstavengerechtigkeit mit dem Erbbaurecht nach BGB und Erbbaurechtsverordnung (ErbbauVO)

i. Das Erbbaurecht als Kodifikation der römischrechtlichen superficies

Zur Zeit der Vorarbeiten zum BGB war die superficies in Deutschland nur noch spärlich verbreitet.[699] Da die vorhandenen, größtenteils regional beschränkten su-

695 *Brinz*, § 202, S. 814; *Deibel*, I., A., I., 1., S. 1; *Dernburg*, Römisches Recht, § 222, I., S. 471; *Otto Gierke*, § 141, II., S. 615 f.; *von Oefele/Winkler*, Rn. 1.1; *Pesl*, I., 2., S. 14; Planck - *Strecker*, § 1012 BGB; Anm. 3; *Samoje*, Vorbem. ErbbauVO, Anm. 1.; Staudinger[9] - *Kober*, Vorbem. ErbbauVO, Anm. A. III; Staudinger[13] - *Ring*, Einl. ErbbauVO, Rn. 3; *Wittmaack*, II., Fn. 2, S. 10 f.

696 *Deibel*, I., A., I., 1., S. 1; *Otto Gierke*, § 141, II., S. 615; *von Oefele/Winkler*, Rn. 1.1; *Pesl*, I., 2., S. 14; *Schiwek*, 3. Abschnitt, 1. Kapitel, S. 78; Staudinger[9] - *Kober*, Vorbem. ErbbauVO, Anm. A. III.; *Wittmaack*, II., Fn. 2, S. 10 f.

697 So auch Appellationsgericht Kiel, Reskript vom 22. September 1879; OLG Kiel, Beschluss vom 17. November 1949 (Az.: 2 W 461/49).

698 Zur Zulässigkeit superfiziarischer Rechte an Deichgrundstücken vgl. Appellationsgericht Kiel, SchlHA 1876, 305 (310).

perfiziarischen Rechte in keinem Landesteil ausdrücklich aufgehoben worden waren und man deswegen das Bedürfnis für eine gesetzliche Regelung nicht gänzlich für ausgeschlossen hielt,[700] wurde mit dem Erbbaurecht ein superfiziarisches Recht in das BGB aufgenommen.[701] Wie schon die Literatur des 19. Jahrhunderts lehnten auch die Autoren des BGB die Behandlung des Erbbaurechts als Mit- oder geteiltes Eigentum ab und bevorzugten stattdessen die Ausgestaltung als dingliche Belastung an einem fremden Grundstück.[702] Abweichend vom üblichen Inhalt der römischrechtlichen superficies konnte ein Erbbaurecht auch unter der Oberfläche des belasteten Grundstücks und über die Grenzen des Gebäudes hinaus bestellt werden.[703] Außerdem bestand keine Pflicht zur Erhebung eines Zinses.[704] Das Erbbaurecht wurde erst nach seiner Aufnahme in das BGB von Städten und Gemeinden als geeignetes Mittel zur staatlich gesteuerten Förderung des Wohnungsbaus entdeckt.[705] Angesichts der zunehmenden Wohnungsknappheit in den Städten bot das Erbbaurecht für nahezu Kapitallose die Möglichkeit, sich ein eigenes Haus zu bauen.[706] Der Grundstückseigentümer konnte im Gegenzug durch die Vergabe eines Erbbaurechtes eine wirtschaftliche Nutzung des Bodens erreichen und regelmäßig Einkünfte erzielen, ohne das Eigentum daran aufgeben zu müssen.[707] Es stellte sich schnell heraus, dass die im BGB vorgenommenen Regelungen unvollständig waren und teilweise für erhebliche Rechtsunsicherheit sorgten.[708] Dies führte zum Erlass der Erbbaurechtsverordnung vom 15. Januar 1919.[709] Begriff und gesetzlicher Inhalt des Erbbaurechts selbst wurden durch diese jedoch nicht verändert.[710]

---

699 *Deibel*, I., A., I., 1., S. 2; *Günther*, JW 1919, 357; *Pesl*, Einleitung, S. 5; *Samoje*, Vorbem. ErbbauVO, Anm. 1.; Staudinger[9] - *Kober*, Vorbem. ErbbauVO, Anm. A. III; Staudinger[13] - *Ring*, Einl. zur ErbbauVO, Rn. 3.

700 *Mugdan*, Mot. III, S. 260.

701 *Dernburg*, Römisches Recht, § 222, S. 471; *Günther*, JW 1919, S. 357; *Oberneck*, § 79, Einleitung, S. 605; Planck - *Strecker*, § 1012 BGB, Anm. 3; *Samoje*, Vorbem. ErbbauVO, Anm. 1.; Staudinger[9] - *Kober*, Vorbem. § 1 ErbbauVO, Anm. A., III.; *Windscheid*, § 223, S. 1123 ff.; *Wittmaack*, I., S. 5, II., S. 10.

702 *Mugdan*, Mot. III, S. 260.

703 Planck - *Strecker*, § 1012 BGB; Anm. 3; *Schiwek*, 8. Abschnitt, II., S. 151.

704 RGZ 61, 1 (3); *Mugdan*, Mot. III, S. 261; *Turnau/Förster*, I., 7., S. 544.

705 *Günther*, JW 1919, 357; *Oberneck*, § 79, Einleitung, S. 605; *von Oefele/Winkler*, Rn. 1.3; Staudinger[9] - *Kober*, Vorbem. ErbbauVO, Anm. A. III; Staudinger[13] - *Ring*, Einl. zur ErbbauVO, Rn. 3; *Westermann*, § 66, II., 2., S. 538; *Wittmaack*, I., S. 1.

706 *Pesl*, III., S. 153; Staudinger[9] - *Kober*, Vorbem. ErbbauVO, Anm. A. III; Staudinger[13] - *Ring*, Einl. zur ErbbauVO, Rn. 3; *Wittmaack*, I., S. 1.

707 Ebenda.

708 Vgl. dazu *Deibel*, I. A. II. 1., S. 12 ff.; *Günther*, JW 1919, 357 ff.; *Pesl*, II., S. 59 ff.; Staudinger[9] - *Kober*, Vorbem. ErbbauVO, Anm. III; Staudinger[13] - *Ring*, Einl. zur ErbbauVO, Rn. 5; *Wittmaack*, II., S. 15.

709 **RGBl. 1919 I**, S. 72 ff.

710 *Günther*, JW 1919, 357; Planck - *Strecker*, Vorbem. ErbbauVO, Anm. 2.

ii. Vergleichbarkeit von Deichstavengerechtigkeit und Erbbaurecht

Bei der Deichstavengerechtigkeit handelt es sich um das übertragbare, vererbliche und belastbare Recht, auf einem fremden Grundstück ein Gebäude bauen zu dürfen und dessen Eigentümer bleiben zu können. Das Erbbaurecht ist in § 1012 BGB beziehungsweise in § 1 Absatz 1 ErbbauVO als das vererbliche und veräußerliche Recht, ein Bauwerk auf oder unter der Oberfläche eines Grundstücks zu haben, definiert. Seine Belastbarkeit ergibt sich aus der Anordnung der Anwendbarkeit der Normen über Grundstücke in § 1017 BGB beziehungsweise in § 11 ErbbauVO. Verfügungen sind also über beide Rechte gleichermaßen möglich. Das „*haben*" im Sinne von § 1012 BGB und § 1 Absatz 1 ErbbauVO beinhaltet sowohl das Errichten als auch das Besitzen und das Benutzen des Bauwerks.[711] Damit besteht Übereinstimmung mit den im Rahmen des Stavenrechts zulässigen Grundstücksnutzungen. Ein Bauwerk im Sinne von §§ 1012 BGB, 1 Absatz 1 ErbbauVO ist jede in Verbindung mit dem Erdboden hergestellte Sache, die durch Verwendung von Arbeit und Material hergestellt wird.[712] Diese relativ weit gefasste Definition[713] geht über das im Rahmen der Deichstavengerechtigkeit zulässige Gebäude[714] hinaus. Aber auch im Rahmen der Bestellung von Erbbaurechten sind Gebäude die am weitesten verbreitete Nutzungsform[715] und insofern als Grundform anzusehen.[716] Insoweit stimmen beide Rechte ebenfalls überein.

Darüber hinaus besteht noch eine Reihe weiterer vergleichbarer Elemente. Zunächst kann für die Gewährung beider Rechte ein jährlicher Zins vereinbart werden, ohne dass dieser zwingend wäre. Stavenrecht und Erbbaurecht können auf unbegrenzte Zeit eingeräumt werden.[717] Sie sind beide untrennbar mit dem Bauwerk verbunden, für das sie bestellt wurden. Es können also stets nur Bauwerk und Nutzungsrecht gemeinsam übertragen werden. Für beide Rechte wird neben der Eintragung als dingliche Belastung des Grundstücks in Abteilung II des Grundbuchblatts ein eigenes Erbbau- beziehungsweise Stavengrundbuch ange-

---

711 Planck - *Strecker*, § 1012 BGB, Anm. 3 d; Staudinger[13] - *Ring*, § 1 ErbbauVO, Rn. 2.

712 *von Oefele/Winkler*, Rn. 2.8; Planck - *Strecker*, § 1012 BGB, Anm. 3 a; Staudinger[13] - *Ring*, § 1 ErbbauVO, Rn. 11.

713 Vgl. statt vieler Staudinger[13] - *Ring*, § 1 ErbbauVO, Rn. 12: Unter den Begriff „*Bauwerk*" können neben Gebäuden aller Art z.B. auch Monumente, Gleisanlagen, Brücken, Brunnen, Tankstellen, Sport-, Camping- und Golfplätze gefasst werden.

714 In aller Regel beschränkt auf Wohn- und Wirtschaftsgebäude sowie auf gewerbliche nutzbare Gebäude wie Schmieden und Gastwirtschaften, die wiederum auch einen Wohnbereich aufwiesen.

715 *Ingenstau*, Einleitung II., S. XXIII ff.; nach *Linde/Richter*, Rn. 37, wurden nur 0,8% der 1964 bestehenden Erbbaurechte nicht zum Bau von Gebäuden verwendet.

716 Vgl. *Mugdan*, Mot. III, S. 262.

717 Für das Erbbaurecht vgl. nur *Mugdan*, Mot. III., S. 260.

legt.[718] Die Vergabe aus sozialen Motiven ist beiden Rechten ebenso gemeinsam wie die Tatsache, dass auch der Grundstückseigentümer von ihr profitiert.[719]

Neben diesen Gemeinsamkeiten bestehen aber auch einige Unterschiede zwischen Stavenrecht und Erbbaurecht. Die im Rahmen des Stavenrechts zulässige Grundstücksnutzung beschränkte sich aus Gründen der Deichsicherheit auf die Grundstücksoberfläche, während ein Erbbaurecht auch für den Bereich unter dieser bestellt werden kann. Nur ersteres kann selbst dann auf mehrere Berechtigte aufgeteilt werden, wenn lediglich ein einziges Gebäude auf dem Grundstück vorhanden ist.[720] Im Gegensatz zum Stavenrecht fällt das Erbbaugrundstück nicht automatisch zurück an den Eigentümer, wenn das darauf stehende Gebäude vollständig zu existieren aufhört.[721] Schließlich ist die Einräumung von Deichstavengerechtigkeiten durch Private nicht dokumentiert und angesichts des immer seltener gewordenen Privateigentums an Deichen als äußerst unwahrscheinlich einzustufen.

iii. Schlussfolgerungen

Zwischen Deichstavengerechtigkeit und Erbbaurecht herrscht ein ganz erhebliches Maß an Übereinstimmung. Dies führt zu der Frage, ob das Stavenrecht nicht sogar als *wirkliches Erbbaurecht* anzusehen ist. Nur dann gilt für es die Übergangsregel des Artikel 184 Satz 2 EGBGB. Ein erstes Indiz hierfür ist die zu Beginn des 20. Jahrhunderts geübte Praxis der Deichverbände, anstelle von Deichstavengerechtigkeiten Erbbaurechte an Mitteldeichsgrundstücken zu bestellen. Diese Erbbaurechte wurden in den Verträgen sogar mit „*Erbbaurecht (Stavenrecht)*“ bezeichnet.[722]

Ob ein vor dem 1.1.1900 bestehendes superfiziarisches Recht als *wirkliches Erbbaurecht* einzustufen ist, richtet sich danach, ob es die wesentlichen Merkmale des Erbbaurechts nach BGB beziehungsweise Erbbaurechtsverordnung in sich vereinigt.[723] Ob es darüber hinaus bisher bereits als Erbbaurecht bezeichnet wor-

---

718 Für das Erbbaurecht vgl. §§ 1017 BGB, 7 GBO a.F. bzw. §§ 14 ff. ErbbauVO, 7 GBO.

719 Beim Erbbaurecht kann der Eigentümer mit dem sonst brachliegende Eigentum Einnahmen erzielen, beim Stavenrecht profitiert das Gemeinwesen von der Ansiedlung zusätzlicher Bewohner in der spärlich bewohnten Marsch.

720 Vgl. zur Unteilbarkeit eines Erbbaurechts über ein Grundstück: *Güthe/Triebel*, A. I., Planck - *Strecker*, § 1012 BGB, Anm. 10; *Wittmaack*, XVI., S. 165.

721 Vgl. § 1016 BGB und § 13 ErbbauVO.

722 **KANF**, ***Abt. F 4***, Nr. 809; 988; ***Abt. F 12***, Nr. 290.

723 *Habicht*, § 41, II., 6., a, S. 434; MüKo - *Säcker*, Art. 184 EGBGB, Rn. 5; *Niedner*, Art. 184 EGBGB, Anm. 6. b; *Planck*, Art. 184 EGBGB, Anm. 6. a; Soergel - *Hartmann*, Artikel 184 EGBGB, Rn. 5; Staudinger[9] - *Kober*, Vorbem. ErbbauVO, Anm. J.;
aA: *Wittmaack*, XIII., S. 221 ff., der alle superfiziarischen Rechte, von dieser Regel erfasst sieht.

den ist, ist dagegen unerheblich.[724] Als wesentlicher Inhalt des Erbbaurechts sind neben der Befugnis, auf oder unter einem fremden Grundstück ein Bauwerk zu haben, nur die Veräußerlichkeit, Vererbbarkeit und Belastbarkeit des Rechts anzusehen.[725] Die erforderlichen Verfügungsmöglichkeiten sind beim Stavenrecht gegeben. Durch die Beschränkung auf Gebäude ist es jedoch enger gefasst als das Erbbaurecht. Der Begriff des Bauwerks wurde bei der Festlegung des Inhalts des Erbbaurechts i.S.d. BGB gewählt, um die zukünftige Bestellung von superfiziarischen Rechten zur Ausübung bestimmter, nicht an Gebäude gebundener Tätigkeiten[726] zu unterbinden, ohne die Grundstücksnutzung von vornherein auf den Bau von Häusern zu beschränken.[727] Da ein Gebäude immer auch ein Bauwerk ist, ist es im Verhältnis zu letzterem ein wesensgleiches minus. Insofern liegt es immer vollständig innerhalb der durch den Begriff *„Bauwerk“* festgelegten Grenze. Angesichts der angeführten gesetzgeberischen Motive für die Wahl des Begriffs *„Bauwerk“* wirkt sich die insofern engere Berechtigung aus der Deichstavengerechtigkeit nicht auf die Annahme der Wesensgleichheit mit dem Erbbaurecht aus.

Die Deichstavengerechtigkeit unterscheidet sich noch in einem weiteren Punkt vom Erbbaurecht. Während ersteres nur den Hausbau auf der Grundstücksoberfläche zulässt, kann letzteres auch an dem darunter liegenden Bereich bestellt werden. Der gesetzliche Wortlaut *„auf **oder** unter einem fremden Grundstück“* ergibt aber, dass auch ein Erbbaurecht ausschließlich an der Oberfläche eines Grundstücks bestehen kann.[728] Dann kann die ausnahmslose Beschränkung des Stavenrechts auf die Grundstücksoberfläche die Gleichstellung der beiden Rechte nicht ausschließen. Trotz der anderslautenden Bezeichnung ist die Deichstavengerechtigkeit nach alledem als *wirkliches Erbbaurecht* im Sinne des BGB und der Erbbaurechtsverordnung anzusehen.

(dd) Rechtliche Besonderheiten in den Christian-Albrechts-Kögen

Abschließend bleibt zu klären, ob die Einordnung als *wirkliches Erbbaurecht* auch für die in den Christian-Albrechts-Kögen vergebenen Stavenrechte zutreffend ist. Zweifel könnten sich daraus ergeben, dass deren Bestand bis in die 1880er Jahre hinein auf die Lebenszeit des jeweiligen Berechtigten befristet war. Da eine Begrenzung eines Erbbaurechts auf Lebenszeit des Berechtigten das wesentliche Merkmal der Vererbbarkeit beseitigt, stellt sie eine unzulässige Befris-

---

724 MüKo - *Säcker*, Art. 184 EGBGB, Rn. 5; *Planck*, Art. 184 EGBGB, Anm. 6. a; Staudinger[9] - *Kober*, Vorbem. ErbbauVO, Anm. J.;
aA: *Wittmaack*, XIII., S. 221 ff., der alle Erbbaurechte, also alle superfiziarischen Rechte, von dieser Regel erfasst sieht.

725 *Otto Gierke*, § 141, I., S. 615; Planck - *Strecker*, § 1012 BGB, Anm. 4.

726 z.B. Apotheker- und Pflanzgerechtigkeiten.

727 *Otto Gierke*, § 141, III., S. 616; *Mugdan*, Mot. III, S. 262; *Windscheid*, § 223, S. 1123.

728 So auch *Planck*, Art. 184 EGBGB, Anm. 6. a.

tung dar.[729] Ein derart begrenztes Stavenrecht könnte demzufolge nicht als *wirkliches Erbbaurecht* qualifiziert werden. Es käme dann als Vergleichsobjekt allenfalls der Nießbrauch in Betracht.[730] Im Zuge der Anlegung der Grundbücher im Amtsgerichtsbezirk Niebüll wies das Grundbuchamt 1881 den Koogsinspektor der Christian-Albrechts-Köge, *Christian Sibbern Melfsen*, auf den Inhalt des Reskripts des Appellationsgerichts Kiel vom 6. September 1879 hin. Es teilte ebenfalls mit, dass die bestehenden Stavenrechte in ihrer geltenden Form nicht eintragungsfähig seien.[731] Daraufhin beschlossen die Koogsvertreter, den Staveninhabern die Aufhebung der Beschränkung auf die Lebenszeit des Berechtigten anzubieten.[732] Hierüber sollte auch ein neuer Stavenbrief[733] erteilt werden. In den Folgejahren wurden alle noch bestehenden Stavenrechte auf den Inhalt dieses neuen Stavenbriefs abgeändert.[734] Durch diese Vorgehensweise wurde eine Inhaltsänderung der Deichstavengerechtigkeiten erreicht. Diese führte noch rechtzeitig vor der Einführung des BGB dazu, dass auch die Stavenrechte in den Christian-Albrechts-Kögen in *wirkliche Erbbaurechte* umgewandelt wurden.

(3) Zusammenfassung

Alle am 1.1.1900 in den nordfriesischen Kögen bestehenden Deichstavengerechtigkeiten sind *wirkliche Erbbaurechte* im Sinne des BGB beziehungsweise der Erbbaurechtsverordnung. Auf sie sind gemäß Artikel 184 Satz 2 EGBGB i.V.m. § 1017 BGB die für Grundstücke geltenden Vorschriften des BGB anzuwenden.

b) Die Reichsgrundbuchordnung vom 24. März 1897

Neben dem Überleitungsrecht des BGB ist für den Fortbestand des Deichstavengerechtigkeit bis heute die Fortgeltung der in den 1880er Jahren angelegten Grundbücher entscheidend gewesen.

---

729 Planck - *Strecker*, Vor § 1012 BGB, Anm. 6; *Samoje*, § 1, Anm. 16; Staudinger[9] - *Kober*, § 1012 BGB, Anm. 4., b.; *Wittmaack*, IV., S. 38 ff.

730 So auch das Reskript des Appellationsgerichts Kiel vom 22. September 1879 in **KANF**, ***Abt. F 4***, Nr. 585 und ***Abt. F 5***, Nr. 404, sowie *Melfsen*, Band 3, Kapitel 12, S. 139. Zur grundsätzlichen Zulässigkeit von Servituten an Deichgrundstücken vgl. Appellationsgericht Kiel, SchlHA 1876, 305 (310).

731 **KANF**, ***Abt. F 5***, Nr. 404.

732 **KANF**, ***Abt. F 5***, Nr. 404; *Melfsen*, Band 3, Kapitel 12, S. 139.

733 Vgl. Abschrift im Anhang.

734 **KANF**, ***Abt. F 5***, Nr. 405 (Alter Christian-Albrechts-Koog, 23 Häuser); 406 (Neuer Christian-Albrechts-Koog, 20 Häuser).

Die Reichsgrundbuchordnung (GBO) vom 24. März 1897[735] ordnete in Nachfolge der PrGBO im gesamten Deutschen Reich die einheitliche Anlegung von Grundbüchern an.[736] Die GBO sollte gemäß § 82 GBO am gleichen Tag wie das BGB, also am 1. Januar 1900, in Kraft treten. Artikel 33 Nr. 1 und 4 des Ausführungsgesetzes zur Grundbuchordnung (AGGBO)[737] hoben die PrGBO und das shGBG auf. §§ 87 ff. GBO legten fest, dass die bisher geführten Grundbücher durch landesherrliche Verordnung an das neue Recht angepasst werden konnten. In Preußen bestimmte die „*Verordnung betreffend das Grundbuchwesen*" vom 13. November 1899,[738] dass die bereits nach den Vorschriften des EigG und der PrGBO angelegten Grundbücher als Grundbücher im Sinne der neuen GBO anzusehen und zu übernehmen seien. Nach der Anlage zu Artikel 3 der Verordnung vom 13. November 1899 sollten im für die nordfriesischen Köge zuständigen Landgerichtsbezirk Flensburg die nach den Vorschriften des shGBG bereits in allen Amtsgerichtsbezirken eingerichteten Bücher als Grundbücher im Sinne der GBO gelten. Damit konnte die GBO dort ungeachtet der Sondervorschriften der Verordnung vom 13. November 1899 für die Bezirke, in denen das Grundbuch noch nicht angelegt worden war, zum 1. Januar 1900 in Kraft treten.[739] Durch die Einstufung der Deichstavengerechtigkeit als *wirkliches Erbbaurecht* blieben die vorhandenen Grundbuchblätter und die Eintragungen der Stavenrechte in die II. Abteilung der entsprechenden Deichgrundstücke wirksam.[740] Auch weiterhin war die Eintragung und Anlegung neuer Grundbuchblätter zulässig.[741] Gemäß § 27 Abs. 2 AG GBO durften neue Grundbuchblätter jedoch nur noch auf Antrag des Berechtigten angelegt werden.

Durch die Neufassung der Grundbuchordnung vom 5. August 1935[742] und die „*Allgemeine Verfügung über die Einrichtung und Führung der Grundbücher*" („*Grundbuchverfügung*") vom 8. August 1935[743] wurde das Grundbuchwesen in erster Linie durch die weitgehende Außerkraftsetzung der landesrechtlichen Vor-

---

735 **RGBl. 1897**, S. 139 ff., in Kraft getreten am 1.1.1900 in der Fassung vom 20. Mai 1898, **RGBl. 1898**, S. 754 ff.

736 *Bengel/Simmering*, Einführung, Rn. 11; *Güthe/Triebel*, Band 1, Einleitung, Rn. 21; *Oberneck*, § 2, S. 7 ff.; *Turnau/Förster*, Vorbemerkung und Ergänzungen, V. ,3., S. 7.

737 **GS 1899**, S. 307 ff.

738 **GS 1899**, S. 519 ff.

739 *Oberneck*, § 3, 2., S. 22.

740 *Demharter*, § 136 GBO, Rn. 3; *Güthe/Triebel*, Band 2, § 83 GBO, Rn. 4; Meikel - *Böhringer*, § 136 GBO, Rn. 3.

741 *Bengel/Simmering*, §§ 135-144, Rn. 5; *Demharter*, § 136 GBO, Rn. 8; Meikel - *Böhringer*, § 136 GBO, Rn. 3.

742 **RGBl. 1935 I**, S. 1073 ff.

743 **RGBl. 1935 I**, S. 1089 ff.

behalte der §§ 83 ff. GBO vereinheitlicht.[744] Veränderungen für die eingetragenen Deichstavengerechtigkeiten ergaben sich hieraus nicht.

III. Gesamtergebnis zum Fortbestand der Deichstavengerechtigkeit

Seit In-Kraft-Treten des BGB am 1. Januar 1900 ist es nicht mehr möglich, neue Deichstavengerechtigkeiten in der bisherigen Form einzuräumen. Bis dahin vereinbarte Rechte bestehen jedoch als mit dem Erbbaurecht gleichzusetzende Rechte fort. Die zuvor erfolgten Grundbucheintragungen behalten ihre Gültigkeit. Bestehende Stavenrechte können auch weiterhin ins Grundbuch eingetragen werden.

---

[744] *Bengel/Simmering*, Einführung, Rn. 14; *Demharter*, Einleitung, Rn. 3; Meikel - *Böhringer*, Einleitung, A 41.

3. Teil: Heutige Probleme und Lösungsvorschläge

Ende des 19. Jahrhunderts war die Aufnahme der Deichstavengerechtigkeiten in die Grundbücher vollständig abgeschlossen. Nach dieser Zeit geriet das Wissen über die Stavenrechte zunehmend in Vergessenheit. Dies ist vor allem darin begründet, dass Übertragungen nur noch vereinzelt stattfanden und die Bestellung neuer Stavenrechte nicht mehr möglich war.[745] Zwar kam es regelmäßig zu Unstimmigkeiten zwischen Staveninhabern und Deichverbänden[746] oder zwischen letzteren und den Grundbuchämtern.[747] Auch wenn eine umfangreichere Dokumentation in diesen Fällen oftmals hilfreich gewesen wäre, wurde die Notwendigkeit ihrer Anfertigung offenbar nicht gesehen. Es wurden allenfalls auf den Streitfall ausgerichtete Stellungnahmen abgegeben.[748] Zudem schieden nach und nach die Verantwortlichen[749] aus der Deichverwaltung aus, die noch aufgrund des regelmäßigen Umgangs mit Stavenrechten umfassendere Kenntnisse gehabt hatten.

In Ermangelung einer umfangreicheren Beschreibung verwenden die inzwischen für die Verwaltung der Deichstaven zuständigen Deich- und Hauptsielverbände heute ein 1966 erstelltes Merkblatt.[750] Dieses geht vermutlich auf eine Stellungnahme des Deichgrafen des Ersten Schleswigschen Deichbands, *Th. Sönnichsen*, zurück, die dieser im Jahr 1914 für den Landrat des Kreises Tondern angefertigt hat.[751] Als weitere Quelle dient den Verbänden der 1913 in den Schleswig-Holsteinischen Anzeigen erschienene Aufsatz von *Block*.[752] Beim Grundbuchamt beim Amtsgericht Niebüll, das die Mehrzahl der noch bestehenden Stavenrechte verwaltet, existiert laut eigener Auskunft keine Zusammenstellung von Informationen. Auch dort wird in Zweifelsfällen auf den Aufsatz von *Block* zurückgegriffen.

---

745 Siehe 2. Teil, C. II. 2. a) ,(1) (c), S. 109.

746 **KANF**, ***Abt. F 4***, Nr. 593; 890.

747 **KANF**, ***Abt. F 4***, Nr. 451.
Zumeist ergaben sich die Probleme daraus, dass die Grundbuchämter die Staveninhaber irrtümlich als Grundstückseigentümer eintrugen. Auf den Widerspruch des jeweiligen Deichgrafen wurde dies i.d.R. aber routinemäßig berichtigt.

748 **KANF**, ***Abt. F 4***, Nr. 585; 593; 788; 809; 810; 988; ***Abt. F 5***, Nr. 404;
LAS, ***Abt. 161***, Nr. 2253; ***Abt. 320.4***, Nr. 1573; ***Abt. 320.21***, Nr. 1329.

749 Hier sind vor allem der Deichgraf des 1. Schleswigschen Deichbands *B. Todsen* und sein Nachfolger *Th. Sönnichsen* zu nennen, dessen Amtszeit in den 1920er Jahren endete.

750 Wortlaut im Anhang.

751 **KANF**, ***Abt. F 4***, Nr. 788; Wortlaut im Anhang.

752 SchlHA 1913, S. 257-259.

A. Bisherige Praxis und Problemfälle

I. Grundbuchpraxis bei der Anlegung der Grundbücher für Deichstavengerechtigkeiten

1. Das Eintragungsverfahren

Im Zuge der Erstellung der bis heute fortgeschriebenen Grundbücher fertigten die Grundbuchämter zunächst Flurbücher der einzelnen Gemeinden an. Die dabei ermittelten Grundstückseigentümer luden sie gemäß §§ 4, 5 shGBG zur Anfertigung der Grundbuchblätter vor. Die Deicheigentümer - in aller Regel also die Köge - waren dann unter anderem gemäß § 6 shGBG verpflichtet, dem Grundbuchamt die an dem jeweiligen Grundstück bestehenden dinglichen Rechte sowie die Person des Berechtigten anzuzeigen. Die Mitteilungspflicht bezog sich daher auch auf die vorhandenen Stavenrechte. Von dieser Anzeige mussten die Grundbuchämter gemäß § 6 Nr. 4 Absatz 2 shGBG die Stavenbesitzer benachrichtigen. Gleichzeitig forderten sie die Stavenbesitzer dann auf, gemäß § 12 shGBG die Eintragung ihrer Deichstavengerechtigkeiten in das Grundbuch zu beantragen.[753] Die Anfertigung der Grundbücher fand oftmals an zentralen Terminen statt, zu denen alle Inhaber dinglicher Rechte geladen wurden.[754] Ließen sie diese Gelegenheit ungenutzt verstreichen, drohte ihnen gemäß § 13 shGBG nach Ablauf der einjährigen Meldefrist der Verlust ihrer dinglichen Rechtsposition.[755]

2. Heranziehung der Stavenbriefe zur Vornahme der Grundbucheintragungen

Die Grundbuchämter verlangten zur Durchführung der Eintragung der Deichstavengerechtigkeiten nur ausnahmsweise die Vorlage der dazu gehörigen Stavenbriefe. So verzichtete zum Beispiel das Grundbuchamt des Amtsgerichts Niebüll bei der Anlage der Grundbücher in den 1880er Jahren regelmäßig auf die Vorlage der Stavenbriefe, sofern die Staveninhaber den jeweiligen Koog freiwillig als Grundstückseigentümer anerkannten.[756] Da die Eintragung der Stavenrechte jeweils auf die Anzeige der Grundstückseigentümer zurückging, war die Vorlage der Stavenbriefe auch nur in Zweifelsfällen erforderlich. Zusätzlich zur Eintragung der Deichstavengerechtigkeiten auf dem Grundbuchblatt des Grundstücks

753 **KANF**, ***Abt. F 4***, Nr. 590; 593.
754 **KANF**, ***Abt. F 4***, Nr. 590; 593.
755 **KANF**, ***Abt. F 4***, Nr. 590; 593.
756 **KANF**, ***Abt. F 4***, Nr. 589.

wurden nach dem Reskript des Appellationsgerichts Kiel vom 6. September 1879 eigenständige Stavengrundbücher angelegt.[757]

3. Umfang der Grundbucheintragungen

Der Umfang der Eintragungen in den Stavengrundbüchern variierte teilweise erheblich. Einige Grundbücher zählen in der Abteilung II des Stavengrundbuchblatts als Belastungen alle Punkte wortwörtlich so auf, wie sie auch im dazugehörigen Stavenbrief enthalten waren. In anderen wird nur pauschal auf die „*Verpflichtungen aus dem Stavenbrief vom ...*“ verwiesen.[758] In einigen Fällen nahmen die Grundbuchämter detailliertere Eintragungen noch lange Zeit nach der eigentlichen Anlegung des Grundbuchblatts vor.[759] In Abteilung II des Blattes des Grundstücks trugen die Grundbuchämter unter „*Lasten und Beschränkungen*“ nur ein, dass zu Gunsten der dort namentlich genannten Person ein Stavenrecht bestehe. Diese Eintragung erfolgte stets an erster Stelle.[760]

II. Übertragung von Deichstavengerechtigkeiten ohne Vorlage eines erneuerten Stavenbriefs?

Bei allen weiteren Verfügung über bereits eingetragene Deichstavengerechtigkeiten verlangten die Grundbuchämter nicht die Vorlage eines neuen, schon auf den Namen des Erwerbers ausgestellten Stavenbriefs.[761] Der Erwerber des Stavenrechts beantragte den neuen Brief auf seinen Namen regelmäßig erst nach der Umschreibung im Grundbuch.[762] Oft vergingen viele Monate, bis der Rechtserwerber seinen neuen Stavenbrief erhielt.[763] In der Mehrzahl der Fälle verlangten die Deichgrafschaften zur Ausstellung der neuen Stavenbriefe sogar ausdrücklich die Vorlage der entsprechenden Dokumente über die bereits erfolgte Grundbuchumschreibung.[764] Nur in wenigen Ausnahmefällen wurde die Umtragung des Stavenrechts im Grundbuch erst nach der explizit geforderten Erneuerung des Stavenbriefes vorgenommen.[765] Bei diesen Fällen handelte es sich jeweils um Grundstücke im Bezirk des Grundbuchamtes Niebüll. Dieses befolgte normalerweise die eben geschilderte Praxis.[766] Deswegen ist davon auszugehen, dass es sich bei die-

---

757 Siehe 2. Teil, C. II. 1. c), S. 102 f.

758 **KANF**, ***Abt. F 4***, Nr. 593; 810; ***Abt. F 5***, Nr. 404.

759 **KANF**, ***Abt. F 4***, Nr. 585.

760 **KANF**, ***Abt. F 4***, Nr. 810.

761 **KANF**, ***Abt. F 4***, Nr. 809, 988.

762 **KANF**, ***Abt. F 4***, Nr. 451; 788; 809; 988; ***Abt. F 12***, Nr. 261.

763 **KANF**, ***Abt. F 4***, Nr. 451; 788 (zum Teil verstrichen zwischen dem Antrag auf Neuausstellung durch den Erwerber und Aushändigung des Stavenbriefes 12 Monate).

764 **KANF**, ***Abt. F 4***, Nr. 809; 988.

765 **KANF**, ***Abt. F 4***, Nr. 809 (1928); 988 (1931), jeweils AG Niebüll.

766 **KANF**, ***Abt. F 4***, Nr. 451; 788; 809; 988.

sen Fällen um besonders gelagerte Sachverhalte handelte.[767] Auch bei der Ablösung von Deichstavengerechtigkeiten verzichteten die Grundbuchämter auf die Vorlage der Stavenbriefe.[768]

Heute liegen bis auf wenige Ausnahmen alle noch bestehenden Deichstavengerechtigkeiten im Bezirk des Grundbuchamts des Amtsgerichts Niebüll. Sie werden dort noch immer als Belastungen der jeweiligen Deichgrundstücke und zusätzlich in den selbstständigen Stavengrundbüchern geführt. Eine eigenständige Kartei über letztere existiert jedoch nicht. Eine vollständige Auswertung der vorhandenen Stavengrundbücher war daher bei vertretbarem Zeitaufwand nicht möglich.

Auch heute verlangt das Grundbuchamt zur Durchführung der Umtragung von Stavenrechten nicht die Vorlage eines auf den Erwerber ausgestellten, neuen Stavenbriefs.[769] Ob das Grundbuchamt Niebüll im Laufe des 20. Jahrhunderts zeitweise eine andere Praxis geübt hat, ist in Ermangelung verwertbarer Aufzeichnungen nicht mehr nachzuvollziehen. Der DHSV Südwesthörn-Bongsiel ist heute der Auffassung, dass die Umtragung des Staveninhabers im Grundbuch erst dann vorgenommen werden darf, wenn der Erwerber einen auf ihn ausgestellten Stavenbrief vorgelegt hat.

III. Belastung von Deichstavengerechtigkeiten

Die Praxis bei der Bestellung dinglicher Rechte an Deichstavengerechtigkeiten unterscheidet sich nicht von den eben geschilderten Abläufen bei der Übertragung von Stavenrechten. Die am häufigsten an Stavengrundstücken vorkommenden dinglichen Rechte sind Grundschulden und Hypotheken. Ihre Bestellung wird in die III. Abteilung des jeweiligen Stavengrundbuchs eingetragen. Die beteiligten Banken akzeptierten heute Grundpfandrechte an Deichstaven durchaus zur Kreditsicherung ebenso wie dingliche Sicherungen an vollwertigem Grundeigentum. Allerdings erfolgt die Darlehensvergabe stets unter der Bedingung, dass das Grundstück nicht an einem Mitteldeich liegt, der eventuell wieder zum Seedeich umgewidmet werden kann und dann geräumt werden müsste.[770] Dies würde nämlich einen völlig ungesicherten Kredit zur Folge haben.

Probleme ergeben sich in diesem Zusammenhang vermehrt, wenn der Inhaber eines Stavenrechts nicht in Nordfriesland ansässig ist und versucht, hieran bei ei-

---

[767] So z.B. im Rahmen des Streits über den Staven des *Johann D. Richardsen* im Fahretofter Koog, der 1904 zunächst als vermeintliches Volleigentum vererbt wurde. Nachdem alle Fragen geklärt sind, erhält der Erbe *Eggert Johannes Büsing* zur Vorlage beim Grundbuchamt einen neuen Stavenbrief auf seinen Namen ausgestellt.

[768] **KANF**, *Abt. F 4*, Nr. 988.

[769] Die zuständigen Rechtspfleger sind der Ansicht, dass sie hierzu gemäß § 22 AGGBO nicht verpflichtet sind.

[770] **KANF**, *Abt. F 4*, Nr. 788; 809; 988.

ner auswärtigen Bank zur Kreditsicherung ein Grundpfandrecht zu bestellen.[771] Das Kreditinstitut, zu dessen Gunsten das Grundpfandrecht vereinbart werden soll, kennt das Stavenrecht nicht. Die Kreditsicherung wird daran regelmäßig scheitern oder aber es droht die Gefahr, dass Auskünfte zu Grunde gelegt werden, die nicht zutreffend sind. In allen Fällen führt die fehlende Kodifikation der Deichstavengerechtigkeit zu vielen Unsicherheiten.

IV. Erhöhung des Stavenzinses

In den vergangenen Jahrzehnten haben die für die einzelnen Köge zuständigen Sielverbände den Stavenzins im Wege einseitiger Beschlüsse teilweise erheblich angehoben. Die Verbände streben damit an, wenigstens die durch die Verwaltung der Deichstaven anfallenden Kosten zu decken. Dies ist mit den ohne Anhebung noch immer geltenden niedrigen Stavenzinsen nicht möglich.

Die drastischste Erhöhung nahm der Sielverband Christian-Albrechts-Köge vor, indem er seit 1998 anstelle von 165,00 DM nun 5.000,00 DM pro ha verlangt.[772] Diese Anhebung macht der Sielverband erst geltend, wenn eine Deichstavengerechtigkeit auf einen neuen Berechtigten übertragen worden ist. Nur, wenn sich der Erwerber bereit erklärt, die höhere Rekognition zu bezahlen, erhält er einen auf seinen Namen ausgestellten Stavenbrief. Teilweise haben sich die Erwerber in der jüngeren Vergangenheit geweigert, die höhere Abgabe zu entrichten. Diese sind daher nur in Besitz des alten, auf ihren Vorgänger lautenden Stavenbriefs.

V. Ablösung von Deichstavengerechtigkeiten

Unter dem Begriff *Ablösung* ist die Aufhebung der Deichstavengerechtigkeit bei gleichzeitiger Übertragung des Grundstückseigentums an den Staveninhaber gegen die Entrichtung eines Entgelts zu verstehen.

Bereits in den Jahren 1707/08 erging ein Beschluss der Koogsvertreter, der einer vollständigen Ablösung einer Stavengerechtigkeit recht nahe kommt. Damals fand die *„erbliche Überlassung“* eines Deichstavens an den Commissarius *Heinemann* gegen die Zahlung des 25fachen Stavenzinses statt.[773] Den beiden Koogskonventsbeschlüssen hierzu ist jedoch nicht zu entnehmen, dass zusätzlich auch eine Übertragung des Grundstückseigentums stattfinden sollte oder gar vorgenommen

[771] Vgl. das Merkblatt des DHSV Südwesthörn-Bongsiel im Anhang. Z.B. hat die Sparkasse Miltenberg-Obernburg (Bayern) erst nach einigem Schriftverkehr eine Grundschuld an einem Stavenrecht an einem Grundstück in Dagebüll (GB Dagebüll Blatt 540) als Kreditsicherung akzeptiert.

[772] Entspricht einer Steigerung um das 30fache. Zu den übrigen Erhöhungen siehe 2. Teil, B. V. 2. b) (2) (a) bis (f), S. 71 ff.

[773] **KANF**, ***Abt. F 5***, Nr. 368.

wurde. Weitere Nachweise, die diese belegen würden, sind ebenfalls nicht vorhanden. Da der Mitteldeich, an dem das entsprechende Gebäude lag,[774] zum damaligen Zeitpunkt gerade erst im vorangegangen Jahr in die zweite Deichlinie gerückt war, ist dies auch als höchst unwahrscheinlich anzusehen. Es ist daher davon auszugehen, dass der Beschluss nur bewirken sollte, dass der Staven nach dem Tod des Commissarius *Heinemann* ohne weitere Zustimmungserklärungen des Koogs vererbt werden konnte.

Ab Ende des 19. Jahrhunderts entstanden schließlich endgültig vermehrte Bestrebungen, Stavenrechte abzulösen. Der erste entsprechende Versuch geht auf das Jahr 1877 zurück. Die Gemeinde Koldenbüttel beantragte beim zuständigen Landrat des Kreises Eiderstedt, einige mit Deichstavengerechtigkeiten belastete gemeindeeigene Grundstücke an die jeweiligen Rechtsinhaber veräußern zu dürfen. Als Gegenleistung sollten die bisherigen Nutzer alle bestehenden und zukünftigen Abgaben und Lasten übernehmen sowie weiterhin die an den Grundstücken verlaufenden Wege unterhalten. Nachdem sich der Deichgraf des Dritten Schleswigschen Deichbands gegen dieses Vorhaben ausgesprochen hatte, untersagte der Landrat in seiner Funktion als Oberdeichgraf aus Gründen der Deichsicherheit die angestrebten Übertragungen.[775]

1910 fand im Bökingharder Anteil des Gotteskooges erstmals die Ablösung eines einzelnen Deichstavens statt. Der dortige Mühlenstaven wurde für die 25fache Rekognition an den Staveninhaber übertragen.[776]

Ab 1920 begannen die Köge schließlich, die an längeren durchgehenden Deichstrecken liegenden Stavenrechte möglichst zusammenhängend abzulösen. Die Koogsvertreter des Wiedingharder Alten Koogs beschlossen am 12. Dezember 1920 auf einer Konventssitzung die Überführung aller Deichstavengerechtigkeiten am Mitteldeich zwischen dem Wiedingharder Alten Koog einerseits und dem Brunotten-, Gottes- und Kleinen Emmelsbüller Koog andererseits in Volleigentum der Rechtsinhaber.[777] Der dortige Deich war bereits erheblich abgeflacht und häufig durchstochen worden und hatte damit keine Schutzfunktion mehr.[778] Als Ablösungssumme veranschlagte man 50 Pf pro Quadratmeter.[779] Der Koog beantragte am 28. Februar 1921 beim Deichband die Genehmigung zur Veräußerung der Grundstücke.[780] Daraufhin legten die Deichbandsvertreter in ihrer Deichamtssitzung am 2. Juni 1921 fest, dass das Eigentum an Stavengrundstücken nur dann an die Stavenrechtsinhaber übertragen werden dürfte, wenn es sich bei dem entspre-

---

774 Zwischen dem Neuen und dem Alten Christian-Albrechts-Koog.
775 **KANF**, ***Abt. F 7***, Nr. A 2 Db 110.
776 **KANF**, ***Abt. F 4***, Nr. 788 (Stavengeld: 0,34 M, Ablösungssumme 8,50 M).
777 **KANF**, ***Abt. F 4***, Nr. 403.
778 **KANF**, ***Abt. F 4***, Nr. 403.
779 **KANF**, ***Abt. F 4***, Nr. 451.
780 **KANF**, ***Abt. F 4***, Nr. 152; 403.

chenden Mitteldeich um einen *schaufreien*[781] Deich handelte.[782] Dieser Beschluss wurde später allgemein auf die Ablösung von Stavenrechten in anderen Kögen angewendet.[783] Auf einer Deichbandssitzung am 12. September 1929 beschlossen die Vertreter darüber hinaus, dass dem Deichband durch zukünftige Ablösungen keine Kosten entstehen dürften.[784] Dadurch sollte vor allem sichergestellt werden, dass statt der Köge beziehungsweise des Deichbands die Staveninhaber alle Kosten selbst trugen, die durch den Vertragsschluss über die Veräußerung und die vorzunehmende Umtragung im Grundbuch entstanden.

Die Ablösung von Stavenrechten fand regelmäßig nur auf Wunsch des Staveninhabers statt.[785] Er hatte zwar keinen Anspruch, dass der jeweilige Grundstückseigentümer seinem Antrag nachkam.[786] Vielfach gingen die Köge jedoch auf die Staveninhaber zu und boten ihnen die Umwandlung ihrer Rechte an oder erwogen dies zumindest.[787] Die Beschlüsse der Köge über die Durchführung von einzelnen und gruppenweisen Ablösungen bedurften der Genehmigung des jeweiligen Landrats in seiner Funktion als Oberdeichgraf.[788] Für die Umwandlung der Stavenrechte in Volleigentum erhoben die Köge stets eine Gebühr. Diese betrug in der Mehrzahl der Fälle das 25fache des Stavenzinses.[789] Von dieser Summe ist allerdings eine Reihe von Abweichungen bekannt. So wurde 1935 für ein Stavengrundstück in Risum[790] die 50fache Rekognition verlangt.[791] Andere Dokumente belegen eine Ablösungssumme von 50 Pf pro Quadratmeter.[792] Bei der Ablösung von 28 der zum damaligen Zeitpunkt noch bestehenden 52 Stavengrundstücke im Ostermooringer Kornkoog in den Jahren 1940/41 wurden schließlich scheinbar völlig willkürlich der 15-, 20- oder 25fache Stavenzins verlangt. In einigen dieser Fällen ergab die Ablösungssumme nicht einmal ein gerades Vielfaches der Rekognition.[793]

Heute ist mit 173 Grundstücken nur noch eine relativ geringe Zahl von Deichstavengerechtigkeiten vorhanden.[794] In vielen Kögen gibt es gar keine Stavenrechte

---

781 *Schaufreiheit* bedeutet, dass das Regierungspräsidium beschlossen haben muss, dass der Deich nicht mehr zur zu erhaltenden (zweiten) Deichlinie zu zählen ist.

782 **KANF**, ***Abt. F 4***, Nr. 152; 788; 988.

783 **KANF**, ***Abt. F 4***, Nr. 593; 451; 788; 988.

784 **KANF**, ***Abt. F 4***, Nr. 152; 788.

785 **KANF**, ***Abt. F 21***, Nr. 12; 36.

786 Vgl. **KANF**, ***Abt. F 4***, Nr. 451; ***Abt. F 21***, Nr. 16; 36.

787 **KANF**, ***Abt. F 4***, Nr. 809; ***Abt. F 12***, Nr. 36.

788 **KANF**, ***Abt. F 4***, Nr. 809; 988; ***Abt. F 12***, Nr. 181.

789 **KANF**, ***Abt. F 4***, Nr. 988 (Wiedingharder Alter Koog, Kleiner Emmelsbüller Koog, Ostermooringer Kornkoog).

790 Es ist unklar, zu welchem der angrenzenden Köge das Grundstück gehörte, aller Wahrscheinlichkeit nach aber zum Kornkoog.

791 **KANF**, ***Abt. F 4***, Nr. 988.

792 **KANF**, ***Abt. F 4***, Nr. 451.

793 **KANF**, ***Abt. F 21***, Nr. 36.

794 Die Mehrzahl der Grundstücke befindet sich im Alten und Neuen Christian-Albrechts-Koog und im Fahretofter Koog. Weitere Stavenrechte bestehen noch in folgenden Kögen: Wieding-

mehr.[795] Daraus folgt, dass in der Mehrzahl der Köge umfassende Ablösungen durchgeführt worden sein müssen. Obwohl seitdem nur ein relativ kurzer Zeitraum vergangen ist, sind darüber nur verhältnismäßig wenige Quellen auffindbar. Für groß angelegte Übertragungen sind solche überhaupt nur aus dem Wiedingharder Alten Koog[796] und dem Ostermooringer Kornkoog[797] erhalten. Des weiteren sind Ablösungen aus dem Kleinen Emmelsbüller Koog belegt.[798] Von Seiten der verschiedenen beteiligten Behörden bestand jedenfalls im Zeitraum zwischen dem Ersten und dem Zweiten Weltkrieg ein relativ hohes Interesse an der vermehrten Ablösung von Deichstavengerechtigkeiten. Dies zeigt unter anderem ein Vorschlag des Landrats des Kreises Südtondern von 1929, nach dem so viele Deichstaven wie möglich in Volleigentum der Berechtigten umgewandelt werden sollten.[799] Der damalige Deichgraf des Ersten Schleswigschen Deichbands *Dethlefsen* bittet zu diesem Zweck 1937 sogar das Regierungspräsidium der Provinz Schleswig-Holstein, verschiedene Mitteldeiche aus der Schau zu entlassen.[800]

Heute ist eine Ablösung von Deichstavengerechtigkeiten nur noch zulässig, wenn der Deich in der dritten Deichlinie liegt. Nur dann ist nämlich gemäß § 67 LWG die Entwidmung des Deiches und damit die Entlassung aus der Deichunterhaltung möglich. Mit dem 1954 fertiggestellten Friedrich-Wilhelm-Lübke-Koog[801] erfolgte die letzte groß angelegte Vordeichung. Seitdem werden aus Gründen des Naturschutzes und weil kein Bedarf mehr für die Gewinnung neuer landwirtschaftlicher Nutzflächen besteht, nur noch die bestehenden Deiche unterhalten.[802] Damit können Stavenrechte, die an Deichen der zweiten Deichlinie bestehen, heute praktisch nicht mehr abgelöst werden.

---

harder Alten Koog, Brunottenkoog, Gotteskoog, Emmelsbüller Kleinen Koog, Dagebüller Koog und Ockholmer Koog.

795 Die heute zu Dänemark gehörenden Köge (Ruttebüller Koog, Hoyerkoog, Mögeltondernkoog, Tonderner Koog, Ubergkoog) können außer Acht gelassen werden, da die dortigen Stavenrechte seit 1920 nach dänischem Recht behandelt wurden. Im Kornkoog, Klixbüller Koog, Kleiner und Großer Kohldammer Koog, Kleiseer Koog, Maasbüller Herrenkoog, Bottschlotter Koog, Blumenkoog, Waygaarder Koog, Langenhorner Alter und Neuer Koog bestehen kein Deichstavengerechtigkeiten mehr. Auf Eiderstedt sind heute nur noch zwei Stavenrecht vorhanden; alle anderen müssen demnach abgelöst worden sein.

796 **KANF**, ***Abt. F 4***, Nr. 451; 988.

797 **KANF**, ***Abt. F 4***, Nr. 809; ***Abt. F 21***, Nr. 16; 36.

798 **KANF**, ***Abt. F 4***, Nr. 988.

799 **KANF**, ***Abt. F 4***, Nr. 788.

800 **KANF**, ***Abt. F 4***, Nr. 1065.

801 *Kunz/Panten*, S. 21.

802 Bantelmann/Kuschert/Panten/Steensen - *Steensen*, IV., E., 4., d., S. 424; *Kunz/Panten*, S. 8.

B. Beurteilung der bisherigen Praxis und Lösungsvorschläge

Im Folgenden soll dargestellt werden, inwieweit die bisherige Praxis den Maßstäben des geltenden Rechts standhält. In einem ersten Schritt ist zu überprüfen, welche Rechtsvorschriften auf die Deichstavengerechtigkeit anzuwenden sind. Außerdem werden die im Rahmen der bestehenden Vorschriften möglichen Lösungen aufgezeigt werden.

I. Anwendbarkeit der Regeln des BGB

Durch die Einordnung der Deichstavengerechtigkeit als dingliches Recht fällt es unter die Regelungen des Artikel 184 EGBGB. Diese Norm ordnet an, dass bestehende dingliche Rechte mit ihrem bisherigen Inhalt fortbestehen. Demnach sind insbesondere die Auslegung des Bestellungsgeschäfts und die Festlegung des genauen Rechtsinhalts weiter nach dem bis zu diesem Zeitpunkt geltenden Recht vorzunehmen.[803] Die zukünftigen Wirkungen dieser althergebrachten superfiziarischen Rechte sind nach dem In-Kraft-Treten des BGB jedoch nach neuem Recht zu beurteilen.[804] Diese Regelung bewirkt, dass zum Beispiel die Frage der Übertragbarkeit eines dinglichen Altrechts anhand des bisherigen Rechts beantwortet werden muss, während die Übertragung selbst nach den Vorschriften des BGB durchzuführen ist.[805]

Artikel 184 Satz 2 EGBGB ordnet zusätzlich an, dass für Alterbbaurechte § 1017 BGB gilt. Da es sich bei der Deichstavengerechtigkeit um ein *wirkliches Erbbaurecht* im Sinne von Artikel 184 S. 2 EGBGB handelt,[806] ist auch diese Vorschrift anzuwenden. § 1017 Absatz 1 BGB bestimmt, dass für das Erbbaurecht die sich auf Grundstücke beziehenden Vorschriften gelten. Gemäß § 1017 Absatz 2 BGB finden zudem die für den Erwerb des Eigentums und für die Ansprüche aus dem Eigentum geltenden Vorschriften auch auf das Erbbaurecht Anwendung. Aus § 1017 BGB folgt insgesamt, dass alle sich auf Grundstücke beziehenden Vorschriften für das Erbbaurecht[807] und damit auch für die heute noch bestehenden Stavenrechte gelten. Die jeweilige Vorschrift muss nicht ausdrücklich für Grundstücke erlassen sein. Es reicht aus, dass sie sich auch auf Grundstücke be-

---

803 *Habicht*, § 41, II., 1., S. 426; MüKo - *Säcker*, Artikel 184 EGBGB, Rn. 3; *Niedner*, Art. 184 EGBGB, Anm. 3. b; Palandt[61] - *Bassenge*, Artikel 184 EGBGB, Rn. 3; *Planck*, Artikel 184 EGBGB, Anm. 5a; Soergel - *Hartmann*, Artikel 184 EGBGB, Rn. 2; Staudinger[13] - *Hönle*, Vorbem. Artikel 180 EGBGB, Rn. 4.

804 *Habicht*, § 41, II., 1., S. 426; MüKo - *Säcker*, Artikel 184 EGBGB, Rn. 3 f.; *Niedner*, Art. 184 EGBGB, Anm. 3. b; *Planck*, Artikel 184 EGBGB, Anm. 5a; Soergel - *Hartmann*, Artikel 184 EGBGB, Rn. 2; Staudinger[13] - *Hönle*, Vorbem. Artikel 180 EGBGB, Rn. 4.

805 MüKo - *Säcker*, Artikel 184 EGBGB, Rn. 3; *Planck*, Artikel 184 EGBGB, Anm. 5a.

806 Siehe 2. Teil, C. II. 2. a) (2) (c), S. 112 ff.

807 Planck - *Strecker*, § 1017 BGB, Anm. 2; Staudinger[9] - *Kober*, § 1017 BGB, Anm. I.; *Wittmaack*, XXIII., S. 216.

zieht.[808] Darüber hinaus ist es nicht erforderlich, dass die Vorschriften im BGB oder im EGBGB enthalten sind.[809]

II. Zusätzlich Heranziehung der Erbbaurechtsverordnung möglich?

Nicht alle die Deichstavengerechtigkeit betreffenden Rechtsprobleme können über den Verweis des § 1017 BGB zufriedenstellend gelöst werden. Daher stellt sich die Frage, ob in den Fällen, in denen das BGB keine sachgerechte Lösung bereithält, die Erbbaurechtsverordnung jedenfalls entsprechend herangezogen werden kann. Diese wurde erlassen, um die durch die lückenhafte Regelung der §§ 1012 bis 1017 BGB verursachten rechtlichen Schwierigkeiten auszuräumen.[810] Dementsprechend enthält die Verordnung deutlich detailliertere Regeln und führt zu einer besseren praktischen Handhabbarkeit des Erbbaurechts.[811] Dennoch ordnen §§ 35, 38 ErbbauVO an, dass die Verordnung nicht auf Erbbaurechte anzuwenden ist, die bereits vor dem 22. Januar 1919 entstanden waren. Da das Hauptziel der Reform darin lag, das Erbbaurecht in Zukunft marktgängiger und beleihungsfähiger zu machen,[812] war eine Rückwirkung dieser Neuregelungen auch nicht notwendig. Hinsichtlich der bestehenden Erbbaurechte hatten es nämlich die Vertragsparteien bereits bei der Bestellung in der Hand gehabt, wie sie das Recht ausgestalten wollten. Hatten sie eine der weniger praktikable Alternativen gewählt, so mussten sie die daraus entstehenden Probleme hinnehmen oder durch geeignete Vereinbarungen inter partes Abhilfe schaffen. Da die Anordnung der Nicht-Rückwirkung der Erbbaurechtsverordnung auch gleichermaßen für Alterbbaurechte aus der Zeit vor dem In-Kraft-Treten des BGB gilt,[813] ist ihre analoge Anwendung auf die Deichstavengerechtigkeit nicht möglich. Die Beurteilung des Stavenrechts aus heutiger Sicht muss daher allein aufgrund der Regeln des BGB stattfinden.

---

808 Planck - *Strecker*, § 1017 BGB, Anm. 2; Staudinger[9] - *Kober*, § 1017 BGB, Anm. I, 1; *Wittmaack*, XXIII., S. 216.

809 Planck - *Strecker*, § 1017 BGB, Anm. 2; Staudinger[9] - *Kober*, § 1017 BGB, Anm. I., 1. b. i.V.m. § 11 ErbbauVO, Anm. I., 1., b; *Wittmaack*, XXIII., S. 216.

810 Amtliche Begründung; *Ingenstau*, Einleitung I., 4., S. XXII.; *Lux*, JW 1919, 360; *von Oefele/Winkler*, Rn. 1.8.; Planck - *Strecker*, Vor § 1 ErbbauVO, Anm. 1.

811 So auch *Lux*, JW 1919, 360-362; *von Oefele/Winkler*, Rn. 1.9.

812 Vgl. amtliche Begründung bei *Samoje*, S. 134.

813 Planck - *Strecker*, § 38 ErbbauVO, Anm. 2; vgl. auch Staudinger[9] - *Kober*, § 38 ErbbauVO, Anm. A., 3.

III. Anwendung der geltenden Vorschriften auf die verschiedenen Problemfelder

1. Übertragung von Deichstavengerechtigkeiten

a) Erforderliche Schritte

Die dingliche Übertragung einer Deichstavengerechtigkeit richtet sich materiellrechtlich nach § 1017 Absatz 2 i.V.m. §§ 873, 925 BGB. Der bisherige Rechtsinhaber und der Erwerber müssen die Auflassung, also die Einigung über den Übergang des Rechts, gleichzeitig vor einem Notar erklären. Des weiteren ist zur Wirksamkeit des Rechtsübergangs die Eintragung der Rechtsänderung im Grundbuch erforderlich. Im Grundbuchverfahren wiederum sind gemäß § 22 AGGBO die sich auf Grundstücke beziehenden Vorschriften der Grundbuchordnung anzuwenden. Daraus ergibt sich, dass gemäß § 19 GBO derjenige, zu dessen Lasten die Rechtsänderung geht, die Eintragung gegenüber dem Grundbuchamt bewilligen muss. Zusätzlich ist letzterem gemäß § 20 GBO das Vorliegen der materiellrechtlichen Einigung der Parteien nachzuweisen. Grundsätzlich prüft das Grundbuchamt gemäß § 29 GBO in der Folge nur, ob die Eintragungsbewilligung des von der Verfügung Belasteten im Sinne von § 19 GBO sowie die Einigung der Parteien im Sinne von § 20 GBO durch öffentliche oder öffentlich beglaubigte Urkunde nachgewiesen sind.[814] Als derjenige, zu dessen Lasten die Rechtsänderung geht, ist im Sinne von § 19 GBO nur der Inhaber des zu übertragenden dinglichen Rechts anzusehen, nicht aber der Eigentümer des Grundstücks, an dem das dingliche Rechts besteht.[815] Insoweit ist also der jeweilige Deicheigentümer nicht am Grundbuchverfahren zu beteiligen. Da der Deicheigentümer auch nicht als Berechtigter oder als anderer Teil im Sinne von § 20 GBO angesehen werden kann, ist seine Mitwirkung auch insoweit nicht erforderlich. Schließlich teilt das Grundbuchamt gemäß § 55 Absatz 1 GBO dem Grundstückseigentümer nach erfolgter Umtragung mit, dass hinsichtlich der jeweiligen Deichstavengerechtigkeit eine Grundbucheintragung stattgefunden hat.

b) Die Verpflichtung zur Neulösung eines Stavenbriefes bei jedem Besitzwechsel im Grundbuchverfahren

Ein erheblicher Streitpunkt im Rahmen des grundbuchrechtlichen Eintragungsverfahrens besteht zwischen dem DHSV Südwesthörn-Bongsiel und dem Grundbuchamt Niebüll in der Frage, ob die Eintragung des neuen Stavenrechtsinhabers nur dann erfolgen darf, wenn dieser einen neuen, auf seinen Namen ausgestellten

[814] *Demharter*, § 20 GBO, Rn. 38.
[815] *Arnheim*, § 19 GBO, Rn. 8; Meikel - *Böhringer*, § 19 GBO, Rn. 438.

Stavenbrief vorlegt oder ob das Grundbuchamt dieses Erfordernis nicht berücksichtigen muss.

(1) Die rechtliche Qualität des Stavenbriefs

Ob eine entsprechende Verpflichtung des Grundbuchamts zur Beachtung dieses Erfordernisse besteht, lässt sich nur beantworten, wenn feststeht, welche rechtliche Qualität der Stavenbrief und die einzelnen darin enthaltenen Vereinbarungen früher hatten und ob diese noch heute besteht.

(a) Frühere Funktionen des Stavenbriefs

Der Stavenbrief diente in früheren Zeiten in erster Linie als Nachweis, an welchem Grundstück die jeweilige Deichstavengerechtigkeit bestand und wer der aktuelle Rechtsinhaber war. Da die Stavenrechte und ihrer Inhaber nur sehr selten in speziellen Registern erfasst waren, war nämlich nur so gewährleistet, dass diese Gegebenheiten zweifelsfrei zu belegen waren. Dementsprechend enthielt vor allem die Mehrzahl der im 18. und der ersten Hälfte des 19. Jahrhunderts ausgestellten Stavenbriefe den Einleitungssatz:

> „*Wenn es nun künftigen Irrungen vorzubeugen für richtig befunden worden, daß die an und auf den ... Mitteldeichen wohnenden Stavenbesitzer mit den erforderlichen Stavenbriefe versehen werden ...*“.[816]

Auch das Erfordernis der Neuausstellung des Stavenbriefs bei jedem Besitzwechsel sowie die Verpflichtung, den auf den bisherigen Staveninhaber ausgestellten Brief abzugeben, dienten der Sicherung des Nachweises der Rechtsinhaberschaft. Wer unter diesen Umständen keinen Stavenbrief auf seinen Namen vorlegen und damit auch sein Besitzrecht an dem Grundstück nicht belegen konnte, lief Gefahr, als unrechtmäßiger Besitzer vom Koog oder Deichverband des Grundstücks verwiesen zu werden. Zudem vermied die Pflicht zur Abgabe des nicht mehr gültigen Stavenbriefs, dass sowohl der bisherige als auch der neue Rechtsinhaber ihre Berechtigung an dem Grundstück behaupten und durch Vorlegen des jeweiligen Briefs auch beweisen konnten. Schließlich verhinderte der Stavenbrief durch die ausdrückliche Feststellung, dass dem Koog das Eigentum an dem jeweiligen Grundstück vorbehalten bleibe,[817] dass der Staveninhaber das Eigentum daran ersitzen konnte.

Eine weitere Funktion des Stavenbriefs lag darin, den Bestand und Umfang der Rechte und Pflichten der Staveninhaber zu dokumentieren. Gerade die verschiedenen Nutzungsbeschränkungen sowie die einzelnen Unterhaltungspflichten muss-

---

816 Statt vieler **KANF**, ***Abt. F 4***, Nr. 586; 788; 890; **LAS**, ***Abt. 161***, Nr. 1743.

817 Vgl. Stavenbriefe im Anhang.

ten dem Rechtsinhaber im Interesse der Erhaltung der Schutzfähigkeit des Deiches vollständig bekannt gemacht werden. Außerdem war es vor allem zu Zeiten der Kabeldeichung geradezu lebensnotwendig für die Gemeinschaft, dass jederzeit der einzelne Deichpflichtige genau feststand. Da es sich bei der Deichstavengerechtigkeit um ein reines Gewohnheitsrecht ohne eine allgemein verbindliche schriftliche Grundlage handelte, war dies nur durch die Übergabe des schriftlich abgefassten Stavenbriefs zu gewährleisten. Außerdem war es angesichts des Fehlens eines einheitlichen Registers und mangels fester Sätze für das zu entrichtende Stavengeld erforderlich, die Höhe und den Fälligkeitstermin des jährlich zu entrichtenden Stavenzinses schriftlich zu fixieren. Dieser Zweck wird weiterhin durch die sogenannten Reverse bestätigt. Bei diesen handelte es sich entweder um Zusätze auf den Stavenbriefen, die unterhalb des eigentlichen Briefes angefügt waren,[818] oder um zusätzliche Schriftstücke, auf denen der Rechtserwerber jeweils unterschrieb, dass er den Inhalt des Stavenbrief anerkenne.[819] Mit diesen verschaffte sich die Deichverwaltung einen weiteren Beleg dafür, dass dem Inhaber die bestehenden Beschränkungen bekannt waren.

Schließlich sind die Stavenbriefe, die den ersten Rechtsinhaber ausgestellt wurden, als Baugenehmigung zu verstehen. Das Bebauen von Deichen war nämlich nur mit der Genehmigung des Deicheigentümers und nur dann zulässig, wenn die Sicherheit des Deichkörpers durch den Bau nicht beeinträchtigt wurde.[820] Erhielt jemand also einen unbebauten Staven, um sich darauf ein Haus zu bauen, war eine entsprechende Genehmigung erforderlich. Dass diese in dem neu ausgestellten Stavenbrief enthalten war, ergibt sich auch aus dem Wortlaut der älteren Urkunden, die nämlich stets auch die Berechtigung zum Bauen feststellen.[821]

(b) Vergleich mit anderen landesrechtlichen Urkunden

Zur Beurteilung der möglichen Wirkungen des Stavenbriefs und seines Inhalts werden im Folgenden weitere in Schleswig-Holstein verwendeten Urkunden zum Vergleich herangezogen. Vorauszuschicken ist allerdings, dass generell in nur relativ wenigen Fällen die Anfertigung eines Schriftstücks über das jeweils getätigte Rechtsgeschäft zwingendes Recht war.[822]

---

818 Diese Praxis wird auch heute noch geübt; vgl. Stavenbriefe des DHSV im Anhang.

819 **KANF**, ***Abt. F 4***, Nr. 809; ***Abt. F 5***, Nr. 369; 372; 405; 406.

820 *von Cancrin*, § 34, S. 119; *Mittermaier*, § 225, S. 629; *Pesl*, I. 11., S. 42; *Runde*, § 120, S. 121 f.; *Wolters*, § 56, S. 95.

821 **KANF**, ***Abt. F 5***, Nr. 369; 404.

822 *Falck*, Band 4, § 6, S. 27.

(aa) Die Brieferteilung bei der Erbfeste[823]

Die aus dem dänischen Recht hervorgegangenen Festegüter und -katen[824] wurden als eine Ausprägung des geteilten Eigentums verstanden.[825] Die Festegrundstücke standen hauptsächlich in landesherrlichem, teilweise aber auch in privatem Eigentum.[826] Der Festebesitzer war berechtigt, das Grundstück zu nutzen und Früchte daraus zu ziehen.[827] Im Regelfall durfte er zudem ein Haus darauf erbauen oder ein bereits darauf stehendes Haus bewohnen.[828] Als Gegenleistung musste der Festebesitzer einen als Festegeld bezeichneten Zins entrichten.[829] Zunächst waren Festen nur an die direkten Nachkommen des ursprünglich Berechtigten vererbbar und nicht veräußerlich.[830] Mitte des 19. Jahrhunderts setzte sich dann jedoch die freie Veräußerbarkeit der Erbfesten durch.[831] Veräußerungen mussten allerdings vom Obereigentümer genehmigt werden.[832] Dieser durfte die Genehmigung allerdings nur in begründeten Fällen, etwa wenn Bedenken gegen die Person des Erwerbers bestanden, verweigern.[833] Bei der Gewährung des Festestelle erteilte der Grundstückseigentümer dem Berechtigten auf Stempelpapier den sogenannten Festebrief.[834] Dieser enthielt die wesentlichen Bedingungen der Vergabe und der Nutzung des Grundstücks.[835] Sein Hauptzweck lag darin, dass der Festebesitzer mit der Annahme des Briefes das Eigentumsrecht des Obereigentümers ausdrücklich anerkannte.[836] Daher wurde auch nach Übertragungen jedem neuen Festebe-

823 Die nicht vererbbare Leibfeste (vgl. dazu *Falck*, Band 5/1, § 120, S. 226 und *Kähler*, § 28, III., 2., S. 233) wird hier nicht weiter behandelt.

824 *Falck*, Band 5/1, § 123, S. 243: in Ermangelung von Sonderregeln sind die allgemeinen Grundsätze über die Festegüter auch auf die Festekaten anzuwenden.

825 *Esmarch*, Bürgerliches Recht, § 52, S. 124; *Falck*, Band 5/1, § 120, S. 224; *Kähler*, § 28, III., 2., S. 233; *Paulsen*, § 39, S. 66.

826 *Esmarch*, Bürgerliches Recht, § 52, S. 124; *Falck*, Band 5/1, § 120, S. 225; *Kähler*, § 28, III., 2., S. 233; *Paulsen*, § 41, S. 69;
nach *Falck*, Band 5/1, § 121, S. 230 f. waren Privatfesten meistens zugleich Leibfesten.

827 *Falck*, Band 5/1, § 120, S. 228; *Paulsen*, § 39, S. 67.

828 *Falck*, Band 5/1, § 123, S. 244.

829 *Falck*, Band 5/1, § 120, S. 227; *Paulsen*, § 39, S. 66.

830 *Falck*, Band 5/1, § 120, S. 229 und § 122, S. 238; *Paulsen*, § 39, S. 67.

831 *Esmarch*, Bürgerliches Recht, § 52, S. 124; *Falck*, Band 5/1, § 122, S. 239; *Kähler*, § 28, III., 2., S. 233; *Paulsen*, § 39, S. 67.

832 *Esmarch*, Bürgerliches Recht, § 52, S. 124; *Falck*, Band 5/1, § 122, S. 239 (bei den landesherrlichen Festen war dies die Rentekammer) ; *Kähler*, § 26, I., 2., a., S. 202; *Paulsen*, § 39, S. 67.

833 *Falck*, Band 5/1, § 122, S. 239.

834 *Esmarch*, Bürgerliches Recht, § 52, S. 124; *Falck*, Band 5/1, § 122, S. 234; *Kähler*, § 26, I., 2., a., S. 202; *Paulsen*, § 39, S. 66.

835 *Falck*, Band 5/1, § 122, S. 236: die Festebriefe werden nach alten, inhaltlich feststehenden Formularen ausgehändigt, obwohl sich die tatsächlich allgemein für geltend erachteten Grundsätze weiter entwickelt haben.

836 *Falck*, Band 5/1, § 120, S. 227.

sitzer unabhängig vom Rechtsgrund für den Übergang ein solcher Festebrief erteilt.[837]

Die Festekate in ihrer endgültigen Gestalt und die Deichstavengerechtigkeit wiesen erhebliche Übereinstimmungen auf. Daher kann das Recht der Festekate und speziell die Handhabung des Festebriefs als Vergleichsmaßstab herangezogen werden. Über die genauen Funktionen des Festebriefs ist jedoch wenig bekannt. Auch wenn sicher ist, dass der Festebrief unter anderem ebenso wie der Stavenbrief die Möglichkeit einer Ersitzung des Grundstücks unterbinden sollte, ist dies wenig aussagekräftig. Denn bereits im 19. Jahrhundert bestand erheblicher Streit darüber, zu welchem Zeitpunkt der Erwerber einer Feste um einen neuen Festebrief nachsuchen musste.[838] Insoweit eignet sich dieser also nicht für Rückschlüsse auf die entsprechende Wirkung des Stavenbriefs. Dies gilt umso mehr, als die erblichen Festestellen durch das Reallastenablösungsgesetz vom 31. Januar 1873[839] in freies Eigentum der bisherigen Festebesitzer überführt wurden.

(bb) Das ostholsteinische Eigenkatenrecht[840] und der Hausbrief

In Ostholstein vergaben Gutsherren mindestens seit Anfang des 18. Jahrhunderts an ihre Leibeigenen das Recht, auf einem zum Gut gehörenden Grundstück ein Haus zu bauen oder sie übertrugen ihnen schenkweise das Eigentum an einem bereits vorhandenen Haus. Das Grundstückseigentum verblieb in beiden Fällen beim Gutsherrn. Dieses superfiziarische Recht wurde als Eigenkatenrecht bezeichnet. Es war frei vererblich und veräußerlich. Veräußerungen waren jedoch im Zeitalter der Leibeigenschaft an die Genehmigung des Gutsherrn geknüpft, da die Untergehörigen an das jeweilige Gut gebunden waren und nur mit der gutsherrlichen Genehmigung von dort fortgehen beziehungsweise sich in einem anderen Gutsbezirk niederlassen durften. Mit dem Kateneigentum war die Befugnis verbunden, den das Haus umgebenden Garten zu nutzen und eine begrenzte Menge von Vieh zu halten. Der Kätner musste einen jährlichen Zins, das Verbittelsgeld, entrichten. Über das Eigenkatenrecht erteilte der Gutsherr einen sogenannten Hausbrief. Dieser enthielt die wesentlichen Rechte und Pflichten des Kätners. Dieses Dokument hatte aber keinen rechtsbegründenden, sondern nur einen „rechtserklärenden“[841] Charakter. Eine Eintragung der Eigenkaten in die jeweiligen Schuld- und Pfandprotokolle fand nicht statt. Nach Veräußerungen erhielten die neuen Rechtsinhaber einen auf ihren Namen lautenden Hausbrief. Eine den Stavenbriefen ent-

837 *Esmarch*, Bürgerliches Recht, § 52, S. 124; *Kähler*, § 26, I., 2., a., S. 202; *Paulsen*, § 39, S. 66.

838 Vgl. *Falck*, Band 5/1, § 122, S. 235 f.

839 **GS 1873**, S. 3 ff.

840 Vgl. im Ganzen *Staehly*, Das ostholsteinische Eigenkatenrecht.

841 So *Staehly*, S. 16.

sprechende ausdrückliche Verpflichtung des Erwerbers zur Neulösung bei Eigentumswechseln enthielten die Hausbriefe allerdings nicht.

Nach der Aufhebung der Leibeigenschaft entwickelte sich das Eigenkatenrecht zu einem frei veräußerbaren Recht. Der Käufer konnte nach dem Eigentumswechsel der Kate einen neuen Hausbrief beantragen. Den Eigentumserwerb musste er durch die Vorlage geeigneter Urkunden wie dem Kaufvertrag oder dem bisheriger Hausbrief nachweisen oder die ausdrückliche Zustimmung des Voreigentümers beibringen. Im Zuge der Anlegung der Grundbücher wurden auch die Eigenkatenrechte als selbständige Gerechtigkeiten im Sinne von § 69 EigG in die Grundbücher aufgenommen und erhielten ein eigenes Grundbuchblatt. In der Folgezeit sah man sodann mehr und mehr von der Erteilung von Hausbriefen ab, da man der Ansicht war, dass die entsprechenden Grundbucheintragungen die Briefe entbehrlich gemacht hatten.

Aufgrund der ganz erheblichen strukturellen Nähe zwischen Deichstavengerechtigkeit und Eigenkatenrecht ist davon auszugehen, dass der Stavenbrief ebenso wie der Hausbrief eine rein deklaratorischer Bedeutung hatte. Allerdings ist zu beachten, dass der Hausbrief nicht die ausdrückliche Verpflichtung zur Neulösung des Briefs bei Wechseln in der Rechtsinhaberschaft vorsah. Insofern können von der Handhabung des Hausbriefs keine Rückschlüsse auf die Reichweite dieser Verpflichtung im Stavenbrief gezogen werden. Der Verzicht auf den Hausbrief nach der Aufnahme der Eigenkatenrechte in die Grundbücher ist aber als erstes Indiz dafür zu werten, dass auch der Stavenbrief nach der Anlegung der Grundbücher funktionslos und damit verzichtbar geworden ist.

(cc) Der Hypothekenbrief

Im schleswigschen Landesrecht existierten keine Verbriefungen, die mit den heute in §§ 1116, 1192 BGB vorgesehenen Hypotheken- und Grundschuldbriefen vergleichbar wären. Die mündliche Bestellung einer Hypothek war ohne die Erteilung eines Hypothekenbriefs oder die Anfertigung einer Vertragsurkunde wirksam.[842] Die Eintragung der Belastung in die Schuld- und Pfandprotokolle war ebenfalls nicht erforderlich.[843] Durch letzteres erlangte die jeweilige Hypothek jedoch eine Privilegierung gegenüber chronologisch später oder überhaupt nicht eingetragenen Rechten.[844] Nach In-Kraft-Treten des BGB war es möglich, nachträglich Hypothekenbriefe zu beantragen. Diese Möglichkeit wurde von den da-

[842] *Esmarch*, Bürgerliches Recht, § 69, S. 172; *Kähler*, § 25, I., B., 5., S. 194 f.; *Paulsen*, § 118, S. 200.
[843] *Esmarch*, Bürgerliches Recht, § 70, S. 173; *Kähler*, § 25, I., B., 5., S. 194 f.; *Paulsen*, § 75, S. 121.
[844] *Esmarch*, Bürgerliches Recht, § 70, S. 173; *Kähler*, § 25, I., B., 5., S. 194 f.

maligen Hypothekaren allerdings nur sehr selten genutzt.[845] Offenbar hatten die Beteiligten kein Bedürfnis für eine schriftliche Absicherung dieser Rechtsposition. Dies ist ein weiterer Anhaltspunkt dafür, dass es in den vorangegangenen Jahrhunderten auch keine entsprechende Übung gegeben hat. Im Übrigen können aus dem Bereich des Hypothekenrechts keine Folgerungen für die Wirkungen der Stavenbriefe abgeleitet werden.

(dd) Dokumente bei der Übertragung von Grundstückseigentum

Bei der Übertragung des Eigentums an Grundstücken mussten die Beteiligten in den schleswigschen Marschen einen schriftlichen Vertrag über den Eigentumsübergang schließen.[846] Dieser musste auf Stempelpapier ausgefertigt sein.[847] Ein gerichtliches Dokument, wie es in vielen anderen Regionen des Herzogtums Schleswig beantragt werden musste,[848] war hingegen nicht erforderlich. Mit der Verwendung von Stempelpapier besteht eine Parallele zum Stavenbrief, da die Deichgrafen diesen ebenfalls regelmäßig auf Stempelpapier ausstellten.[849] Zu berücksichtigen ist aber, dass der schriftliche Vertrag über den Eigentumsübergang von Grundstücken zwischen dem Eigentümer und dem Erwerber geschlossen wurde, während der Stavenbrief vom Deichverband oder Koog als Grundstückseigentümer für den Erwerber angefertigt wurde. Der Brief war nicht als Vertrag gestaltet, sondern als einseitige Festschreibung der Rechte und Pflichten. Der Staveninhaber unterschrieb allenfalls ein Revers, in dem er den Inhalt des Stavenbriefs anerkannte, aber keinesfalls abändern konnte. Der bisherige Staveninhaber hingegen war nicht an diesem Dokument beteiligt. Die eigentliche Rechtsübertragung geschah also in einem davon getrennten Rechtsgeschäft. Ob dieses regelmäßig schriftlich abgewickelt wurde und darüber hinaus Stempelpapier Verwendung fand, ist nicht belegt. Es ist angesichts der sonstigen Übung weitaus wahrscheinlicher, dass die Übertragungen jedenfalls nicht zwingend schriftlich vorzunehmen waren und daher in der Regel mündlich erfolgten. Nur in wenigen Kontraktenbüchern befinden sich Kaufverträge, die Deichhäuser mit den dazu gehörigen Stavenrechten zum Gegenstand haben.[850] Daraus folgt, dass die Mehrzahl der Verträge mündlich geschlossen wurde. Insgesamt sind daher aus der dem Schriftformerfordernis und der zwingenden Verwendung von Stempelpapier bei der Übertragung von Grundstückseigentum keine Folgerungen für den Stavenbrief abzuleiten.

---

[845] *Kähler*, § 25, IV., 1., S. 198.

[846] *Esmarch*, Bürgerliches Recht, § 55, II., S. 141; *Falck*, Band 4, § 6, S. 27.

[847] *Esmarch*, Bürgerliches Recht, § 55, II., S. 141.

[848] *Esmarch*, Bürgerliches Recht, § 55, II., S. 140 f.

[849] Siehe 2. Teil, B. III, S. 56 f.

[850] **LAS**, ***Abt. 161***, Nr. 1743; 1744.

(ee) Stempelpapier

Der Gebrauch von Stempelpapier diente im Übrigen generell zur Sicherung von Rechtsverhältnissen.[851] Diese wurde sowohl durch die schriftliche Niederlegung des Rechtsinhalts als auch durch die zusätzliche Legitimierung durch den staatlich erteilten Stempel bewirkt. Aus dieser Wirkung ergibt sich für den Stavenbrief nur, dass er durch die Ausfertigung auf Stempelpapier die Verhältnisse hinsichtlich der Grundstücksabmessungen sowie der Rechte und Pflichten des Staveninhabers absicherte.

(ff) Schlussfolgerungen

Aus den vorangegangenen Erwägungen ergeben sich keine sicheren Schlussfolgerungen dafür, dass das Erfordernis der Neulösung eines Stavenbriefs bei Besitzwechseln Auswirkungen auf die Übertragung der Deichstavengerechtigkeit an sich hatte oder hätte haben müssen. Es lässt sich insbesondere nicht das Erfordernis ableiten, dass vor der wirksamen Umtragung im Grundbuch zunächst ein Stavenbrief auf den Namen des Erwerbers ausgestellt werden musste. In den protokollierten Kaufverträgen über Stavenrechte[852] ist zudem kein Hinweis darauf enthalten, dass der Vertrag oder die Übertragung des Rechts erst mit der Erteilung eines Stavenbriefs auf den Namen des Erwerbers wirksam werde. Daher muss davon ausgegangen werden, dass sich aus der urkundlichen Qualität des Stavenbriefs keine Konsequenzen für das heutige Grundbuchverfahren ergeben.

(c) Der Stavenbrief als schriftliche Fixierung der dinglichen Rechtsinhalte?

(aa) Allgemein

Trotz des eben gefunden Ergebnisses ist es denkbar, dass der Stavenbrief eine bindende Funktionen hatte. Diese könnte darin liegen, dass er die dinglichen Rechtsinhalte der Deichstavengerechtigkeiten festlegt. Dieser Inhalt ist wegen der Anordnung des Artikel 184 EGBGB bis heute als gültig zu berücksichtigen, während alle sonstigen Umstände nach dem heute geltenden Recht zu beurteilen sind. Als dinglicher Inhalt sind alle die Komponenten anzusehen, die die konkrete Gestaltung des Rechts umfassen und insofern dessen wesentlichen Kern ausmachen. Hierzu zählen auf jeden Fall[853] die Nutzung des Grundstücks zum Bau eines Wohnhauses, die Möglichkeit, das Recht zu übertragen, zu verpfänden und zu vererben sowie die Verpflichtung zur Zahlung des Stavengelds. Auch die Ver-

851 *Paulsen*, § 86, S. 147.

852 **LAS**, ***Abt. 161***, Nr. 1743; 1744.

853 Vgl. generell zu superfiziarischen Altrechten *Wittmaack*, XXIII., S: 225.

knüpfung der Dauer des Rechts mit dem Bestand des Hauses ist als Bestandteil des Kerns und daher als dinglicher Rechtsinhalt anzusehen.

Nicht unter den dinglichen Rechtsinhalt fallen die Verpflichtungen der Staveninhaber, die sich auf die Deichunterhaltung beziehen sowie die Nutzungsbeschränkungen, die sich aus der Lage des Grundstücks am Deich ergeben. Diese sind nämlich im Laufe der Zeit immer wandelbar gewesen, so dass sich ein bestimmter entsprechender Inhalt für das einzelne Stavenrecht gar nicht festlegen lässt. Außerdem ergeben sich diese Verpflichtungen und Einschränkungen direkt aus der jeweils geltenden Deichgesetzgebung und nicht aus dem Inhalt des Stavenbriefs. Der dingliche Inhalt eines Rechts darf aber nicht erst durch Heranziehung weiterer, Änderungen unterliegenden Vorschriften zu konkretisieren sein.

(bb) Im Besonderen die Verpflichtung zur Neulösung eines Stavenbriefs vor jedem Besitzwechsel

i. Auslegung der Verpflichtung als Verfügungsbeschränkung?

Die Frage, ob die Verpflichtung zur Neulösung eines Stavenbriefs bei jedem Besitzwechsel ebenfalls zum dinglichen Rechtsinhalt der Deichstavengerechtigkeiten zu zählen ist, ist nicht ohne Weiteres zu beantworten. Letztlich kommt es in diesem Zusammenhang darauf an, ob es sich bei dieser Verpflichtung um eine Beschränkung der Übertragbarkeit oder um eine reine Verfahrensregel für den Übertragungsvorgang handelt. Nur ersteres wäre gemäß Artikel 184 EGBGB auch heute noch zu berücksichtigen.[854]

Die Verpflichtung zur Lösung eines neuen Stavenbriefs vor jedem Besitzwechsel könnte einerseits als Genehmigungsvorbehalt zu Gunsten des Koogs beziehungsweise des Deichverbands anzusehen sein. In dieser Pflicht könnte nämlich auch die Regelung enthalten sein, dass die Übertragung des jeweiligen Stavenrechts überhaupt nur dann wirksam sein soll, wenn der Koog oder der Deichverband den neuen Stavenbrief erteilt. Darin könnte dann gleichzeitig die Zustimmung zur Übertragung der Gerechtigkeit zu sehen sein. Ein derartiger Genehmigungsvorbehalt wäre als Verfügungsbeschränkung auszulegen.

Andererseits ist denkbar, dass die Verpflichtung zur Neulösung eines Stavenbriefs vor jedem Besitzwechsel nur als Verfahrensregel zu werten ist. Wegen der Qualität als reines Gewohnheitsrecht gab es für die Deichstavengerechtigkeit kein allgemein geregeltes Übertragungsverfahren. Außerdem führten die Köge und Deichverbände nur selten Stavenregister. Insofern war es erforderlich, eine schriftliche Grundlage für die einzelnen Stavenrechte zu schaffen und diese durch

[854] Siehe 2. Teil, C. II. 2. a) (2), S. 109 ff.

ein festgeschriebenes Verfahren auch für den Fall mehrfacher aufeinander folgender Übertragungen zu sichern.

ii. Auslegung der verschiedenen Formulierungen in den Stavenbriefen

In der Verpflichtung zur Neulösung eines Stavenbriefs vor jedem Besitzwechsel wäre eine Verfügungsbeschränkung zu sehen, wenn durch diese die Befugnis des Berechtigten, rechtsgeschäftlich über das ihm zustehende Recht durch Übertragung, Belastung oder Inhaltsänderung zu verfügen, in irgendeiner Form beschränkt wäre.[855]

Bis zum Ende des 18. Jahrhunderts war die Verpflichtung zur Beantragung eines neuen Stavenbriefs bei Besitzwechseln noch nicht Bestandteil der Urkunde, obwohl auch die Briefe aus dieser Zeit die Möglichkeit einer rechtsgeschäftlichen Übertragung der Stavenrechte vorsahen.[856]

Seit Mitte des 19. Jahrhunderts findet sich in der Mehrzahl der Stavenbriefe der nachfolgende Satz:

> *„Das Eigentum dieses Stavens wird dem ... Koog ausdrücklich vorbehalten und hat jeder neue Besitzer dieses Stavens vor dem Antritt des Besitzes, bei Vermeidung des Verlustes seiner Stavengerechtigkeiten die Ausfertigung eines neuen Stavenbriefes bei der Deichgrafschaft ordnungsmäßig nachzusuchen.“*[857]

Diesen Passus verwendet der DHSV Südwesthörn-Bongsiel auch heute noch in seinen Stavenbriefen.

Diese Formulierung ist fast wortgleich mit der aus den ältesten Stavenbriefen, die diese Verpflichtung erstmalig beinhalten. In diesen heißt es nämlich:

> *„Übrigens wird dem ... Kooge das Eigentumsrecht an diesem Staven ausdrücklich reserviert und hat jeder neue Besitzer desselben vor dem Antritte des Besitzes, und zwar bei Vermeidung des Verlustes seiner Stavengerechtigkeiten, einen neuen Stavenbrief hieselbst gehörig nachzusuchen.“*[858]

Aus dem jeweils verwendeten Zusatz *„**unter Vermeidung** des Verlustes...“* ist letztlich nur die Warnung zu entnehmen, dass demjenigen, der keinen auf seinen Namen ausgestellten Stavenbrief vorweisen kann, bei bestehenden Zweifeln an seiner Rechtsinhaberschaft wegen deren fehlender Nachweisbarkeit der Verlust seines Rechts droht. Dieses Risiko kann er ausräumen, indem er rechtzeitig, also

---

[855] Palandt[61] - *Bassenge*, § 878 BGB, Rn. 9; Soergel - *Stürner*, § 878 BGB, Rn. 4; *Westermann*, § 75, I., 4., b., S. 590 f.
vgl. auch *Falck*, Band 5/1, § 111, S. 157.

[856] **KANF**, ***Abt. F 4***, Nr. 41; 1556; ***Abt. F 5***, Nr. 369.

[857] Vgl. Stavenbriefe im Anhang.

[858] **KANF**, ***Abt. F 4***, Nr. 586; 788; 890; **LAS**, ***Abt. 161***, Nr. 1743.

bereits vor Durchführung der Besitzübertragung, einen neuen Stavenbrief beantragt. Die Formulierung beinhaltet jedoch nicht, dass der neu auszustellende Stavenbrief gleichzeitig eine Genehmigung der Übertragung darstellte oder dass eine solche überhaupt erforderlich gewesen wäre.

Zu beachten ist weiterhin, dass es auch Stavenbriefe gab, die sowohl einen Genehmigungsvorbehalt als auch die Verpflichtung zur Neulösung eines Stavenbriefs bei Besitzwechsel vorsahen. Dies ist nur dann nachzuvollziehen, wenn der Genehmigungsvorbehalt nicht schon in dem Erfordernis der Lösung eines neuen Stavenbriefs enthalten war. Schließlich ist zu beachten, dass in diesen Stavenbriefen von „*Vermeidung des **Verlustes**...*" die Rede ist. Der Verlust eines Recht ist nur dann möglich, wenn man bereits dessen Inhaber geworden ist oder jedenfalls werden konnte.

Abweichend von den oben angeführten Zitaten umschreiben einige Stavenbriefe die Verpflichtung zur Neulösung vor jedem Besitzwechsel folgendermaßen:

> „*Gleich wie nun der gegenwärtige Stavenbesitzer wenn er es an Erfüllung der ihm nach diesem Briefe obliegenden Verpflichtungen ermangeln lässt, seine Stavengerechtigkeit verliert, so hat auch der künftige Besitzer wenn er es versäumt solcherwegen einen Stavenbrief einzulösen keinen Anspruch auf diesen Staven zu machen.*"[859]

Diese Formulierung macht besonders deutlich, dass derjenige, der keinen Stavenbrief vorweisen kann, weder einen durchsetzbaren Anspruch auf die Überlassung des Grundstücks hatte noch sich gegen ein Herausgabeverlangen des Koogs hätte wenden können. Eine darüber hinaus gehende Wirkung ist ihr jedoch nicht zu entnehmen.

Ende des 19. Jahrhunderts verwendeten einige Köge schließlich auch die folgende Passage:

> „*Bei jedem Besitzwechsel, sei es durch Erbgang oder Kauf, hat der neue Erwerber des Hauses einen auf seinen Namen lautenden Stafenbrief auf eigene Kosten vom Kooge zu impetriren und darf die Umschreibung des Stafens im Grundbuche auf den Namen des neuen Erwerbers erst auf Grund des von ihm vorgelegten Stafenbriefes erfolgen.*"[860]

Auch diese Anordnung bestimmt letztlich nur das einzuhaltende Verfahren. Eine Beschränkung der Übertragbarkeit der Stavenrechte lässt sich daraus nicht entnehmen.

Als Gegensatz zum gerade Gesagten weisen einige aus dem Dagebüller Koog stammende Stavenbriefe eine Besonderheit auf:

---

[859] **KANF**, ***Abt. F 4***, Nr. 588.

[860] **KANF**, ***Abt. F 4***, Nr. 809; ***Abt. F 5***, Nr. 404; 714; ***Abt. F 12***, Nr.16; diese Formulierung kommt im Wesentlichen nur in Stavenbriefen aus den 1880er Jahren vor.

„Ein Verkauf des Hauses und Stavens ist ungültig wenn derselbe nicht von den Hauptpartizipanten des Kooges genehmigt geworden und hat Besitzer also vor Abschliessung eines desfalligen Handels die Genehmigung der Hauptpartizipanten nachzusuchen. Jeder neue Besitzer vorgedachten Stavens sey er Käufer oder Erbe hat die Ausfertigung eines neuen Stavenbriefes zu impetriren und die Gebühr dafür zu berichtigen; und den älteren Stavenbrief im Koogsinspectorat auszuliefern.“[861]

Diese Formulierung kann als einzige als Verfügungsbeschränkung verstanden werden, da sie Veräußerungen nur mit Zustimmung der Hauptpartizipanten zulässt. Zu Beginn der 1880er Jahre änderte der Dagebüller Koog diesen Genehmigungsvorbehalt aber in ein Vorkaufsrecht zu seinen Gunsten um. Heute gibt der DHSV dort die auch sonst üblichen Stavenbriefe aus. Insofern ist die dargestellte Verfügungsbeschränkung als weggefallen anzusehen. Für die heute vorzunehmende Bewertung der Verpflichtung zur Neulösung eines Stavenbriefs vor jedem Besitzwechsel sind die alten Dagebüller Stavenbriefe daher nicht mehr von Bedeutung.

iii. Etwaige Folgen der Missachtung der Verpflichtung

Zur Bewirkung des Übergangs der Deichstavengerechtigkeit und des Eigentums am Haus war nach Landesrecht der Besitzwechsel vom Veräußerer auf den Erwerber erforderlich.[862] Wenn die Staveninhaber das an sich vorgeschriebene Verfahren einhielten, fand der Rechtsübergang demnach erst statt, nachdem der Erwerber einen auf seinen Namen lautenden Stavenbrief beantragt und erhalten hatte. Insofern hatte der die Stavenbriefe ausstellende Deichgraf einen gewissen Einfluss auf den Zeitpunkt des Übergangs. Allerdings haben die Erwerber von Stavenrechten dieses Verfahren nahezu regelmäßig missachtet. Dies belegt eine Vielzahl von Dokumenten, in denen neue Stavenbriefe erst nach Vollendung des Rechtserwerbs beantragt werden.[863] Es ist dennoch kein Fall bekannt, in dem diese Vorgehensweise Nachteile für den Erwerber gehabt hätte.[864] Einige Stavenbriefe enthalten darüber hinaus sogar den ausdrücklichen Hinweis, dass der Eigentums- und Rechtsübergang bereits vollzogen wurde.[865] Auch hieraus lässt sich ab-

---

861 **KANF**, ***Abt. F 12***, Nr. 16; vgl. auch **KANF**, ***Abt. F 5***, Nr. 404.

862 *Esmarch*, Bürgerliches Recht, § 55, II., 4., S. 139 f.; *Paulsen*, § 58, S. 91; *Kähler*, § 26, I., 2., a., α, S. 202.

863 Siehe 2. Teil, B. V. 2. c), S. 79.

864 In **KANF**, ***Abt. F 4***, Nr. 586 ist sogar ein Schriftwechsel archiviert, in dem der Deichvogt *Brodersen* des Westermooringer Kornkoogs die Ansicht äußert, dass ein Staven ohne entsprechenden Brief *„verfallen“* sei. Dieser Ansicht widerspricht der zuständige übergeordnete Deichgraf des 1. Schleswigschen Deichbands Todsen und stellt den vom Staveninhaber *Volquardsen* beantragten Stavenbrief aus.

865 So z.B. in **KANF**, ***Abt. F 5***, Nr. 586: *„Wenn Christian Georg Christiansen ... laut producierter Theilungsacte Eigentümer des auf dem ... Staven stehenden Hauses geworden ...“*;

leiten, dass der Verpflichtung zur Neulösung eines Stavenbriefs *vor* jedem Besitzwechsel keine praktische Bedeutung zukam.

iv. Weitere Gesichtspunkte

In einigen Kögen sahen die Stavenbriefe neben der Verpflichtung zur Neulösung eines Stavenbriefs vor jedem Besitzwechsel Vorkaufsrechte zu Gunsten des jeweiligen Koogs vor oder sie stellten die Veräußerung der Deichstavengerechtigkeit unter einen Genehmigungsvorbehalt. Daraus ergibt sich, dass die Köge spezielle Einschränkungen der Verkehrsfähigkeit der Stavenrechte in die Stavenbriefe aufgenommen haben, soweit diese gewollt waren. Für alle übrigen Fälle folgt daraus, dass die etwaige Missachtung der Verpflichtung zur Neulösung eines Stavenbriefs vor Besitzwechsel keine gravierenden Folgen hatte. Die Verpflichtung sollte im Übrigen nur sicherstellen, dass in Kögen, die kein Stavenregister führten, die jeweilige Staveninhaberschaft zweifelsfrei nachweisbar blieb.

(2) Folgerung: Entbehrlichkeit des Stavenbriefs

Zusammenfassend ergibt sich aus der vorangegangenen Darstellung, dass dem Stavenbrief beziehungsweise seiner Ausstellung und Neuausstellung bei Besitzwechseln keine bindende Wirkung zugeschrieben werden kann.[866]

Heute hat der Stavenbrief insgesamt keine erhebliche Bedeutung mehr. Die im Stavenbrief festgelegten Nutzungsbeschränkungen und Unterhaltspflichten werden inzwischen entweder durch spezielle Gesetze geregelt oder sind ganz weggefallen. Die Deichlast trägt jeder Staveninhaber im Rahmen seiner Steuerlast wie jeder andere Steuerzahler auch. Die einzige noch bestehende Verpflichtung der heutigen Staveninhaber ist daher die Zahlung der Rekognition. Diese folgt bereits direkt aus den entsprechenden Eintragungen in den Stavengrundbüchern. Aus letzterem ergibt sich des weiteren die genaue Lage des Grundstücks und wer dessen Eigentümer beziehungsweise wer der aktuelle Staveninhaber ist.

In den wenigen existierenden Stavenregistern aus der ersten Hälfte des 19. Jahrhunderts fällt zudem auf, dass in diesen hinsichtlich der zu beachtenden Verpflichtungen stets auf den Stavenbrief verwiesen wird, den der erstmals eingetragenen Berechtigte vorgelegt hatte. Alle weiteren Rechtsinhaber wurden sodann eingetragen, ohne dass auch die Ausfertigung eines neuen Stavenbriefs in der ent-

---

KANF, ***Abt.* *F 12***, Nr. 16: „*Wenn laut Überlassungs und Alimentations. Contract vom 1sten März 1846 Jann Heinrich Heinrichsen ... das bisher von Tede Nissens Wittwe bewohnte Haus nebst Staven eigentümlich erstanden ...*";
oftmals war auch die Einleitung „*Auf Ansuchen von Seiten des ... wird ihm als Käufer des Hauses ...*" gebräuchlich.

866 So auch *Block*, SchlHA 1913, 259.

sprechenden Spalte des Registers vermerkt worden wäre.[867] Demnach verzichtete die Deichverwaltung in Gegenden, in denen die Deichstavengerechtigkeiten anderweitig erfasst waren, offenbar weit vor der Einführung der Grundbücher auf die weitere Ausstellung von Stavenbriefen. Daran anschließend ist es nicht nachvollziehbar, warum nach der vollständigen grundbuchmäßigen Erfassung der Stavenrechte weiterhin bei Besitzwechseln neue Stavenbriefe beantragt werden sollten.

Nach alledem haben die Stavenbrief heute nur noch die Funktion, die historische Komponente und lange Tradition der Deichstavengerechtigkeit zu illustrieren. Dies rechtfertigt jedoch nicht, bei jedem Wechsel der Inhaberschaft zusätzlich zum Grundbuchverfahren die Erteilung eines neuen Stavenbriefs fortzuführen. Denn letztlich stellt diese mangels rechtlich bindender Wirkungen eine reine Formalie dar, die sowohl für den ausstellenden Deich- und Hauptsielverband als auch für den Erwerber des Stavenrechts zusätzlichen, im Ergebnis nutzlosen Verwaltungsaufwand bedeutet. Die Informationspflicht des § 55 GBO gewährleistet zudem, dass der Verband von jeder Umtragung des Rechtsinhabers im Grundbuch Mitteilung erhält. Dadurch herrscht auch dort immer Klarheit über die Person des aktuellen Rekognitionsschuldners. Im Ergebnis ist daher festzustellen, dass in Zukunft auf die Stavenbriefe verzichtet werden kann und sollte.

2. Belastung von Deichstavengerechtigkeiten

Die grundsätzliche Beleihbarkeit von Deichstavengerechtigkeiten ergibt sich aus ihrem altrechtlichen Inhalt.[868] Das Verfahren der Bestellung dinglicher Belastungen richtet sich gemäß § 1017 Absatz 1 BGB nach den Vorschriften des BGB. Daraus folgt, dass die Bestellung in der Form des § 873 BGB erfolgen muss. Grundbuchrechtlich sind wiederum §§ 20, 29 GBO anzuwenden. Weitere Voraussetzungen sind nicht zu erfüllen, zumal die Stavenbriefe kein Zustimmungserfordernis für den Fall einer Belastung vorsahen.

Zu beachten ist in diesem Zusammenhang, dass beim Erlöschen eines Alterbbaurechts auch die an diesem bestehenden dinglichen Belastungen untergehen.[869] Wenn also ein Stavenrecht wegen des Wegfalls des Hauses an den Koog zurückfällt oder dieser das Recht einzieht, weil der Deich wieder zum Küstenschutz benötigt wird, entfällt damit die Sicherung, ohne dass gleichzeitig ein Ersatzanspruch des Sicherungsnehmers entsteht.[870] Aus dieser Unsicherheit folgten die er-

---

[867] **LAS**, ***Abt. 161***, Nr. 1743; 1744.

[868] Siehe 2. Teil, B. V. 1. a), S. 61.

[869] *Lux*, JW 1919, 360; *von Oefele/Winkler*, Rn. 1.10; Planck - *Strecker*, § 1017 BGB, Anm. 2 c; Staudinger[9] - *Kober*, § 1017 BGB, Anm. I. 2. d.; *Wittmaack*, V., S. 56 ff. und X., S. 122 ff.

[870] Aus den Formulierungen in den verschiedenen Stavenbriefen folgt, dass nur das Grundstück, nicht aber das Stavenrecht an den Eigentümer zurückfällt. Ein dem Eigentümererbbaurecht vergleichbares Eigentümer-Stavenrecht ist nämlich gänzlich unbekannt.

heblichen Bemühungen der Kreditinstitute insbesondere zu Beginn des 20. Jahrhunderts, sich von den Deichverbänden zusichern zu lassen, dass eine Rückforderung der zu belastenden Stavengrundstücke nicht zu erwarten sei.[871]

3. Erhöhung des Stavenzinses

a) Erforderlichkeit eines Vertrags zwischen dem Staveninhaber und dem Koog

Der Bestellung von Deichstavengerechtigkeiten lagen stets schuldrechtliche Verträge zwischen dem jeweiligen Grundstückseigentümer und dem Erwerber des Rechts zu Grunde. Alle Änderungen des Rechtsinhalts erfordern daher einen weiteren, die ursprüngliche Vereinbarung abändernden Vertrag. Eine Erhöhung des Stavenzinses ist demnach ebenfalls nur im Wege des Vertragsschlusses zwischen dem Staveninhaber und dem die Grundstücke verwaltenden Koog zu erreichen.[872] Sie kann dagegen nicht durch einen einseitigen Beschluss des Koogs herbeigeführt werden. Daran ändert auch die heutige öffentlichrechtliche Organisationsform der Deichverwaltung mit den dort üblichen Handlungsformen des Verwaltungsakts nichts. Diese Strukturen sind nämlich aus den ursprünglich privatrechtlich organisierten Deichgenossenschaften hervorgegangen. Sie stammen aus einer Zeit, in der es noch keine scharfe Trennung zwischen Öffentlichem und Privatrecht gab und in der das Deichrecht vollständig dem Privatrecht zugeordnet wurde.[873] Die Beschlüsse der einzelnen Köge über die Erhöhung des Stavengelds aus den vergangenen Jahrzehnten sind daher lediglich als Handlungsgrundlage für ein auf die Erhöhung gerichtetes Angebot an die Staveninhaber einzustufen. Eine Verpflichtung der Berechtigten, diese Erhöhungen anzunehmen, besteht dementsprechend grundsätzlich nicht.

b) Verpflichtung zur Annahme der Erhöhung?

Trotz der eben aufgestellten Regel ergibt sich aus der aus dem Grundsatz von Treu und Glauben entwickelten, inzwischen in § 313 BGB niedergelegten Lehre vom Wegfall der Geschäftsgrundlage in bestimmten Fällen eine Pflicht der Staveninhaber, die Erhöhung des Stavenzinses zu akzeptieren.

Für Erbbaurechtsverträge ohne Anpassungsklausel hat der BGH in einer Reihe von Entscheidungen[874] den Grundsatz aufgestellt, dass eine Veränderung des Ver-

---

871 **KANF**, ***Abt. F 4***, Nr. 152; 788; 809; 988.

872 So auch *Falck*, Band 5/1, § 122, S. 233, hinsichtlich der Erhöhung des Festegeldes.

873 Vgl. dazu im Ganzen *Scheyhing*, SchlHA 1964, 145 ff.

874 BGHZ 77, 194 (197 ff.); 86, 167 (168 f.); 90, 227 (228); 91, 32 (34); 94, 257 (258 f.); 97, 171 (173 ff.); 111, 214 (216); 119, 220 (222).
diese Rechtsprechung wird auch von der Literatur bestätigt: *Baur/Stürner*, § 29, Rn. 34; MüKo - *von Oefele*, § 9 ErbbauVO, Rn. 72 f.; Palandt[61] - *Bassenge*, § 9 ErbbauVO, Rn. 16; *Rich-*

hältnisses zwischen Leistung und Gegenleistung in bestimmten Fällen eine nachträgliche Anpassung des Erbbauzinses rechtfertige. Zu beachten sei allerdings, dass das Risiko solcher Äquivalenzstörungen bei Verträgen, die auf eine lange Zeit abgeschlossen würden und damit in die nicht mehr absehbare Zukunft hineinführten, bis zu einem gewissen Maß vertragstypisch sei. Das insoweit als normal zu bewertenden Risiko von Äquivalenzstörungen sei daher stets von den Parteien zu tragen. Dies gelte umso mehr, als gegenüber einem etwaigen Anpassungsbedürfnis stets der Grundsatz der Vertragstreue und die jeweiligen Auswirkungen einer Anpassung für die Rechtssicherheit als Gegengewicht zu beachten seien.[875] Erst wenn das Gleichgewicht zwischen Leistung und Gegenleistung so stark gestört sei, dass damit das Interesse einer Partei nicht einmal mehr annähernd gewahrt sei, habe eine Anpassung des Erbbauzinses zu geschehen. Dann nämlich sei dem Grundstückseigentümer ein weiteres Festhalten an den bestehenden Bedingungen nicht mehr zuzumuten.

Der BGH hat die Grenze des Zumutbaren bei einem Anstieg der Lebenshaltungskosten gesetzt, der 150% übersteigt. Dies entspricht einem Geldwertschwund von $^3/_5$.[876] Der damit verbundene Kaufkraftschwund sei nicht mehr von der Bereitschaft des Erbbaurechtsbestellers erfasst, das Risiko der künftigen wirtschaftlichen Entwicklung zu übernehmen. Von dieser insoweit eingeschränkten Risikobereitschaft müsse auch der Erbbauberechtigte ausgehen.[877] Bei der Beurteilung, inwiefern eine die Erhöhung rechtfertigende Äquivalenzstörung eingetreten sei, sei der gesamte Zeitraum seit Abschluss des schuldrechtlichen Erbbaurechtsvertrags zu berücksichtigen.[878]

Diese Grundsätze können auf die Deichstavengerechtigkeit übertragen werden. Bei der Bestellung der Stavenrechte, die vielfach in der Mitte des 19. Jahrhunderts oder noch weit davor stattgefunden hat, lagen die Lebenshaltungskosten und der Geldwert noch weit unter dem heute Üblichen. Neben der Entrichtung des Stavengelds mussten die Berechtigten sich an der Deich- und Wegeunterhaltung beteiligen. Insofern erbrachten sie also eine zusätzliche, einen Geldwert widerspiegelnde Leistung. Diese besteht heute nur noch im Rahmen der allgemeine Steuerlast oder im Rahmen von gemeinhin üblichen Anliegerbeiträgen und trifft Staveninhaber in gleicher Weise wie andere Bürger. Auch wenn bei der Vergabe von Stavenrechten gewisse soziale Motive eine Rolle spielten, geschah sie immer auch unter dem Aspekt der Wirtschaftlichkeit. Denn die Ansiedelung von zusätzlichen Arbeitskräften in den Kögen stand immer auch unter der Voraussetzung, dass diese zu den im Rahmen der Deichunterhaltung erforderlichen Arbeiten in der Lage

---

ter, 2. Teil, II., S. 81 ff.; *Schöpe*, BB 1967, 1109; Soergel -*Stürner*, § 9 ErbbauVO, Rn. 8; Staudinger[13] - *Ring*, § 9 ErbbauVO, Rn. 9; *Westermann*, § 66, II., 6., S. 541.

875 So auch *von Oefele/Winkler*, Rn. 6.228; *Schöpe*, BB 1967, 1109.

876 BGHZ 91, 32 (36); 96, 371 (375); 97, 171 (175).

877 BGHZ 91, 32 (34 f.).

878 BGHZ 96, 371 (377 f.); BGHZ 97, 171 (176 f.).

waren und dadurch die zusätzliche Verpflichtung auswärtiger Arbeitskräfte umgangen werden konnte. Arbeitsunfähige Menschen wären nicht in den Genuss eines Stavenrechts gekommen. Schließlich ist zu beachten, dass die auf Stavengrundstücken liegenden Häuser heute vielfach im nicht mehr bebaubaren Außenbereich der Ortschaften liegen. Aufgrund dieser Lage in der freien Natur und wegen der erhaltenen traditionellen Bauart der Häuser sind sie ungleich attraktiver als noch vor hundert Jahren.

Aus alledem folgt, dass die jetzigen Staveninhaber von den Entwicklungen des vergangenen Jahrhunderts ganz erheblich profitieren, ohne dass die Köge als Deicheigentümer oder der übergeordnete Deich- und Hauptsielverband auch nur ansatzweise finanziell daran teilhaben. Das dadurch entstandene Missverhältnis ist so stark, dass den Kögen ein Festhalten an den bisherigen Stavenzinsen nicht mehr zumutbar ist.

c) Angemessene Höhe des heutigen Stavengelds

Das heute allgemein in den Kögen übliche Stavengeld beträgt 75,00 DM pro ha Grundfläche und Jahr. Lediglich die Christian-Albrechts-Köge verlangen bereits seit einiger Zeit einen jährlichen Zins von 165,00 DM pro ha. Die Köge konnten allerdings keine genauen Angaben darüber machen, seit wann sie diese Rekognition erheben. Seit Ende der 1990er Jahre versuchen die Köge zudem vermehrt, den Stavenzins anzuheben. Sie streben mehrheitlich 500,00 DM pro ha und Jahr an. Nur in den Christian-Albrechts-Köge sollen die künftigen Staveninhaber jährlich 5000,00 DM pro ha bezahlen. Die Anpassungen des Stavengelds sollen jeweils bei erneuten Übertragungen der Gerechtigkeiten durchgesetzt werden. Zum Teil setzen die Köge sowie der DHSV Südwesthörn-Bongsiel die Verweigerung der Ausfertigung eines neuen Stavenbriefs als Druckmittel ein, um so die Zustimmung der Erwerber zur Erhöhung zu erhalten.

Die Tatsache, dass der Zeitpunkt der letzten Stavengeldanpassung sich nicht mehr bestimmen lässt, erschwert die Bestimmung der heute angemessen erscheinenden Summe erheblich. Aus den vorhandenen Quellen ist nur ersichtlich, dass diese jüngste Anpassung nach den 1930er Jahren durchgeführt worden sein muss. Daraus, dass die in die Grundbücher eingetragenen Stavengelder einheitlich auf DM lauten, ergibt sich zudem, dass nach 1948 jedenfalls eine Umstellung der vorher noch auf Altwährungen lautenden Rekognitionen vorgenommen wurde. Allerdings ist daraus nicht erkennbar, ob gleichzeitig eine Erhöhung stattgefunden hat.

Letztlich bleibt nur die Heranziehung und Übernahme geeigneter Vergleichswerte. Die Christian-Albrechts-Köge verlangen für neurechtliche Erbbaurechte einen Erbbauzins in Höhe von vier Prozent des jeweiligen Grundstückswerts. Bei Zugrundelegung eines durchschnittlichen Werts von 50,00 DM pro m^2 ergibt sich daraus ein jährlicher Zins von 2000,00 DM pro ha. Die durch die Deichstavengerechtigkeit vermittelten Nutzungsbefugnisse sind identisch mit denen, die sich aus einem Erbbaurecht ergeben. Daher ist der in den Christian-Albrechts-Kögen örtlich übliche Erbbauzins ein geeigneter Bezugspunkt, der zur Ermittlung des heute angemessenen Stavengelds zu Grunde gelegt werden kann. Um zu einer in allen Fällen sachgerechten Lösung zu kommen, ist es allerdings vorzuziehen, das Stavengeld nicht mit einem absoluten Wert festzulegen, sondern einen prozentualen Anteil am Grundstückswert zu bestimmen. Dieser ist insbesondere besser geeignet, in Zukunft Wertschwankungen flexibel abzufangen. Aufgrund der Vorüberlegungen sind vier Prozent des Grundstückswerts als angemessen anzusehen.

d) Zulässigkeit des Fortbestands von Freistaven

Ein weiterer Streitpunkt hinsichtlich des Stavengelds besteht in der Frage, ob die früheren Freistaven heute noch eine Berechtigung haben oder ob auch für diese Grundstücke das inzwischen übliche Stavengeld zu entrichten ist. Es war nicht möglich, aus den vorhandenen Quellen einen einheitlichen Befreiungstatbestand oder bestimmte befreiungsberechtigte Personengruppen zu ermitteln.[879] Teilweise erließen die Köge den Berechtigten die Rekognition, wenn sie sich in persönlichen Notlagen befanden. Im Übrigen haben die Recherchen nur ergeben, dass bei Gebäuden, die der Koogsgemeinschaft zu Gute kamen,[880] Befreiungen verhältnismäßig oft vorkamen. In vielen derartigen Fällen mussten die Inhaber aber anderweitige Abgaben entrichten, die jedenfalls in der oktroyierten Kögen ebenfalls der Koogsgemeinschaft zu Gute kamen. Insofern muss bei diesen eher davon ausgegangen werden, dass sich die Befreiung vom Stavengeld allein aus der anderweitigen Gebührenpflicht ergab. Nur auf Stavengrundstücken errichtete Schulgebäude waren vollständig von der Zahlung von Stavengeld und sonstigen Abgaben freigestellt. Da die entsprechende Rekognition aber sowieso von der Gemeinschaft hätte aufgebracht werden müssen, ist die Freistellung nur logisch. Daraus folgt aber auch, dass die Befreiung von der Zahlungspflicht nur für die Dauer der Nutzung des Gebäudes als Schule andauern kann. Die dingliche Eigenschaft „*Befreiung von der Verpflichtung zur Zahlung von Stavengeld*" ließ sich keinem der bekannten Freistaven zusprechen. Derartiges lässt sich auch nicht den heutigen Stavengrundbüchern entnehmen.

Auf der Grundlage dieser Ergebnisse ist ein Fortbestand von Freistaven nicht zu rechtfertigen. Dies gilt umso mehr vor dem Hintergrund der obigen Ausführungen zur allgemeinen Notwendigkeit der Anpassung der Stavengelder. Heutige Staveninhaber können sich nicht darauf berufen, einen ehemaligen Freistaven zu besitzen. Sie sind genauso zur Zahlung des heute angemessenen Stavengelds verpflich-

879 Siehe 2. Teil. B. V. 2. b) (3), S. 78.
880 Insbesondere Mühlen, Schmieden und Gastwirtschaften.

tet wie alle anderen Inhaber von Deichstavengerechtigkeiten auch. Hinsichtlich der Höhe der Rekognition gilt ebenfalls das bereits Gesagte.

e) Eintragung im Grundbuch und prozessuale Geltendmachung

Der Grundstückseigentümer, der einen Anspruch auf Anpassung des Erbbauzinses zu haben glaubt, kann ohne den vorherigen Umweg über die Feststellungsklage sofort auf Zahlung des höheren Zinses klagen.[881] Da die Deichstavengerechtigkeit ein altrechtliches Erbbaurecht ist, gilt diese Vorgehensweise ebenso für die Anpassung des Stavenzinses. Der Grundstückseigentümer hat außerdem einen Anspruch darauf, dass die Eintragung der Erhöhung in das Erbbaugrundbuch bewilligt wird. Diese Eintragung kann der Eigentümer allerdings nur an bereiter Stelle und mit Wirkung vom Zeitpunkt der Eintragung an verlangen.[882] Bei einer Eintragung an vorrangiger Stelle oder mit rückwirkender Kraft bestünde sonst die Gefahr der Benachteiligung von ebenfalls eingetragenen Grundpfandrechten.

4. Ablösung von Deichstavengerechtigkeiten

a) Umwandlung in Volleigentum der Berechtigten

Die Ablösung von Deichstavengerechtigkeiten, das heißt die Überführung der Stavengrundstücke in volles Eigentum der bisherigen Inhaber der Stavenrechte ist nur möglich, wenn der Mitteldeich, an dem das Grundstück liegt, nicht mehr unter Schau steht. Erst, wenn der Deich gemäß § 67 LWG umgewidmet und damit aus ihrer Schutzpflicht entlassen worden ist, ist eine Übertragung an private Dritte rechtlich zulässig. Zur Durchführung der Ablösung verpflichtet sich der jeweilige Deicheigentümer in einem notariellen Vertrag gemäß § 311 b BGB, das Grundstückseigentum an den bisherigen Berechtigten zu übertragen. In aller Regel wird es sich bei diesem Vertrag um einen Kaufvertrag handeln. Es sind aber auch Schenkungen denkbar und zulässig. Außerdem müssen die Parteien gemäß §§ 873, 925 BGB die Auflassung des Grundstücks erklären und die Umtragung des Eigentums im Grundbuch bewirken.

Die Inhaber von Deichstavengerechtigkeiten sind nicht verpflichtet, das Eigentum an den Grundstücken zu übernehmen. Sofern die Rekognition nach den erläuterten Grundsätzen angepasst wird, ist es nicht unbillig, dass die Grundstückseigentümer durch das Bestehen der Stavenrechte jegliche Nutzungsbefugnis verloren haben. Einerseits ist diese Konstruktion auch beim Erbbaurecht gegeben und stellt damit keine den Grundstrukturen des geltenden Zivilrecht zuwider laufende Ge-

---

[881] BGHZ 91, 32 (36); *von Oefele/Winkler*, Rn. 6.237; der Feststellungsklage fehlt das Rechtsschutzbedürfnis.

[882] BGHZ 96, 371 (379).

staltung dar. Andererseits erhalten die Kögen dann eine angemessene Gegenleistung. Außerdem wirkt das Heimfallsrecht, nach dem der Abbruch des Hauses zum Rückfall des Grundstücks an den Koog führt, zu ihren Gunsten. Es ist insofern nicht zu erwarten, dass die Köge die Nutzungsbefugnisse auf ewig aus der Hand gegeben haben.

b) *Unwandlung in neurechtliche Erbbaurechte im Sinne der Erbbaurechtsverordnung*

Neben der Überführung des Grundstücks in Volleigentum des bisherigen Nutzungsberechtigten bietet sich zur Beseitigung der heute bestehenden rechtlichen Unklarheiten die Umwandlung der bestehenden Deichstavengerechtigkeiten in Erbbaurechte nach der Erbbaurechtsverordnung an. Durch diese Maßnahme werden die Vorschriften der Erbbaurechtsverordnung unmittelbar und vollständig auf die bisherigen Stavenrechte anwendbar. Dadurch ließen sich die heute vorhandenen Streitpunkte sachgerecht ausräumen. Der Vorteil der Umwandlung gegenüber der Übertragung in volles Eigentum der Staveninhaber liegt einerseits darin, dass das Erbbaurecht dem Stavenrecht konstruktiv sehr ähnlich ist und sich das Verhältnis zwischen Grundstückseigentümer und Berechtigtem daher nicht wesentlich ändern würde. Andererseits kann damit auch für die Stavenrechte eine höhere Rechtssicherheit erreicht werden, die an weiterhin unter Schau stehenden Mitteldeichen liegen und daher nicht in volles Eigentum des bisherigen Berechtigten überführt werden dürfen.

In verfahrenstechnischer Hinsicht geschieht die Umwandlung nicht durch Aufhebung der Deichstavengerechtigkeit und Neubestellung eines Erbbaurechts, sondern durch eine vertraglich vereinbarte und sodann im Grundbuch einzutragende Inhaltsänderung. Für die situativ vergleichbare Umwandlung von BGB-Erbbaurechten in neurechtliche Erbbaurechte geht nämlich die heute ganz herrschende Ansicht davon aus, dass diese im Wege der Inhaltsänderung gemäß §§ 877, 876 BGB zu bewirken sei.[883] Es wird diesbezüglich als reiner Formalismus angesehen, das alte Erbbaurecht aufzuheben und sodann ein neues an demselben Grundstück und für denselben Berechtigten zu bestellen.[884] Im Vergleich zur Situation der BGB-Erbbaurechte besteht bei der Deichstavengerechtigkeit letztlich sogar ein noch größeres Interesse daran, einen lückenlosen Übergang von der einen Rechtsform in die andere zu ermöglichen. Da die Deichstavengerechtigkeit ein

[883] LG Frankfurt am Main, DNotZ 1956, 488 (488); Ingenstau, § 38 ErbbauVO, Rn. 4; Meikel - *Morvilius*, Einleitung, C., Rn. 159; MüKo - *von Oefele*, § 11 ErbbauVO, Rn. 29; *von Oefele/ Winkler*, Rn. 5.150; Soergel - *Stürner*, § 38 ErbbauVO; Staudinger[13] - Ring, § 38 ErbbauVO, Rn. 4;
a.A. Palandt[61] - *Bassenge*, § 38 ErbbauVO, Rn. 1; Planck - *Strecker*, § 38 ErbbauVO, Anm. 2; *Samoje*, § 38 ErbbauVO, Anm. 2.

[884] LG Frankfurt am Main, DNotZ 1956, 488 (488).

reines Gewohnheitsrecht ist, haben sich in den vergangenen Jahrzehnten vermehrt Rechtsunsicherheiten entwickelt. Häuser auf Stavengrundstücken können insbesondere wegen der heute gegebenen bautechnischen Möglichkeiten noch lange Zeit stehen bleiben. Theoretisch ist ein Fortbestand über Jahrzehnte oder sogar Jahrhunderte und damit das nahezu ewige Stavenrecht vorstellbar. Die bestehenden Unsicherheiten auf diese lange Zeit zu konservieren, ist nicht sachgerecht. Andererseits entfielen bei einer Aufhebung und Neubestellung die an den Stavenrechten bestehenden dinglichen Sicherungen. Dies würde die jeweiligen Sicherungsnehmer unbillig benachteiligen. Insofern wäre diese Verfahrensweise nicht sachgerecht. Bei einer Inhaltsänderung wären dagegen die Interessen der Sicherungsnehmer dadurch geschützt, dass sie diesem Vorgang gemäß §§ 877, 876 S. 1 BGB zustimmen müssen. Nach alledem ist die Umwandlung durch eine Inhaltsänderung ohne den Umweg über die Aufhebung der Deichstavengerechtigkeiten zuzulassen. Die Parteien können die entsprechende dingliche Einigung gemäß § 873 BGB formlos erklären. Zur Bewirkung der Umtragung im Grundbuch ist allerdings die Form der §§ 20, 29 GBO zu wahren. Des weiteren müssen die Parteien die gemäß §§ 19, 13 GBO erforderlichen Erklärungen abgeben.

Gegen die Zulassung der Inhaltsänderung spricht auch nicht die Tatsache, dass das EGBGB eine solche Möglichkeit für altrechtliche Erbbaurechte im Sinne von Artikel 184 Satz 2 EGBGB nicht vorsieht. Die Verfasser des BGB gingen nämlich davon aus, dass es sich bei den damals noch bestehenden superfiziarischen Gewohnheitsrechten um aussterbende Rechte handele, die innerhalb weniger Jahre oder bestenfalls Jahrzehnte zu existieren aufhören würden. Das Stavenrecht ist dem gegenüber unvorhergesehen lange in Kraft geblieben. Mit einem Fortbestand über mehr als hundert Jahre hat der historische Gesetzgeber erkennbar nicht gerechnet. Insofern bedeutet das Fehlen einer entsprechenden Übergangsregel nicht, dass eine Inhaltsänderung von Stavenrechten in Erbbaurechte nicht gewollt war, sondern lediglich aufgrund einer falschen Einschätzung der Situation nicht vorgesehen wurde. Die vorhandenen Probleme mit den noch gültigen Stavenrechten belegen, dass eine Übergangsmöglichkeit dringend erforderlich ist.

Um auf Dauer ein größeres Maß an Rechtssicherheit zu erreichen, sind die Inhaltsänderungen vorzunehmen, sobald eine Deichstavengerechtigkeit erneut übertragen wird. Allerdings hat der jeweilige Deicheigentümer keinen Anspruch darauf, dass sich der Erwerber mit der Inhaltsänderung einverstanden erklärt. Zwar darf dieser nicht mit derselben Sicherheit wie der bisheriger Inhaber darauf vertrauen, dass der bisherige gewohnheitsrechtliche Zustand fortdauert. Auch ist ein schützenswertes Interesse des Grundstückseigentümers an der erhöhten Rechtsklarheit, die durch die Umwandlung des Nutzungsrechts in ein Erbbaurecht nach der Erbbaurechtsverordnung erreicht wird, durchaus zu bejahen. Dieses Interesse wiegt aber letztlich nicht schwer genug, um einen Anspruch auf Inhaltsänderung zu begründen, zumal als einzige Grundlage hierfür der Grundsatz von Treu und

Glauben aus § 242 BGB in Frage käme. Dieser kann aber nicht beliebig zur Beseitigung von vermeintlichen Unbilligkeiten herangezogen werden. Seine Anwendung ist auf die Fälle zu beschränken, in denen eine Interessenabwägung einen deutlichen Ausschlag in die Richtung eines Beteiligten ergibt. Dies ist vorliegend nicht gegeben.

Schlussbetrachtung

A. Zusammenfassung der Ergebnisse

Die vorangegangene Untersuchung hat ergeben, dass die Deichstavengerechtigkeit ein dingliches Nutzungsrecht an alten Mitteldeichen ist, das in seinem Vorkommen auf den heutigen Kreis Nordfriesland beschränkt ist. Sie ist ein reines Gewohnheitsrecht. Ihre konkrete Ausgestaltung führt dazu, dass sie als Superfizies beziehungsweise als altrechtliches *wirkliches Erbbaurecht* einzuordnen ist.

Das Stavenrecht ist veräußerlich, vererblich und verpfändbar. Seine zeitliche Dauer hängt grundsätzlich allein vom Bestand des auf dem Grundstück stehenden Hauses ab. Mit dem Abbruch des Hauses endet auch das Nutzungsrecht. Im Übrigen entfällt die Wirksamkeit von Deichstavengerechtigkeiten nur dann, wenn der Deicheigentümer das Grundstück zurückfordert, um den bisherigen Mitteldeich wieder als voll schutzfähiger (Not-)Seedeich einzusetzen.

Die Vergabe von Stavenrechten erfolgte im Wesentlichen an ärmere Menschen, die Berufe ausübten, die die jeweiligen Koogsgemeinschaften benötigten. Diese wären ohne diese Möglichkeit finanziell nicht in der Lage gewesen, Grundbesitz zu erwerben. Im Gegenzug waren die Stavenbesitzer verpflichtet, sich an der Deichunterhaltung zu beteiligen. Der Staveninhaber musste daneben eine relativ geringe jährliche Gebühr, das Stavengeld, entrichten. Über die Gewährung eines Stavenrechts erhielt der Berechtigte eine Urkunde, den sogenannten Stavenbrief. Dieser enthielt die Verpflichtung, das der jeweilige Erwerber bei jedem Besitzwechsel einen neuen Brief beantragen musste. Ein Verstoß gegen diese Pflicht blieb jedoch regelmäßig folgenlos.

Die Fortgeltung einer nicht unerheblichen Zahl von Stavenrechten bis in die heutige Zeit stützt sich auf einen deichrechtlichen und einen zivilrechtlichen Aspekt. In der Entwicklung des Deichrechts war es vor allem die mehrfache Herausnahme der schleswigschen Marschen aus dem Anwendungsbereich neu erlassener Gesetze, die zu einer Fortgeltung des *Allgemeinen Deichreglements* von 1803 bis ins 20. Jahrhundert hinein führte. Dieses wiederum enthielt die Anordnung, dass bestehende Rechte fortgalten, sofern sie den Grundsätzen des Reglements nicht entgegenstanden. Da die Deichstavengerechtigkeit in die Gruppe dieser nicht entgegenstehenden Rechte einzuordnen ist, konnte sie in die Wirkungszeit des *Allgemeinen Deichreglements* gelangen. Die zivilrechtliche Komponente des Fortbestands der Stavenrechte hat ihren Ursprung im ausgehenden 19. Jahrhundert, als die Deichstavengerechtigkeiten im Zuge der Neuschaffung der Grundbücher in diese aufgenommen wurden und zudem aufgrund einer Entscheidung des Appellationsgerichts Kiel eigenständige Stavengrundbücher erhielten. Der zweite Kernpunkt der zivilrechtlichen Komponente ist in der Anordnung des Artikel 184 EGBGB zu sehen, nach der bestehende dingliche Rechte auch nach dem In-

Kraft-Treten des BGB wirksam blieben. Aufgrund der vorherigen Aufnahme der Stavenrechte in die Grundbücher galten sie nicht nur fort, sondern konnten und können bis heute frei veräußert und vererbt werden.

Im Rahmen des heute geltenden Zivilrechts sind für die noch bestehenden Stavenrechte die auf Grundstücke anzuwendenden Vorschriften maßgeblich. Für die Übertragung einer Deichstavengerechtigkeit hat der Stavenbrief keine verbindliche Funktion mehr. Auch dessen sonstige Wirkungen sind vollständig durch die Stavengrundbücher übernommen worden. Daraus ergibt sich die Forderung nach einem vollständigen Verzicht auf die Fortführung der Stavenbriefe. Aufgrund der Entwicklung des Geldwerts in den vergangenen Jahrhunderten haben die Köge einen aus der Lehre zum Wegfall der Geschäftsgrundlage abgeleiteten Anspruch auf Erhöhung der Rekognition auf den heute ortsüblichen Erbbauzins. Stavengrundstücke können in Volleigentum der Berechtigten überführt werden, soweit die jeweiligen Deiche bereits aus ihrer Schutzpflicht entlassen worden sind. Außerdem ist die Umwandlung von Deichstavengerechtigkeiten in Erbbaurechte im Sinne der Erbbaurechtsverordnung im Wege der rechtsgeschäftlich vereinbarten Inhaltsänderung zulässig. Die Grundstückseigentümer haben allerdings weder einen Anspruch auf die Übernahme des Eigentums durch die Staveninhaber noch auf deren Zustimmung zu einer angebotenen Inhaltsänderung.

B. Ausblick

Die Deichstavengerechtigkeit hat eine annähernd vierhundertjährige Entwicklungsgeschichte durchlaufen. Dass sie heute, zum Beginn des 21. Jahrhunderts ohne Aufnahme in das BGB noch immer wirksam ist, macht sie recht außergewöhnlich. Trotzdem stellt sich die Frage, ob allein diese Besonderheit die wietere Fortgeltung der bestehenden Stavenrechte rechtfertigt oder ob vielmehr die gesetzlich verordnete Umwandlung in neurechtliche Erbbaurechte zu empfehlen ist.

Die weitere Wirksamkeit der Deichstavengerechtigkeiten ist vor allem wegen des im deutschen Zivilrecht geltenden Numerus Clausus der Sachenrechte zu hinterfragen. Dieser Grundsatz legt fest, dass im Sachenrecht nur bestimmte, fest umrissene Typen von Herrschaftsrechten den Charakter dinglicher Rechte haben dürfen und dass deren Grundgestalt der Parteiautonomie entzogen ist.[885] Auf der anderen Seite ist zu beachten, dass der Gesetzgeber des BGB trotz dieses von ihm vorgesehenen Numerus Clausus gerade mit der Schaffung des Artikel 184 EGBGB eine Durchbrechung dieses Grundsatzes zugelassen hat. Auch im Rahmen der Überleitung des DDR-Zivilrechts in bundesdeutsches Recht hat der Gesetzgeber in Artikel 223 EGBGB die Fortgeltung der *„dinglichen Nutzungsrechte an volkseigenen und anderen Grundstücken"* und weiterer dinglicher Rechte zugelassen, die das BGB so nicht kennt. Insofern ist die Durchbrechung des Numerus Clausus der Sachenrechte nicht als per se unzulässig anzusehen. Sie eignet sich daher nicht zur Begründung für eine gesetzlich angeordnete zwangsweise Umwandlung aller Deichstavengerechtigkeiten in neurechtliche Erbbaurechte.

Auch in tatsächlicher Hinsicht sind immer wieder durchaus berechtigte Bedenken gegen die Bebauung von unter Schau stehenden Mitteldeichen geäußert worden.[886] Hinzu kommt, dass sich die bereits vor 1900 bestehenden Unsicherheiten mit der rechtlichen Handhabung der Stavenrecht[887] in den letzten Jahrzehnten weiter verschärft haben. Die bestehenden Probleme tatsächlicher und rechtlicher Natur sind jedoch nicht so tiefgreifend, als dass sich mit ihnen eine zwangsweise Überführung in neurechtliche Erbbaurechte rechtfertigen ließe. Die Mitteldeiche, an denen noch Stavenrechte bestehen, sind in aller Regel nicht mehr ernsthaft als Not-Seedeiche in Betracht zu ziehen. Die heute bereits auf die noch bestehenden

885 *Baur/Stürner*, § 1, Rn. 7; *Mugdan*, Motive III, S. 3; Staudinger[Neubearbeitung2000] - *Seiler*, Einleitung zum SachenR, Rn. 38; *Westermann*, § 1, I., 2., S. 3.

886 *Fischer*, Band 2/4, IV. Abschnitt, A., S. 194 und L., S. 231.

887 Vgl. **KANF**, ***Abt. F 4***, Nr. 451; 809: Stavenbriefe, in denen den Staveninhabern das Grundstückseigentum vorbehalten wird. Dass die Grundbuchämter ebenfalls teilweise nicht wussten, wie bestehende Stavenrechte zu behandeln waren, macht unter anderem die 1915 geführte Korrespondenz zwischen dem AG St. Peter und dem 3. Schleswigschen Deichband deutlich (**LAS**, ***Abt. 320.4***, Nr. 1581).

Deichstavengerechtigkeiten anzuwendenden Vorschriften des BGB halten zudem überwiegend sachgerechte Lösungen bereit. In den Fällen, in denen dies von den Beteiligten nicht so gesehen wird, müssen sie sich untereinander auf die entsprechenden Maßnahmen einigen.

Literatur

Achilles, Alexander/Strecker, Otto, Die preußischen Gesetze über Grundeigentum und Hypothekenrecht vom 5. Mai 1872, 4. Auflage, Berlin 1894

Arnheim, Hugo, Kommentar zur Grundbuchordnung für das Deutsche Reich nebst den für Preußen erlassenen Ausführungsbestimmungen, 2. Auflage, Berlin 1913

Bantelmann, Albert/Panten, Albert/Kuschert, Rolf/Steensen, Thomas, Die Geschichte Nordfrieslands, 2. Auflage, Heide 1996, (zit.: Bantelmann/Panten/Kuschert/Steensen - *Bearbeiter*)

Baur, Jürgen F./Stürner, Rolf, Sachenrecht, 17. Auflage, München 1999

Bengel, Manfred/Simmering, Franz, Grundbuch - Grundstück - Grenze, Handbuch zur Grundbuchordnung unter Berücksichtigung katasterrechtlicher Fragen, 4. Auflage, Neuwied, Kriftel, Berlin 1995

Beseler, Georg, System des gemeinen deutschen Privatrechts, 2. Abteilung: Die Spezialrechte mit Einschluss des Ständerechts, 4. Auflage, Berlin 1855

Block, Die schleswigsche Deichstaven-Gerechtigkeit, in: SchlHA 1913, S. 257-259

Bluntschli, Johann Caspar, Deutsches Privatrecht, Besorgt von *Felix Dahn*, 3. Auflage, München 1864

Bochalli, Alfred, Das Deichrecht, in: VerwArch 30 (1925), S. 432-464

Bochalli, Alfred, Wassergenossenschafts- und Deichrecht nach dem preußischen Wassergesetz, 2. Auflage, Berlin 1925

Bojunga, Vom Eigentum an Deichen, nach gemeinem Rechte, mit besonderer Rücksicht auf die Deichordnung für das Herzogtum Bremen vom Jahre 1743 (1693), in: NMHR 5 (1864), S. 31-58

Bolten, Johann Adrian, Beschreibung und Nachrichten von der im Herzogtum Schleswig belegenen Landschaft Stapelholm nebst einer Landkarte von derselben, Wöhrden 1777

Brinz, Alois, Lehrbuch der Pandekten, Erster Band, 2. Auflage, Erlangen 1873

von Brockdorff, Cai Lorenz/von Eggers, Friedrich Ludwig (Hrsg.), Corpus Statuorum Slesvicensium, Band I: Sämtliche Landschaften betreffend, Schleswig 1794

von Brockdorff, Cai Lorenz/von Eggers, Friedrich Ludwig (Hrsg.), Corpus Statuorum Slesvicensium, Band III 2: Tönningen, Burg, Tondern, Garding, Sonderburg und Register, Schleswig 1812 *von Bülow, Friedrich/Hagemann, Theodor*, Fortgesetzte Beyträge zum Deichrechte, Abhandlung I, in: von Bülows und Hagemanns practische Erörterungen, Band II, S. 1-43, Hannover 1799

von Cancrin, Franz Ludwig, Abhandlungen von dem Wasserrechte, sowohl dem natürlichen, als positiven, vornehmlich aber dem Deutschen, 1. Band, Halle 1789

Carstens, Goslar, Die Entwicklung des Deichwesens und des Deichrechts in Nordfriesland, in: Nordfriesland, Heimatbuch für die Kreise Husum und Südtondern, herausgegeben von *L. C. Peters*, S. 545-575, Husum 1929

Constabel, Theodor, Das Deichrecht Süderdithmarschens, Diss. Kiel, 1928

Cordes, Gerhard (Hrsg.)/Lasch, A. (Begründer)/Borchling, C. (Begründer), Mittelniederdeutsches Handbuch, Band III, 18. Lieferung: „spistange“ bis „stôten“, Bearbeitet von *Annemarie Hübner*, Neumünster 1986

von Cronhelm (Hrsg.), Corpus Statuorum Provincialium Holsatiae, Altona 1750

Danz, Wilhelm August Friedrich, Handbuch des heutigen deutschen Privatrechts, Band I, Stuttgart 1796

Deibel, Heinrich, Das Erbbaurecht in der Praxis - Unter besonderer Berücksichtigung der Verhältnisse in Bayern, München 1922

Demharter, Johann, Grundbuchordnung, Kommentar, 23. Auflage, München 2000

Dernburg, Heinrich, Lehrbuch des preußischen Privatrechts und der Privatrechtsnormen des Reiches, 1. Band: Die Allgemeinen Lehren und das Sachenrecht des Privatrechts Preußens und des Reichs, 5. Auflage, Halle a.d. Saale 1894

Dernburg, Heinrich, System des Römischen Rechts, Erster Teil, Bearbeitet von *Paul Sokolowski*, 8. Auflage, Berlin 1911

Dernburg, Heinrich/Hinrichs, F., Das preußische Hypothekenrecht, Erste Abteilung: Die allgemeinen Lehren des Grundbuchrechts, Leipzig 1877

Dreyer, Johann Carl Heinrich, Versuch einer Anleitung zur Kenntnis der Deichgesetze in: Miscellaneen oder kleine Schriften über einige Gegenstände des teutschen Rechts, Abhandlung I, Lübeck 1784

Ebel, Friedrich/Kunig, Philip, Die Flut an der Oder – Einige Bemerkungen zu Vergangenheit und Gegenwart des Deichrechts, in: Jura 1998, S. 113-116

Eckermann, Eindeichungen zwischen Husum und Hoyer, in: ZSHG 21 (1891), S. 187-234

Eichhorn, Karl Friedrich, Einleitung in das deutsche Privatrecht mit Einschluss des Lehensrechts, 5. Auflage, Göttingen 1845 *v. Ende*, Über den Ursprung der Deichverfassung zur richtigen Bestimmung mancher Fragen des Deichrechts, in: Vermischte juristische Abhandlungen Teil 1 (1802), Abhandlung IV

Enneccerus, Ludwig/Nipperdey, Hans Carl, Allgemeiner Teil des Bürgerlichen Rechts, 14. Auflage, Tübingen 1952

Erler, Adalbert/Kaufmann, Eckehard/Stammler, Wolfgang, Handwörterbuch zur Deutschen Rechtsgeschichte, I. Band: „Aachen" bis „Haussuchung", Berlin 1971, (zit: HRG - *Bearbeiter*)

Esmarch, Heinrich Carl, Das im Herzogtum Schleswig geltende bürgerliche Recht, 2. Auflage, Schleswig 1854

Esmarch, Heinrich Carl (Hrsg.), Sammlung der Statute, Verordnungen und Verfügungen, welche das bürgerliche Recht des Herzogtums Schleswig betreffen, Schleswig 1846

Ey, Jürgen, Der Sachsenspiegel als Quelle zum frühen Deichbau, in: Der Sassen Speygel, Sachsenspiegel – Alltag – Recht, Band 2, Hrsg: *Mamoun Fansa*, Oldenburg 1995

Falck, Niels Nikolaus, Handbuch des Schleswig-Holsteinischen Privatrechts, Band 1, Altona 1825

Falck, Niels Nikolaus, Handbuch des Schleswig-Holsteinischen Privatrechts, Band 4, Altona 1840

Falck, Niels Nikolaus, Handbuch des Schleswig-Holsteinischen Privatrechts, Band 5, Teil 1, Altona 1848

Feikes, Ernst, Die geschichtliche Entwicklung der Deichlast in Nordfriesland, Stuttgart, Berlin 1937

Fischer, Otto, Das Wasserwesen an der Schleswig-Holsteinischen Nordseeküste, Zweiter Teil: Die Inseln, 4. Folge: Pellworm, Begründet von *Friedrich Müller*, Berlin 1936

Fischer, Otto, Das Wasserwesen an der Schleswig-Holsteinischen Nordseeküste, Dritter Teil: Das Festland, 1. Folge: Sonderprobleme und Einzelfragen des Küstenraums, Berlin 1955

Fischer, Otto, Das Wasserwesen an der Schleswig-Holsteinischen Nordseeküste, Dritter Teil: Das Festland 2. Folge: Nordfriesland, Berlin 1955

Fischer, Otto, Das Wasserwesen an der Schleswig-Holsteinischen Nordseeküste, Dritter Teil: Das Festland 3. Folge: Eiderstedt, Berlin 1956

Förster, Franz, Preußisches Grundbuchrecht, Berlin 1872

Förster, Franz/Eccius, M. E., Preußisches Privatrecht, III. Band: Das Sachenrecht, 7. Auflage, Berlin 1896

von Gierke, Julius, Bürgerliches Recht: Sachenrecht, 3. Auflage, Berlin, Göttingen, Heidelberg 1948

von Gierke, Julius, Die Geschichte des deutschen Deichrechts, in: Untersuchungen zur deutschen Staats- und Rechtsgeschichte, Teil I: Band 63, Breslau 1901

von Gierke, Julius, Die Geschichte des deutschen Deichrechts, in: Untersuchungen zur deutschen Staats- und Rechtsgeschichte, Teil II: Band 128, Breslau 1917

Gierke, Otto, Deutsche Privatrecht, 2. Band: Sachenrecht, Leipzig 1905

Goldbeck, Joachim, Die Deichgenossenschaften, Münster 1991

Grimm, Jacob/Grimm, Wilhelm, Deutsches Wörterbuch, 10. Band, II. Abteilung, 1. Teil, „Sprecher“ bis „Stehuhr“, Leipzig 1919

Grube, Walter, Das Deichrecht Norderdithmarschens, Diss. Leipzig, 1917

Günther, Hermann, Die Verordnung über das Erbbaurecht vom 15. Januar 1919 (RGBl. S. 72), in: JW 1919, S. 357-360

Güthe, Georg/Triebel, Franz, Grundbuchordnung für das Deutsche Reich und preußische Ausführungsbestimmungen, Erster Band, 6. Auflage, Berlin 1936

Güthe, Georg/Triebel, Franz, Grundbuchordnung für das Deutsche Reich und preußische Ausführungsbestimmungen, Zweiter Band, 5. Auflage, Berlin 1929

Habicht, Hermann, Die Einwirkung des Bürgerlichen Gesetzbuchs auf zuvor entstandene Rechtsverhältnisse - Eine Darstellung der Fragen der Übergangszeit, 3. Auflage, Jena 1901

Häberlein, Carl Franz Wolf Jérôme, Lehrbuch des Landwirtschaftsrechts, Leipzig 1859

Haff, Karl, Einfluss der Niederländer auf die Kolonisation und Deichverfassung in Schleswig-Holstein, in: Kleine schleswig-holsteinische Schriften, Band 1, Abhandlung 6 (S. 347-358)

Hagemann, Theodor, Handbuch des Landwirtschaftsrechts, Hannover 1807

Hausmaninger, Herbert/Selb, Walter, Römisches Privatrecht, 7. Auflage, Wien, Köln, Weimar 1994

von Hedemann-Heespen, Paul, Die Herzogtümer Schleswig-Holstein und die Neuzeit, Kiel 1926

Hinrichsen, Hugo, Die Verwaltung der Deiche in den nordfriesischen Marschen vor 1800, Jahrbuch des Nordfriesischen Vereins für Heimatkunde und Heimatliebe, Band 12 (1925), S. 1-41

Hoff, Hinrich Ewald, Die alte Stavenverfassung in der Landschaft Stapelholm, Teil 1: Rendsburger Tageblatt, 20.1.1931, S. 9

Hoff, Hinrich Ewald, Die alte Stavenverfassung in der Landschaft Stapelholm, Teil 2: Rendsburger Tageblatt, 21.1.1931, S. 7

Hoff, Hinrich Ewald, Die alte Stavenverfassung in der Landschaft Stapelholm, Teil 3: Rendsburger Tageblatt, 23.1.1931, S. 9

Hoff, Hinrich Ewald, Die alte Stavenverfassung in der Landschaft Stapelholm, Teil 4: Rendsburger Tageblatt, 24.1.1931, S. 6

Hoff, Hinrich Ewald, Schleswig-Holsteinische Heimatgeschichte, Band 2, 2. Auflage, Neumünster 1925

Holtz, Leo/Kreutz, Franz, Das preußische Wassergesetz vom 7. April 1913, Band II, Nachdruck der 4. Auflage von 1930, Berlin 1955

Honsell, Heinrich/Meyer-Maly, Theo/Selb, Walter, Römisches Recht, 4. Auflage, Berlin, Heidelberg, New York et al. 1987

Hübner, Rudolf, Grundzüge des deutschen Privatrechts, 5. Auflage, Leipzig 1930

Ingenstau, Heinz (Begr.)/Ingenstau, Jürgen/Drees, Bernhard, Kommentar zum Erbbaurecht, 7. Auflage, Düsseldorf 1994

Jäger, Kurt/Rixen, Jens Uwe, Die Münzprägung der deutschen Staaten vor Einführung der Reichswährung, Band 6: Nordwestdeutschland, Basel 1971

Johannsen, Oskar, Zur Geschichte des Nordfriesischen Deichrechts, Diss. Leipzig, 1908

Kähler, Otto, Das Schleswig-Holsteinsche Landesrecht, 2. Auflage, Glückstadt 1923

Kaller, Paul, Der Sachsenspiegel, München 2002

Kayper, I., Dänisch-Norwegisch-Deutsches Hand-Wörterbuch, 2. Auflage, Kopenhagen 1880

Kramer, Johann, Kein Deich, kein Land, kein Leben, Geschichte des Küstenschutzes an der Nordsee, Leer 1989

von Künßberg, Eberhard, Deutsches Rechtswörterbuch (Wörterbuch der älteren deutschen Rechtssprache), 2. Band: „Bergkaue“ bis „entschulden“, Weimar 1932-1935

Kunz, Harry/Panten, Albert, Die Köge Nordfrieslands, Bräist/Bredstedt 1997

Larenz, Karl, Lehrbuch des Schuldrechts, Erster Band: Allgemeiner Teil, 13. Auflage, München 1982

Larenz, Karl, Lehrbuch des Schuldrechts, Zweiter Band: Besonderer Teil, 1. Halbband, 13. Auflage, München 1986

Larenz, Karl, Methodenlehre der Rechtswissenschaft, 6. Auflage, Berlin, Heidelberg, New York et al. 1991

Lenhard, A./Reichau, W., Preußisches Wassergesetz vom 7. April 1913, Berlin 1918

Linde, Trutz/Richter, Rüdiger, Erbbaurecht und Erbbauzins in der Praxis, 2. Auflage, Freiburg i. Br. 1993

Lorenzen-Schmidt, Klaus-Joachim, Deiche in Schleswig-Holstein - Die Elbmarschen als Beispiel, Neumünster 1999

Lorenzen-Schmidt, Klaus-Joachim, Kleines Lexikon alter schleswig-holsteinischer Gewichte, Maße und Währungseinheiten, Neumünster 1990

Lorenzen-Schmidt, Klaus-Joachim/Pelc, Ortwin (Hrsg.), Schleswig-Holstein Lexikon, Neumünster 2000 (zit.: Lorenzen-Schmidt/Pelc - *Bearbeiter*)

Lux, Walter, Erbbaurechtsgesetz und Wohnungsreform, in: JW 1919, S. 360-362

von Mangoldt, Hermann/Klein, Friedrich/Pestalozza, Christian, Das Bonner Grundgesetz, Band 8: Artikel 70 bis 75 GG, 3. Auflage, München 1996

Maurer, Hartmut, Allgemeines Verwaltungsrecht, 13. Auflage, München 2000

Medicus, Dieter, Schuldrecht I, Allgemeiner Teil, 10. Auflage, München 1998

Meikel, Georg (Begr.), Grundbuchrecht, Band 1: Einleitung; §§ 1 - 16 GBO, 8. Auflage, Neuwied, Kriftel 1997, (zit.: Meikel - *Bearbeiter*)

Meikel, Georg (Begr.), Grundbuchrecht, Band 2: §§ 17 - 44 GBO, 8. Auflage, Neuwied, Kriftel 1998, (zit.: Meikel - *Bearbeiter*)

Meikel, Georg (Begr.), Grundbuchrecht, Band 4: §§ 82-144 GBO, Grundbuchverfügung, Wohnungsgrundbuchverfügung, Gebäudegrundbuchverfügung, Gesetzestexte, 8. Auflage, Neuwied, Kriftel 1997, (zit.: Meikel - *Bearbeiter*)

Melfsen, Christian Sibbern, Die Geschichte der Christian-Albrechts-Köge, Band 1 bis 3, Handschrift, Kreisarchiv Nordfriesland, Abteilung F 5, Nr. 915-916

Mellmann, Johann Dietrich, Einleitung in das gemeine und Schleswig-holsteinische Damm-, Deich-, Siel- und Schleusenrecht, Altona, Leipzig 1795

Mensing, Otto (Hrsg.), Schleswig-Holsteinisches Wörterbuch, Vierter Band; Q bis S, Neumünster 1973

Mittermaier, Carl Josef Anton, Grundsätze des gemeinen deutschen Privatrechts mit Einschluss des Handels-, Wechsel- und Seerechts, 1. Band, 7. Auflage, Regensburg 1847

Mugdan, Benno (Hrsg.), Die gesamten Materialien zum Bürgerlichen Gesetzbuch für das Deutsche Reich, Band 1: Einführungsgesetz und Allgemeiner Teil, Berlin 1899 (Neudruck Aalen 1979)

Mugdan, Benno (Hrsg.), Die gesamten Materialien zum Bürgerlichen Gesetzbuch für das Deutsche Reich, Band 3: Sachenrecht, Berlin 1899 (Neudruck Aalen 1979)

Nieberding, Arnold/Frank, F., Wasserrecht und Wasserpolizei im Preußischen Staate, 2. Auflage, Breslau 1889

Niedner, Alexander, Das Einführungsgesetz vom 18. August 1896, 2. Auflage, Berlin 1901

Niemann, August Christian Heinrich, Handbuch der schleswig-holsteinischen Landeskunde, Topografischer Teil, 1. Band: Herzogtum Schleswig, Schleswig 1799

Nipperdey, Hans Carl, Bundesprivatrecht und Landesprivatrecht, in: NJW 1951, S. 897-900

Oberneck, Hermann, Das Reichsgrundbuchrecht, 1. Band, 4. Auflage, Berlin 1909

von Oefele, Helmut/Winkler, Karl, Handbuch des Erbbaurechts, 2. Auflage , München 1995

Ostermeier, Matthias, Die Wertsicherung des Erbbauzinses, Diss. München, 1965

Palandt, Otto (Begr.), Bürgerliches Gesetzbuch, Kommentar, 55. Auflage, München 1996, (zit.: Palandt[55] - Bearbeiter)

Palandt, Otto (Begr.), Bürgerliches Gesetzbuch, Kommentar, 61. Auflage, München 2002, (zit.: Palandt[61] - Bearbeiter)

Panten, Albert A., Die Christian-Albrechts-Köge 1682-1982, Breklum 1982

Pauls, Volquart, Die Entstehung des Deichgrafenamtes in Nordfriesland, in: Festschrift für *Max Pappenheimer*, Breslau 1931 (Sonderdruck)

Pauls, Volquart (Begr.)/Klose, Olaf (Hrsg.), Geschichte Schleswig-Holsteins, 5. Band: Die Herzogtümer von der Landesteilung 1544 bis zur Wiedervereinigung Schleswigs 1721, Bearbeiter: *Gottfried Ernst Hoffmann*, *Klauspeter Reumann* und *Hermann Kellenbenz*, Neumünster 1986

Paulsen, Christian, Lehrbuch des Privat-Rechts der Herzogtümer Schleswig und Holstein wie auch des Herzogtums Lauenburg, 2. Auflage, Kiel 1842

Pesl, D., Das Erbbaurecht geschichtlich und wirtschaftlich dargestellt, Leipzig 1910

Peters, L. C., Das Bauernhaus und seine geschichtliche Entwicklung, in: Nordfriesland, Heimatbuch für die Kreise Husum und Südtondern, herausgegeben von *L. C. Peters*, S. 313-335, Husum 1929

Petersen, Klaus, Zur Rechtsgeschichte Nordfrieslands, insbesondere der Bökingharde und der Vierharden, Diss. Kiel, 1955

Petersen, Sönke, Deutsches Küstenrecht, Baden-Baden 1989

Planck, G., Bürgerliches Gesetzbuch nebst Einführungsgesetz, Dritter Band: Sachenrecht, 1. Hälfte: §§ 854-1112, 5. Auflage, Berlin, Leipzig 1933, (zit.: Planck - *Bearbeiter*)

Planck, G., Bürgerliches Gesetzbuch nebst Einführungsgesetz, Dritter Band: Sachenrecht, Sechster Band: Einführungsgesetz, 3. Auflage, Berlin 1905, (zit.: Planck - *Bearbeiter*)

Plett, Emil, Zur Rechtsgeschichte des Spätlandes auf Osterlandföhr und der am Spätland bestehenden Interessentenschaften, in: Archiv für Beiträge zum deutschen, schweizerischen und skandinavischen Privatrecht, Bd. 10 (1931)

Rebmann, Kurt/Säcker, Jürgen/Rixecker, Roland, Münchener Kommentar zum Bürgerlichen Gesetzbuch, Band 1: Allgemeiner Teil (§§ 1-240; AGB-Gesetz), 4. Auflage, München 2001, (zit.: MüKo - *Bearbeiter*)

Rebmann, Kurt/Säcker, Jürgen/Rixecker, Roland, Münchener Kommentar zum Bürgerlichen Gesetzbuch, Band 6: Sachenrecht (§§ 854-1296, Wohnungseigentumsgesetz, Erbbaurechtsverordnung, Sachenrechtsbereinigungsgesetz, Schuldrechtsänderungsgesetz), 3. Auflage, München 1997, (zit.: MüKo - *Bearbeiter*)

Rebmann, Kurt/Säcker, Jürgen/Rixecker, Roland, Münchener Kommentar zum Bürgerlichen Gesetzbuch, Band 9: Erbrecht (§§ 1922-2385, §§ 27-35 BeurkG), 3. Auflage, München 1997, (zit.: MüKo - *Bearbeiter*)

Rebmann, Kurt/Säcker, Jürgen,/Rixecker, Roland, Münchener Kommentar zum Bürgerlichen Gesetzbuch, Band 11: Internationales Handels- und Gesellschaftsrecht, Einführungsgesetz zum Bürgerlichen Gesetzbuch (Art. 50-237), 3. Auflage, München 1999, (zit.: MüKo - *Bearbeiter*)

Richter, Rüdiger, Der Erbbauzins im Erbbaurecht, Frankfurt am Main, Bern, New York 1983

von Richthofen, Karl, Friesische Rechtsquellen, Berlin 1840

Römer, Helmuth, Die Rechtsgeschichte der Koog- und Deichverbände sowie der octroyierten Köge in Schleswig, insbesondere in Nordfriesland, in: Archiv für Beiträge zum deutschen, schweizerischen und skandinavischen Privatrecht, Bd. 29 (1938)

Runde, Christian Friedrich, Grundsätze des gemeine deutschen Privatrechts, 8. Auflage, Göttingen 1829

Samoje, Siegismund, Erbbaurecht, Kommentar zu der Verordnung über das Erbbaurecht vom 15. Januar 1919, in: Kleine Schriften zum Bürgerlichen Recht Band 32, Nr. 2; Berlin 1919

Sandelmann, Heinz, Der Kornkoog – Berichte zum Deich-, Land- und Steuerwesen in der Bökingharde, Bredstedt 1997

Scheyhing, Anmerkungen zu OLG Schleswig, SchlHA 1964, 93 ff., in: SchlHA 1964, S. 145-148

Schiwek, Dieter, Das Erbbaurecht- Ein Beitrag zur Dogmengeschichte, Diss. Kiel, 1969

Schöpe, Heinrich, Das Erbbaurecht, insbesondere der Erbbauzins, in: BB 1976, S. 1108-1110

Schrader, Carl, Systematische Übersicht des Deichrechts, Kiel 1805

Schröder, Heinrich, Das Deichwesen in der Provinz Schleswig-Holstein, Itzehoe 1906

Schwartz, E., Das preußische Grundbuchrecht, I. Band, Berlin 1893

Seestern-Pauly, W., Das Grundbuchrecht für die Provinz Schleswig-Holstein, Kiel 1874

Sering, Max, Erbrecht und Agrarverfassung in Schleswig-Holstein auf geschichtlicher Grundlage, Berlin 1908

Soergel, Hans Theodor, Bürgerliches Gesetzbuch mit Einführungsgesetz und Nebengesetzen, Band 6: Sachenrecht (§§ 854-1296 BGB), WEG, ErbbauVO, SchiffsG), 12. Auflage, Stuttgart, Berlin, Köln 1989, (zit.: Soergel - *Bearbeiter*)

Soergel, Hans Theodor, Bürgerliches Gesetzbuch mit Einführungsgesetz und Nebengesetzen, Band 9: Erbrecht (§§ 1922-2385 BGB), Beurkundungsgesetz, 12. Auflage, Stuttgart, Berlin, Köln 1992, (zit.: Soergel - *Bearbeiter*)

Soergel, Hans Theodor, Bürgerliches Gesetzbuch mit Einführungsgesetz und Nebengesetzen, Band 10: Einführungsgesetz, 12. Auflage, Stuttgart, Berlin, Köln 1996, (zit.: Soergel - *Bearbeiter*)

Sprenger, Bernd, Das Geld der Deutschen, Paderborn, München, Wien, Zürich 1991

Staehly, Axel, Das Eigenkatenrecht Ostholsteins - Ein Beitrag zur deutschen Agrargeschichte, in: Beiträge zum Bauern- und Bodenrecht, Band 4, Marburg / Lahn 1936 *von Staudinger, Julius*, Kommentar zum Bürgerlichen Gesetzbuch mit Einführungsgesetz und Nebengesetzen, 3. Buch: Sachenrecht, 1. Teil: §§ 854-1017 BGB, 9. Auflage, München, Berlin, Leipzig 1926, (zit.: Staudinger[9] - *Bearbeiter*)

von Staudinger, Julius, Kommentar zum Bürgerlichen Gesetzbuch mit Einführungsgesetz und Nebengesetzen, 3. Buch: Sachenrecht, Einleitung zu §§ 854 ff. BGB, §§ 854-882 BGB, Neubearbeitung, Berlin 2000, (zit.: Staudinger[Neubearbeitung2000] - *Bearbeiter*)

von Staudinger, Julius, Kommentar zum Bürgerlichen Gesetzbuch mit Einführungsgesetz und Nebengesetzen, 3. Buch: Sachenrecht, Erbbaurechtsverordnung, §§ 1018-1112 BGB, 13. Bearbeitung, Berlin 1994, (zit.: Staudinger[13] - *Bearbeiter*)

von Staudinger, Julius, Kommentar zum Bürgerlichen Gesetzbuch mit Einführungsgesetz und Nebengesetzen, 3. Buch: Sachenrecht, §§ 1113-1203 BGB, 13. Bearbeitung, Berlin 1996, (zit.: Staudinger[13] - *Bearbeiter*)

von Staudinger, Julius, Kommentar zum Bürgerlichen Gesetzbuch mit Einführungsgesetz und Nebengesetzen, 5. Buch: Erbrecht, Einleitung; §§ 1922-1966 BGB, Neubearbeitung, Berlin 2000, (zit.: Staudinger[Neubearbeitung2000] - *Bearbeiter*)

von Staudinger, Julius, Kommentar zum Bürgerlichen Gesetzbuch mit Einführungsgesetz und Nebengesetzen, 6. Band: Einführungsgesetz, 2. Auflage, München 1906, (zit.: Staudinger[2] - *Bearbeiter*)

von Staudinger, Julius, Kommentar zum Bürgerlichen Gesetzbuch mit Einführungsgesetz und Nebengesetzen, EGBGB, Art. 1, 2, 50-218 EGBGB, 13. Bearbeitung, Berlin 1998, (zit.: Staudinger[13] - *Bearbeiter*)

Steensen, Thomas (Hrsg.), Deichbau und Sturmfluten in den Frieslanden, Beiträge vom 2. Historikertreffen des Nordfriisk Instituut, Bredstedt / Bräist 1992

von Stemann, Christian Ludwig Ernst, Geschichte des öffentlichen und Privatrechts des Herzogtums Schleswig, Teil 2: 1460 bis zum Tode Friedrichs des VII., Kopenhagen 1866

von Stemann, Christian Ludwig Ernst, Schleswigs Recht und Gerichtsverfassung im 17. Jahrhundert, Schleswig und Flensburg, 1855

Stengel, Karl Freiherr von/Fleischmann, Max, Wörterbuch des Deutschen Staats- und Verwaltungsrechts, Band 1: A bis F, Tübingen 1911

Stranz, J./von Unzner, K., Verhältnis des Reichsprivatrechts zum Landesprivatrecht, in: Enzyklopädie der Rechtswissenschaft in systematischer Bearbeitung, Hrsg. von *Franz von Holtzendorff* und *Josef Kohler*, 2. Band, S. 193-221, 7. Auflage, München, Leipzig, Berlin 1914

Tetens, Johann Nicolaus, Reisen in die Marschländer an der Nordsee zur Besichtigung des Deichbaus, Erster Band, Leipzig 1788

Thiem, Hans, Landeswassergesetz Schleswig-Holstein, Kommentar, Kiel 1985

Thiem, Hans, Wasserrecht in Schleswig-Holstein, Textausgabe, 4. Auflage, Kiel 1992

Trenckner, Johannes, Das Deichrecht der Kremper- und Wilstermarsch, Diss. Rostock, 1907

Turnau, W., Die Grundbuchordnung vom 5. Mai 1872 mit Ergänzungen und Erläuterungen, 1. Band: Die Gesetze mit Kommentar, 4. Auflage, Paderborn 1888

Turnau, W./Förster, K., Das Liegenschaftsrecht nach den deutschen Reichsgesetzen und den preußischen Ausführungsbestimmungen, 1. Band: Das Sachenrecht des Bürgerlichen Rechts, 3. Auflage, Paderborn 1906

Voß, Erich/Voß, Erika, Die Stavenbesitzer und ihre Familien im alten Keitum (1709-1875), Keitum 1987

Waschinski, Emil, Die letzte Epoche der schleswig-holsteinischen Münzpolitik von 1863 bis 1868, in: ZSHG 64 (1932), S. 364-396

Waschinski, Emil, Währung, Preisentwicklung und Kaufkraft des Geldes in Schleswig-Holstein von 1226-1864, in: QFGSH 26, Teil I (1952)

Waschinski, Emil, Währung, Preisentwicklung und Kaufkraft des Geldes in Schleswig-Holstein von 1226-1864, Anhänge, in: QFGSH 26, Teil II (1959)

Weiske, Julius, Rechtslexikon, Band I: „A“ bis „Bergrecht“, Leipzig 1844

Weiske, Julius, Band III: „Confrontation“ bis „Erbschaftsteilung“, Leipzig 1844

Westermann, Harm Peter/Gursky, Karl-Heinz/Eickmann, Dieter, Sachenrecht, Begründet von *Harry Westermann*, 7. Auflage, Heidelberg 1998

Wieling, Hans-Josef, Sachenrecht, 3. Auflage, Berlin, Heidelberg, New York et al. 1997

Willenbücher, Das preußische Grundbuchrecht in seiner gegenwärtigen Geltung, Berlin 1882

Willenbücher, Das Liegenschaftsrecht des Bürgerlichen Gesetzbuches und die Reichsgrundbuchordnung mit Erläuterungen, Ausgabe für Preußen, Berlin 1904

Windscheid, Bernhard, Lehrbuch des Pandektenrechts, Erster Band, Bearbeitet von *Theodor Kipp*, 9. Auflage, Frankfurt am Main 1906

Wittmaack, Hermann, Das Erbbaurecht des Bürgerlichen Rechts, München 1908

Wolters, Allgemeine Grundsätze zum ordnungsmäßigen Verfahren in Deich- und Abwässersachen der Deutschen Marsch-Provinzen, Glückstadt 1795

Zitelmann, Ernst, Zum Grenzstreit zwischen Reichs- und Landesrecht, Kleine Schriften zum Bürgerlichen Recht Band 44, Nr. 6, Leipzig 1902

Anhang

A. Gesetze

I. Sachsenspiegel (Auszug; Übersetzung P. Kaller, S. 88 f.)

II. Buch, 56.

„Welche Dörfer am Wasser liegen, und einen Damm haben, der sie vor der Flut bewahrt, jedes Dorf soll seinen Teil des Dammes befestigen vor der Flut. Kommt aber die Flut und bricht den Damm, und lädt man mit Gerüft dazu, die in dem Lande gesessen sind, wer von ihnen nicht den Damm ausbessern hilft, der hat verwirkt solches Erbgut, als er innerhalb des Dammes hat.“

II. Gerichtsordnung von 1559 (Auszug; K. Petersen, Anlage I)

Artikel 17:

„Welcher Hus und Staven mit guder ankumpst in Rowlicher besittinge heft iij Jarlanck de schal idt Erfflich beholden Idt sy den dat de cleger unmundig edder Buten landes gewesen.“

III. Nordstrander Landrecht von 1572 (Auszug; CSS I, S. 428 ff.)

3. Teil

Artikel 19

„Von Dammen, Stacken, Hecken, oder Stacke auf dem MittelDeiche.

Welcher Mann mit gewaltsamer freventlicher Hand eines andern Damme, Stacke, Heck oder dergleichen zerbricht, oder auf den Mittel-Deichen die Vor-Wagenfahrt oder reitend abwricket, oder in die Schloten wirft, soll solches mit voller Gewalt gethan haben.“

Artikel 21

„Von Deiche und Dammen.

Es soll ein jeder alle seine eigene Deiche mächtig seyn zu gebrauchen, und dieselbigen machen nach der Nothdurft des Landes, wo sothanes Deichrecht vermag und mitbringet.“

Artikel 26

„Von Haus-Frieden, Deich-Frieden, Pflug- und Weg-Frieden.

So ist beliebet, daß Haus-Friede, Deich-Friede, Pflug- und Weg-Friede sollen gehalten werden bey Leib und Guth. Wer nun diesen vorbenannten Frieden bricht, und des auch sonst einigerley Unthat am dem Harde, da er das thäte, mit Recht überwunden würde, und da Briefe und Beweiß darüber käme, wer ihn darnach hausete und hegete, der soll also schuldig seyn, als der Handthätiger.“

IV. Eiderstedter Landrecht vom 14. Januar 1591 (Auszug; CSS I, S. 1 ff.)

Vierter Teil

Artikel 18

„Vom Teich-Frieden.

So jemand ausginge, seinen Teich zu machen, und würde von einem anderen beschädigt oder vergewaltigt; der Thäter soll dem Rechte bessern für den doppelten Frieden 60 Mark, und dem Kläger seinen Schaden aufrichten; Es wäre im Hinzuge nach dem Teiche, oder im Abzuge vom Teiche, oder auch in der Arbeit auf dem Teiche.“

V. Spadelandesrecht (CSS I, S. 390 ff.)

Artikel 1

„All das Land, unter einem Koge belegen, da die große Fluth übergegangen ist, das soll Demath Demaths gleich in Deichen und Dammen, in argen und guten gemacht werden.“

Artikel 2

„Die Spätungen zur Nothdurft der Deichen sollen ausserhalb dem Deiche kaum 18 Ruthen lang zum Deiche geleget werden, binnen Deiches 12 Ruthen, so die Nothdurft solches erfordert. So hierinnen Aenderung vorzunehmen, soll stehen bey Erkenntniß und Gutsagen der 16 Deich-Richtere.“

Artikel 3

„Wo ein jeder seine Deichmasse hat. Soll des Spätelandes mit der Gräsung, binnen und ausserhalb Deiches mächtig seyn."

Artikel 4

„So ein Kog wegen Deiches Last Beschwerungen hat, der er nicht allein kan vorkommen, sollen die benachbarten, nach Erkenntniß der 16 Deichrichter, vorbescheidlich mit Wissen und Willen der Obrigkeit, ein Stück Deiches, nächst ihrem eigenen Deiche, fertigen, machen und halten."

Artikel 5

„Alle diejenigen, die, gegen ihres Nachbaren Deich Erde ausspäten, das glaubwürdig ist zu beweisen, sollen in der Obrigkeit Strafe verfallen."

Artikel 6

„So jemand befunden, oder mit Wahrheit ausgefragt, der Lahnen binnen oder ausserhalb Deiches aufgegraben, es sey denn, daß es die unverbeygängliche Noth erfordert oder verursachet, und nicht mit Erlaubniß der Deichrichter geschieht, dieselbigen sollen in der Deichrichter Strafe verfallen."

Artikel 7

„Wenn es sich zutragen würde, dass ein Kog oder mehr, durch Überstürzung des Wassers verfüllet würde, das die göttliche Allmächtigkeit gnädlich verhüte, und Wehlen einbrechen, soll das ganze Land dem Koge wiederum zum Bestande zu verhelfen, verpflichtet seyn. So aber wegen Strauche, Pfahlen, und was des mehr seyn wird, zur Nothdurft des Koges zu verschaffen, Beköstung vorgelegt wird, sollen die Kogesleute, ohne Entgeldniß deren, die ihre hülfliche Hand darstrecken, auf des Koges, und derselben Land beköstcn, selbst verschaffen und bezahlen."

Artikel 8

„Wenn sich das zutragen würde, daß einer oder mehr mit Deichen versäumlich befunden, und gleich seinen Benachbarten mit der Arbeit nicht fort will, und die Strafe der Deichrichter nichts achtet, und dem Koge durch solche Versäumniß und Unfleiß, Schaden begegnet, oder auch zu befahren, sollen die Deichrichter, nach altem Spade-Landes-Rechte, den Spaden auf den Teich setzen, und die Säumigen ihres Landes dadurch entsetzet seyn, die Deichrichter desselbigen Koges sollen das Land den nächsten Freunden zu bedeichen anbieten, wollen die Freunde nicht, soll es den nächsten Nachbarn auf beyden Seiten angeboten werden, dasselbige zu bedeichen, wollen die nicht, dem ganzen Kirchspiel, im Mangel die auch nicht wollen, soll der ganze Kog das Land bedeichen, und für Erde behalten."

Artikel 9

„Wenn es sich begiebt, daß ein Stück Landes nothwendig wird ausgeworfen, sollen die Kogeseigener desselbigen Koges, denen das Land abgehet, was ihnen davon eignet, Erstattung bekommen."

Artikel 10

„Wenn ein Stück Landes eingedeichet wird, soll geschehen mit Hülfe und Zuthun des ganzen Landes, Demath Demaths gleich: und wann der Kog durch göttliche Hülfe erobert, soll das neue Land im argen und guten, einem jeden auf sein Störtewerk zugetheilet werden, alles mit gnädigen Vorwissen und Willen der hohen Obrigkeit, und derselben jährliche Pflicht vorbehältlich, zu rechter Zeit entrichtet werden."

Artikel 11

„Wenn der neue Deich des eroberten neuen Koges, zu einem vollen Seedeich gemachent, sollen diejenigen, denen ihre Deiche abgedeichet, so viel in dem neuen Deich ausfassen, daß sie, gleich dem neuen Lande, volle Maaße bekommen, nach Erkenntnisß der 16 Deich-Richter. Es sollen diejenige, die im neuen Deich werden ausgemessen, ihren See-Deich oder Mittel-Deich vor Erde behalten, und des mächtig seyn."

Artikel 12

„Die See-Deiche sollen von des Deiches Kamm anzurechnen und zu messen, bis gegen des Deiches Schott, vier Ruthen breit seyn, und binnen Deichs eine Ruthe. Ein jeder soll, wo seine Deichmasse kommt, das Deichschott graben und verfertigen, und die Erde gegen den Deich aufschiessen, worauf die Deichrichter ein fleißiges Aufsehen haben sollen."

Artikel 13

„In den Kögen sollen die Deichrichter mit dem ersten und besten ihre Deiche fertigen, bey Vermeidung I. F. Gnaden schwerer Strafe und Ungnade. So aber unter den Deichrichtern einer oder mehr befunden, die aus Nachläßigkeit ihrem Amte nicht mehr treulich vorstehen, und durch ihre Versäumniß dem Koge Schaden wiederführe und begegnete, desselben Güther sollen an I. F. Gnaden verbrochen seyn, und er als ein Meineidiger gestrafet werden."

Artikel 14

„So zween Nachbarn um ein Stück Deiches unfriedlich und ein Stück Deich aufwerfen, sollen beyderseits Personen durch die Deichrichter gepfändet werden, und stracks die Maasse ergehen lassen, und wem das Stück aufgeworfenen Deichs beykommt, soll dem unschuldigen sein Pfand wiederum einfreyen, an die Obrigkeit zehen Gulden, und an die Deichrichter sechs Mark verbrochen haben."

Artikel 15

„Derjenige, der muthwillig Land unterschläget im Deich und Damme daß ihm durch des Koges Register kann überzeuget werden, des Land soll an die Obrigkeit verbrochen werden."

Artikel 16

„Wo die Deichrichtere und Eidiger zu pfänden befugt, und das Pfand binnen Jahr und Tag nicht wieder eingelöset wird, soll das Pfand verschossen seyn."

Artikel 17

„Niemand soll den Deichrichtern oder Eidigern Pfand weigern, sondern dieselbigen ohne Wiederrede auf ein Recht folgen lassen, bey Vermeidung der Herren Strafe und Ungnade."

Artikel 18

„Alle Einwohner im Strande, die Land gebrauchen, sollen im Gebieten und Verbieten allezeit unter dem gebührlichen Gehorsam der Deichrichter treulich sich finden lassen, so eine oder mehr muthwillige ungehorsame zubefragen und überzeuget, die sollen zum Halse gefället seyn."

Artikel 19

„Was hiebevor von Deichen, Dämmen, Deichrichtern und Eidigern angezeiget, dasselbige soll auch gleichmäßig von Sielen, Schleusen, Wegen und Stegen verstanden, und mit höchsten Fleiße damit auch also gehalten werden, bey Leib und Guth und ohne alle Gnade, die Ungehorsamen zu strafen."

Artikel 20

„Wenn die Haff-Deiche, nach aller Nothdurft auf das fleißigste gefertiget, sollen alle Mittel-Deiche verhöhet und verbessert werden, und Niemand selbige unter den Pflug legen oder besäen diejenigen, die sich hier entgegen erdreisten, sollen zum Halse gefället seyn."

VI. Deichordnung der Landschaften Eiderstedt, Everschop und Utholm von 1592 (Auszug; CSS I, S. 214 ff.)

„Thom 10. Schall nemand ohne des gemeinen Matings willen, den Dick mit Perden, Ossen, Köyen, Schapen, Schwinen, edder Gensen etten laten, edder mit Perde, und Wagen up Dickside nicht driven edder riden: würde jemand befunden, dat demsülven de Perde und Wagen, Schwiene und Gensen angeholden, bet so lange he nach unparteilicher Lüde Ermeten, den Schaden belegt, edder verborget hefft."

VII. Deichordnung des Amtes Tondern vom 14. Mai 1619 (Auszug; CSS I, S. 397 ff.)

Artikel 6

„Fürs Sechste: Auf daß, wann gleich ein Einbruch geschehe, (welches gleichwohl Gott der Allmächtige nach seinem väterlichen Willen gnädiglich verhüten wolle!) das salze Wasser nicht überall laufe, so ist Unsers gnädigen Fürsten und Herrn befehlende Meynung, daß bey Vermeidung Ihro Fürstl. Gnaden willkürlicher Strafe die Alte und Mitteldeich nicht vergraben, gepflüget und besaamet; sondern bis zu fernerer Ihro Fürstl. Gnaden gnädiger Verordnung in wesenlichen Stande erhalten, ... verbessert, und welche nicht mehr im Wesen, zwischen dieß und nächstkünftigen Bartholomäi bey nachgesetzter Poen zu vollem Stand ... wieder gebracht, und unstrafbar gebessert werden sollen."

VIII. Pellwormer Deichordnung vom 5. März 1711 (Auszug; CSS I, S. 408 ff.)

Artikel 8.

„Soll niemand den Deich mit Schweinen oder Gänsen etten, auch mit Pferden und Wagen, auf der Deichseite nicht treiben noch reiten, würde aber jemand befunden, mag demselben Pferde und Wagen, Schweine und Gänse angehalten werden, so lange bis nach unpartheyischer Leute Ermessen der Schade bezahlet und erleget worden."

Artikel 12.

„Soll niemand sich unterstehen die alten und Mitteldeiche zu begraben, bepflantzen, bebauen, besaamen, beackern, oder sonsten zu verwahrlosen, sondern im guten Stande erhalten, bey der guten Gerade lassen, und da sie verfallen, wiederum ausbessern und verhöhen, weilen selbiege im Fall der Noth, welche doch Gott gnädiglich verhüten wolle da ein Hafdeich durchbrechen sollte, dem Wasser widerstehen können."

IX. Patent betreffend die einzuführende Aufsicht über die Deiche der sämtlichen Marschkommünen, adlichen Marschgüter und octroyirten Köge in den Herzogtümern vom 29. Januar 1800 (Auszug; ChrS 1800, S. 4 ff.)

§ 1

„Die Deiche in sämtlichen Marschen Unserer deutschen Provinzen (die Deiche der adlichen Marschgüter und der octroyirten Koege nicht ausgenommen) werden von jetzt an unter die Aufsicht dreyer dazu von Uns ernannten Deichsinspektoren gestellt. Diese Aufsicht erstreckt sich zugleich auch auf die Uferbefestigungen, Bollwerke, Schleusen, Wasserlösungen, auf die Vorländereyen, auf die Verhütung ihres Abbruchs und die Beförderung ihres Anwachses, und die sonstigen mit den Deichen und ihrer Sicherheit in Verbindung stehenden Anstalten und Werke, Es darf daher künftig ohne Mitwissen der Deichsinspektoren an den Deichen, Uferwerken, Schleusen und dahin gehörigen Werken nichts von Wichtigkeit vorgenommen werden und verändert werden."

X. Allgemeines Deichreglement (ADR) für die sämtlichen Marschkommünen, adlichen Marschgüter und octroyirten Köge in den Herzogtümern vom 6. April 1803 (ChrS 1803, S. 17 ff.)

§ 1

„Da alle Marschländereien vor der Gefahr der Ueberschwemmung nach der Beschaffenheit ihrer Lage, durch den See- oder Stromdeich mehr oder weniger geschützt werden: so ist die Verpflichtung der sämtlichen Marschen zur gegenseitigen Beyhülfe, sowie insbesondere die Verpflichtung der hinterliegenden Koege, in gewissen außerordentlichen Fällen zur Erhaltung oder Wiederherstellung der Hauptdeiche einen verhältnismäßigen Beytrag zu leisten, in der Natur der Sache und der allgemeinen Billigkeit begründet.

§ 2

„Im Allgemeinen muß es daher als Grundsatz gelten, daß alle diejenigen Marschen, welche von einem und demselben Hauptdeich solchergestalt Schutz genießen, daß sie, wenn derselbe auf dem einen oder dem anderen Punkt von der Fluth weggerissen werden sollte, sämmtlich der Gefahr der Ueberschwemmung ausgesetzt wären, unter einander zur gegenseitigen Beyhülfe in gewissen außerordentlichen Fällen verpflichtet sind, oder welches einerley ist unter sich einen natürlichen Deichband ausmachen."

§ 3

„Da indeß einige Marschen schon ohnehin in landschaftlicher Verbindung stehen, und die Bestimmung, welche Commünen die Verpflichtung zur gegenseitigen Beyhülfe in Rücksicht auf ihre Deiche gemeinschaftlich mit einander zu übernehmen haben, nicht immer nach dem im vorigen Paragraphen erwähnten Grundsatz wird Statt finden können: so kann die Regulierung eines Deichbandes auch solchergestalt geschehen, daß dabey auf die einmal schon bestehende landschaftliche oder sonsten schon vorhandene bürgerliche Verbindung, sowie auf das Locale und die sonstigen Verhältnisse der in einem Deichband vereinigten Marschen Rücksicht genommen werde. Es kann also der natürliche Deichband durch conventionelle und locale Verhältnisse sowohl erweitert als eingeschränkt werden. Ist derselbe eingeschränkt worden, so kann gleichwohl in außerordentlichen Fällen, wenn die corporirten Commünen auch mit vereinten Kräften ihren Deich nicht erhalten können, der Recurs an sämmtliche Marschen, welche mit ihnen einen natürlichen Deichband ausmachen, Statt finden. Da dieser Fall wohl nicht leicht eintreten wird, so behalten Wir uns vor, darüber nach den jedesmaligen

Umständen, auf Vorstellung Unserer Rentekammer, Unsere specielle Entscheidung abzustellen."

§ 4

„Nach diesen Grundsätzen wollen Wir, daß zuvörders die sämmtlichen Marschen, ohne Ausnahme, in gewisse Distrikte, von welchen ein jeder eine besondere Corporation oder einen Deichband ausmacht, eingetheilt werden. Diese Regulierung der verschiedenen Deichbandsocietäten soll als das erste und wichtigste Geschäft von den Ober-Deichgräfen und Deichinspectoren mit Zuziehung der Deichgräfen, solchergestalt vorgenommen werden, daß bey dieser Eintheilung von Seiten der Deichinspectoren hauptsächlich auf die örtliche Lage der in einem Deichband zu vereinigenden Commünen und Koege, und auf ihre gemeinschaftliche Sicherheit und Gefahr, und von Seiten der Oberdeichgräfen, welche zugleich die Civiloberbeamten in ihrem District sind, auf die sonstigen bürgerlichen Verhältnisse der Commünen unter sich Rücksicht genommen werde.

Zu diesen Deliberationen sollten auch, was die octroyirten Koege betrifft, die Inspectoren dieser Koege mit zugezogen werden, so wie es sich von selbst verstehet, daß, wenn von der Corporation solcher Commünen, welche unter verschiedenen Oberdeichgräfen stehen, die Rede ist, sämmtliche Oberdeichgräfen darüber berathschlagen müssen."

§ 5

„Wann nun solchergestalt die Oberdeichgräfen und Deichinspectoren gemeinschaftlich überlegt haben, welche Commünen und Köge in einen Deichband zu corporiren seyn dürften: So sollen sie desfalls ihre Vorschläge, nebst den Gründen an Unsere Rentekammer einsenden, welche sodann Unsere specielle Resolution bewirken wird, welche Commünen und Köge einen besonderen Deichband unter sich ausmachen sollen."

§ 6

„Wenn ein solcher Deichband regulirt, mithin ausgemacht ist, welche Koege und Commünen dazu gehören, so sollen für jeden Deichband besondere Regulative entworfen werden, in welchen die nach Verschiedenheit der Fälle von den sämmtlichen Commünen eines Deichbandes zu leistende gegenseitige Beihülfe und sonstige gemeinschaftliche Verpflichtungen genau bestimmt werden müssen.

Diese Regulative sind von den Oberdeichgräfen und Deichinspektoren sobald als möglich auszuarbeiten und an Unsere Rentekammer zur Genehmigung einzusenden. Da diese Regulative im Wesentlichen auf einerley Grundsätze beruhen müssen, so haben wir es für nötig erachtet, im Allgemeinen zu bestimmen, welche Arbeiten an den Deichen zu den außerordentlichen gehören, und vom ganzen Deichbande abzuhalten sind; imgleichen in welchen Fällen die Commüne, welcher die gewöhnliche Unterhaltung eines Deiches obliegt, von dem ganzen Deichbande eine verhältnismäßige Beyhülfe zu den Kosten der Unterhaltung ihres Deichs zu fordern berechtigt ist. Diese Bestimmungen sollen bey Entwerfung der Regulative zum Grunde gelegt werden, in welcher Hinsicht Wir daher folgendes verordnen:“

§ 7

„Als außerordentliche Arbeiten an den Deichen sollen in Zukunft angesehen werden:

a. Die zur Vertheidigung und Erhaltung des Vorufers und des Watts erforderlichen Einrichtungen, insofern diese nicht bloß den Anwachs und die Gewinnung eines beträchtlichen Vorlandes, sondern zugleich und vorzüglich die Sicherheit des Deichs zum Zweck haben, also alle Arten der Uferbefestigung vor dem Deich, als Höfter, Schlengen, Lahnungen aus Busch, Holz und Steinen.

b. Neue Einlagen, imgleichen wenn ein neuer Schlafdeich zu legen ist, auf den Fall, wenn der Hauptdeich sich nicht länger sollte erhalten lassen.

c. Alle Erhöhungen und Verstärkungen der Deiche über das bisher verordnungsmäßige Profil.

d. Die Anlegung neuer Steindeiche.

e. Die Wiedererhöhung und Wiederherstellung versunkener, imgleichen durch große Kammstürzungen oder Durchbrüche ganz oder zum Teil weggerissener Deiche, mithin auch

f. alle Notharbeiten an den Deichen, welche bey wirklich erfolgten Durchbrüchen unverzüglich geleistet werden müssen, um dem ferneren Eindringen des Wassers und der weiteren Verbreitung der Ueberschwemmung zu wehren.“

§ 8

„Alle diese Arbeiten sollen auf Kosten des ganzen Deichbandes gemacht und die Kosten über denselben repartirt werden.

Diese Repartition über den ganzen Deichband geschieht zu gleichen Theilen, Morgen Morgen oder Demath Demath gleich, jedoch mit Ausnahme der Moorgründe und alles desjenigen Landes, welches nicht als urbares Marschland zu betrachten ist, als welche Ländereyen zu einem gerigern Beytrage anzusetzen sind. Sollten Gründe vorhanden seyn, die Repartition nicht nach gleichen Theilen Statt finden zu lassen, so ist das Verhältnis, nach welchem die einzelnen Koege und Commünen zu gedachten Kosten beizutragen haben, in den in § 6 erwähnten Regulativen zu bestimmen."

§ 9

„Als ordentliche Refectionsarbeiten der Deiche sollen in Zukunft angesehen werden:

a. Alle Vertheidigungsmittel, welche an dem Körper des Deichs zur Erhaltung desselben angebracht werden, als die Umlegung der schon vorhandenen Steindeiche, die Anlegung von Buschbedeckungen, Vorsetzungen von Holz oder Steinen, Bollwerken usw., folglich auch

b. die Unterhaltung aller dieser Werke und anderer Deichsbedeckungen, die Strohbestickung; ferner die bestickmäßige Erhöhung und Verstärkung des Deichs, wenn die Höhe und Stärke desselben nicht durch Versinken des Grundes oder andere außerordentliche Vorfälle sondern bloß durch die Länge der Zeit und durch das gewöhnliche Zusammensinken der Deichserde vermindert worden; so wie endlich

c. die Zudämmung der Löcher, und alle andern, durch größere oder geringere Beschädigungen verursachte Arbeiten, welche nicht den in § 7 genannten Fällen gehören."

§ 10

„Diese ordinairen Refectionsarbeiten werden von den Interessenten der Commünen und Koege, welchen die Unerhaltung des Deichs obliegt, beschafft.

Die Art und Weise, wie die ordinaire Refection des Deichs zu beschaffen ist, soll für die einzelnen Commünen durch specielle Regulative, welche von den Vorstehern der Commünen unter der Direction der Oberdeichgräfen und der Deichinspectoren zu entwerfen und demnächst zur Genehmigung an Unsere Rentekammern einzusenden sind, nach den in dieser Verordnung enthaltenen Grundsätzen und Regeln, bestimmt werden."

§ 11

„Zu dem Ende wollen Wir, daß da, wo der Deich in Pfänder oder Loose eingetheilt ist, welche den einzelnen Interessenten nach Ausweisung des Deichregisters zur Unterhaltung übergeben sind, in Zukunft kein Pfand, welches kleiner als 5 Ruthen ist, am Deich existiren soll. Wenn also nach dem Deichsregister mehrere kleine Interessenten zu 5 Ruthen Deichs oder darunter gehören, so sollen diese die Arbeit unter einer Hand beschaffen, sie mögen nun ein solches Pfand unter sich oder an andere verdingen, oder auf andere Weise über die Arbeit einig werden."

§ 12

„Die Deichsregister oder Deichsrollen müssen die Größe, Lage und Benennung eines jeden Grundstücks, die auf demselben haftende, nach Ruthen und Fußzahl zu bestimmende Deichslast, imgleichen den Namen des Besitzers, und das für jeden Deich vorgeschriebene Bestick enthalten, Diese Deichsregister sind keine für immer geltende Norm. Die darin enthaltene Vertheilung des Deichs in Pfänder und Loose, deren Unterhaltung einem gewissen Grundstück auferlegt ist, ist nur einstweilen, und solange die Umstände dieselben sind, gültig. Es soll daher nach Verlauf gewisser Jahre, in der Regel von 10 zu 10 Jahren, eine neue Verloosung der Pfänder geschehen, sofern anders nicht einzelne besondere Verfassungen einer anderweitigen Vertheilung des Deichs hinderlich seyn möchten."

§ 13

„Bey einer jeden neuen Vertheilung der Deichlast auf die einzelnen Interessenten ist dahin zu sehen, daß sie überall der Größe des Landes, worauf sie haftet, proportional ist. Es muß demnach jederzeit auch auf die durch die besondere Lage mehr oder minder beschwerliche Unterhaltung der einzelnen Deichsstrecken Rücksicht genommen werden."

§ 14

„Die auf einem gewissen Landstück, nach Ausweisung der Deichsregister, haftende Deichslast ist von demselben unzertrennlich und muß stets dem Lande folgen. Bei Veräußerung deichspflichtiger Ländereyen muß daher jederzeit die ganze Deichslast, sowie bei Veräußerung eines Theils derselben, die Deichslast, nach Verhältnis seiner Größe, con dem Käufer übernommen und die Umschreibung des Besitzers in den Deichsregistern, sogleich nach der Veräußerung von den contrahirenden Theilen besorgt werden. Bis diese Umschreibung geschehen, soll der Kaufcontract nicht ausgefertigt werden und daß die Umschreibung erfolgt ist, im Contract mit angeführet werden. Es muß also die an einigen Orten hergebrachte nachtheilige Einrichtung, daß die Umschreibung der Landbesitzer erst bey Gelegenheit der allgemeinen Deichsverloosung, oft nach Verlauf mehrerer Jahre geschieht, sogleich nach Emanirung dieser Verordnung gänzlich abgestellt werden."

§ 15

„Außer der temporairen Eintheilung des Deichs in Loose und Pfänder soll eine beständige Statt finden, nach welcher unter Anweisung der Deichsinspectoren die Deiche und die darüber vorhandenen Deichscharten in gleiche Theile, jeder von 100 Ruthen Länge, einzutheilen und abzupfählen sind, damit nich tbey jeder veränderten Eintheilung der Deiche neue Charten und Kosten notwendig werden."

§ 16

„Sollte an dem einen oder dem anderen Ort die Unterhaltung des Deichs in Communion geschehen, so kann diese Einrichtung in soweit beybehalten werden, als dieselbe den in diesem Reglement sonst enthaltenen Grundsätzen und Vorschriften nicht entgegen ist. Insbesondere ist die auf Nordstrand, in Ansehung der Unterhaltung der Deiche bestehende Verfassung beyzubehalten, und den einzelnen Commünen überall, wo die Verfassung es erlaubt, zur Nachahmung zu empfehlen."

§ 17

„Da die Kosten der ordinairen nach § 10 von den einzelnen Commünen zu beschaffenden Refectionsarbeiten eines Deichs, durch eine besonders gefährliche Lage und durch wiederholte Beschädigungen, im Laufe eines Jahres so hoch anwachsen können, daß die Commüne dadurch allzu sehr belästiget werden würde, so wollen Wir, daß die übrigen Commünen, welche mit derselben einen Deichband ausmachen, ihr zu Hülfe kommen."

§ 18

„Es soll daher zur Bestimmung einer solchen Ueberlast eine gewisse Summe als Prägravationssumme angenommen werden, so daß eine jede Commüne in Ansehung desjenigen, was die Unterhaltung ihres Deichs, für das ganze Jahr gerechnet, mehr kostet, als die bestimmte Prägravationssumme, auf die Beyhülfe des ganzen Deichbandes Anspruch machen kann.

Diese Prägravationssumme haben Wir im Allgemeinen, und wo nicht besondere Gründe vorhanden sind, dieselbe anderweitig zu bestimmen, auf Ein Mark für je 100 Quadratruthen deichpflichtigen Landes, die Längenruthe u 16 Fuß Rheinl. gerechnet, festgesetzt, wornach also in der Regel die Prägravation einer jeden Commüne zu bestimmen ist."

§ 19

„Die darnach von dem ganzen Deichbande der prägravierten Commüne zu leistende Beyhülfe soll solchergestalt geleistet werden, daß die mehreren über die Prägravationssumme hinausgehenden Kosten auf den ganzen Deichband, die prägravirte Commüne wiederum mit eingeschlossen, so wie bei den außerordentlichen Deichsarbeiten, entweder zu gleichen Theilen, oder nach demselben Verhältniß, welches für die einzelnen Commünen eines jeden Deichbandes nach Vorschrift des § 8 bestimmt worden, repartirt werden."

§ 20

„Bei Bestimmung der Prägravation einer Commüne sind diejenigen Kosten nicht mit in Anschlag zu bringen, welche die Commüne zu den außerordentlichen Arbeiten nach § 8 für ihren Theil beyzutragen hat."

§ 21

„Der Betrag der von der Commüne auf ihren Deich verwandten jährlichen Kosten wird jedes Jahr von Jacobi zu Jacobi gerechnet."

§ 22

„Das in § 18 bestimmte Maaß der Prägravation findet in der Regel auch auf die einzelnen Interessenten einer Commüne seine Anwendung.

Jeder Interessent ist daher befugt, sobald er auf 100 Quadratruthen 1 Mark Deichskosten gehabt, oder die bestimmte Prägravationssumme erreicht hat, sein Pfand der Commüne zu übergeben, welche die fernere Unterhaltung desselben mit Einschluß der prägravirten Interessenten übernehmen und solches am nächstkommenden Jacobi dem Fachseigner schaufrey zurückgeben soll, damit solcher von neuem die Unterhaltung bis zum Grade der Prägravation übernehme.

Glaubt der Fachseigner, daß sein Fach nicht gehörig im Stande sey, und weigert er sich daher der Uebernahme desselben, so soll es zur Vermeidung etwaiger Processe bey dem, nach eingezogenem Bericht des Deichinspectors, zu ertheilenden Bescheide des Oberdeichgrafen sein Verbleiben haben."

§ 23

„Zum Beweise der Prägravation ist es erforderlich, daß der einzelne Interessent die Kosten der Wiederherstellung seines beschädigten Deichfachs von dem Deichgrafen, mit Zuziehung zweier von der Commüne zu ernennenden Taxatoren, schätzen, und darüber ein ordentliches Protocoll aufnehmen läßt. Ebenso ist die Commüne verpflichtet, ihre Prägravation durch diese Protocolle, und, in Ansehung der durch die Prägravation der einzelnen Interessenten der ganzen Commüne erwachsenden Kosten, durch die öffentlichen Licitationsprotocolle zu documentiren."

§ 24

„Die Arbeiten in einer Deichscommüne mögen übrigens von den einzelnen Interessenten, oder für Rechnung der Commüne gemacht werden, so ist von dem Deichsofficialen unter der strengsten Verantwortlichkeit darüber zu wachen, daß ein jeder seine Deichsarbeit zur gesetzten Frist fertig schaffe. Die nicht zu rechter Zeit fertigte Arbeit soll sogleich auf Kosten desjenigen, dem dieselbe zu beschaffen obliegt, verdungen werden. Auch kann letzteres schon vor Ablauf der gesetzten Frist geschehen, wenn mit Gewißheit vorauszusehen ist, daß der Nachlässige mit der Arbeit nicht zu rechter Zeit fertig werden kann. Uebrigens folgt von selbst, daß sowohl der einzelne Deichsschläger als die ganze Commüne, falls durch ihre Vernachlässigung ein beträchtlicher Schaden am Deich entsteht, für denselben verantwortlich sind."

§ 25

„So wie nun durch die in den Regulativen, nach obigen Grundsätzen und Vorschriften, abzugebenden Bestimmungen, die Beyhülfe bei außerordentlichen Deichsbeschädigungen und Deichsarbeiten für die sämmtlichen Marschen in Zukunft genau regulirt werden wird, so wollen Wir auch, daß diese Grundsätze schon jetzt gleich da ihre Anwendung finden, wo eine oder mehrere Commünen sich in dem Fall befinden möchten, daß sie durch ihre eigenen Kräfte ihrem Deich nicht die gehörige Sicherheit geben können. Unsere Deichinspectoren sollen daher für diejenigen Commünen, welche durch ihre Deichslasten besonders prägravirt sind, auf die Regulirung des mit ihnen zu corporirenden Deichbandes zuerst und unverzüglich bedacht seyn, damit die ihnen von den übrigen Commünen nach den gegebenen Vorschriften zu leistende Beyhülfe sobald als möglich bestimmt werden könne."

§ 26

„Da es billig ist, daß die sogenannten deichsfreyen und exemten Ländereyen, welche bisher an den Deichslasten nicht Theil genommen haben, ohngeachtet sie mit den übrigen Marschen vom Deich gleichen Schutz genießen, zu denjenigen Deichskosten, welche auf dem ganzen Deichband repartirt werden, ohne Unterschied Beytrag leisten, indem sie durch ihre bisherige Exemtion auf keine größeren Rechte Anspruch machen können, als diejenigen hinterliegenden Koege und Commünen, welche gleichfalls von allen Deichslasten bis hiezu befreyt gewesen sind: so wollen Wir, daß von allen deichsfreyen Ländereyen, Unsere etwanigen Domänenstücke mit inbegriffen, zu allen außerordentlichen Deichsarbeiten, und in den Prägravationsfällen einzelner Commünen, derjenige Beytrag à Morgen oder Demath entrichtet werde, welcher von allen übrigen Ländereyen in demselben Deichbande zu entrichten ist, wogegen dergleichen deichsfreye Ländereyen von der ordinairen Deichsrefection nach wie vor befreyt bleiben.

Uebrigens soll dasjenige Land, welches jetzt deichpflichtig ist, auf keinerley Wiese durch Abhandlungen oder sonstige Vereinbarungen deichsfreyes Land werden oder von der ordinairen Deichsrefection, wozu es bisher pflichtig gewesen, auf irgend eine Art befreyt werden können. Auch soll bey neuen Eindeichungen nicht verstattet werden, daß irgend ein Stück des durch den neuen Deich zu schützenden Landes von der Unterhaltung des Deichs eximirt werde."

§ 27

„Da es zur Zustandesetzung und Refection der Deiche von Wichtigkeit ist, daß die dazu nöthige Erde in der Nähe in Bereitschaft sey, so wollen Wir darüber im Allgemeinen folgende Vorschriften ertheilen:

a. Die Deichseigner sind berechtigt, die zu ihrem Deich nöthige Erde und Lecksoden auf dem vor dem Deich belegenen Vorlande auszugraben, so daß, wenn der Deich in gewisse Loose oder Pfänder vertheilt worden, ein jeder Deichsschäger die Erde nebst den Lecksoden, in der Regel auf dem gerade vor seinem Deichspfande belegenen Lande zu nehmen hat.

b. Obgleich nun derjenige, dem das Vorland zur Benutzung überlassen ist, sich dieses Ausgraben gefallen lassen muß, so soll dabey doch ein gewisses Maaß und Ordnung beobachtet werden, weshalb solches unter der Aufsicht der Deichsofficialen geschehen muß, damit die Außendeiche nicht durch unordentliches Graben verdorben werden.

c. Außerhalb des Deichs soll in einer Entfernung von 4 Ruthen und innerhalb des Deichs in einer Entfernung von 2 Ruthen, vom Fuß des Deichs an gerechnet, keine Erde ausgegraben werden, außerordentliche Fälle ausgenommen, in welchen bey Unserer Rentekammer eine besondere Erlaubniß dazu gesucht werden muß.

Wenn keine Deichserde vor dem zu reparirenden Deichspfande vorhanden ist, so sollen die Deichsinspectoren oder die Deichsofficialen dieselbe an einem anderen zunächst belegenen, bequemen Ort, womöglich außerhalb, und im Notfall innerhalb des Deichs, anweisen. Muß dieselbe von dem vor einer anderen Commüne belegenen Vorlande genommen werden, so muß sich die fremde Commüne solches zwar ohne Widerrede gefallen lassen, sofern sie nicht selbst an der nöthigen Deichserde Mangel hat, oder Mangel zu leiden befürchten muß. Dem Eigner des Vorlandes kann jedoch in diesem Falle, wenn die Erde zu einem entfernten Deich von seinem Vorlande genommen wird, eine billige Vergütung nicht versagt werden.

Wenn man genöthigt ist, die Deichserde innerhalb des Deichs von dem eigenthümlichen Lande eines der Interessenten zu nehmen, so muß demselben dafür von der ganzen Commüne ein billiger Ersatz gegeben werden. Zu dem Ende soll das zum Ausgraben bestimmte Land, und zwar, womöglich, jeder Zeit vor Ausgrabung der Erde taxirt werden."

§ 28

„Wenn die längere Unterhaltung oder Wiederherstellung der bisherigen weiter ausgreifenden Deichslinie an sich selbst unmöglich ist, oder auch, wenn die zur Unterhaltung oder Wiederherstellung des Deichs in seinem bisherigen Umfange erforderlichen Kosten den Werth des dadurch zu schützenden Landes übersteigen, so muß, insofern im letzteren Fall nicht andere wichtige Ursachen, in Ansehung der benachbarten Deiche solches widerrathen, die bisherige Deichslinie eingezogen, oder eine sogenannte Einlage gemacht, mithin ein Theil des bis hiezu bedeicht gewesenen Landes der See preisgegeben werden. Da indeß bey der Frage: ob eine Einlage vorzunehmen sey oder nicht? auch noch andere Umstände in Betracht kommen können, so darf niemals zu einer Einlage geschritten werden, ehe nicht von dem Oberdeichgräfen und Deichsinspectoren mit Zuziehung der übrigen Deichsoffizialen und der vernünftigsten Deichsinteressenten alles an Ort und Stelle genau untersucht, und die desfälligen Verhandlungen und Beschlüsse zu Protocoll genommen worden. Dieses Protocoll ist sodann nebst einer ausführlichen Berichterstattung, an Unsere Rentekammer einzusenden, welche, falls die Einlage für nöthig erachtet wird, desfalls Unsere Genehmigung zu bewirken hat."

§ 29

„In Ansehung desjenigen Landes, welches bey einer neuen Einlage durch die neue Deichslinie ausgeschlossen wird, mithin für seine Eigenthümer verloren geht, ist folgendes zu beobachten:

a. Es muß dieses Land vermessen und in dem Cataster oder Deichsregister abgeschrieben werden, so wie alle darauf haftenden Abgaben für die Zukunft wegfallen.

b. Derjenige Theil des bey der neuen Bedeichung ausgeschlossenen Landes, worauf der neue Deich zu stehen kömmt, nebst dem dazu gehörigen Spätlande, muß den Eigenthümern nach seinem wahren Werthe bezahlt werden, so wie ihnen auch wegen des übrigen zu diesem Behuf nicht erforderlichen ausgeworfenen Landes eine billige Vergütung nicht zu versagen ist.

c. Der taxirte Wert des Landes, worauf der Deich zu stehen kömmt, und des dazu gehörigen Spätlandes, wird mit zu den Kosten der neune Einlage geschlagen, und mit denselben auf den ganzen Deichband repartirt. Was aber die Vergütung für das ausgeworfene Land betrifft, so ist diese von der Commüne, zu welcher dieses Land gehört hat, allein zu tragen.

d. Die Commüne ist dagegen berechtigt, das ausgeworfene Land künftig als Vorland, gegen eine verhältnismäßige, an Unsere Casse zu entrichtende Abgabe, zu benutzen, zu welchem Ende jedoch eine Vermessung desselben geschehen, auch von Zeit zu Zeit eine Nachmessung vorgenommen werden soll, damit der etwanige Anwachs, insofern die Commüne darauf keine Anspruch hat, Uns reservirt bleibe."

§ 30

„Da das bisherige Gesetz, daß bey Eindeichung eines Vorlandes und Einnehmung neuer Koege, diejenigen Commünen, deren bisheriger Seedeich dadurch zum Mitteldeich wird, in den neuen Deich ausgreifen, d.h. die Unterhaltung einer gewissen Strecke des neuen Seedeichs übernehmen müssen, in seiner Anwendung vielen Schwierigkeiten unterworfen ist, und die dabey zu Grunde liegende Absicht durch das allgemeine Gesetz der Beyhülfe im Fall der Prägravation, besser und vollkommener erreicht wird, so wollen Wir dieses Gesetz der Ausgreifung für die Zukunft gänzlich aufheben.

Jedoch sollen diejenigen Vereinbarungen, welche darüber bis hierzu geschlossen worden, in voller Kraft und Gültigkeit bleiben.

Auch steht es bey künftigen Eindeichungen den Interessenten des alten Seedeichs und den Interessenten des neuen Seedeichs frey, desfalls neue Vereinbarungen zu treffen, worüber jedoch zuvor die Genehmigung Unserer Rentekammer zu suchen ist."

§ 31

„Wenn bey hohen Sturmfluten der Deich in Gefahr ist, oder wenn bereits Kammstürzungen geschehen, oder ein Theil des Deichs wirklich weggerissen, und ein Durchbruch erfolgt ist, so müssen sogleich alle Kräfte zur Rettung aufgeboten werden. Es ist alsdann die dringendste Noth und Gefahr vorhanden, zu deren Abwendung oder Verminderung ein jeder, der dazu aufgefordert wird, nach seinem besten Vermögen behülflich sein muß. Zu dem Ende befehlen Wir:

a. Bei einem solchen Notfall soll es den sämmtlichen Deichsofficialen unter schwerer Verantwortlichkeit obliegen, zur Abwendung der Gefahr, oder wenn der Deich bereits durchbrochen ist, zur Rettung der Menschen, ihres Viehes und Eigenthums, und um dem ferneren Eindringen des Wassers, wo möglich, zu wehren, sogleich auf der Stelle die nöthigen Vorkehrungen zu treffen, und die zu beschaffende Arbeit anzuordnen und zu dirigiren.

b. Ein jeder Oberdeichgraf soll in seinem Districte dafür sorgen, daß überall, wo gefährliche Uferdeiche sind, in ihrer Nähe die nöthigen Materialien an Stroh, Busch, Brettern, Pfählen, Säcken, Segeltuch, und was sonsten zur Beschützung eines durch hohe Wasserfluthen angegriffenen oder beschädigten Deichs gehört, in Bereitschaft sind.

c. Nicht nur die zu einem Deichbande gehörigen benachbarten Commünen, sofern ihre Deiche nicht selbst in Gefahr sind, sondern auch die nächsten Commünen eines andern Deichbandes, ja auch die nächsten Geestdörfer sind verbunden, so bald sie aufgefordert werden, die sogenannte Nothhülfe zu leisten, sowohl mit Mannschaft, als auf Verlangen mit Pferden und Wagen, auch mit Böten, sofern sie damit versehen, sich einzufinden, imgleichen das nöthige Stroh, Busch und sonstige Materialien, für Bezahlung zu liefern und die ihnen angewiesenen Arbeiten zu verrichten.

d. Diese Leistung der Nothhülfe besteht darin, daß bey erfolgtem Durchbruch des Deichs die durchgerissenen Oeffnung aufs schnellste gestopft, der wieteren Verbreitung des eindringenden Wassers in die benachbarten Koege und Commünen eiligst gewehrt, imgleichen, daß Mensch, Vieh und Güter gerettet werden.

e. Wenn ein beträchtlicher Theil des Deichs weggerissen, oder eine sogenannte Bracke einstanden, so muß die Nothhülfe so lange geleistet werden, bis das Land gegen das Eindringen der täglichen Fluth gesichert ist.

f. Auch alsdann, wenn die Jahreszeit oder andere Umsdtände es unmöglich machen, daß ein weggerissener Deich sogleich wieder hergestellt werde, und wo das Land auch durch keinen Nothdeich sich sogleich sicher stellen lässt, folglich die überschwemmte Gegend fürs erste offen gelassen werden muß, soll in der Folge, wenn die Wiederherstellung des Deichs wieder vorgenommen werden wird, die Nothhülfe bis zu dem erwähnten Grade geleistet werden, bis nämlich der herzustellende Deich einer täglichen gewöhnlichem Fluth widerstehen kann.

g. Die Leistung der Nothhülfe muß auch alsdann noch fortgehen, wenn dasjenige, was noch vor Eintrott der bösen Jahreszeit am Deich nothwendig zu bewerkstelligen ist, von der nothleidenden Commüne allein nicht so zeitig beschafft werden kann, als nöthig ist, um einem neuen Unglück zu entgehen.

h. Von den Commünen eines anderen Deichbandes, imgleichen von den nächsten Geestdörfern, kann die Nothhülfe in den oben genannten Fällen nur alsdann verlangt werden, wenn es wirklich an Arbeitern fehlt, und wenn, um keine Zeit zu verlieren, sogleich die nächst Hülfe gesucht werden muß. Sobald die erste Gefahr vorüber ist, und entfernte Hülfe herbeygeschafft werden kann, sind insonderheit die Geestdörfer von fernerer Leistung derselben zu befreyen.

i. In wie fern übrigens die gegebenen Vorschriften, in Ansehung der zu leistenden Nothhülfe, zur Zeit der Saat und Aernte sowie unter allen Umständen, wo das eigene Bedürfniß der Arbeit auf Seiten der zur Nothhülfe aufgeforderten Commüne dringend ist, eine billige Einschränkung leiden dürfte, ist dem vernünftigen Ermessen der beikommenden Obrigkeit zu überlassen.

k. Die sämmtlichen bei der Nothhülfe gebrauchten Arbeiter, sie mögen nun selbst zu der nothleidenden Commüne oder doch zu Einem Deichbande gehören oder nicht, erhalten ihre Bezahlung nach einer billigen Bestimmung. Die Kosten aber werden über den ganzen Deichband repartirt, wie § 8 vorgeschrieben wurde."

§ 32

„Da es bey Leistung der eben erwähnten Nothhülfe hauptsächlich darauf ankömmt, daß ein jeder sogleich wisse, was er zu thun habe, und damit nicht etwa die Nothhülfe am Deich mit der zur Rettung der Menschen, des Viehes und der Güter zu leistenden Nothhülfe in Collision komme, und die eine durch die andere gehindert werde, so wollen Wir, daß sogleich nach Erlassung dieser Verordnung für jeden Deichband, mit Rücksicht auf die Verfassung und das Locale, nach Anleitung obiger Vorschriften von den Oberdeichgräfen, mit Zuziehung der Deichsinspectoren, ein Plan zur Organisirung dieser Rettungsanstalten entworfen werde. Zu diesem Plan muß bestimmt vorgeschrieben seyn, wie die Deichgräfen, Deichrichter, Deichgeschworene, Deichvögte und sonstige Deichbeamte sich in dergleichen Nothfällen zu verhalten haben. Es muß ferner angegeben werden, wie die Gefahr nicht nur den Eingesessenen, sondern auch den benachbarten Koegen, durch Zeichen bekannt zu machen ist, welche Eingesessenen auf diese Zeichen und mit welchen Geräthschaften sie erscheinen müssen, imgleichen, wie viel Mann die benachbarten Commünen augenblicklich auf ein solches Zeichen zu Hülfe zu senden haben. Endlich muß derselbe auch eine Anweisung enthalten, welche Arbeiten und von wem, und in welcher Ordnung sie geschehen sollen. Dieser Plan ist sodann an Unsere Rentekammer zur näheren Prüfung und Genehmigung einzusenden."

§ 33

„Wenn künftig neue Deiche aufgeführt, oder weggerissene alte Deiche wiederhergestellt werden, so soll es nicht der Willkühr der Interessenten überlassen seyn, wie sie ihren Deich einrichten, und welche Höhe, Stärke, Dossirung und Lage sie ihm geben wollen.

Es soll solches vielmehr von der Bestimmung Unserer Rentekammer abhängen, an welche sich die Interessenten jedesmal zu wenden haben, welche darüber das Bedenken der Deichsinspectoren einziehen wird und erforderlichen Falls Unsere specielle Resolution darüber zu bewirken hat. Ebefalls hat Unsere Rentekammer, nach vorgängiger Corresponenz mit den Deichinspectoren, zu bestimmen, und auch darüber in wichtigen Fällen Unsere Resolution zu bewirken, sowohl, ob neue Werke zur Vertheidigung des Vorufers, wenn dabey Abbruch Statt findet, von den Deichinteressenten, deren Deich durch das Vorufer geschützt wird, anzulegen sind, als auch, welche passende Einrichtung diese Werke haben müssen."

§ 34

„An den Mitteldeichen darf, ohne geschehene Anzeige bei Unserer Rentekammer und drauf erhaltene besondere Erlaubnis, keine Veränderung vorgenommen werden. Vielmehr sollen die Oberdeichgräfen und Deichinspectoren darauf sehen, daß selbige nicht nur nicht abgetragen, sondern auch, wo es nöthig ist, gehörig unterhalten werden. Ueberhaupt aber soll es in Ansehung aller etwanigen Veränderungen mit den Deichen und den damit in Verbindung stehenden, zu ihrem Schutz und Sicherheit gereichenden Werken, bey demjenigen sein Verbleib habe, was bereits in dem Patent vom 29. Januar 1800, § 1, darüber verordnet worden."

§ 35

„Bey Vermessung der Deiche, bey Verteilung der Deichslasten, und bey Bestimmung der bei Deichsarbeiten vorkommenden Dimensionen soll künftig zur leichteren Uebersicht, und der Gleichförmigkeit wegen, überall nur das Rheinländische Maaß, der Fuß zu 12 Zoll gerechnet, gebraucht werden."

§ 36

„Häuser, Kathen und sonstige Gebäude dürfen künftig auf und unter dem Deiche und auf der zum Ausspäten bestimmten Deichserde nicht aufgeführt werden. Und obgleich die jetzt auf und an den Deichen aufgeführten Gebäude bis weiter stehen bleiben mögen, so müssen sich die Eigenthümer gleichwohl gefallen lassen, daß selbige abgebrochen werden, sobald solches nothwendig befunden wird, in welchem Falle ihnen jedoch eine billige Entschädigung von der Commüne nicht zu versagen ist."

§ 37

„Uebrigens soll es in Ansehung der Deichspolizey, was das Reiten, Fahren und Beweiden der Deiche, imgleichen den Deichfrieden betrifft, bey den jetzt darüber an jedem Ort bestehenden Anordnungen fürs erste sein Bewenden behalten. Wo indessen offenbar Missbräuche in dieser Hinsicht Statt finden, und wo die bisherigen Anordnungen vielleicht in localer Hinsicht einer Abänderung bedürfen möchten, da muß desfalls von den Deichsbeamten oder von den Deichsinspectoren bey Unserer Rentekammer Anzeige geschehen, damit dieselbe die erforderlichen Verfügungen abgeben oder bewirken könne."

§ 38

„Alle früheren Verfügungen, Deichordnungen, Deichregulative und Beliebungen werden, insoweit sie mit den in dieser Verordnung enthaltenen Grundsätzen und Vorschriften nicht übereinstimmen, hiedurch aufgehoben, wobey es sich jedoch von selbst versteht, daß diese Verordnung in Ansehung derjenigen Punkte, welche durch besondere Regulative für jeden Deichband näher zu bestimmen sind, erst von derzeit an in Kraft tritt, wenn diese Regulative entworfen und von Uns bestätigt sind."

XI. Gesetz über das Deichwesen vom 28. Januar 1848 (Auszug; GS 1848, S. 54 ff.)

§ 24

„Die Regierung ist befugt, eine solche Benutzung der Deiche, welche deren Widerstandsfähigkeit zu schwächen geeignet ist, zu beschränken oder ganz zu untersagen. Werden hierdurch wohlerworbene Rechte eingeschränkt oder aufgehoben. So hat der zur Unterhaltung des Deiches Verpflichtete den Berechtigten zu entschädigen."

XII. Gesetz, betreffend die Ausdehnung des Gesetzes vom 28. Januar 1848. über das Deichwesen auf die Provinzen Schleswig-Holstein und Hannover. Vom 11. April 1872 (Auszug; GS 1872, S. 377 ff.)

Artikel I.

„Das beiliegende Gesetz vom 28. Januar 1848. über das Deichwesen tritt auch für die Provinzen Schleswig-Holstein und Hannover, jedoch mit der im zweiten Artikel dieses Gesetzes enthaltenenen Beschränkung und mit nachfolgenden Änderungen in Kraft. ...“

Artikel II.

„Vorbehaltlich der Vorschriften im Artikel VIII. dieses Gesetzes findet das Gesetz vom 28. Januar 1848. auf nachfolgende Gebietstheile keine Anwendung:

auf die Schleswig-Holsteinischen Marschdistrikte, insoweit das Patent vom 29. Januar 1800. und das allgemeine Deichreglement vom 6. April 1803. Platz greifen; ...“

Artikel III.

„In den unter 1. bis 6. im Artikel II. erwähnten Gebietstheilen verbleibt es bei den dort in Geltung befindlichen, auf das Deich- und Sielwesen bezüglichen Gesetzen und Verordnungen, und den durch rechtsverbindliches Herkommen feststehenden deich- und sielrechtlichen Normen bis zur Aufhebung oder Abänderung derselben in verfassungsmäßigen Wege, insoweit nicht dieses Gesetz in den nachfolgenden, nur für die im Artikel II. bezeichneten Landestheile geltenden Vorschriften der Artikel IV. bis VIII. entgegensteht. ...“

Artikel VIII.

„Insoweit es an Vorschriften über die Bildung neuer Deichverbände oder an gesetzlichen Bestimmungen und rechtsverbindlichem Herkommen über die Verpflichtungen der Eigenthümer eingeeichter Grundstücke und Vorländer zur Abtretung derselben oder zur Gestattung vorübergehender Benutzung ihres Grundeigenthums für die Deichzwecke fehlt, treten die hierauf bezüglichen Bestimmungen des Gesetzes vom 28. Januar 1848. (§§ 11. bis 13. und § 20.) mit den im ersten Artikel dieses Gesetzes enthaltenen Aenderungen und Zusätzen in Kraft.“

XIII. Gesetz über den Eigentumserwerb und die dingliche Belastung der Grundstücke, Bergwerke und selbständigen Gerechtigkeiten (EigG) vom 5. Mai 1872 (Auszug; GS 1872, S. 433 ff.)

§ 12

„Dingliche Rechte an Grundstücken, welche auf einem privatrechtlichen Titel beruhen, erlangen gegen Dritte nur durch Eintragung Wirksamkeit und verlieren dieselbe durch Löschung.

Der Eintragung bedürfen jedoch nicht die gesetzlichen Vorkaufsrechte, die Grundgerechtigkeiten, die Miethe und Pacht und diejenigen Gebrauchs- und Nutzungsrechte, welche nach §§. 8., 142. des Allgemeinen Berggesetzes vom 24. Juni 1865. im Wege des Zwangsverfahrens erworben werden können.

Inwieweit die den Rentenbanken überwiesenen Renten und die Domainen-Amortisationsrenten der Eintragung bedürfen, wird durch das Gesetz vom 2. März 1850. über die Rentenbanken für dessen Geltungsbereich bestimmt."

§ 13

„Die Eintragung eines Rechts in der zweiten Abtheilung des Grundbuchs genügt der Antrag des eingetragenen oder seine Eintragung gleichzeitig erlangenden Eigenthümers unter bestimmter Bezeichnung des Rechts und des Berechtigten.

Auf Antrag des Berechtigten findet die Eintragung statt, wenn der eingetragenen Eigenthümer ihm gegenüber in einer beglaubigten Urkunde die Eintragung bewilligt hat."

§ 69

„Wenn für selbständige Gerechtigkeiten Grundbuchblätter eingerichtet sind, so wird die Veräußerung und der Erwerb des Eigenthums an ihnen, ihre Belastung und Verpfändung nach den Vorschriften dieses Gesetzes beurtheilt."

XIV. Grundbuchordnung (PrGBO) vom 5. Mai 1872 (Auszug; GS 1872, S. 446 ff.)

§ 3

„Die für Grundstücke gegebenen Vorschriften dieses Gesetzes gelten auch für Bergwerke und Gerechtigkeiten, sofern nicht ein Anderes ausdrücklich bestimmt ist."

§ 5

„Das Grundbuchblatt eines Grundstücks umfaßt dessen Bestandtheile, unbewegliche Zubehörstücke und Gerechtigkeiten. ..."

§ 11

„In die erste Hauptspalte der zweiten Abtheilung werden eingetragen:

1. dauernde Lasten und wiederkehrende Geld- und Naturalleistungen, welche auf einem privatrechtlichen Titel beruhen.

   Von der Eintragung sind ausgeschlossen die an den Staat zu entrichtenden öffentlichen Abgaben und Leistungen.

   Der Eintragung bedürfen nicht die Leistungen zur Erfüllung der Deichpflicht und die im § 49. der Konkursordnung vom 8. Mai 1855. aufgeführten gemeinen Lasten.

2. die Beschränkungen des Eigenthums und des Verfügungsrechts des Eigenthümers.

In die zweite Hauptspalte „Veränderungen" werden alle Veränderungen eingetragen, welche die in der ersten Hauptspalte vermerkten Rechte und Beschränkungen erleiden.

Ist ein in der ersten Hauptspalte eingetragenes Recht aufgehoben, so erfolgte die Löschung in der Hauptspalte „Löschungen"; die Löschung einer Veränderung wird unter der zweiten Hauptspalte in der Nebenspalte „Löschungen" bewirkt."

§ 73

„Beschränkungen des Verfügungsrechts des Eigenthümers, sowie auf einem privatrechtlichen Titel beruhende dingliche Rechte, welche an dem Tage, wo dieses Gesetz in Kraft tritt, ohne Eintragung rechtsgültig bestehen, müssen bis zum 1.

Oktober 1873. eingetragen werden, widrigenfalls sie dritten Personen gegenüber nicht gelten gemacht werden können."

XV. Gesetz über das Grundbuchwesen und die Verpfändung von Seeschiffen in der Provinz Schleswig-Holstein (shGBG) vom 27. Mai 1873 (Auszug; GS 1873, S. 241 ff.)

§ 1

„Das Gesetz über den Eigenthumserwerb und die dingliche Belastung der Grundstücke, Bergwerke und selbständigen Gerechtigkeiten vom 5. Mai 1872., mit Ausschluss des §. 72., die Grundbuchordnung vom 5. Mai 1872., mit Ausschluss der §§ 49. 73. 133. bis 140. und 143., und das Gesetz betreffend die Stempelabgaben von gewissen, bei dem Grundbuchamte anzubringenden Anträgen, vom 5. Mai 1872. werden mit nachstehenden Bestimmungen in der Provinz Schleswig-Holstein eingeführt."

§ 4

„Die Anlegung der Grundbücher erfolgt von Amtswegen, sobald die Grundsteuer-Vermessungsarbeiten bis zum Nachweis der Besitzer und des Flächeninhalts der einzelnen Grundstücke abgeschlossen ist.

Das Grundbuchamt erhält eine Abschrift des auf Grund dieses Nachweises aufgestellten Flurbuches."

§ 5

„Sobald das Grundbuchamt diese Abschrift erhalten hat, ladet es die als Eigenthümer der einzelnen Grundstücke bezeichneten Personen behufs Anlegung des Grundbuches von Amtswegen vor."

§ 6

„Die nach §. 5. Geladenen sind verpflichtet, dem Grundbuchamte

1. ihren unmittelbaren Rechtsvorgänger zu nennen,
2. den Rechtsgrund anzugeben, vermöge dessen das Eigenthum auf sie übergegangen ist,

3. die darauf sich beziehenden Urkunden oder andere Beweisstücke vorzulegen, und
4. alle auf dem Grundstücke haftenden Beschränkungen des Eigenthums, Eigenthumsvorbehalte, dingliche Rechte und Hypotheken anzuzeigen, auch auf Verlangen des Grundbuchamtes einen Auszug aus den Steuerbüchern (Steuer- oder Hebungsregister) mit der Bescheinigung vorzulegen, daß spätere Eigenthumsveränderungen nicht bekannt geworden sind.

Das Grundbuchamt ist verpflichtet, dem vom Eigenthümer benannten Berechtigten Mittheilung von der geschehenen Anzeige zu machen.

Auch hat das Grundbuchamt den vom Eigenthümer nicht angezeigten Berechtigten, deren Vorhandensein ihm aus den bisher geführten Protokollbüchern oder anderweitig amtlich bekannt ist, von der nicht erfolgten Anzeige ihrer Berechtigung Mittheilung zu machen."

§ 12

„Die nicht bereits nach §. 5. und §. 6. vorgeladenen Personen, welche vermeinen, daß ihnen an einem Grundstücke das Eigenthum zustehe, sowie diejenigen Personen, welche vermeinen, daß ihnen an dem Grundstücke ein die Verfügung über dasselbe beschränkendes Recht, oder eine Hypothek, oder irgend welche anderen, der Eintragung in dem Grundbuche bedürfende dingliche Rechte zustehen, haben ihre Ansprüche innerhalb eines Jahres von dem im §. 14. erwähnten Tage bei dem Grundbuchamte anzumelden.

Der Anmeldung bedarf es nicht bei denjenigen Beschränkungen, dinglichen Rechten und Hypotheken, welche in gesetzlich nach Grundstücken angelegten Protokollbüchern (Realfolien) protokolliert oder von dem Eigenthümer gemäß dem § 6. Nr. 4. angezeigt sind."

§ 13

„Wer die ihm obliegende Anmeldung unterlässt, erleidet den Rechtsnachtheil, daß er sein Recht gegen einen Dritten, welcher im redlichen Glauben an die Richtigkeit des Grundbuches das Grundstück erworben hat, nicht mehr gelten machen kann, und daß er sein Vorzugsrecht gegenüber denjenigen, deren Rechte innerhalb der Ausschlussfrist angemeldet und demnächst auch eingetragen sind, verliert."

§ 14

„Sobald die nach §§. 5. ff. zu veranlassenden Vernehmungen und Ermittelungen bei sämmtlichen Amtsgerichten im Herzogthum Schleswig oder bei sämmtlichen Amtsgerichten eines Kreisgerichts im Herzogthum Holstein stattgefunden haben, bestimmt der Justizminister durch eine in der Gesetzessammlung zu veröffentliche Verfügung den Tag, an welchem die einjährige Ausschlußfrist des §. 12. für den betreffenden Bezirk beginnen soll. ..."

§ 26

„Die erfolgte Anlegung von Grundbuchblättern und Artikel ist monatlich durch das Amtsblatt und das Kreisblatt oder ein von dem Grundbuchrichter zu bestimmenden Lokalblatt mit der Bezeichnung der Grundstücke nach den Steuerbüchern und der Besitzer durch das Grundbuchamt bekannt zu machen."

§ 27

„Diejenigen Amtsgerichte, die bisher die Einschreibung (Protokollirung) des Eigenthums und der Belastung der Grundstücke obgelegen hat, haben die betreffenden Bücher noch zehn Tage nach dem Erscheinen des Amtsblattes (§. 26.) fortzuführen, demnächst dieselben zu schließen und aufzubewahren, oder an das zuständige Grundbuchamt zur Aufbewahrung abzugegen."

§ 28

„Mit dem elften Tage nach dem Erscheinen des Amtsblattes (§. 26.) kann die Veräußerung oder Belastung der betreffenden Grundstücke nur in den Formen erfolgen, welche das Gesetz über den Eigenthumserwerb vom 5. Mai 1872 und die Grundbuchordnung vom 5. Mai 1872 vorschreiben."

§ 42

„Die in dem Grundbuch eingetragenen Grundstücke, Bergwerke und selbständigen Gerechtigkeiten dienen im Konkurse über das Vermögen des eingetragenen Eigenthümers zur abgesonderten Befriedigung der dinglich Berechtigten. Dieselben haben nicht nöthig, ihre Ansprüche anzumelden."

XVI. Statut des Zweiten Schleswigschen Deichbands vom 20. Februar 1878 (Auszug; AmtsBl. 1878, S. 97 ff.)

„Beschränkung des Nutzungsrechts an den Grundstücken.

§ 13. Ohne Genehmigung des Deichamtes ist es verboten, auf den Deichen und deren Zubehörungen

a. Gebäude aufzuführen,

b. Bäume zu pflanzen,

c. Materialien aller Art, welche nicht zum Deichbau verwandt werden sollen, zu lagern,

d. Sofern vor dem Deich kein Vorland ist, Hornvieh und Pferde zu gräsen.

Mitteldeiche.

§ 14. An und auf den Mitteldeichen dürfen keine Veränderungen ohne Genehmigung des Deichamtes vorgenommen werden, gleich wie es auch dem Deichamte zusteht, in Beziehung auf die gehörige Unterhaltung der Mitteldeiche (jedoch mit Ausschluß der auf denselben etwa befindlichen Wege) das Erforderliche zu bestimmen."

XVII. Einführungsgesetz zum Bürgerlichen Gesetzbuch (EGBGB) vom 18. August 1896 (Auszug; RGBl. 1896, S. 604 ff.)

Artikel 55

„Die privatrechtlichen Vorschriften der Landesgesetze treten außer Kraft, soweit nicht in dem Bürgerlichen Gesetzbuche oder in diesem Gesetz ein Anderes bestimmt ist."

Artikel 66

„Unberührt bleiben die landesgesetzlichen Vorschriften, welche dem Deich- und Sielrecht angehören."

Artikel 184

„Rechte, mit denen eine Sache oder ein Recht zur Zeit des Inkrafttretens des Bürgerlichen Gesetzbuchs belastet ist, bleiben mit dem sich aus den bisherigen

Gesetzen ergebenden Inhalt und Rang bestehen, soweit sich nicht aus dem Artikeln 192 bis 195 ein Anderes ergibt. Von dem Inkrafttreten des Bürgerlichen Gesetzbuchs an gelten jedoch für ein Erbbaurecht die Vorschriften des §. 1017, für die Grunddienstbarkeit die Vorschriften der §§. 1020 bis 1028 des Bürgerlichen Gesetzbuchs."

XVIII. Ausführungsgesetz zur Grundbuchordnung vom 26. September 1899 (Auszug; GS 1899, S. 307 ff.)

§ 22

„Die sich auf Grundstücke beziehenden Vorschriften der Grundbuchordnung und dieses Gesetzes finden, soweit nicht ein Anderes bestimmt ist, auf Bergwerke, selbständige Kohlenabbau-Gerechtigkeiten und andere selbständige Gerechtigkeiten entsprechende Anwendung."

§ 27

„Auf die Anlegung eines Grundbuchblatts für eine selbständige Kohlenabbau-Gerechtigkeit finden die für das Erbbaurecht geltenden Vorschriften des §. 7 der Grundbuchordnung entsprechende Anwendung.

Für andere selbständige Gerechtigkeiten wird ein Grundbuchblatt nur auf Antrag des Berechtigten angelegt, soweit sich nicht aus den für die Anlegung der Grundbücher geltenden Vorschriften etwas anderes ergiebt."

§ 28

„Die für das Erbbaurecht geltenden Vorschriften des §. 20 und des §. 22 Abs. 2 der Grundbuchordnung finden auf das Bergwerkseigenthum, auf unbewegliche Bergwerksantheile und selbständige Gerechtigkeiten entsprechende Anwendung."

XIX. Gesetz zur Verhütung von Hochwassergefahren vom 16. August 1905 (Auszug; GS 1905, S. 342 ff.)

§ 13

„Die Vorschriften dieses Gesetzes finden keine Anwendung

1.-4. ...

5. auf die Schleswig-Holsteinischen Marschdistrikte, insoweit das Patent vom 29. Januar 1800 und das allgemeine Deichreglement vom 6. April 1803 Platz greifen.“

XX. Statut des Ersten Schleswigschen Deichbands vom 1. Mai 1908 (Auszug; AmtsBl. 1908, S. 284 ff.)

„Dritter Abschnitt.

Beschränkung des Eigentums- und Nutzungsrechts an den Grundstücken.

§ 13. Das Eigentums- und Nutzungsrecht an den Deichen und deren Zubehörungen (§ 4) verbleibt im Allgemeinen, wie bisher, den Kögen. Nur soweit und solange der Deichband im Falle einer Prägravation die Unterhaltung einer Deichstrecke übernimmt, steht diesem die alleinige Nutzung des Deiches und seiner Zubehörungen zu.

§ 14. Ohne Genehmigung des Deichamtes (§§ 17 fg.) ist es verboten, auf den Seedeichen und deren Zubehörungen

a. Bäume und Sträucher zu pflanzen;

b. Materialien aller Art, welche nicht zum Deichbau verwandt werden sollen, zu lagern;

c. Hornvieh und Pferde zu gräsen.

Weitere Nutzungsbeschränkungen, die im Interesse der Deiche notwendig sind, können vom Deichamt angeordnet werden.

Mitteldeiche.

§ 16. Die Mitteldeiche sollen Eigentum derjenigen Köge bleiben, zu denen sie gehören. Zur Veräußerung der Mitteldeiche ist die Genehmigung des Deichamtes (§§ 17 fg.) und des Regierungs-Präsidenten erforderlich.

An und auf den Mitteldeichen dürfen keine Veränderungen ohne Genehmigung des Deichamtes und des Regierungs-Präsidenten vorgenommen werden, gleichwie es auch dem Deichamte zusteht, in Beziehung auf die gehörige Unterhaltung der Mitteldeiche (jedoch selbstverständlich mit Ausschluß der auf denselben etwa befindlichen Wege) vorkommenden Falls das Erforderliche zu bestimmen."

XXI. Preußisches Wassergesetz (PrWG) vom 7. April 1913 (Auszug; GS 1913, S. 53 ff.)

Siebenter Titel.

Besondere Vorschriften für die Provinzen Schleswig-Holstein und Hannover

§ 323

„(1) Die Vorschriften des zweiten, fünften und sechsten Titels dieses Abschnitts gelten nicht:

1. in den Schleswig-Holsteinischen Marschdistrikten, soweit das Patent vom 29. Januar 1800 und das allgemeine Deichreglement vom 6.4.1803 Platz greifen;
2. ...

(2) ..."

§ 324

„In den in § 323 bezeichneten Gebietsteilen verbleibt es, vorbehaltlich der §§ 325 bis 329, bei den dort geltenden, das Deich- und Sielwesen betreffenden Gesetzen und Verordnungen und den durch rechtsverbindliches Herkommen feststehenden deich- und sielrechtlichen Bestimmungen. Der Übergang von der Kabel- zur Kommuniondeichung innerhalb eines Deichverbandes kann aber, und zwar sowohl für sämtliche Deiche als auch für einzelne Deiche und Deichstrecken, in Zukunft überall mit Stimmenmehrheit durch die Verbandsvertretung beschlossen werden."

§ 325

„(1) Die Verfassung der Deich- und Siel- (Schleusen-, Wettern-, Wasserlösungs- usw.) Verbände kann mit deren Zustimmung oder bei Widerspruch mit Zustimmung des Wasserbeirats durch eine vom Minister für Landwirtschaft, Domänen und Forsten zu erlassende Satzung neu geregelt oder der festgestellt werden.

(2) ..."

§ 326

„(1) Mehrere Deichverbände, die ein gemeinschaftliches Interesse an der Erhaltung ihrer Deiche, an der Neuanlegung von Deichen oder an der Herstellung, Erweiterung oder Unterhaltung von Sicherungs-, Entwässerungs- oder Bewässerungsanlagen haben, können beschließen, sich zu einem gemeinschaftlichen Deichverband, unter Auflösung der einzelnen Verbände oder ohne deren Auflösung, zu vereinigen, wenn dadurch eine angemessenere Aufsicht zu erzielen ist. Der § 298 Abs. 2 bis 4 ist anzuwenden.

(2) ..."

§ 327

„Eine Befreiung von der Deich- und Sielpflicht findet nicht statt, soweit sie nicht auf dem bestehenden Beitragsfuß oder der geltenden Art der Lastenverteilung beruht."

§ 328

„Fehlt es an Vorschriften über die Bildung neuer Deichverbände oder an gesetzlichen Bestimmungen und rechtsverbindlichem Herkommen über die Verpflichtung der Eigentümer eingedeichter Grundstücke und Vorländer zu deren Abtretung oder zur Gestattung vorübergehender Benutzung ihres Grundeigentums für die Deichzwecke, so gelten die hierauf bezüglichen Bestimmungen des fünften Titels dieses Abschnitts."

§ 329

„(1) Soweit in den in § 323 bezeichneten Gebietsteilen die örtliche Deichpolizei (§ 307 Abs. 1) dem Deich- oder Sielvorsteher oder einem anderen Mitgliede der Deich- oder Sielverwaltungsbehörde zusteht, erstreckt sie sich auch auf die Wasserläufe, die von einem Deich- oder Sielverbande zu unterhalten sind oder der Aufsicht einer Deich- oder Sielverwaltungsbehörde unterstehen.

(2) ... "

XXII. Wassergesetz des Landes Schleswig-Holstein in der Fassung der Bekanntmachung vom 13. Juni 2000 (Auszug; GVOBl. 2000, S. 490 ff.)

§ 62

„Küstenschutz

Der Schutz der Küsten durch den Bau, die Unterhaltung und Wiederherstellung von Deichen, Dämmen, Buhnen, Deckwerken und von anderen technischen Einrichtungen und Maßnahmen sowie durch die Sicherung und Erhaltung der Watt-, Insel-, und Halligsockel, der seewärtigen Dünen, der Strandwälle und des Vorlandes (Küstenschutz) ist eine Aufgabe derjenigen, die davon Vorteile haben, soweit nach Maßgabe der folgenden Bestimmungen nicht andere hierzu verpflichtet sind.“

§ 63

„Öffentliche Aufgaben

(1) Der Bau und die Unterhaltung von Deichen und Dämmen, die im Interesse des Wohls der Allgemeinheit erforderlich sind, ist eine öffentliche Aufgabe. Sie obliegt

1. hinsichtlich der Landesschutzdeiche (§ 64 Abs. 2 Nr. 1) dem Land,
2. hinsichtlich der Überlaufdeiche (§ 64 Abs. 2 Nr. 2) auf den Halligen und Inseln und der Dämme zu den Halligen und Inseln, mit Ausnahme des Hindenburgdammes, dem Land,
3. hinsichtlich aller übriger Deiche (§ 64 Abs. 2 Nr. 3-5) und Dämme den Wasser- und Bodenverbänden. Ist die Bildung eines Wasser- und Bodenverbandes unzweckmäßig, so sind die Gemeinden bau- und unterhaltungspflichtig. Bestehende Verpflichtungen anderer bleiben unberührt.

(2) Die Sicherung der Küsten sowie der Watt-, Insel- und Halligsockel, die im Interesse des Wohls der Allgemeinheit erforderlich ist, ist ein öffentliche Aufgabe des Landes. Dies gilt auch für das Vorland (§ 66 Abs. 2), soweit dies für die Erhaltung der Schutzfunktion der in der Unterhaltungspflicht des Landes stehenden Deiche erforderlich ist. Die Pflicht zur Sicherung der Küsten beschränkt sich auf den Schutz von im Zusammenhang bebauten Gebieten. Bestehende Verpflichtungen anderer bleiben unberührt.

(3) Ist ungewiss oder streitig, wer zur Unterhaltung eines Deiches verpflichtet ist, so haben ihn die Gemeinden innerhalb ihrer Grenzen vorläufig zu unterhalten. Die

Gemeinden können von den Unterhaltungspflichtigen Ersatz ihrer Aufwendungen verlangen.

(4) Diejenigen, deren Grundstücke geschützt werden, könne zu den Kosten des Baus und der Unterhaltung nach dem Maß ihres Vorteils herangezogen werden. Im Streitfall setzt die Küstenschutzbehörde nach Anhörung der Beteiligten den Betrag fest. Sie kann zulassen, dass anstelle von Geld Arbeit geleistet oder Baustoffe geliefert werden.“

§ 64

„Deiche und ihre Einteilung

(1) Deiche sind künstliche, wallartige Erdaufschüttungen mit befestigten Böschungen, die zum Schutz von Ländereien gegen Überschwemmungen errichtet werden. Dämme sind künstliche Erhöhungen, die zu anderen Zwecken errichtet werden, jedoch auch dem Hochwasserschutz oder Küstenschutz dienen oder den Hochwasserabfluss beeinflussen können.

(2) Die Deiche werden nach ihrer Bedeutung und ihren Aufgaben für den Schutz vor Hochwasser und Sturmfluten in folgende Gruppen eingeteilt:

1. Landesschutzdeiche:

Deiche in der ersten Deichlinie um Einflussbereich der Nord- und Ostsee, die dazu dienen, ein Gebiet vor allen Sturmfluten zu schützen;

2. Überlaufdeiche:

Deiche in der ersten Deichlinie im Einflussbereich der Nord- und Ostsee, die dazu dienen, ein Gebiet unter Hinnahme eingegrenzter Überschwemmungen vor Sturfluten zu schützen und deren Sollabmessungen eine schadlose Überströmung zulassen;

3. Sonstige Deiche:

Deiche in der ersten Deichlinie im Einflussbereich der Nord- und Ostsee, die nicht unter die Nummern 1 und 2 fallen und die dazu dienen, ein Gebiet vor Überschwemmungen zu schützen;

4. Mitteldeiche:

Deiche in der zweiten Deichlinie im Einflussbereich der Nord- und Ostsee, die dazu dienen, im Fall der Zerstörung eines Landesschutzdeiches Überschwemmungen einzuschränken;

5. Binnendeiche:

Deiche, die dazu dienen ein Gebiet vor Überschwemmungen durch abfließendes Niederschlagswasser zu schützen.“

§ 67

„Widmung, Umwidmung, Entwidmung von Deichen

(1) Ein Deich erhält die Eigenschaft eines Landesschutz-, Überlauf-, Mittel-, Binnen- oder sonstigen Deiches durch Widmung. Wird ein Deich verbreitert, erhöht oder begradigt, so gelten die neu hinzukommenden Teile mit der Bauabnahme als gewidmet. Deiche, die am 15. Januar 1981 nicht gewidmet waren, gelten als gewidmet, und zwar als Deich derjenigen Gruppe im Sinne des § 64 Abs. 2, der er seiner Aufgabe und Bedeutung nach angehört.

(2) Haben sich die Aufgabe oder Bedeutung eines Deiches geändert, so ist er entsprechend umzuwidmen.

(3) Deiche, die ihre Schutzfunktion im Sinne des § 64 verloren haben, sind zu entwidmen.

(4) Die Widmung, Umwidmung oder Entwidmung wird nach Anhörung der Unterhaltspflichtigen von der obersten Küstenschutzbehörde verfügt und im Amtsblatt für Schleswig-Holstein bekannt gemacht. Dies gilt nicht für die in Absatz 1 Satz 2 genannten Fälle. Gilt ein Deich nach Absatz 1 Satz 3 als gewidmet, so ist dies ebenfalls bekannt zu machen."

§ 69

„Unterhaltung von Deichen

(1) Die Unterhaltung umfasst die Pflicht, den Deich in seinem Bestand und in seinen Abmessungen so zu erhalten, dass er seinen Schutzzweck jederzeit erfüllen kann. Wenn ein Deich die in § 65 bestimmten Merkmale nicht mehr besitzt, ist er so wiederherzustellen, dass die vorgeschriebenen Anforderungen erreicht werden.

(2) Im Rahmen der Unterhaltung des Deiches hat der Unterhaltungspflichtige insbesondere

1. die Grasnarbe so zu pflegen, dass sie dem Wasserangriff ausreichend Widerstand leisten kann, insbesondere Anschwemmungen (Treibsel) so rechtzeitig zu entfernen, dass die Grasnarbe keinen Schaden erleidet,
2. Beschädigungen des Deiches und der Grasnarbe unverzüglich zu beseitigen und
3. für den Deich schädliche Tiere zu bekämpfen.

(3) Anlagen, die am oder im Deichkörper sowie am oder im Deichzubehör Bestandteile eines Deiches sind (§ 65), sind von denjenigen zu unterhalten, die sich errichtet haben oder die sie betreiben. Unterhaltspflichten anderer bleiben unbe-

rührt. Die Unterhaltungspflichtigen haben die Anlagen entsprechen den Anforderungen des Küstenschutzes zu unterhalten und die Kosten der Deichunterhaltung zu erstatten, die durch die Anlagen bedingt sind."

§ 70

„Benutzungen

(1) Jede Benutzung des Deiches, die seine Widerstandsfähigkeit beeinträchtigen kann, ist unzulässig. Insbesondere ist es verboten,

1. Vieh zu treiben, Großvieh zu weiden oder andere Haus- oder Nutztiere zu halten,
2. zu reiten oder mit Fahrzeugen aller Art, mit Ausnahme von Fahrrädern außerhalb dem der öffentlichen Verkehr gewidmeten Deichverteidigungswege und der Überfahrten zu fahren oder zu parken,
3. Material, Geräte oder Boote zu lagern,
4. Anlagen zu errichten oder wesentlich zu ändern sowie Gegenstände aller Art, insbesondere Badekabinen, Strandkörbe, Bänke, Buden oder Stände aufzustellen, zu lagern oder abzulagern, Zäune, Brücken oder Deichtreppen zu errichten sowie Rohre und Kabel zu verlegen,
5. Veranstaltungen durchzuführen,
6. Bäume oder Sträucher zu pflanzen,
7. Gräser und Treibsel abzubrennen,
8. nicht angeleinte Hunde mitzuführen.

Verbote oder Beschränkungen nach anderen Rechtsvorschriften bleiben unberührt.

(2) Die Verbote nach Absatz 1 gelten nicht für Maßnahmen, die der Erhaltung und Verbesserung der Wehrfähigkeit, der Unterhaltung, der Wiederherstellung oder der Verteidigung des Deiches oder der Bewirtschaftung des Vorlandes dienen.

(3) Die untere Küstenschutzbehörde kann auf Antrag Ausnahmen von den Verboten nach Absatz 1 zulassen, wenn die Wehrfähigkeit und die ordnungsgemäße Unterhaltung des Deiches nicht beeinträchtigt werden und entweder das Verbot im Einzelfall zu einer unbilligen Härte führen würde oder eine Ausnahme im Interesse des Wohls der Allgemeinheit erforderlich ist."

§ 71

„Deichschau

(1) Der ordnungsgemäße Zustand der Landesschutz- und Überlaufdeiche ist mindestens im Frühjahr eines jeden Jahres, derjenige aller weiteren Deiche mindestens alle zwei Jahre zu schauen.

(2) An der Deichschau von Landesschutzdeichen und Überlaufdeichen sind Vertreter der unteren Katastrophenschutzbehörden und der angrenzenden Wasser- und Bodenverbände zu beteiligen. An der Deichschau der übrigen Deiche sind die Unterhaltungspflichtigen zu beteiligen.“

§ 72

„Eigentum

(1) Das Eigentum an den Landesschutzdeichen, die seit dem 1. Januar 1971 vom Land zu unterhalten sind und an allen übrigen Deichen öffentlich-rechtlicher Körperschaften, die nach § 63 vom Land zu unterhalten sind, geht in dem Umfang unentgeltlich auf das Land über, in dem es dem bisherigen Aufgabenträger zugestanden hat. Das Ministerium für ländliche Räume, Landwirtschaft, Ernährung und Tourismus hat den Antrag auf Berichtigung des Grundbuches oder bei grundbuchfreien Grundstücken auf Fortführung des Katasters zu stellen. Zum Nachweis des Eigentums gegenüber dem Grundbuchamt oder Katasteramt genügt die Bestätigung des Ministeriums für ländliche Räume, Landwirtschaft, Ernährung und Tourismus, dass das Eigentum an den Deichen und deren Zubehör dem Land zusteht.

(2) Verliert ein Deich seine Eigenschaft als Landesschutzdeich, so geht das Eigentum unentgeltlich auf den künftigen Unterhaltungspflichtigen über. Absatz 1 Satz 2 und 3 gilt entsprechend.“

B. Verfügungen

I. Regierungspräsidialverfügung betreffend Bauten auf den Deichen und auf der Deicherde vom 18. August 1898

Einleitung (LAS, Abt. 301, Nr. 1221; Journal Nr. I. B. 9621)

„Nach § 36 des Allg. Deichreglements von 1803 sollen neue Häuser, Kathen, und sonstige Gebäude auf und unter dem Deiche und auf der zum Ausspäten bestimmten Deicherde künftig nicht aufgeführt werden; die damals schon vorhandenen Gebäude sollten zunächst stehen bleiben dürfen, aber gegen billige Entschädigung abgebrochen werden müssen, sobald solches für nothwendig befunden werden würde.

Da ein Verfall der vorhandenen Häuser schon im Deichinteresse nicht zugelassen werden durfte, Reparaturen also jederzeit gestattet werden mußten, hat sich im allgemeinen die Praxis ausgebildet, daß auch Hauptreparaturen und Wiederaufbauten zerstörter oder abgebrochener Häuser auf der alten Baustelle wieder erlaubt wurden und daß zur Vermeidung von Härten in besonderen Fällen sogar zum Anbau auf neuen Baustellen die Genehmigung ertheilt worden ist.

Indessen hat die Praxis hierin mehrfach gewechselt. Ich halte es aber aus diesem Grunde und um den Interessenten einen gewissen Anhalt dafür zu geben, unter welchen Bedingungen sie auf die Genehmigung von Bauanträgen rechnen können, für angezeigt, die Grundsätze, nach denen ich bei der Genehmigung von Bauten auf und am Deiche sowie auf Deicherde künftig verfahren werden, näher darzulegen.

Vor allem muß festgelegt werden, daß

(Schröder, S. 47 ff.)

1. Die Deichsicherheit nach jeder Richtung hin gewahrt bleibt, und deshalb ist dahin zu streben, daß möglichst das normalmäßige Deichbestick aus Erdmaterial erhalten oder geschaffen wird, und der Deich wie auch die vorgeschriebenen Schutzstreifen (§ 27 c ADR) oder mindestens binnendeichs ein 3 m breiter Streifen neben dem Deichfuß zur ungehinderten Herbeischaffung von Materialien in Notfällen von Bauten freigehalten werden wird, und daß
2. dem Deichbande hinreichende Deicherde zur Verfügung bleibt und keine höhere Entschädigungspflicht für den Fall des Wiederabbruch der Baulichkeit aufgebürdet wird.

Aus diesen Gesichtspunkten ergeben sich folgende Grundsätze:

1. Neubauten, d.h. Bauten auf neuen Baustellen und ebenso An-, Auf- und Erweiterungsbauten bei alten Häusern können nur in besonderen Ausnahmefällen gestattet und muß dabei mindestens verlangt werden, daß

   a. kein Keller oder sonstiger Hohlraum in dem Deichkörper (dem normalmäßigen Deichprofil) oder auf dem erwähnten Schutzstreifen angelegt, und

   b. in das Grundbuch die Verpflichtung eingetragen wird, daß der Neubau unentgeltlich abzubrechen ist, wenn es im Deichinteresse von den zuständigen Behörden gefordert werden sollte.

   Derartige Anträge sind eingehend zu begründen; der Umstand, daß der Antragsteller in der Hoffnung auf die Bauerlaubnis den Bauplatz erworben und den Bau z.B. durch Anfuhr von Materialien, schon vorbereitet hat, ist hierbei unerheblich.

2. Wiederaufbauten von einzelnen Häusern, die nachweislich schon im Jahre 1803 bestanden haben oder seitdem von den zuständigen Behörden genehmigt worden sind, werden auf dem bisherigen Bauplatz und in der bisherigen Größe oder in geringfügiger Erweiterung in der Regel zugelassen werden, sofern eine Zurückschiebung der Baustelle, was besonders beim gleichzeitigen Wiederaufbau mehrerer Nachbarhäuser in Frage kommen würde, nicht ohne Nachteil möglich ist. Auch hierbei ist die unter 1 a gegebene Bedingung zu stellen und eine grundbuchmäßige Eintragung zu verlagen, daß nach § 36 ADR der Abbruch von den Deichbehörden gegen billige Entschädigung gefordert werden könne - eine Eintragung, die notwendig ist, weil sonst der Deichband vielleicht volle Entschädigung zu leisten haben würde.

   Soll ferner ausnahmsweise eine erheblichere Vergrößerung des Hauses, sei es im Grundriß, um etwa mehr als 1/5, sei es in der Zahl der Stockwerke, vorgenommen werden, so kann der Eigentümer für den Mehrwert der Baulichkeit keine Entschädigung verlangen, wenn von den zuständigen Behörden im Deichinteresse der Abbruch gefordert werden sollte. Es würde für diesen Fall die billige Entschädigung zu ermitteln sein, die eventuell für das frühere Haus zu zahlen gewesen wäre, und eine Eintragung im Grundbuche zu erfolgen haben, daß im Abbruchsfalle über diesen Betrag hinaus keine Entschädigung zu zahlen ist.

3. Bei Reparaturen werden nur solche Bedingungen gestellt werden, die im Interesse des Deichschutzes nötig sind. Das Gleiche gilt von Hauptreparaturen, sofern nicht etwa die Bestimmung im vorigen Absatz Platz greift.

4. Wo der Deichkörper nicht selbst die normalmäßige Höhe besitzt, sondern die Häuser auf und an dem Deich mit ihren Mauern teilweise den Deichschutz bilden, können Neubauten in der Regel nicht gestattet werden. Wiederaufbauten will Ich künftig, wenn es sich nicht etwa gleichzeitig um eine größere Zahl nebeneinander gelegener Grundstücke handelt, davon absehen, eine mit besonderen Schwierigkeiten und Kosten verknüpfte Erhöhung des Deichkörpers zu fordern. Dafür wird darauf gehalten werden, daß die Häuser und Anschlussmauern bis zur Höhe des normalmäßigen Deichprofils in solcher Stärke und Bauart hergestellt, und die nötigen Stöpenvorrichtungen so getroffen werden, daß der Hochwasserschutz jederzeit gewahrt bleibt. Die Bedingungen, die hiernach an den Bau gestellt werden müssen, sind von den Wasserbauinspektoren nach Maßgabe der diesseits gegebenen technischen Grundsätze festzustellen, und ist dabei in jedem einzelnen Falle das Maaß der Gefahr, die dem Deiche durch Wellenschlag, Eis usw. drohen könnte, besonders zu erörtern und zu berücksichtigen."

II. Regierungspräsidialverfügung vom 8. Juni 1904 (Schröder, S. 49 f.)

Meine Rundverfügung vom 18. August 1898 - I.B.9621 - betreffend Bauten auf Deichen wird dahin abgeändert, daß eine grundbuchmäßige Eintragung, wonach Neubauten unentgeltlich, Wiederaufbauten gegen eine billige Entschädigung, auf Verlangen der zuständigen Behörden abzubrechen sind, zukünftig nicht mehr zu verlangen ist.

Statt dessen wird die deichpolizeiliche Genehmigung zur Aufführung von Neu- und Wiederaufbauten in Zukunft nur unter dem Vorbehalte jederzeitigen Widerrufs, d.h. mit der Maßgabe erteilt werden, daß Neubauten, d.h. Bauten auf bisher unbebautem zu bereits bestehenden Ansiedelungen gehörigem Terrain sowie An-, Auf- und Erweiterungsbauten, bei bereits bestehenden Bauten, ohne Anspruch auf Entschädigung, Wiederaufbauten gegen billige Entschädigung abzubrechen sind, wenn es im Deichinteresse von den zuständigen Behörden gefordert werden sollte. - Vergl. Nr. 1 und 2 der Grundsätze meiner Rundverfügung vom 18. August 1898.

Die Genehmigung zu Bauten behufs neuer Ansiedelungen wird unter keinen Umständen erteilt werden."

C. Stavenbriefe

I. Archivierte Stavenbriefe

1. Kornkoog, 1687 (KANF, Abt. F 4, Nr. 1556, Dok. 1)

„Copia

Demnach Vorzeiger Lorentz Michelsen von Deezbüll gebührende ansuchung gethan, daß ihm zu einem Wohnplatz auf dem Korn-Koges Teich ein Stück Teich möge vergönnet und außgewiesen werden, gleich wie es andern in solchen fällen, von dem Vorigen H. Teichgraffen ist vergönnet worden; Als habe ihm, Lorenz Michelsen hiemit eingeräumbt und angewiesen, Sechs Roden uffm Korn Kogs Teich bey Deezbüll Kirch, dergestaldt und also, daß er solchen Platz nunmehro annehmen, Bebauen, Bepflanzen und vor sich und seinen Erben, so lang das WohnHauß darauff bestehen bleibt, und gleich andern der Hohen Obrigkeit das Verbittels-Geld erleget, unbeeinträchtiget, besitzen, Nutzen, Genießen, an andere Cediren und überlaßen, und sonsten wie es ihm am besten zustatten kommen kan, jedoch daß hiedurch niemanden zu nahe gegangen und der wegk nicht zu schaden gebauet wird, haben und gebrauchen möge.

Urkundlich habe ich diesen Anweisungs-Schein eigenhändig untergeschrieben.

Tundern, d. 26. Martii 1687

Hans Paulßen“

2. Christian-Albrechts-Koog, zwischen 1708-1788; Entwurf (KANF, Abt. F 4, Nr. 41, Dok. 3)

„Mann bey der angestellten Untersuchung befunden worden, daß NN auf NN ... quadrat Ruthen Teich-Staben Grund von mir als Teich-Grafen, der gewöhnliche Staben-Brief, hierdurch ertheilet, solchergestalt und also, daß gedachter NN vorbemerkte ...Ruthen Teich-Grund für sich und seine Erben, besitzen, genießen, und gebrauchen, dem Kooge eine jährliche Recognition nach 4 Mark a Demath gerechnet, erlegen, den Weg bei seinem Staben im gehörigen guten Stande unterhalten, und sonsten mit diesem Stabengrund so schalten und walten könne und möge, wie andere Besitzer von Teich-Staben, damit zu schalten und zu walten dem Herkommen nach berechtiget sind. Doch das der Teichgrund in der bisherigen Höhe unterhalten, und durch weggrabung der Erde nicht erniedriget werde.

Christian-Albrechts-Koog, den ...“

3. Kornkoog, 1792 (LAS, Abt. 161, Nr. 2234)

„Nachdem Carsten Andresen Müller auf dem Uhlenbüller Teich hieselbsten vorgestellet, daß es ihm auf seinen von ihm schon in einigen, und von seinen Vorfahren in langen Jahren bewohnten Staven auf dem Westermohringer Kornkooges Antheil Uhlenbüller Teich an einen rechtlichen Stavenbrief annoch fehle, und dahero Ansuchung gethan, daß ihm eine solcher von hieraus ertheilet werden mögte: so habe ich, in Erwägung, daß er und seine Vorfahren diesen Staven in vielen Jahren schon bewohnet, und dafür die ihnen auferlegten Stavengelder jährlich an dem Kooge richtig bezahlet haben, demselben den verlangten Stavenbrief nicht enthalten, sondern vielmehr seinem petito hiedurch deferiren wollen.

Benannter Carsten Andresen Müller wird demnach für ihn und seine Erben hiedurch und Kraft dieses berechtigt, dem von ihm und seinen Vorfahren bewohnten Teichstaven auf dem Westermohringer Kornkooges Antheil Uhlenbüller Teich sechs zehen Ruthen in der Länge, so lange er, wie seine Vorfahren, die darauf gesetzte Recognition mit zwanzig Schilling Schl. Holst. Courant an den p.t. Deichvogten, des Westermohringer Kornkooges jährlich promte abtragen wird, geruhig und ungestört zu besitzen, solchen gleich anderen Teichstavenbewohnern zu nutzen und gebrauchen, wie er es zu seinen und seiner Nachkommen Vortheil und Besten für gut findet, auch überhaupt damit zu schalten und zu walten als wenn es sein Eigenthum wäre; jedoch mit diesen ausdrücklichen Bedingungen, daß

1. die freie Fahrt auf dem Wege neben dem Hause und Staven nicht gehindert, vielweniger gesperrt werden müsse,
2. daß der Fahrweg, soweit der Staven sich erstrecket, nämlich auf 16 Ruthen Länge, von ihm, dem Bewohner, jederzeit in untadeligem Stande erhalten werden solle, und
3. daß der Staven, weil er ein Kooges-Grund ist, ohne Consens von hieraus, nicht an jemand fremdes abgetreten, verkauft oder veräußert werden müsse.

Urkundlich habe ich diesen Stavenbrief mit meiner eigenhändigen Namens Unterschrift und beygedruckten Petschaft bestätigt. Geschehen, Christian-Albrechts-Koog den 16ten July 1792

L.S. Feddersen“

4. Christian-Albrechts-Koog, 1794 (KANF, Abt. F 5, Nr. 369)

„Nachdem wir Endesunterschriebener Johannes Jensen Schmidt auf dem alten Christ. Albr. Koogs-Deich nachstehenden Stavenbrief, also lautend:

Wann Johannes Jensen Schmidt auf dem alten Christ. Albr. Koogs-Deich bereits in ao 1786 von den Herren Hauptpartizipanten den Bewilligung ein Haus daselbst aufbauen zu mögen, erhalten, und ihm zu dem Enden darauf einen Staven angewiesen und ausgemessen worden: so wird demselben der erforderliche Stavenbrief hiedurch noie. der Herren Hauptpartizipanten dieses Inhalts ertheilet, daß er den gedachten Staven, worauf das von ihm neu aufgeführte Haus stehet, nutzen und gebrauchen möge; wogegen er jährlich zwei und dreißig Schilling Recognition oder Stavengelder an den Koog zu entrichten und auf Martini eines jeden Jahres im Inspektorat abzutragen, auch den Deich oben, soweit der ihm hiemit eingeräumte Staven sich erstrecket, fleißig zu ebenen und in der Beschaffenheit eines guten Weges beständig zu erhalten habe; nicht weniger die Herren Hauptpartizipanten und den jederzeit von ihnen erwählten Herrn Inspectoren dieser Köge, als seine rechtmäßige Obrigkeit zu erkennen, sich denenselben unterthänig, treu und gehorsam zu bezeigen und deren Anordnungen nachzukommen und völlige Parition zu leisten schuldig sey. Unter diesen Bedingungen soll er dahingegen die Zeit seines Lebens bey ruhigem Besitz und Gebrauch dieses Stavens geschützet und mainteniret werden; jedoch nur so lange das Haus auf dem Staven wird stehen bleiben, weil im Fall selbiges abgebrochen und hinweg genommen werden sollte, der Staven dem Kooge vorbehalten bleiben und anheim fällt, auch demselben das Beispruchsrecht bey jedem mit diesem Hause sich wängenden Verkaufungsfall reserviret wird.

Christ. Albr. Koog den 7ten January 1794

S. Bentzen"

„Von dem Herrn Kanzley-Aßeßor und Koogsinsprector Bentzen ertheilet und überliefert worden so reservire und verpflichte mich demnach hiedurch, daß ich aus den mir ertheilten Stavenbrief keinen unnützen Gebrauch mchen, sondern demselben jederzeit nach Inhalt, nachkommen, die jährliche Stavengelder mit 32 Schillinge tempestine gehörigen Orts richtig abtragen, den Staven beständig im guten Stande halten die Herren Haoptpartizipanten und den jederzeit von ihnen erwählten Herrn Inspector dieser Köge, als meine rechtmäßige Obrigkeit anerkennen, mich denenselben unterthänig treu und gehorsam bezeigen und ihren Anordnungen nachkommen und völlig Parition leisten will.

Zur mehreren Urkunde habe ich diesen Revers wohlbedächtlich eigenhändig unterschrieben. So geschehen Chr. Albr. Koog den 7ten January 1794

Johannes Jensen Schmidt"

5. Dagebüller Koog, ca. 1822 (KANF, Abt. F 5, Nr. 404)

„Wenn dem weil. Andreas Martin Petersen, von den Hauptpartizipanten des Dagebüller Koogs seinerzeit auf sein Ansuchen die Erlaubnis erteilt geworden ist, sich durch Erbauung eines Wohnhauses auf Dagebülls Norderdeiche in Dagebüll ansässig machen zu mögen, und behufs dessen ihm eine Staven angewiesen ist, unter Verpflichtung den Inhalt als ihn darauf erteilt werdenden Stavenbriefs genau nachzukommen und zu geleben; er darauf den Bau unternommen; den erforderlichen Stavenbrief am 15ten März 1822 sich hat zufertigen lassen; später und namentlich in Jahre ... mit Tode abgegangen, und sein Nachlasshaus seinem Schwiegersohn Claus Heinrich Jansen nach Teilungsakte vom ... überlassen ist; dieser dann darauf um Bewilligung ferner Bewohnens bei den Hauptpartizipanten angetragen hat, und ihn solche Bewilligung unter gleicher Verpflichtung, wie oben bemerkt, erteilt geworden ist, so wird solchem nach im Nachstehenden dem Claus Heinrich Jansen sein Stavenbrief zugefertigt und hat derselbe den Inhalt desselben genau zu geleben.

Die Größe des eingehegten und zum Teil bebauten Koogsgrundsstavens erstreckt sich auf 43 []Ruthen 20 Fuß und ein nach westen bis Marienkoogs-Mittelweg in Gerade liegende Deichsfläche auf 76 []Ruthen 20 Fuß, also zusammen auf 120 Ruthen.

Und so wie der jetzige Nutznießer Claus Heinrich Jansen diesen Koogsgrundsstaven und einer gleichen Strecke binnendeichs ohne ferneren Neubau und ohne Hemmung des zeitweise über den nicht eingehegten und nicht einhegen, und nicht pflügen mögenden Stavens benutzen kann, so ist derselbe auch schuldig und gehalten, den Deichkamm, voller Stavenlänge, fortwährend in Beschaffenheit eines gutgeebneten, fahrbaren, vollrunden und im Winter schneegeschaufelten Weges zu halten; übrigens auch für die Nutznießung benannten Stavens jährlich 4 Thaler Reichsmünzen im Koogsinspektorat zur Koogskasse zu entrichten.

Derselbe hat außerdem die etwaigen sonst erforderlich werdenden Anordnungen der Hauptpartizipanten und die desfallsigen Befehle ihres fungierenden Koogsinspektors so wie insbesondere königliche Verfügungen genau Folge und Parition zu leisten; wogegen er dann während der Zeit seines Lebens in ungehindertem Besitz und angegebenen Genuß dieses Stavens, so lange derselbe bebaut ist, belassen und geschützt werden soll.

Sollte indes das jetzt auf benanntem Stavengrund stehende Haus nebst Nebengebäude ohne wiederaufzubauen abgebrochen und weggenommen werden, so ist das Eigentumsrecht an dem Stavengrund für den Koog hiermit ausdrücklich reserviert, und fällt derselbe dem Koog zur freien ferneren Verfügung anheim.

Würde der jetzige Eigentümer besagten Hauses dasselbe zum Bewohnen verkaufen, vermieten oder sonst überlassen wollen, sei es an einen sowohl einheimischen oder auswärtigen Liebhaber, so ist die Genehmigung dazu bei den Hauptpartizipanten nachzusuchen, und hängt es lediglich von selbigen ab, darüber zu bestimmen ob überhaupt ein Verkauf oder Überlassung zu Bewohnen stattfinden möge oder nicht. Ein Verkauf, Vermietung oder Überlassung ohne Genehmigung der Hauptpartizipanten ist also jedenfalls ungültig.

Nach etwa erfolgtem genehmigtem Verkaufs oder nach Erbübergangs vorbesagtem Hauses hat der neue Eigentümer desselben einen neuen auf seinen Namen lautenden Stavenbrief gleichen Inhalts wie vorstehend sich zufertigen zu lassen, und gegen Zahlung der auf 2 RM festgestellten Gebühr im Koogsinspektorat entgegen zu nehmen, event. diesen älteren zum Koogsarchiv oder zur Vernichtung desselben abzuliefern.

Ausgefertigt..."

6. Kornkoog, 1827 (KANF, Abt. F 4, Nr. 890)

„Wenn es nun künftigen Irrungen vorzubeugen für nöthig befunden worden, daß die auf und an den Kornkoogs Mitteldeichen wohnenden Stavenbesitzer mit den erforderlichen Stavenbriefe versehen werden, so wird dem Besitzer des sub No 14, in Maasbüll belegenen Hauses, Carsten Jacobsen, hierdurch der gewöhnliche Stavenbrief ertheilt, den zum vorerwähnten Hause gehörenden, 13 ½ Ruthen betragenden Staven gegen eine an den p.t. Deichvogten des Ostermoringer Kornkoogs jährlich prompte um Martini zu erlangende Recognition von 28 Reichsbankschilling Silber Münzen, schreibe achtundzwanzig Reichsbankschilling, den bestehenden und künftig zu erlassenden Mitteldeichsverfügungen entsprechend zu benutzen.

Übrigens wird dem Oster- und Westermoringer Kornkoog das Eigentumsrecht dieses Stavens ausdrücklich reserviert, und hat jeder neue Besitzer, und zwar in Vermeidung des Verlusts seiner Stavengerechtigkeit einen neuen Stavenbrief hierselbst gehörig nachzusuchen, so wie der jetzige Besitzer auch verpflichtet ist, den Weg neben seinem Staven beständig in einem untadelhaften Stande zu unterhalten.

Urkundlich unter meiner eigenhändigen Unterschrift und beigedrucktem Pettschaft.

Tondern, in der Deichgrafschaft, den 27. Dec. 1827

A. Nissen"

7. Klixbüller Koog, 1837 (KANF, Abt. F 4, Nr. 588)

„Wenn von den, auf dem Klixbüller Kooges Ausfassungs-Anteil im Gottes-Kooges süder Deich unweit Niebüll stehenden Häusern das des Johann Christiansen niedergebrochen, und der dadurch frei gewordene Staven bestehend aus 43 ¾ Ruthen dem daran grenzenden Nachbarn Paul Peter Mommsen auf geziemendes Ansuchen zum Nießbrauch eingethan worden ist, und zwar auf die Weise wie dergleichen Deichstaven gewöhnlich pflegen verliehen zu werden, und wie die schon bestehenden und der Folge etwa zu ertheilenden Mitteldeichsverfügungen solches verstatten, ohne dass der Inhaber durch diesen Brief daran ein Eigenthumsrecht bekommt, oder je zu gewinnen im Stande ist; als welches einzig und allein dem Clixbüller Kooge vorbehalten bleibt. Für die Nutznießung des besagten Stavens von 43 ¾ Ruthen auf des Clixbüller Kooges Anteil im Gottes-Koog süder Deich unweit Niebüll bezahlt der Paul Peter Mommsen an den Deichvogten des Clixbüller Kooges jährlich an Martini Sechzehn Schilling vorm. Courant oder Ein und Fünfzig Reichsbankschillinge S.M. und unterhält wie die übrigen Stavenbesitzer seine Nachbarn die Fahrwege süden, sowie auch norden oder hinter den Häusern, neben dem ihm eingethanen Staven in untadeligem Stande. Gleich wie nun der gegenwärtige Stavenbesitzer wenn er es an Erfüllung der ihm nach diesem Briefe obliegenden Verpflichtungen ermangeln lässt, seine Stavengerechtigkeit verliert, so hat auch der künftige Besitzer wenn er es versäumt solcherwegen einen Stavenbrief einzulösen keinen Anspruch auf diesen Staven zu machen.

Urkundlich unter meiner eigenhändigen Unterschrift und beigedrücktem Pettschaft.

Tondern in der Deichgrafschaft den 27. Feb. 1837 *A. Nissen*“

„1866 Februar 22 auf den Maler Heinrich Sator übertragen“

8. Christian-Albrechts-Koog, 1843 (KANF, Abt. F 5, Nr. 842, Band 2)

„Auf Ansuchen von Seiten Peter Christian Petersen wird ihm als Käufer des auf dem Alten Christian-Albrechts-Koogs-Deiche stehenden Hauses No 44 der erforderliche Stavenbrief hiermit des Gehalts ertheilt, daß er den Staven nutzen und gebrauchen darf; wogegen er jährlich 32 Schilling Recognition oder Stavengeld an den Koog zu entrichten und auf Martini eines jeden Jahres im Inspectorat abzutragen, auch den Deich oben, soweit der ihm eingeräumte Staven sich erstreckt, fleißig zu ebenen und in der Beschaffenheit eines guten Weges beständig zu erhalten hat; nicht weniger die Herren Hauptpartizipanten und den jeder Zeit von ihnen gewählten Herrn Inspector, und Gerichtshalter dieser Köge, als seine rechtmäßige Obrigkeit zu erkennen, sich derselben unterthänig und gehorsam zu bezeigen und den daher rührenden Anordnungen nachzukommen und willigen Gehorsam zu leisten schuldig ist.

Unter diesen Bedingungen soll während seines Lebens bei ruhigem Besitz und Genuß dieses Stavens geschützt und erhalten werden, jedoch nur so lange, als das Haus auf demselben stehen bleibt, weil, im Fall es abgebrochen oder weggenommen werden sollte, der Staven dem Kooge vorbehalten bleiben und anheim fällt. Überdies wird bei jedweder Veräußerung dem beikommenden Kooge das Vorkaufsrecht reservirt und zum dem Ende die Protocollation festgesetzt.

Urkundlich ...

Lorenzen"

9. Dagebüller Koog, 1846 (KANF, Abt. F 12, Nr. 16)

„Stavenbrief

Für Jann Heinrich Heinrichsen, Norddeich, No 3

Wenn laut Überlassungs und Alimentations Contract vom 1sten März 1846 Jann Heinrich Heinrichsen in Dagebüll das auf dem Dagebüller Norderdeich stehende, bisher von Tede Nissens Wittwe bewohnte Haus nebst Staven eigenthümlich erstanden, so ist derselbe verpflichtet gemäß bestehender Koogsanordnung ein Stavenbrief im Inspektorate ausfertigen zu lassen und einzulösen.

Solchemnach wird dem Jann Heinrich Heinrichsen in Nachstehendem sein Stavenbrief gefertigt und hat derselbe darin Inhalt genau zu geleben. Die Größe des eingehegten und zum Theil bebauten Stavens ist 29 Ruthen 40 Fuß.

Der jetzige Besitzer dieses Staven darf sich denselben bestmöglichst zu Nutzen machen, jedoch den Deichgesetzen nicht widerstreitend. Und so wie er die Binnendeichstrecke längs gedachten Staven, ohne Hemmung des erforderlichen Fahrweges, zum Begräsen benutzen mag, so ist derselbe auch schuldig und gehalten den Deichskamm längs dem Staven jederzeit in Beschaffenheit eines guten Fahrweges zu halten mithin ihn so oft erforderlich zu ebnen und nach Anweisung des Koogsinspectors zu verbessern imgleichen jährlich nach gehaltener Kooges-Rechnung eine Stavengelder oder Recognition 64 Reichsbankschilling Silber Münzen im Koogsinspectorat zur Kooges Kasse einzubezahlen.

Der Besitzer hat ferner die Hauptparticipanten des Kooges und den jederzeit von selbigen gewählt gewordenen Gerichtshalter und Koogsinspector als seine rechtmäßige Obrigkeit anzuerkennen unterthänig treu und gehorsam zu sein, deren Anordnungen nachzukommen und völlige Parition zu leisten, wogegen er dem auch die Zeit seines Lebens bei ruhigem Besitz und Gebrauch dieses Stavens geschützt werden soll.

Auf den Fall jedoch daß das jetzt auf diesem Staven stehende Haus abgebrochen und hinweggenommen werden sollte so ist der Staven dem Kooge eigenthümlich anheim gefallen, bei Wegfall der Recognition und Instandhaltung des Deichkamms.

Ein Verkauf des Hauses und Stavens ist ungültig wenn derselbe nicht von den Hauptpartizipanten des Kooges genehmigt geworden und hat Besitzer also vor Abschliessung eines desfalligen Handels die Genehmigung der Hauptpartizipanten nachzusuchen.

Jeder neue Besitzer vorgedachten Stavens sey er Käufer oder Erbe hat die Ausfertigung eines neuen Stavenbriefes zu impetriren und de Gebühr dafür zu berichtigen; und den älteren Stavenbrief im Koogsinspectorat auszuliefern.

Dagebüll im Inspectorat den 31ten März 1846. *M. Jansen.*

Geb. bezahlt"

10. Kleiseerkoog, 1882 (KANF, Abt. F 4, Nr. 809)

„Stafenbrief für Carl Georg Clausen auf Dagebüll-Damm als Besitzer des Hauses Nr. 27 im Kleiseerkoog

Auf Ansuchen des Carl Georg Clausen, als Erwerber des auf dem Deiche des Kleiseerkoog sub. Nr. 27 aufgeführten Hauses, wird ihm hiedurch für sich und seine Erben der auf Kartenblatt 1 sub. Nr. 45, 46, 47 verzeichnete, 17 Ar 64 Quadratmeter grosse Steinstafen, worauf das Haus steht, unter folgenden näheren Bedingungen und Beschränkungen eingeräumt und überlassen:

1. Alljährlich zu Martini hat der Stafenbesitzer 5,70 M Recognition oder Stafengeld an den Koog zu entrichten.
2. Derselbe hat den Deich, soweit der ihm eingeräumte Stafen sich erstreckt, in der vorschriftsmässigen Höhe und den Weg auf dieser Deichstrecke stets in der Beschaffenheit eines guten, im Winter schneefreien Weges zu erhalten.
3. An der äußeren Dossirung des Deiches hat er eine 2 Meter breite Passage neben seinem Stafen in einem für Fussgänger und nöthigenfalls auch für Pferd und Wagen passirbaren Zustande zu unterhalten.
4. Es ist ihm untersagt, Steinpflaster neben seinem Hause am Deichwege anzulegen, nicht minder die neben besagtem Wege auf seinem Stafen

befindlichen Hecken und Zäune über 1,20 Meter hoch wachsen zu lassen.

5. Stafenbesitzer ist verpflichtet, die dem Landeigner zu unterhalten bekommende Hälfte des Deichgrabens neben dem Stafen, so oft erforderlich, gegen eine Vergütung von 10 Pfg. a Meter auszukleien.

6. Zu jedem Anbau an den Hause, zu jeder Einrichtung neuer Feuerstätten und Wohngelegenheiten in demselben, sowie überhaupt zu jedem Neubau auf dem Stafen ist die Genehmigung der Koog-Repräsentanten zu erwirken. Stafenbesitzer hat jeden ohne solche Genehmigung von ihm hergestellten Bau auf seine Kosten wieder zu beseitigen und kann zur Erfüllung dieser Verbindlichkeit nöthigenfalls durch das gewöhnliche polizeiliche Zwangsverfahren angehalten werden.

7. Bei jedem Besitzwechsel, sei es durch Erbgang oder Kauf, hat der neue Erwerber des Hauses einen auf seinen Namen lautenden Stafenbrief auf eigene Kosten vom Kooge zu impetriren und darf die Umschreibung des Stafens im Grundbuche auf den Namen des neuen Erwerbers erst auf Grund des von ihm vorgelegten Stafenbriefes erfolgen.

8. Bei jedesmaliger Veräusserung diese Hauses steht dem Kooge das Vorkaufsrecht zu.

9. Stafenbesitzer bleibt überall nur solange im Besitz und Genuss des Stafens als das Haus auf demselben stehen bleibt, weil im Falle es abgebrochen werden, oder sonst zu existiren aufhören sollte der Stafen ohne Weiteres dem Kooge wieder Anheimfällt.

Ausgefertigt, Risum im Kleiseerkoogs Inspektorat den 23. Oktober 1882

Gez. Ingwer Carst. Paulsen

Koogsinspector

Zum Zeichen, daß ich die in diesem Stafenbriefe enthaltenen Bestimmungen für mich und meine Erben anerkenne, habe ich denselben heute eigenhändig unterschrieben.

Jetzt Chr.-Albr.-Koog, sonst Kleiseerkoog, den 7. August 1883 Gez. Carl Clausen“

11. Gotteskoog, 1913 (KANF, Abt. F 4, Nr. 788)

Vordruck

„Stavenbrief"

Auf geschehenes Ansuchen wird dem Landmann Hinrich Karl Hansen an den Wehlen bei Niebüll als Besitzer des im Bökingharder Gotteskoogs belegenen, unter Art. Nr. ...... aufgeführten Deichstavens, nach der Grundsteuer Mutterrolle groß:

auf Kartenblatt Nr. 12 Parz. 110	13 ar 03 qm
auf Kartenblatt Nr. 12 Parz. 110/111	10 ar 92 qm
auf Kartenblatt Nr. 12 Parz. 192/111	01 ar 77 qm
auf Kartenblatt Nr. 12 Parz. 191/111	03 ar 25 qm
im Ganzen	28 ar 97 qm

- nach früherem Maß ...[]Ruthen – hierdurch er übliche Stavenbrief erteilt und demselben gestattet, diesen Staven gegen eine an den zeitweiligen Deichvogten des Klixbüller Kooges pünktlich am 10. November jeden Jahres zu erlegende Rekognition von 1 Mk 15 Pf, in Worten eine Mark fünfzehn Pfennig, den bestehenden und künftig zu erlassenden Mitteldeich-Verfügungen entsprechend zu benutzen.

Das Eigentumsrecht dieses Stavens wird dem Klixbüller Kooge ausdrücklich hiermit vorbehalten und hat jeder neue Besitzer dieses Stavens vor dem Antritt des Besitzes, bei Vermeidung des Verlustes seiner Stavengerechtigkeiten die Ausfertigung eines neuen Stavenbriefes bei der Deichgrafschaft ordnungsgemäß nachzusuchen.

Urkundlich ist dieser Stavenbrief eigenhändig von mir unterschrieben und mit meinem Amtssiegel versehen worden.

Tondern, den 11. Januar 1913

Der Deichgraf: *M. Sönnichsen*

Gebühren für die Ausfertigung: 1,00 M"

II. Stavenbriefe aus dem Bestand des Deich- und Hauptsielverbands Südwesthörn-Bongsiel

1. Stavenbrief Handschrift („älteste Variante“)

„Auf geschehenes Ansuchen wird dem____________in_____________als jetzigen Besitzer des daselbst belegenen, bisher dem________________gehörigen Deichstavens in der Gemarkung Fahretoft

Kartenblatt _____Parzelle No_____, groß __________ha_____ar_____qm
Kartenblatt _____Parzelle No_____, groß __________ha __ar_____qm
zusammen______ha_____ar_____qm

hierdurch der gewöhnliche Stavenbrief erteilt, und demselben gestattet, diesen Staven gegen eine an den p.t. Deichvogten des________________Kooges jährlich prompte um Martini zu erlegenden Rekognition von______M______Pf, schreibe „ _____________“ den besehenden und künftig zu erlassenden Mitteldeichsverfügungen entsprechend zu benutzen.
Übrigens wird dem______________Kooge das Eigentumsrecht dieses Stavens ausdrücklich reserviert, und hat jeder neue Besitzer vor dem Antritte des Besitzes, und zwar bei Vermeidung des Verlustes seiner Stavengerechtigkeiten, einen neuen Stavenbrief hieselbst gehörig nachzusuchen.

Zur Urkunde dessen habe ich diesen Stavenbrief eigenhändig unterschrieben und mit meinem Amtssiegel versehen.
So geschehen in der Deichgrafschaft zu Tondern, den 24. Decbr. 1905.
B. Todsen

Gebühren:

Für den Stempel	1 M 50 Pf
die Ausfertig.	___ 60 __
zus.	2 M 10 Pf

Prod. 27. Decbr. 1905
Fahretofter Deichvogtei
C. Hansen“

2. Stavenbrief Vordruck

„Deichgrafschaft

des 1. Schleswigschen Deichbands

in

Niebüll

Gesch.-Nr.................

Stavenbrief

Auf geschehenes Ansuchen wird ....

als Nutznießer des in ....belegenen,

unter Artikel Nr. .und im Grundbuch von ....

Band .....Blatt ......aufgeführten Deichstavens, nach der Grundsteuer-Mutterrolle groß:

auf Kartenblatt Nr. ......Parzelle Nr.........= ......ha .....ar .....qm

~ ~ ~ ....~ ~............=........~........~........~

~ ~ ~ ....~ ~............=........~........~........~

~ ~ ~ ....~ ~............=........~........~........~

im Ganzen ha......ar......qm

hierdurch der gewöhnliche Stavenbrief erteilt und d ...... selben gestattet, diesen Staven gegen eine an den zeitweiligen Deichvogten des ....pünktlich am 10. November jeden Jahres zu erlegendes Stavengeld von .....RM ....Pf in Worten: ....Reichsmark, den bestehenden und künftig zu erlassenden Mitteldeich-Verfügungen entsprechend zu benutzen.

Das Eigentumsrecht wird dem ....ausdrücklich hiermit vorbehalten und hat jeder neue Besitzer dieses Stavens vor dem Antritt des Besitzes, bei Vermeidung des Verlustes seiner Stavengerechtigkeiten die Ausfertigung eines neuen Stavenbriefes bei der Deichgrafschaft ordnungsmäßig nachzusuchen.

Urkundlich ist dieser Stavenbrief eigenhändig von mir unterschrieben und mit meinem Amtssiegel versehen worden.

Niebüll, den ....   Der Deichgraf.

Gebühren für die Ausfertigung: ....RM“

3. Heute verwendeter Vordruck

„Deich- und Hauptsielverband

Südwesthörn-Bongsiel

Stavenbrief

Auf Ansuchen wird

Als Nutznießer des in der Gemarkung ___________belegenen,

unter Artikel und im Grundbuch von ____________Band_____Blatt___

aufgeführten Deichstavens (Stavengrundbuch von ______Band__Blatt)

Flur__________Flurstück ___

Nach der Grundsteuer-Mutterrolle groß ______ha______ar______qm

Hierdurch der übliche Stavenbrief erteilt und d_selben gestattet, diesen Staven gegen ein an den zeitweiligen Deichvogten des ___________

Pünktlich am 10. November jeden Jahres zu erlegendes Stavengeld von ____DM, in Worten: ___________Deutsche Mark, den bestehenden und künftig zu erlassenden Mitteldeich-Verfügungen entsprechend zu nutzen, und zwar nur solange, wie die jetzt auf dem Deichstaven stehenden Gebäude bestehen bleiben. Bei Abbruch, Brand oder sonstigem Abgang der auf dem Stavengrundstück errichteten Gebäude erlischt das Stavenrecht und das Grundstück fällt alsdann ohne Belastung und ohne Entschädigung an den Grundeigentümer zurück.

Das Eigentum dieses Stavens wird dem ________________ ausdrücklich vorbehalten und hat jeder neue Besitzer dieses Stavens vor Antritt des Besitzes, bei Vermeidung des Verlustes seiner Stavengerechtigkeit die Ausfertigung seines neuen Stavenbriefes bei der Deichgrafschaft (Deichbauamt) in Niebüll ordnungsgemäß nachzusuchen.

Urkundlich ist dieser Stavenbrief eigenhändig von mir unterschrieben und mit meinem Dienstsiegel versehen worden.

Niebüll, den 196

Der Oberdeichgraf

des Deich- und Hauptsielverbands
Südwesthörn-Bongsiel

Gebühr für die Ausfertigung: .... DM

Anerkenntnis

Die mir laut obenstehendem Stavenbrief auferlegten Verpflichtungen und Bedingungen erkenne ich hierdurch als für mich, meine Erben und Rechtsnachfolger im Besitze des Stavens rechtsverbindlich an und bewillige die Eintragung im Grundbuch auf meine Kosten.

Niebüll, den 196

....

Staveninhaber“

D. Über die Deichstavengerechtigkeit

I. Zitate aus dem Reskript des Appellationsgerichts Kiel vom 6. September 1879

1. Amtsgericht Niebüll an den Deichgraf des Ersten Schleswigschen Deichbands Todsen (22.9.1880; KANF, Abt. F 4, Nr. 585)

„In Sachen betreffend Anlegung von Grundbuchblättern für Deichstavengerechtigkeiten hat das ehemalige Kgl. Appellationsgericht zu Kiel mittels Rescript vom 6. September 1879 angeordnet, dass Deichstavenberechtigungen als selbständige Gerechtigkeiten im Sinne der Grundbuchordnung mit einem Grundbuchblatt zu versehen seien, jedoch nur insoweit, als die Gerechtigkeit nicht auf die Lebensdauer des Staveners beschränkt sei, in welchem Fall es sich nur um einen eigen gearteten Nießbrauch handele."

2. Amtsgericht Niebüll an den Koogsinspektor der Christian-Albrechts-Köge Melfsen (22.9.1880; KANF, Abt. F 5, Nr. 404)

„In Sachen betreffend Anlegung von Grundbuchblättern für Deichstavenberechtigte hat das ehemalige königliche Appellationsgericht zu Kiel mittelst Rescripts von 6. September angeordnet, daß Deichstavenberechtigungen als selbständige Gerechtigkeiten im Sinne der GBO mit einem Grundbuchblatt zu versehen seien, jedoch nur in soweit, als die Gerechtigkeit nicht auf die Lebensdauer des Staveners beschränkt sei, in welchem Fall es sich nur um einen eigen gearteten Nießbrauch handele. Sie werden dienstergebenst um eine Auskunft darüber ersucht, ob die in Ihrem Amtsbezirk etwa vorhandenen Deichstaven nach Maßgabe der dort üblichen Stavenbriefe nur auf Lebenszeit der Inhaber verliehen werden."

3. Verfügung des Amtsgerichts Niebüll im Streit um den Staven des verstorbenen Johann D. Richardsen (9.1.1904; KANF, Abt. F 4, Nr. 593)

„Nach dem Rescript des Appellationsgerichts in Kiel vom 6. September 1879 in den Generalakten betr. Grundbuchwesen sind die Deichstaven als selbständige Gerechtigkeiten anerkannt inserirt, als die Gerechtigkeit nicht auf die Lebenszeit des Staveners beschränkt ist, falls die Stavengerechtigkeiten als dem Deichrecht angehörig vom BGB unberührt geblieben sind nach Art. 66 EG z. BGB ähnele sie dem Erbbaurecht des BGB am meisten."

II. „Beschreibung eines Stavens" vom 23. April 1914 von Deichgraf Th. Sönnichsen

„Alte ehemalige Seedeiche, Mittel- oder Schlafdeiche genannt, die nach menschlicher Berechnung nicht mehr unmittelbar als Schutzwehr gegen die Überflutungen des Meeres in Frage kommen können, dürfen nach altem Herkommen als Haus- und Baugrundstücke ausgelegt und bebaut werden. Solche mit Gebäuden versehene Deichgrundstücke nennt man Staven.

Die Mitteldeichsstaven des 1. Schleswig´schen Deichbandes, die als sog. Not-Deiche anzusehen sind und in dem jetzigen Zustand erhalten werden müssen, sind in der Verfügung des Herrn Regierungs-Präsidenten vom 16. Sept. 1903, J.No. I.B. 19548 näher bezeichnet. Diese Mitteldeiche dürfen nicht abgetragen, umgepflügt oder umgegraben werden.

Die Erlaubnis alte ehemalige Seedeiche zu bebauen kann mit Zustimmung der Aufsichtsbehörde von dem Besitzer, der in der Regel der dahinter liegende Koog ist, unter gewissen Bedingungen erteilt werden.

Die Auslegung und wirtschaftliche Nutzung eines Stavens darf nur nach den bestehenden und künftig zu erlassenden Mitteldeichsbestimmungen und nach Eintragung folgender Bemerkungen im Grundbuch an erster Stelle, Abteilung II, auf dem Besitzstande geschehen:

1. ist ein vom Besitzer (Koog) näher zu bestimmenden Stavengeld jährlich zu bezahlen und

2. ist eine Verpflichtung zur Lösung eines Stavenbriefes bei jedem Besitzwechsel bei Verlust der Berechtigung usw. zu übernehmen.

Die Räumung eines alten Seedeichs von den Stavengebäuden kann, ohne daß hierfür irgendwelche Entschädigung zu zahlen ist, im Deichinteresse von den zuständigen Behörden gefordert werden; also wenn etwa ein Seedeich durchgebrochen ist und der dahinterliegende alte Deich wieder als Not-Seedeich, oder gar als Außendeich eingerichtet werden muß.

Tondern, den 23.4.1914 Th. Sönnichsen

Deichgraf"

III. Beschluss des OLG Kiel vom 17. November 1949, Leitsatz (Az.: 2 W 461/49)

„Die Stavengerechtigkeit ist ein schon weit vor Inkrafttreten des BGB entstandenes dingliches, superfiziarisches Recht, Bauwerke auf Deichen zu haben, das vererblich, veräußerlich und verpfändbar ist und in seiner Ausgestaltung dem Erbbaurecht entspricht. (siehe SH Anz. 1913, S. 257 ff., Art. 184 EGBGB, § 1017 BGB)

Die Vorschriften der Verordnung über das Erbbaurecht vom 15.1.1919 auf die Stavengerechtigkeit sind unanwendbar, da sie für z. Zt. des Inkrafttretens der Verordnung bereits bestehende Erbbaurechte nicht gelten. (§ 38 ErbbauVO)."

IV. „Erläuterungen zum Stavenrecht" des Deich- und Hauptsielverbands Südwesthörn-Bongsiel vom 26. Mai 1966

„Anfragen auswärtiger Kreditinstitute wegen der Beleihungsfähigkeit von Stavengrundstücken geben Veranlassung, hierzu einige Erläuterungen zu geben, die den Rechtsstatus der „Staveninhaber" als Schuldner klären sollen.

Das Stavenrecht ist ein nur an der nordfriesischen Küste bestehendes Recht, das im Laufe des vorigen Jahrhunderts entstanden und auch nach Einführung des BGB unangetastet geblieben ist. Es sollte dazu dienen, die Sesshaftmachung von Familien unmittelbar an der Küste zu fördern, damit jederzeit genügend Arbeitskräfte bei einer plötzlichen Gefährdung für den Seedeich zur Verfügung stehen sollten.

Zu diesem Zweck stellten die für die Unterhaltung der Seedeiche I. und II. Linie verantwortlichen Deichverbände Baugrundstücke zur Nutznießung auf der landseitigen Böschung der an sich unveräußerlichen See- und Mitteldeiche zur Verfügung. Das Eigentumsrecht an diesen Deichflächen musste wegen der Verantwortung für die Deichsicherheit den ausgebenden Verbänden vorbehalten bleiben. Die „Staven" - in der friesischen Sprache soviel wie Haus- oder Hofgrundstück - wurden an die Stavenbesitzer oder -inhaber auf unbefristete Zeit zur Nutznießung durch Bebauung vergeben mit dem Recht, dieses Stavenrecht zu vererben, in jeder Form zu veräußern oder zu verpfänden. Die Folge ist, dass die Stavenrechte, die nach Gründung der Grundbuchämter in besondere Staven-Grundbücher bei Gericht eingetragen wurden, heute wie Eigentumsrechte einschließlich der darauf errichteten Gebäude vererbt, gehandelt und beliehen werden, ohne dass das unveräußerliche und unbelastbare Eigentum an den Seedeichen selbst davon berührt wird. Die Eigentumsrechte sind in den entsprechenden Eigentums-Grundbüchern eingetragen.

Im Grundsatz ist somit das Stavenrecht mit dem Erbbaurecht des BGB vergleichbar, ohne dass es jedoch wie dieses auf längstens 99 Jahre befristet wäre. Die Vorbehalte der Eigentümer - in unseren Fällen können es der Deich- und Hauptsielverband Südwesthörn-Bongsiel oder einer der diesem unterstellten Sielverbände sein - erstrecken sich neben der meist im Stavengrundbuch in Abt. II eingetragenen Verpflichtung zur Lösung eines auf den Namen des Staveninhabers auszustellenden neuen „Stavenbriefes“ und die Zahlung eines äußerst geringen „Stavenzinses“ lediglich das Einhalten bestimmter Normen bei der Bebauung und Bepflanzung des Deichgrundstücks im Interesse der Deichsicherheit. Die Ausstellung der „Stavenbriefe“ erfolgt wegen der Überwachung der Veränderungen und zur Bekanntmachung der Sicherheitsbestimmungen.

Die Belastungen in Abt. II des Stavengrundbuches zu Gunsten des Grundstückseigentümers können als Dauerbelastungen ihrer Natur nach nicht den Vorrang gegen die in Abt. III eingetragenen Hypothekenverpflichtungen abtreten. Sie sind zur Sicherung dieser Forderungen aber belanglos.

Die Stavenbriefe sehen außerdem den Entzug des Stavenrechtes bei Abgang des Gebäudes durch Brand, Abbruch usw. vor. Diese Gefahr ist durch Abschluss einer entsprechenden Versicherung durch den Staveninhaber abwendbar.

Außerdem sind die Eigentümer meistens bereit, gegen Ablösung des geringen Stavenzinses mit dem 25-fachen das Eigentum an dem Grundstück auf den derzeitigen Inhaber zu übertragen, wenn der Deich durch Vorbedeichung in die III. Linie rückt, d.h., wenn keine Deichsicherheitsinteressen mehr bestehen.

Die Gewährung von Darlehen unter Verpfändung der Ansprüche aus dem Stavenrecht einschl. der auf dem Stavengrundstück stehenden Gebäude erscheint demnach nicht risikoreicher als bei der Verpfändung von Eigentumsrechten.“

E. Maße und Währungen

I. Maße

1 Fuß = 29,06 cm
1 Quadratfuß = 0,0845 cm^2

1 Rute = 18 Fuß = 5,2308 m
1 Quadratrute = 27,36 m^2

1 Demat = 180 Quadratruten = 4926 m^2

II. Währungen

1. Stückelung

1 Reichstaler = 576 Pfennig

1 Mark schleswig-holsteinische Kurant = 16 Schilling schleswig-holsteinische Kurant = 192 Pfennig

1 Reichsbanktaler = 96 Reichsbankschilling

1 preußischer Taler = 30 Silbergroschen = 360 Pfennig

1 preußische Mark = 100 Pfennig

2. Umrechnung

1 Reichstaler	= 3 Mark schleswig-holsteinische Kurant
	$5\,^5/_8$ Reichsbanktaler (5 Reichsbanktaler 60 Schilling)
	$1\,^1/_5$ preußische Taler (1 Taler 6 Silbergroschen)
	$3\,^3/_5$ preußische Mark (3,60 Mark)
1 Mark schleswig-holsteinische Kurant	= $^1/_3$ Reichstaler
	$1\,^7/_8$ Reichsbanktaler (1 Reichsbanktaler 84 Schilling)
	$^2/_5$ preußische Taler (12 Silbergroschen)
	$1\,^1/_5$ preußische Mark (1,20 Mark)

1 Reichsbanktaler = $^{8}/_{25}$ Reichstaler

$^{8}/_{15}$ Mark schleswig-holsteinische Kurant

¾ preußische Taler (22 ½ Silbergroschen)

2 ¼ preußische Mark (2,25 Mark)

1 preußischer Taler = $^{5}/_{6}$ Reichstaler

2 ½ Mark schleswig-holsteinische Kurant (2 Mark 8 Schilling)

1 $^{1}/_{3}$ Reichsbanktaler (1 Reichsbanktaler 32 Schilling)

3 preußische Mark

1 preußische Mark = $^{5}/_{18}$ Reichstaler

$^{5}/_{6}$ Mark schleswig-holsteinische Kurant (13 $^{1}/_{3}$ Kurant-schilling)

$^{4}/_{9}$ Reichsbanktaler (42 $^{1}/_{6}$ Reichsbankschilling)

$^{1}/_{3}$ preußische Taler (10 Silbergroschen)

3. Veränderungen der Kaufkraft des Geldes am Beispiel der Kurantmark

(nach Fischer, Band 3, Teil 1, Kapitel 6, 3., Tabelle 2, S. 180)

1622-1775:	3 Mark schleswig-holsteinische Kurant	=	18,00 RM *
1776-1793:	3 Mark schleswig-holsteinische Kurant	=	16,00 RM
1794-1818:	3 Mark schleswig-holsteinische Kurant	=	11,25 RM
1819-1838:	3 Mark schleswig-holsteinische Kurant	=	13,40 RM
1839-1853:	3 Mark schleswig-holsteinische Kurant	=	10,00 RM
1854-1863:	3 Mark schleswig-holsteinische Kurant	=	6,00 RM

* zugrundegelegt ist der Wert der Reichsmark von 1937/39

Glossar

Außendeich: die zur Seeseite hingewandte Fläche des Deichs; wird auch bei Deichen zurückliegender Deichslinien verwendet

Berme: Schutzstreifen außen und innen am Deichfuß

Deich: künstlich errichtete Schutzwehre gegen das Andringen des Wassers

Deichband: Verwaltungsbezirk, der nach dem ADR für die Erhaltung und bauliche Verbesserung der Deiche zuständig war.

Deichfrieden: besonderer Schutz der Deiche nebst Zubehör und derjenigen, die Deicharbeiten ausführen; Schutz wird insbesondere durch drastische Strafdrohungen gewährleistet

Deichfuß: Übergang von Deichbauwerk zum Boden, auf dem es steht

Deich- und Hauptsielverband: Organ der Deichverwaltung nach der WVVO von 1937; löste die vorher bestehenden Deichbände ab; seit der Übernahme der Seedeiche durch das Land Schleswig-Holstein zum 1. Januar 1971 nur noch für die Instandhaltung der zweiten Deichlinie verantwortlich

Deichkrone: höchster Teil des Deiches

Dossierung: Deichböschung; Bereich zwischen Deichkrone und -fuß

Harde: landesherrlicher Verwaltungs- und Gerichtsbezirk im Herzogtum Schleswig; endgültige Ablösung durch die Amtsbezirke erst 1888

Hauptpartizipanten: Partizipanten innerhalb eines octroyierten Kooges, die Land von einer bestimmten Größe an besitzen; nur diese sind zur Koogsverwaltung berechtigt

Innendeich: landwärts gerichtete Deichfläche

Interessenten: alle Landeigentümer innerhalb eines Kooges

Mitteldeich: Hinter dem Seedeich gelegene Deiche; bezeichnet alle Deiche ab der 2. Deichlinie; i.d.R. als Notfalldeich zu erhalten

Octroy: Durch den Landesherrn im Einzelfall ausgestellter Freibrief, der den Unternehmern einer Neuendeichung für die Anlegung des Kooges zeitweise oder dauernde Befreiung von Abgaben und verschiedene Freiheiten und Vergünstigungen (in der Regel eine eigene Polizeiaufsicht und Jagdgerechtigkeit, Gewerbefreiheit und das Recht, sich zu einer beliebigen Kirche zu halten) gewährte. Der erste Octroy wurde 1497 für die Hattstedter

Marsch erteilt. Zumeist diente der erste erteilte Octroy für die Bedeichung von Nordstrand von 1634 als Vorbild. Bei jedem Regierungswechsel musste der Octroy gegen Entrichtung einer Gebühr bestätigt werden, um Gültigkeit zu behalten.

Oktroyierter Koog: Koog, für dessen Eindeichung ein Octroy erteilt wurde.

Partizipanten: Erwerber des Vorlandes zur Eindeichung eines neuen octroyierten Kooges

Schlafdeich: alter Deich, der nicht mehr dem eigentlichen Hochwasserschutz dient, für Notfälle aber zu erhalten ist

Seedeich: unmittelbar an der Küste belegener Deich (auch: ***Haffdeich***)

Sommerdeich: Deich, der der Höhe nach nur geeignet ist, die normalen Hochwasserfluten abzuhalten

Warft: künstlich aufgeworfener Erdhügel, auf dem ein oder mehrere Häuser zum Schutz gegen die Flut erbaut werden (auch: ***Wurt***)

Winterdeich: Deich, der auch die meistens im Winter vorkommenden hohen Sturmfluten abhält

RECHTSHISTORISCHE REIHE

Band 1 Studien zu den germanischen Volksrechten. Gedächtnisschrift für Wilhelm Ebel. Vorträge gehalten auf dem Fest-Symposion anläßlich des 70. Geburtstages von Wilhelm Ebel am 16. Juni 1978 in Göttingen. Götz Landwehr (Hrsg.) 1982.

Band 2 Hans Poeschel: Die Statuten der Banken, Sparkassen und Kreditgenossenschaften in Hamburg und Altona von 1710 bis 1889. 1978.

Band 3 Thomas Kolbeck: Juristenschwemmen, Untersuchungen über den juristischen Arbeitsmarkt im 19. und 20. Jahrhundert. 1978.

Band 4 Norbert Hempel: Richterleitbilder in der Weimarer Republik. 1978.

Band 5 Rolf Stratmann: Die Scheinbußen im mittelalterlichen Recht. 1978.

Band 6 Martin C. Lockert: Die niedersächsischen Stadtrechte zwischen Aller und Weser. Vorkommen und Verflechtungen. Eine Bestandsaufnahme. 1979.

Band 7 Joachim Rückert/Wolfgang Friedrich: Betriebliche Arbeiterausschüsse in Deutschland, Großbritannien und Frankreich im späten 19. und frühen 20. Jahrhundert. Eine vergleichende Studie zur Entwicklung des kollektiven Arbeitsrechts. 1979.

Band 8 Peter Bender: Die Rezeption des römischen Rechts im Urteil der deutschen Rechtswissenschaft. 1979.

Band 9 Friedrich Karl Alsdorf: Untersuchungen zur Rechtsgestalt und Teilung deutscher Ganerbenburgen. 1980.

Band 10 Dietmar Willoweit/Winfried Schich (Hrsg.): Studien zur Geschichte des sächsisch-magdeburgischen Rechts in Deutschland und Polen (Sammelband). 1980.

Band 11 Brigitte Hempel: Der Entwurf einer Polizeiordnung für das Herzogtum Sachsen-Lauenburg aus dem Jahre 1591. 1980.

Band 12 Klaus-Detlev Godau-Schüttke: Rechtsverwalter des Reiches. Staatssekretär Dr. Curt Joël. 1981.

Band 13 Rainer Polley: Anton Friedrich Justus Thibaut (AD 1772-1840) in seinen Selbstzeugnissen und Briefen. Teil 1: Abhandlung. Teil 2: Briefwechsel. Teil 3: Register zum Briefwechsel. 1982.

Band 14 Michael Wettengel: Der Streit um die Vogtei Kelkheim 1275-1276. Ein kanonischer Prozeß.1981.

Band 15 Otto Wilhelm Krause: Naturrechtler des sechzehnten Jahrhunderts. Ihre Bedeutung für die Entwicklung eines natürlichen Privatrechts. 1982.

Band 16 Helga Spindler: Von der Genossenschaft zur Betriebsgemeinschaft. Kritische Darstellung der Sozialrechtslehre Otto von Gierkes. 1982.

Band 17 Holger Otte: Gustav Radbruchs Kieler Jahre 1919 - 1926. 1982.

Band 18 Rüdiger Teuner: Die fuldische Ritterschaft 1510 - 1656. 1982.

Band 19 Gerhard Dilcher/Rudolf Hoke/Gian Savino Pene Vidari/Hans Winterberg (Hrsg.): Grundrechte im 19. Jahrhundert. 1982.

Band 20 Karl-Hans Schloßstein: Die westfälischen Fabrikengerichtsdeputationen - Vorbilder, Werdegang und Scheitern. 1982.

Band 21 Birger Schulz: Der Republikanische Richterbund (1921-1933). 1982.

Band 22 Engelbert Krause: Die gegenseitigen Unterhaltsansprüche zwischen Eltern und Kindern in der deutschen Privatrechtsgeschichte. 1982.

Band 23 Meent W. Francksen: Staatsrat und Gesetzgebung im Großherzogtum Berg (1806-1813). 1982.

Band 24 Gerd von Sonnleithner: Bearbeitung des Handelsrechts durch Ignaz von Sonnleithner in seinem "Leitfaden über das österreichische Handels- und Wechselrecht". 1982.

Band 25 Rudolf Palme: Rechts-, Wirtschafts- und Sozialgeschichte der inneralpinen Salzwerke bis zu deren Monopolisierung. 1983.

Band 26 Helen Bosshard: Pestalozzis Staats- und Rechtsverständnis und seine Stellung in der Aufklärung. 1983.

Band 27 Jens Jessen: Die Selbstzeugnisse der deutschen Juristen. Erinnerungen, Tagebücher und Briefe. Eine Bibliographie. 1983.

Band 28 Günter Martin Jensen: Das Domanium Waldeck. Die rechtliche Zuordnung eines Fürstenvermögens. 1984.

Band 29 Johann Heinrich Kumpf: Petitionsrecht und öffentliche Meinung im Entstehungsprozeß der Paulskirchenverfassung 1848/49. 1983.

Band 30 Sabine Frey: Rechtsschutz der Juden gegen Ausweisungen im 16. Jahrhundert. 1983.

Band 31 Dietrich Joswig: Die germanische Grundstücksübertragung. 1984.

Band 32 Andreas Baryli: Konzessionssystem contra Gewerbefreiheit. Zur Diskussion der österreichischen Gewerberechtsreform 1835 bis 1860. 1984.

Band 33 Gerhard Oberkofler: Studien zur Geschichte der österreichischen Rechtswissenschaft. 1984.

Band 34 Rudolf Lauda: Kaufmännische Gewohnheit und Burgrecht bei Notker dem Deutschen. Zum Verhältnis von literarischer Tradition und zeitgenössischer Realität in der frühmittelalterlichen Rhetorik. 1984.

Band 35 Jens Jensen: Die Ehescheidung des Bischofs Hans von Lübeck von Prinzessin Julia Felicitas von Württemberg-Weiltingen AD 1648-1653. Ein Beitrag zum protestantischen Ehescheidungsrecht im Zeitalter des beginnenden Absolutismus. 1984.

Band 36 Horst Schröder: Friedrich Karl von Savigny. Geschichte und Rechtsdenken beim Übergang vom Feudalismus zum Kapitalismus in Deutschland. 1984.

Band 37 Andreas Hatzung: Dogmengeschichtliche Grundlagen und Entstehung des zivilrechtlichen Notstands. 1984.

Band 38 Matthias Klasen: Das Billwerder Landrecht. Landrecht und Landgericht in den Hamburger Elbmarschen. 1985.

Band 39 Rainer Jamin: Aufbau, Tätigkeit und Verfahren der Auseinandersetzungsbehörden bei der Durchführung der preußischen Agrarreformen. 1985.

Band 40 Henry Winter: Teilschuld, Gesamtschuld und unechte Gesamtschuld. Zur Konzeption der §§ 420 ff. BGB - Ein Beitrag zur Entstehungsgeschichte des BGB. 1985.

Band 41 Hermann Eichler: Verfassungsbewegung in Amerika und Europa. 1985.

Band 42 Dagmar Bandemer: Heinrich Albert Zachariae. Rechtsdenken zwischen Restauration und Reformation. 1985.

Band 43 Eva-Christine Frentz: Das Hamburgische Admiralitätsgericht (1623-1811). Prozeß und Rechtsprechung. 1985.

Band 44 Karl Lillig: Rechtsetzung im Herzogtum Pfalz-Zweibrücken während des 18. Jahrhunderts. Ein Beitrag zur Geschichte der territorialen Rechtsbildung. 1985.

Band 45 Walter Weber: Die Entwicklung der Sparkassen zu selbständigen Anstalten des öffentlichen Rechts. Ein Beitrag zur Entwicklung des Anstaltsbegriffs im 19. Jahrhundert. 1985.

Band 46 Bärbel Baum: Der Stabreim im Recht. Vorkommen und Bedeutung des Stabreims in Antike und Mittelalter. 1986.

Band 47 Hans Popp: Die nationalsozialistische Sicht einiger Institute des Zivilprozeß- und Gerichtsverfassungsrechts. 1986.

Band 48 John Karl-Heinz Montag: Die Lehrdarstellung des Handelsrechts von Georg Friedrich von Martens bis Meno Pöhls. Die Wissenschaft des Handelsrechts im ersten Drittel des 19. Jahrhunderts. 1986.

Band 49 Volker D. Anhäusser: Das internationale Obligationenrecht in der höchstrichterlichen Rechtsprechung des 19. Jahrhunderts. 1986.

Band 50 Udo Beer: Die Juden, das Recht und die Republik. Verbandswesen und Rechtsschutz 1919-1933. 1986.

Band 51 Herbert Grziwotz: Der moderne Verfassungsbegriff und die "Römische Verfassung" in der deutschen Forschung des 19. und 20. Jahrhunderts. 1986.

Band 52 Ralf Conradi: Karl Friedrich Eichhorn als Staatsrechtslehrer. Seine Göttinger Vorlesung über "Das Staatsrecht der deutschen Bundesstaaten" nach einer Kollegmitschrift aus dem Wintersemester 1821/22. 1987.

Band 53 Dieter Dannreuther: Der Zivilprozeß als Gegenstand der Rechtspolitik im Deutschen Reich 1871 - 1945. Ein Beitrag zur Geschichte des Zivilprozeßrechts in Deutschland. 1987.

Band 54 Stephan Felix Pauly: Organisation, Geschichte und Praxis der Gesetzesauslegung des (Königlich) Preußischen Oberverwaltungsgerichtes 1875 - 1933. 1987.

Band 55 Rüdiger Schulz: Die Entstehung des Seerechts des Allgemeinen Deutschen Handelsgesetzbuches unter besonderer Berücksichtigung der Bestimmungen über die Reederei, den Schiffer und die Schiffsmannschaft. 1987.

Band 56 Reinhold Reis: Deutsches Privatrecht in den Weistümern der Zenten Schriesheim und Kirchheim. 1987.

Band 57 Jürgen Christoph: Die politischen Reichsamnestien 1918 - 1933. 1987.

Band 58 Gerhard Oberkofler/Eduard Rabofsky: Hans Kelsen im Kriegseinsatz der k.u.k.-Wehrmacht. Eine kritische Würdigung seiner militärtheoretischen Angebote. 1988.

Band 59 Arne Wulff: Staatssekretär Prof. Dr. Dr. h.c. Franz Schlegelberger. 1876-1970. 1991.

Band 60 Gerhard Köbler (Hrsg.): Wege europäischer Rechtsgeschichte. Karl Kroeschell zum 60. Geburtstag. 1987.

Band 61 Rüdiger Hütte: Der Gemeinschaftsgedanke in den Erbrechtsreformen des Dritten Reichs. 1988.

Band 62 Markus Göldner: Politische Symbole der europäischen Integration. Fahne, Hymne, Hauptstadt, Paß, Briefmarke, Auszeichnungen. 1988.

Band 63 Wolfgang Kröner: Freiheitsstrafe und Strafvollzug in den Herzogtümern Schleswig, Holstein und Lauenburg von 1700 bis 1864. 1988.

Band 64 Werner Gaile: Die Norder Theelacht. 1988.

Band 65 Karl v. Kempis: Andreas Gaill (1526 - 1587). Zum Leben und Werk eines Juristen der frühen Neuzeit. 1988.

Band 66 Wolf-Rüdiger Osburg: Die Verwaltung Hamburgs in der Franzosenzeit. 1811-1814. 1988.

Band 67 Christian Schudnagies: Hans Frank. Aufstieg und Fall des NS-Juristen und Generalgouverneurs. 1988.

Band 68 Otmar Jung: Senatspräsident Freymuth. Richter, Sozialdemokrat und Pazifist in der Weimarer Republik. Eine politische Biographie. 1989.

Band 69 Joachim Lohner: Das landeshauptmannschaftliche Gericht in Oberösterreich zu Beginn der Neuzeit. Eine Darstellung des oberösterreichischen Prozeßrechts am obersten Territorialgericht des Landes anhand der oberösterreichischen Landtafel.1989.

Band 70 Bernd Klemann: Rudolf von Jhering und die Historische Rechtsschule. 1989.

Band 71 Adalbert Langer: Männer um die österreichische Zivilprozeßordnung 1895. Zusammenspiel / Soziales Ziel. 1990.

Band 72 Robert-Dieter Klee: Die Landessuperintendentur Lauenburg. Ursprung und Entwicklung sowie Ende der Sonderstellung des Kirchenkreises Herzogtum Lauenburg durch die nordelbische Kirchenvereinigung. 1989.

Band 73 Heinrich Herrmann: Die Gehöferschaften im Bezirk Trier. 1989.

Band 74 Wilhelm Brauneder, Franz Baltzarek (Hrsg.): Modell einer neuen Wirtschaftsordnung. Wirtschaftsverwaltung in Österreich 1914 - 1918. 1991.

Band 75 Thomas Dreyer: Die "Assecuranz- und Haverey-Ordnung" der Freien und Hansestadt Hamburg von 1731. 1990.

Band 76 Bernhard Sendler: Die Rechtssprache in den süddeutschen Stadtrechtsreformationen. 1990.

Band 77 Brigitte Lehmann: Ehevereinbarungen im 19. und 20. Jahrhundert. 1990.

Band 78 Michael Sunnus: Der NS-Rechtswahrerbund (1928-1945). Zur Geschichte der nationalsozialistischen Juristenorganisation. 1990.

Band 79 Stefan Schulz: Die historische Entwicklung des Rechts an Bienen. (§§ 961 - 964 BGB). 1990.

Band 80 Gerhard Lingelbach, Heiner Lück (Hrsg.): Deutsches Recht zwischen Sachsenspiegel und Aufklärung. Rolf Lieberwirth zum 70. Geburtstag dargebracht von Schülern, Freunden und Kollegen, herausgegeben von Gerhard Lingelbach und Heiner Lück. 1991.

Band 81 Manfred Krohn: Die deutsche Justiz im Urteil der Nationalsozialisten 1920 - 1933. 1991.

Band 82 Angelika Kühn: Privilegierung nationaler Minderheiten im Wahlrecht der Bundesrepublik Deutschland und Schleswig-Holsteins. 1991.

Band 83 Georg Brun: Leben und Werk des Rechtshistorikers Heinrich Mitteis unter besonderer Berücksichtigung seines Verhältnisses zum Nationalsozialismus. 1991.

Band 84 Wolfgang Simon: Claudius Freiherr von Schwerin. Rechtshistoriker während dreier Epochen deutscher Geschichte. 1991.

Band 85 Friedrich-Carl Wachs: Das Verordnungswerk des Reichsdemobilmachungsamtes. Stabilisierender Faktor zu Beginn der Weimarer Republik. 1991.

Band 86 Jens-Uwe Petersen: Die Vorgeschichte und die Entstehung des Mieterschutzgesetzes von 1923 nebst der Anordnung für das Verfahren vor dem Mieteinigungsamt und der Beschwerdestelle. 1991.

Band 87 Ulrike Haibach: Familienrecht in der Rechtssprache. Die historische Entwicklung zentraler Ausdrücke des geltenden Familienrechts. 1991.

Band 88 Joern Christian Nissen: Die Beratungen des Seeversicherungsausschusses der Akademie für Deutsches Recht zu einem neuen Seeversicherungsgesetz (1934-1939). Ein Beitrag zur Entwicklung der allgemeinen Lehren des Seeversicherungsrechts unter besonderer Berücksichtigung des Handelsgesetzbuchs und der Allgemeinen Deutschen Seeversicherungs-Bedingungen 1919. 1991.

Band 89 Diethard Bühler: Die Entstehung der allgemeinen Vertragsschluß-Vorschriften im Allgemeinen Deutschen Handelsgesetzbuch (ADHGB) von 1861. Ein Beitrag zur Kodifikationsgeschichte des Privatrechts im 19. Jahrhundert. 1991.

Band 90 Gerhard Oberkofler: Die Vertreter des Römischen Rechts mit deutscher Unterrichtssprache an der Karls-Universität in Prag. Vom Vormärz bis 1945. 1991.

Band 91 Ulrich Andermann: Ritterliche Gewalt und bürgerliche Selbstbehauptung. Untersuchungen zur Kriminalisierung und Bekämpfung des spätmittelalterlichen Raubrittertums am Beispiel norddeutscher Hansestädte. 1991.

Band 92 Heinz Marcus Hanke: Luftkrieg und Zivilbevölkerung. Der kriegsvölkerrechtliche Schutz der Zivilbevölkerung gegen Luftbombardements von den Anfängen bis zum Ausbruch des Zweiten Weltkrieges. 1991.

Band 93 Kirsten Kraglund: Familien- und Erbrecht. Materielles Recht und Methoden der Rechtsanwendung in der Rechtsprechung des Oberappellationsgerichts der vier Freien Städte Deutschlands zu Lübeck. 1991.

Band 94 Reinhard Lorenz: Die politische und rechtliche Stellung des Proletariats in Preußen in der Zeit zwischen den Reformen und der Revolution 1848/49. 1991.

Band 95 Eric Hilgendorf: Die Entwicklungsgeschichte der parlamentarischen Redefreiheit in Deutschland. 1991.

Band 96 Hans J. Reiter: Die Handelsgesellschaft Villeroy & Boch von der Gründung 1836 bis zum Jahr 1878. 1992.

Band 97 Martin Johannes Heller: Reform der deutschen Rechtssprache im 18. Jahrhundert. 1992.

Band 98 Michael Kotulla: Die Tragweite der Grundrechte der revidierten preußischen Verfassung vom 31.01.1850. 1992.

Band 99 Michael Siefener: Hexerei im Spiegel der Rechtstheorie. Das crimen magiae in der Literatur von 1574 bis 1608. 1992.

Band 100 Andreas Ebert-Weidenfeller: Hamburgisches Kaufmannsrecht im 17. und 18. Jahrhundert. Die Rechtsprechung des Rates und des Reichskammergerichtes. 1992.

Band 101 Enno Bommel: Die Entstehung der Verwirkungslehre in der Krise des Positivismus. 1992.

Band 102 Ralph Steppacher: Die Berücksichtigung der bäuerlichen Postulate bei der Entstehung des ZGB und der Revision des OR. Ein Beitrag zur schweizerischen Kodifikationsgeschichte (1893 - 1912). 1992.

Band 103 Martin Fleckenstein: Die Todesstrafe im Werk Carl Joseph Anton Mittermaiers (1787 - 1867). Zur Entwicklungsgeschichte eines Werkbereichs und seiner Bedeutung für Theorie- und Methodenbildung. 1992.

Band 104 Jörn Eckert: Der Kampf um die Familienfideikommisse in Deutschland. Studien zum Absterben eines Rechtsinstitutes. 1992.

Band 105 Jörg Grotkopp: Beamtentum und Staatsformwechsel. Die Auswirkungen der Staatsformwechsel von 1918, 1933 und 1945 auf das Beamtenrecht und die personelle Zusammensetzung der deutschen Beamtenschaft. 1992.

Band 106 Andreas Rohde: Die Garantiehaftung des Vermieters und ihr Verhältnis zum Unmöglichkeitsrecht in dogmengeschichtlicher und modernrechtlicher Sicht. 1992.

Band 107 Tjark Siefke Kunstreich: Gesamtvertretung. Eine historisch-systematische Darstellung. 1992.

Band 108 Jürgen Krüger: Blindheit und Königtum. Die Blindheit des Königs Georg V. von Hannover als verfassungsrechtliches Problem. 1992.

Band 109 Wolfgang Putschek: Ständische Verfassung und autoritäre Verfassungspraxis in Österreich 1933-1938 mit Dokumentenanhang. Verfassung und Verfassungswirklichkeit. Mit einem Anhang: Denkschriften von Rechtsanwalt Dr. Erich Führer 1936/37. 1993.

Band 110 Klaus Hofmann: Die Verdrängung der Juden aus öffentlichem Dienst und selbständigen Berufen in Regensburg 1933-1939. 1993.

Band 111 Franz Kilger: Die Entwicklung des Telegraphenrechts im 19. Jahrhundert mit besonderer Berücksichtigung der technischen Entwicklung. Telegraphenrecht im 19. Jahrhundert. 1993.

Band 112 Wilhelm Brauneder (Hrsg.): Heiliges Römisches Reich und moderne Staatlichkeit. 1993.

Band 113 Thomas Heinrich: Das preußische Nichtehelichenrecht: Von der Aufklärung zur Reaktion. 1993.

Band 114 Gerald Kohl: Jagd und Revolution. Das Jagdrecht in den Jahren 1848 und 1849. 1993.

Band 115 Christian Schudnagies: Der Kriegs- oder Belagerungszustand im Deutschen Reich während des Ersten Weltkrieges. Eine Studie zur Entwicklung und Handhabung des deutschen Ausnahmezustandsrechts bis 1918. 1994.

Band 116 Elisabeth Bellmann: Die Internationale Kriminalistische Vereinigung (1889-1933). 1994.

Band 117 Julia Pfannkuch: Volksrichterausbildung in Sachsen 1945-1950. 1993.

Band 118 Jörg Offen: Von der Verwaltungsgemeinschaft des BGB von 1896 zur Zugewinngemeinschaft des Gleichberechtigungsgesetzes von 1957. 1994.

Band 119 Dorothee Kohlhas-Müller: Untersuchungen zur Rechtsstellung Theoderichs des Großen. 1995.

Band 120 Monika Rose: Das Gerichtswesen des Herzogtums Pfalz-Zweibrücken im 18. Jahrhundert. Ein Beitrag zur territorialen Gerichtsbarkeit im Alten Reich. 1994.

Band 121 Jörn Eckert / Hans Hattenhauer (Hrsg.): Bibel und Recht. Rechtshistorisches Kolloquium 9. - 13. Juni 1992 an der Christian-Albrechts-Universität zu Kiel. 1994.

Band 122 Robert Martin Mizia: Der Rechtsbegriff der Autonomie und die Begründung des Privatfürstenrechts in der deutschen Rechtswissenschaft des 19. Jahrhunderts. 1995.

Band 123 Walther Graf von Plettenberg: Das Fortleben des Liber Iudiciorum in Asturien/León (8. - 13. Jh.). 1994.

Band 124 Wolfgang Schulz: Das deutsche Börsengesetz. Die Entstehungsgeschichte und wirtschaftlichen Auswirkungen des Börsengesetzes von 1896. 1994.

Band 125 Frank Hagemann: Der Untersuchungsausschuß Freiheitlicher Juristen. 1949 – 1969. 1994.

Band 126 Andreas Rethmeier: "Nürnberger Rassegesetze" und Entrechtung der Juden im Zivilrecht. 1995.

Band 127 Edith Grether: Die Poesie der Throne. Die Juristen in der Fruchtbringenden Gesellschaft. 1995.

Band 128 Anna Bartels-Ishikawa: Der Lippische Thronfolgestreit. Eine Studie zu verfassungsrechtlichen Problemen des Deutschen Kaiserreiches im Spiegel der zeitgenössischen Staats. 1995.

Band 129 Jörg Schmidt: Otto Koellreutter 1883-1972. Sein Leben, sein Werk, seine Zeit. 1995.

Band 130 Christian Hattenhauer: Wahl und Krönung Franz II. AD 1792. Das Heilige Reich krönt seinen letzten Kaiser - Das Tagebuch des Reichsquartiermeisters Hieronymus Gottfried von Müller und Anlagen. 1995.

Band 131 Jutta v. der Decken: Das Seearbeitsrecht im Hamburger Stadtrecht von 1301 bis 1603. 1995.

Band 132 Detlev Schmidt: Die Reform des Rechts der Handelsvertreter von 1953. 1995.

Band 133 Gabi Roßdeutscher: Privatautonomie im Scheidungsrecht. Scheidungsbezogene Vereinbarungen in den letzten 200 Jahren. 1995.

Band 134 Harald Kahlenberg: Leben und Werk des Rechtshistorikers Walther Merk. Ein Beispiel für das Verhältnis von Rechtsgeschichte und Nationalsozialismus. 1995.

Band 135 Michael Steitz: Adelbert Düringer am Reichsgericht (1902-1915). Seine aktienrechtlichen Entscheidungen und sein Einfluß auf das Aktienrecht in Deutschland. 1995.

Band 136 Christian Becker: Beata Justorum Translatio. Juristen in schleswig-holsteinischen Leichenpredigten. 1996.

Band 137 Christoph Seiler: Vom Allgemeinen Landrecht zum Bürgerlichen Gesetzbuch. Dargestellt am Beispiel der höchstrichterlichen Judikatur zum kaufrechtlichen Sachmängelgewährleistungsrecht. 1996.

Band 138 Bernd Mayer: Die Vertrauensmännerausschüsse auf den preußischen Steinkohlegruben an der Saar. Entstehung und Wirken. Eine rechtshistorische Untersuchung. 1996.

Band 139 Rochus Scholl: Juden und Judenrecht im Herzogtum Pfalz-Zweibrücken. Ein Beitrag zur Rechtsgeschichte eines deutschen Kleinstaates am Ende des alten Reiches. 1996.

Band 140 Meike Bursch: Judentaufe und frühneuzeitliches Strafrecht. Die Verfahren gegen Christian Treu aus Weener/Ostfriesland 1720-1728. 1996.

Band 141 Markus Hillenbrand: Fürstliche Eheverträge. Gottorfer Hausrecht 1544 - 1773. 1996.

Band 142 Ulf Häder: Das gemeinschaftliche Oberappellationsgericht thüringischer Staaten in Jena. Ein Beitrag zur Geschichte des Gerichtswesens im 19. Jahrhundert. 1996.

Band 143 Andreas Bauer: Das Gnadenbitten in der Strafrechtspflege des 15. und 16. Jahrhunderts. Dargestellt unter besonderer Berücksichtigung von Quellen der Vorarlberger Gerichtsbezirke Feldkirch und des Hinteren Bregenzerwaldes. 1996.

Band 144 Christian Wirth: Der Jurist Johann Andreas Georg Friedrich Rebmann zwischen Revolution und Restauration. 1996.

Band 145 Stefanie Müller: Die Rechtsprechung des Hanseatischen Oberlandesgerichts zum persönlichen Eherecht in Hamburgischen Gerichtsfällen von 1879 -1900. 1996.

Band 146 Jean-Nicolas Morisset: Der Frachtvertrag in der *Ordonnance de la marine* von 1681. 1996.

Band 147 Dirk Lentfer: Die Glogauer Landesprivilegien des Andreas Gryphius von 1653. 1996.

Band 148 Wencke Mull: Die Haftung für Einsturzschäden nach den §§ 836-838 BGB in der Rechtsprechung des Reichsgerichts. 1996.

Band 149 Renate Zelger: Teufelsverträge. Märchen, Sage, Schwank, Legende im Spiegel der Rechtsgeschichte. 1996.

Band 150 Guido Kraß: Das Arrestverfahren in Frankfurt am Main im Spätmittelalter. 1996.

Band 151 F. Benedict Heyn: Die Entwicklung des Eisenbahnfrachtrechts von den Anfängen bis zur Einführung des Allgemeinen Deutschen Handelsgesetzbuches (ADHGB). 1996.

Band 152 Thomas Lang: Die Staats- und Verfassungslehre Carl Salomo Zachariaes. 1996.

Band 153 Michael Hebeis: Karl Anton von Martini (1726-1800). Leben und Werk. 1996.

Band 154 Gerald Hubert: Die Diskussion um die rechtliche Natur der Bizone in den Jahren 1947-1949. 1996.

Band 155 Christof Horn: Die Rechtsprechung des Reichsgerichts in Ehescheidungssachen der Jahre 1900 bis 1905. 1996.

Band 156 Hermann Nehlsen / Georg Brun (Hrsg.): Münchener rechtshistorische Studien zum Nationalsozialismus. 1996.

Band 157 Jan Otto Clemens Kehrberg: Die Entwicklung des Elektrizitätsrechts in Deutschland. Der Weg zum Energiewirtschaftsgesetz von 1935. 1997.

Band 158 Johannes Tradt: Der Religionsprozeß gegen den Zopfschulzen (1791-1799). Ein Beitrag zur protestantischen Lehrpflicht und Lehrzucht in Brandenburg-Preußen gegen Ende des 18. Jahrhunderts. 1997.

Band 159 Dietmar Olsen: Das kaufrechtliche Sachmängelgewährleistungsrecht des Code civil in der Rechtsprechung deutscher Gerichte im 19. Jahrhundert. Ein Beitrag zur Ablösung der Partikularrechte durch das BGB. 1997.

Band 160 Ulrich Bernhardt: Die Deutsche Akademie für Staats- und Rechtswissenschaft „Walter Ulbricht" 1948-1971. 1997.

Band 161 Claudia Susan Hoppe: Die Bürgschaft im Rechtsleben Hamburgs von 1600 bis 1900. 1997.

Band 162 Franz-Rudolf Ecker: Die Entwicklung des Bergrechts im Saarbrücker Steinkohlenrevier bis zum Ende des 18. Jahrhunderts. Ein Vergleich mit dem älteren deutschen Bergrecht. 1997.

Band 163 Anne Katrin Rückert: Politik und Privatrecht in der „konservativen Revolution". 1997.

Band 164 Gisbert Laube: Der Reichskunstwart. Geschichte einer Kulturbehörde 1919-1933. 1997.

Band 165 Nicolas Lührig: Die Diskussion über die Reform der Juristenausbildung von 1945 bis 1995. 1997.

Band 166 Regula Gerber Jenni: Die Emanzipation der mehrjährigen Frauenzimmer. Frauen im bernischen Privatrecht des 19. Jahrhunderts. 1997.

Band 167 Mischa A. Färber: Das gemeinschaftliche Testament in der höchstrichterlichen Rechtsprechung zum Allgemeinen Preußischen Landrecht und zum BGB. Ein Beitrag zur Ablösung der Partikularrechte durch das BGB. 1997.

Band 168 Catherine Antoinette Gasser: Philipp Lotmar 1850-1922. Professor der Universität Bern. Sein Engagement für das Schweizerische Arbeitsrecht. 1997.

Band 169 Lars Immisch: Der sozialistische Richter in der DDR und seine Unabhängigkeit. Der Versuch eines Rechtsvergleiches zum Unabhängigkeitsbegriff in der bundesdeutschen Rechtsordnung. 1997.

Band 170 Jessica Jacobi: Besitzschutz vor dem Reichskammergericht. Die friedenssichernde Funktion der Besitzschutzklagen am Reichskammergericht im 16. Jahrhundert, dargestellt anhand von Kameralisten. 1998.

Band 171 Ewald Hügemann: Die Geschichte des öffentlichen und privaten Mietpreisrechts vom Ersten Weltkrieg bis zum Gesetz zur Regelung der Miethöhe von 1974. 1998.

Band 172 Lutz Rentzow: Die Entstehungs- und Wirkungsgeschichte der Vernewerten Landesordnung für das Königreich Böhmen von 1627. 1998.

Band 173 Sabine Stürmer: Mühlenrecht im Herzogtum Pfalz-Zweibrücken während des 18. Jahrhunderts. Ein Beitrag zum Wirtschaftsrecht eines deutschen Kleinstaates im Alten Reich. 1998.

Band 174 Mario Bogisch: *Nemo testis in re sua.* Das Problem der Zeugnisfähigkeit bei der Anwendung der deutschen Zivilprozeßordnung von 1877. 1998.

Band 175 Rainer Oßwald: Pactane sunt servanda? Freiwilligkeit, Zwang und Unverbindlichkeitserklärungen im islamischen Vertragsrecht malikitischer Schule. 1998.

Band 176 Bettina Kern: Der preußische BGB-Entwurf von 1842. 1998.

Band 177 Inken Fuhrmann: Die Diskussion über die Einführung der fakultativen Zivilehe in Deutschland und Österreich seit Mitte des 19. Jahrhunderts. 1998.

Band 178 Annette Rieck: Der Heilige Ivo von Hélory (1247-1303). Advocatus pauperum und Patron der Juristen. 1998.

Band 179 Frank Bottenberg: Die Hamburgische Strafprozeßordnung von 1869. 1998.

Band 180 Matthias Krauß: Das kursächsische Postrecht von seinen Anfängen bis zum Ende des Alten Reichs. 1998.

Band 181 Torsten Schmidt: Die Entmündigung von den Anfängen des BGB bis zu ihrer Ablösung durch das Institut der Betreuung. 1998.

Band 182 Christian Nunn: Rudolf Müller-Erzbach. 1874-1959. Von der realen Methode über die Interessenjurisprudenz zum kausalen Rechtsdenken (Leben und Werk). 1998.

Band 183 Christian Ortloff: Das staatskirchenrechtliche System Wilhelm Traugott Krugs. Glaubens- und Gewissensfreiheit – eine Forderung der Vernunft. 1998.

Band 184 Christian Hattenhauer: Schuldenregulierung nach dem Westfälischen Frieden. Der sog. § *de indaganda* und seine Umsetzung im Jüngsten Reichsabschied (AD 1648 und 1654). 1998.

Band 185 Werner Schubert: Preußen im Vormärz. Die Verhandlungen der Provinziallandtage von Brandenburg, Pommern, Posen, Sachsen und Schlesien sowie – im Anhang – von Ostpreußen, Westfalen und der Rheinprovinz (1841-1845). 1998.

Band 186 Silvia Schumacher: Das Rechtsverhältnis zwischen Eltern und Kindern in der Privatrechtsgeschichte. 1999.

Band 187 Kai Sommer: Die Strafbarkeit der Homosexualität von der Kaiserzeit bis zum Nationalsozialismus. Eine Analyse der Straftatbestände im Strafgesetzbuch und in den Reformentwürfen (1871-1945). 1998.

Band 188 Jan Erik Backhaus: Volksrichterkarrieren in der DDR. 1999.

Band 189 Ralf Ruhnau: Die Fürstlich Thurn und Taxissche Privatgerichtsbarkeit in Regensburg. Ein Kuriosum der deutschen Rechtsgeschichte. 1999.

Band 190 Antonio Grilli: Die französische Justizorganisation am linken Rheinufer 1797-1803. 1999.

Band 191 Stephanie Kammerloher-Lis: Die Entstehung des Gesetzes über die religiöse Kindererziehung vom 15. Juli 1921. 1999.

Band 192 Jan Telp: Ausmerzung und Verrat. Zur Diskussion um Strafzwecke und Verbrechensbegriffe im Dritten Reich. 1999.

Band 193 Kurt von Pannwitz: Die Entstehung der Allgemeinen Deutschen Wechselordnung. Ein Beitrag zur Geschichte der Vereinheitlichung des deutschen Zivilrechts im 19. Jahrhundert. 1999.

Band 194 Sylvia Busch: Die Entstehung der Allgemeinen Gerichtsordnung für die Preussischen Staaten von 1793/95. Ein Beitrag zur Geschichte der Kodifikationsbewegung und der Reform des Zivilprozesses in Preußen im 18. Jahrhundert. 1999.

Band 195 Dirk Bieresborn: Klage und Klageerwiderung im deutschen und englischen Zivilprozeß. Eine rechtshistorische und rechtsvergleichende Untersuchung unter besonderer Berücksichtigung der Beeinflussung durch das römisch-kanonische Verfahren. 1999.

Band 196 Andreas Thier / Guido Pfeifer / Philipp Grzimek (Hrsg.): Kontinuitäten und Zäsuren in der Europäischen Rechtsgeschichte. Europäisches Forum Junger Rechtshistorikerinnen und Rechtshistoriker München 22.-24. Juli 1998. 1999.

Band 197 Franz Smola: Die Fürstlich Liechtenstein'sche Kunstsammlung. Rechtsfragen zur Verbringung der Sammlung von Wien nach Vaduz in den Jahren 1944/45. 1999.

Band 198 Frank Martin Krauss: Das geteilte Eigentum im 19. und 20. Jahrhundert. Eine Untersuchung zum Fortbestand des Teilungsgedankens. 1999.

Band 199 Matthias Frey: Die spanische Aktiengesellschaft im 18. Jahrhundert und unter dem Código de Comercio von 1829. 1999.

Band 200 Alexandra Gilde: Die Stellung der Frau im Reichsstrafgesetzbuch von 1870/71 und in den Reformentwürfen bis 1919 im Urteil der bürgerlichen Frauenbewegung. Eine Analyse ausgewählter Straftatbestände. 1999.

Band 201 Malte Dießelhorst / Arne Duncker: Hans Kohlhase. Die Geschichte einer Fehde in Sachsen und Brandenburg zur Zeit der Reformation. 1999.

Band 202 Jörg Hillmann: Territorialrechtliche Auseinandersetzungen der Herzöge von Sachsen-Lauenburg vor dem Reichskammergericht im 16. Jahrhundert. 1999.

Band 203 Carsten Engler: Die Kommanditgesellschaft (KG) und die stille Gesellschaft im Allgemeinen Deutschen Handelsgesetzbuch (ADHGB) von 1861. 1999.

Band 204 Vesta Hoffmann-Steudner: Die Rechtsprechung des Reichsgerichts zu dem Scheidungsgrund des § 49 EheG (EheG 1938) in den Jahren 1938-1945. 1999.

Band 205 Michaela Thiele: Die Auflösung von Arbeitsverhältnissen aufgrund Anfechtung und außerordentlicher Kündigung nach der Rechtsprechung des Reichsarbeitsgerichts (1927-1945). 2000.

Band 206 Peter Landau / Hermann Nehlsen / Mathias Schmoeckel (Hrsg.): Karl von Amira zum Gedächtnis. 1999.

Band 207 Marcus Flinder: Die Entstehungsgeschichte des Zivilgesetzbuches der DDR. 1999.

Band 208 Boris Franz Leo Bromm: Die Entstehungsgeschichte des Berufs des Handelsvertreters. Unter besonderer Berücksichtigung der Sozialgesetzgebung in den Jahren von 1871-1933. 2000.

Band 209 Winfried C. J. Eberstein: Das Tierschutzrecht in Deutschland bis zum Erlaß des Reichs-Tierschutzgesetzes vom 24. November 1933. Unter Berücksichtigung der Entwicklung in England. 1999.

Band 210 Patrick Deller: Der „nach dem Vertrage" vorausgesetzte Gebrauch (§ 459 Absatz 1 Satz 1 BGB). Eine kaufrechtliche Untersuchung unter Berücksichtigung rechtshistorischer wie rechtsvergleichender Grundlagen. 2000.

Band 211 Eckard Freiherr von Bodenhausen: Haftung des Geschäftsherrn für Verrichtungsgehilfen im Straßen- und Schienenverkehr. Eine Analyse der Entscheidungen des Reichsgerichts zu § 831 BGB (1900-1945). 2000.

Band 212 Birte Gast: Der Allgemeine Teil und das Schuldrecht des Bürgerlichen Gesetzbuchs im Urteil von Raymond Saleilles (1855-1912). 2000.

Band 213 Hansjörg Michael Huber: Koloniale Selbstverwaltung in Deutsch-Südwestafrika. Entstehung, Kodifizierung und Umsetzung. 2000.

Band 214 Ulf Björner: Die Verfassungsgerichtsbarkeit im Norddeutschen Bund und Deutschen Reich (1867-1918). Eine rechtshistorische Untersuchung über Gerichtsbarkeit im Spannungsfeld von Politik und Recht innerhalb der von Bismarck geschaffenen deutschen Bundesstaaten. 2000.

Band 215 Mathias Freiherr von Rosenberg: Friedrich Carl von Savigny (1779-1861) im Urteil seiner Zeit. 2000.

Band 216 Reinhard Binder-Kriegistein: Österreichisches Adelsrecht 1868-1918/19. Von der Ausgestaltung des Adelsrechts der cisleithanischen Reichshälfte bis zum Adelsaufhebungsgesetz der Republik unter besonderer Berücksichtigung des adeligen Namensrechts. 2000.

Band 217 Claudia-Regine Nerius: Johannes Lehmann-Hohenberg (1851-1925). Eine Studie zur völkischen Rechts- und Justizkritik im Deutschen Kaiserreich. 2000.

Band 218 Ludger Meuten: Die Erbfolgeordnung des Sachsenspiegels und des Magdeburger Rechts. Ein Beitrag zur Geschichte des sächsisch-magdeburgischen Rechts. 2000.

Band 219 Christoph Alexander von Wilcken: Die Reformbestrebungen zum Genossenschaftsgesetz in der Frühzeit der Bundesrepublik. Die Beratungen der Sachverständigenkommission zur Überprüfung des Genossenschaftsrechts 1954 bis 1958 und der Referentenentwurf von 1962. 2000.

Band 220 Verein Junger RechtshistorikerInnen Zürich (Hrsg.): ¿Rechtsgeschichte(n)? ¿Histoire(s) du droit? ¿Storia/storie del diritto? ¿Legal Histori(es)? Europäisches Forum Junger Rechtshistorikerinnen und Rechtshistoriker Zürich 28.-30. Mai 1999. 2000.

Band 221 Hans Christian Schüler: Die Entstehungsgeschichte der Bundesnotarordnung vom 24. Februar 1961. 2000.

Band 222 Nils-Eberhard Schramm: Die Vereinigung demokratischer Juristen (1949-1999). 2000.

Band 223 Silke Anke Torp: Das Rechtsverhältnis zwischen den Eltern und ihren Kindern. Dienstleistungspflicht, Aussteuer und Ausstattung. Eine Analyse der Rechtsprechung des Reichsgerichts und des Reichsarbeitsgerichts zu den Vorschriften der §§ 1616 bis 1625 des Bürgerlichen Gesetzbuches in der Zeit von 1900 bis 1945. 2000.

Band 224 Martin Jürgen Maaß: Die Geschichte des Eigentumsvorbehalts, insbesondere im 18. und 19. Jahrhundert. 2000.

Band 225 Stefanie Langer: Rechtswissenschaftliche Itinerarien. Lebenswege namhafter europäischer Juristen vom 11. bis zum 18. Jahrhundert. 2000.

Band 226 Ulrich Schmitz: Der Unterhaltsanspruch des nichtehelichen Kindes gegen seinen Erzeuger. Die rechtsgeschichtliche und dogmatische Entwicklung im deutschen Recht. 2000.

Band 227 Sebastian Günther: Friedrich Carl von Savigny als Grundherr. 2000.

Band 228 Henning Ibs: Hermann J. Held (1890-1963). Ein Kieler Gelehrtenleben in den Fängen der Zeitläufe. 2000.

Band 229 Matthias Rücker: Wirtschaftswerbung unter dem Nationalsozialismus. Rechtliche Ausgestaltung der Werbung und Tätigkeit des Werberats der deutschen Wirtschaft. 2000.

Band 230 Hendrik Sandmann: Die Entwicklung von Begriff und Inhalt des Wirtschaftsrechts durch die Rechtswissenschaft in der Weimarer Republik. 2000.

Band 231 Sibylle Müller: Gibt es Menschenrechte bei Samuel Pufendorf? 2000.

Band 232 Karin Olechowski-Hrdlicka: Die gemeinsamen Angelegenheiten der Österreichisch-Ungarischen Monarchie. Vorgeschichte – Ausgleich 1867 – Staatsrechtliche Kontroversen. 2001.

Band 233 Johannes Mierau: Die juristischen Abschluß- und Diplomprüfungen in der SBZ/DDR. Ein Einblick in die Juristenausbildung im Sozialismus. 2001.

Band 234 Jörg Wolff (Hrsg.): Stillstand, Erneuerung und Kontinuität. Einsprüche zur Preußenforschung. 2001.

Band 235 Friedo Schröder: Die anwaltliche Tätigkeit während der nationalsozialistischen Herrschaft. Eine Analyse der anwaltlichen Argumentation in Zivilprozessen anhand der vorhandenen Prozeßakten der Landgerichte Frankenthal, Wiesbaden, Limburg und Frankfurt und der Handakten der *jüdischen Konsulenten* des OLG-Bezirks Frankfurt. 2001.

Band 236 Der Code pénal des Königreichs Westphalen von 1813 mit dem Code pénal von 1810 im Original und in deutscher Übersetzung. Herausgegeben und mit einer Einleitung versehen von Werner Schubert. 2001.

Band 237 Klaus Richter: Deutsches Kolonialrecht in Ostafrika 1885-1891. 2001.

Band 238 Kai von Lewinski: Deutschrechtliche Systembildung im 19. Jahrhundert. 2001.

Band 239 Alexander Herzog: Sittenwidrige Rechtsgeschäfte in der höchstrichterlichen Rechtsprechung aus den Jahren 1948-1965. 2001.

Band 240 Claudia Rönnau: Die Beratungen des Wasserrechtsausschusses der Akademie für Deutsches Recht zu einem Reichswassergesetz (1934-1941). Ein Beitrag zur Dogmatik der Begriffe *Gemeingebrauch* und *Sondergebrauch* in der Zeit des Nationalsozialismus. 2001.

Band 241 Momme Rohlack: Kriegsgesellschaften (1914-1918). Arten, Rechtsformen und Funktionen in der Kriegswirtschaft des Ersten Weltkrieges. 2001.

Band 242 Rolf Geyer: Der Gedanke des Verbraucherschutzes im Reichsrecht des Kaiserreichs und der Weimarer Republik (1871-1933). Eine Studie zur Geschichte des Verbraucherrechts in Deutschland. 2001.

Band 243 Felix Lorenz Benjamin Lehmann: Der Rote Adlerorden. Entstehung und rechtliche Grundlagen (1705-1918). 2002.

Band 244 Marc Ludwig: Der Pfändungsschutz für Lohneinkommen. Die Entstehungs- und Entwicklungsgeschichte der Vorschriften zum Schutz vor Lohnpfändung in Deutschland. 2001.

Band 245 Alexander Wachter: Dorfschule zwischen Pastor und Schulmeister. Zur Säkularisierung des niederhessischen Schulwesens im 19. Jahrhundert. 2001.

Band 246 Richard Scholz: Analyse der Entstehungsbedingungen der reichsgerichtlichen Aufwertungsrechtsprechung. Untersuchung unter besonderer Berücksichtigung der konservativen Geldpolitik der Reichsbank und der Inflationspolitik der Reichsregierung. 2001.

Band 247 Judith Laeverenz: Märchen und Recht. Eine Darstellung verschiedener Ansätze zur Erfassung des rechtlichen Gehalts der Märchen. 2001.

Band 248 Christina Schenk: Bestrebungen zur einheitlichen Regelung des Strafvollzugs in Deutschland von 1870 bis 1923. 2001.

Band 249 Nils Werner: Die Prozesse gegen die Landvolkbewegung in Schleswig-Holstein 1929/32. Ein Beitrag zur Justizkritik in der späten Weimarer Republik. 2001.

Band 250 Wolfgang Walter: Das Duell in Bayern. Ein Beitrag zur bayerischen Strafrechtsgeschichte. 2002.

Band 251 Jörn Eckert / Kjell Å. Modéer (Hrsg.): Geschichte und Perspektiven des Rechts im Ostseeraum. Erster Rechtshistorikertag im Ostseeraum 8.–12. März 2000. 2001.

Band 252 Jan Könighaus: Die Inauguration der Christian-Albrechts-Universität zu Kiel 1665. Symbolgehalt und rechtliche Bedeutung des Universitätszeremoniells. 2002.

Band 253 Andreas Görgen: Rechtssprache in der Frühen Neuzeit. Eine vergleichende Untersuchung der Fremdwortverwendung in Gesetzen des 16. und 17. Jahrhunderts. 2002.

Band 254 Ralf Schäfer: Die Rechtsstellung der Haigerlocher Juden im Fürstentum Hohenzollern-Sigmaringen von 1634-1850. Eine rechtsgeschichtliche Untersuchung. 2002.

Band 255 Regine Schmalhorst: Die Tierhalterhaftung im BGB von 1896. Die Entstehung und Änderung des § 833 BGB sowie eine Analyse der Rechtsprechung des Reichsgerichts bis 1908. 2002.

Band 256 Thomas Hense: Konrad Beyerle. Sein Wirken für Wissenschaft und Politik in Kaiserreich und Weimarer Republik. 2002.

Band 257 Christian Mahlmann: Die Strafrechtswissenschaft der DDR. Klassenkampftheorie und Verbrechenslehre. 2002.

Band 258 Henning Kahmann: Die Bankiers von Jacquier & Securius 1933–1945. Eine rechtshistorische Fallstudie zur "Arisierung" eines Berliner Bankhauses. Mit einem Geleitwort von John Kornblum. 2002.

Band 259 Volker Friedrich Drecktrah: Die Gerichtsbarkeit in den Herzogtümern Bremen und Verden und in der preußischen Landdrostei Stade von 1715 bis 1879. 2002.

Band 260 Andreas Klass: Standes- oder Leistungselite? Eine Untersuchung der Karrieren der Wetzlarer Anwälte des Reichskammergerichts (1693-1806). 2002.

Band 261 Wolfgang Eder: Das italienische Tribunale Speciale per la Difesa dello Stato und der deutsche Volksgerichtshof. Ein Vergleich zwischen zwei politischen Gerichtshöfen. 2002.

Band 262 Albrecht Cordes / Bernd Kannowski (Hrsg.): Rechtsbegriffe im Mittelalter. 2002.

Band 263 Thomas Hildebrandt: Die Brandenburgischen Provinziallandtage von 1841, 1843, und 1845 anhand ausgewählter Verhandlungsgegenstände. 2002.

Band 264 Jan Finzel: Georg Adam Struve (1619–1692) als Zivilrechtler. 2003.

Band 265 Björn Carsten Frenzel: Das Selbstverständis der Justiz nach 1945. Analyse der Rolle der Justiz unter Berücksichtigung der Reden zur *Wiedereröffnung* der Bundes- und Oberlandesgerichte. 2003.

Band 266 Nils Reichhelm: Die marxistisch-leninistische Staats- und Rechtstheorie Karl Polaks. 2003.

Band 267 Raik Schneider: Altrechtliche Personenzusammenschlüsse. Ihre Entwicklung unter besonderer Berücksichtigung des Rechts des Großherzogtums Sachsen-Weimar-Eisenach sowie der Herzogtümer Sachsen-Meiningen und Sachsen-Gotha. 2003.

Band 268 Anke Meier: Die Geschichte des deutschen Konkursrechts, insbesondere die Entstehung der Reichskonkursordnung von 1877. 2003.

Band 269 Stefan Jens Jordan: Leben und Werk des Tübinger Rechtsprofessors Wilhelm Gottlieb Tafinger 1760–1813. 2003.

Band 270 Stefanie Hubig: Die historische Entwicklung des § 23 ZPO. Zum Ursprung und Fortleben des Vermögensgerichtsstandes im deutschen Prozeßrecht des 19. Jahrhunderts. 2003.

Band 271 Michael G. Perband: Der Grundsatz der freien Beweiswürdigung im Zivilprozeß (§ 286 ZPO) in der Rechtsprechung des Reichsgerichts. 2003.

Band 272 Mathias Bouveret: Die Stellung des Staatsoberhauptes in der parlamentarischen Diskussion und Staatsrechtslehre von 1848 bis 1918. 2003.

Band 273 Barbara Széchényi: Rechtliche Grundlagen bayerischer Zensur im 19. Jahrhundert. 2003.

Band 274 Sylvia Scharfenberg: Die Entstehungsgeschichte des Beurkundungsgesetzes vom 28. August 1969. 2003.

Band 275 Urte Nesemann: Die schwedische Familiengesetzgebung von 1734 bis zu den Reformgesetzen von 1915 bis 1920 und deren Einfluss auf die Gesetzgebungsprojekte der Weimarer Republik. Unter besonderer Berücksichtigung der Rechtsstellung der Frau und des unehelichen Kindes. 2003.

Band 276 Alexandra Brück: Die Polizeiordnung Herzog Christians von Braunschweig-Lüneburg vom 6. Oktober 1618. 2003.

Band 277 Torsten Landwehr: Das Kommissionsgeschäft in Rechtswissenschaft, Gesetzgebung und Rechtspraxis vom 16. bis zum Ende des 18. Jahrhunderts. 2003.

Band 278 Tassilo Wilhelm Maria Englert: Deutsche und italienische Zivilrechtsgesetzgebung von 1933–1945. Parallelen in der Rechtsetzung und gegenseitige Beeinflussung unter besonderer Berücksichtigung des Familien- und Erbrechts. 2003.

Band 279 Tobias Prang: Der Schutz der Versicherungsnehmer bei der Auslegung von Versicherungsbedingungen durch das Reichsgericht. 2003.

Band 280 Thorsten Lieb: Privileg und Verwaltungsakt. Handlungsformen der öffentlichen Gewalt im 18. und 19. Jahrhundert. 2004.

Band 281 Michael Rühling: Das Ladenschlussgesetz vom 28. November 1956. Vorgeschichte, Entstehung des Gesetzes und weitere Entwicklung. 2004.

Band 282 Kathrin Nawotki: Die schleswigsche Deichstavengerechtigkeit. Vom 17. Jahrundert bis in die Gegenwart. Eine gewohnheitsrechtliche Superfizies an nordfriesischen Deichgrundstücken und ihre Entwicklung. 2004.

Peter Lang · Europäischer Verlag der Wissenschaften

Mathias Link

Possession, Possessio und das Schicksal des Common Law

Der Besitzrechtsstreit im Common Law in der zweiten Hälfte des 19. Jahrhunderts

Frankfurt am Main, Berlin, Bern, Bruxelles, New York, Oxford, Wien, 2003.
XII, 236 S.
Europäische Hochschulschriften: Reihe 2, Rechtswissenschaft. Bd. 3648
ISBN 3-631-50848-4 · br. € 40.40*

Im ausgehenden 19. Jahrhundert zerfielen die alten Strukturen des Common Law zusehends. Unter den Gelehrten bestand Ratlosigkeit, wie man dem Recht eine neue Ordnung geben könnte. Sollte man sich am besser systematisierten modernen römischen Recht orientieren, weil die Wurzeln auch des Common Law romanistisch waren? Welche Methode eignete sich zur Durchdringung des ungeordneten Rechtsstoffs – etwa diejenige der Begriffsjurisprudenz? Viele anglo-amerikanische Autoren wählten das Besitzrecht (Possession) aus, um diese beiden Fragen zu beantworten. Dabei blickten sie auf eine Diskussion über den römisch-rechtlichen Besitz (Possessio), die ab den 1820er Jahren in Deutschland entbrannt war. Der Vergleich von Possession und Possessio wurde so für rechtspolitische Zwecke instrumentalisiert.

Aus dem Inhalt: Der deutsche Gelehrtenstreit über das römische Besitzrecht · Der Besitzrechtsstreit im Common Law: Hintergrund, Inhalt, Sinn und Zweck · Die Bedeutung des Besitzrechtsstreits im Common Law für das 21. Jahrhundert

FSC
www.fsc.org
MIX
Papier | Fördert gute Waldnutzung
FSC® C083411

Kolibri 360 GmbH
Ferdinand-Jühlke-Straße 7
99095 Erfurt, Deutschland
produktsicherheit@kolibri360.de

Druck:
CPI Druckdienstleistungen GmbH
im Auftrag der
Kolibri 360 GmbH
Ferdinand-Jühlke-Str. 7
99095 Erfurt